Stephan Ganter

Soziale Netzwerke und
interethnische Distanz

Studien zur Sozialwissenschaft

Stephan Ganter

Soziale Netzwerke und interethnische Distanz

Theoretische und empirische Analysen zum Verhältnis von Deutschen und Ausländern

Westdeutscher Verlag

Bibliografische Information Der Deutschen Bibliothek
Die Deutsche Bibliothek verzeichnet diese Publikation in der Deutschen
Nationalbibliografie; detaillierte bibliografische Daten sind im Internet über
<http://dnb.ddb.de> abrufbar.

1. Auflage November 2003

Alle Rechte vorbehalten
© Westdeutscher Verlag/GWV Fachverlage GmbH, Wiesbaden 2003

Lektorat: Frank Engelhardt

www.westdeutscher-verlag.de

Das Werk einschließlich aller seiner Teile ist urheberrechtlich geschützt. Jede Verwertung außerhalb der engen Grenzen des Urheberrechtsgesetzes ist ohne Zustimmung des Verlags unzulässig und strafbar. Das gilt insbesondere für Vervielfältigungen, Übersetzungen, Mikroverfilmungen und die Einspeicherung und Verarbeitung in elektronischen Systemen.

Die Wiedergabe von Gebrauchsnamen, Handelsnamen, Warenbezeichnungen usw. in diesem Werk berechtigt auch ohne besondere Kennzeichnung nicht zu der Annahme, dass solche Namen im Sinne der Warenzeichen- und Markenschutz-Gesetzgebung als frei zu betrachten wären und daher von jedermann benutzt werden dürften.

Umschlaggestaltung: Horst Dieter Bürkle, Darmstadt
Druck und buchbinderische Verarbeitung: Rosch-Buch, Scheßlitz
Gedruckt auf säurefreiem und chlorfrei gebleichtem Papier
Printed in Germany

ISBN 3-531-14133-3

Inhalt

Vorwort 9

1. Einleitung 11
   1.1 Fragestellungen, Prämissen und zentrale Hypothesen 12
   1.2 Eine genauere Eingrenzung des Themas 14
   1.3 Zum Aufbau der Studie 17

2. Mikro, Makro – und Meso? Zum Stand der Forschung 19
   2.1 Beschreibungen – Erklärungen – Theorien 19
   2.2 Makroanalytische Ansätze 22
      2.2.1 Historische Hintergründe und „Sonderwege" 23
      2.2.2 Modernisierung, (Des-)Integration und soziale Krisen 25
      2.2.3 Produktionsverhältnisse und politische Ökonomie 28
      2.2.4 Strukturelle Determinanten der Intergruppenbeziehungen 29
      2.2.5 Zwischenfazit 35
   2.3 Mikroanalytische Ansätze 37
      2.3.1 Frustrationen, Aggressionen und die „Sündenbock"-Hypothese 37
      2.3.2 Persönlichkeitsstruktur und individuelle Dispositionen 39
      2.3.3 Kategorisierung, Akzentuierung und soziale Schemata 42
      2.3.4 Soziale Kategorisierung und soziale Identität 46
      2.3.5 Sozialisation, Lernen und normative Verankerungen 49
      2.3.6 Fazit 52

3. Bringing Contexts Back In: Distanzen und soziale Kontexte 57
   3.1 „Soziale Telepathie" und „gemeinsames Schicksal" 59
   3.2 Bezugsgruppen 61
      3.2.1 Beziehungsvarianten 62
      3.2.2 Information und Norm 63
      3.2.3 Multiple Bezugsgruppen und die „Kreuzung sozialer Kreise" 65
   3.3 Soziale Beziehungen und Netzwerke 68
      3.3.1 Strukturelle Grundlagen interpersonaler Beeinflussung 71
      3.3.2 Gesamtnetzwerke und egozentrierte Netzwerke 75
      3.3.3 Empirische Evidenzen und offene Fragen 80
   3.4 Kontexte, Bezugsgruppen und Netzwerke – ein kurzes Resümee 86

Inhalt

4. Modelle und Hypothesen – Der theoretische Bezugsrahmen **89**
   4.1 *Rational choice* und die Werterwartungstheorie 91
   4.2 Ein einfaches Grundmodell 95
      4.2.1 Die „Basisdeterminanten" der theory of reasoned action 95
      4.2.2 Ein Grundmodell zur Erklärung sozialer Distanzen 99
   4.3 „Bounded rationality" und das Modell der Frame-Selektion 103
      4.3.1 Das allgemeine Modell der Frame-Selektion 105
      4.3.2 Erlernte Interpretations- und Bewertungsschemata 108
      4.3.3 Persönliche Erfahrungen und Kontakte 110
      4.3.4 Bezugsgruppen und die soziale Verankerung des Framing 111
      4.3.5 Soziale Lagen und Interessen 113
   4.4 Zwei Erklärungsmodelle - Eine Theorie 116

5. Formen und Determinanten ethnischer Grenzziehung **119**
   5.1 Formen ethnischer Grenzziehung - Eine deskriptive Bestandsaufnahme 120
      5.1.1 Einstellungen gegenüber „Ausländern" 121
      5.1.2 Zuzugspräferenzen 125
      5.1.3 Persönliche Kontakte zu Ausländern 128
      5.1.4 Soziale Distanzen gegenüber italienischen und türkischen Immigranten . 133
      5.1.5 Zwischenfazit 144
   5.2 Bedingungen und Ursachen sozialer Distanzen 146
      5.2.1 Das Grundmodell im empirischen Test 146
      5.2.2 Erweiterungen des Grundmodells 158
      5.2.3 Kovariate und alternative Erklärungsansätze 164
   5.3 Ein letztes Zwischenfazit 171

6. Subjektive Wahrnehmung und objektive Übereinstimmung **173**
   6.1 Maßzahlen der Homogenität 174
   6.2 Wie groß ist die tatsächliche Einstellungshomogenität? 178
   6.3 Was bestimmt das Ausmaß der tatsächlichen Übereinstimmung? 181
      6.3.1 Wie wichtig ist die Art der Beziehung? 182
      6.3.2 Zentrale Determinanten der tatsächlichen Übereinstimmung 186
   6.4 Determinanten der Einstellungshomogenität 191
      6.4.1 „Hintergrundmerkmale" 191
      6.4.2 Beziehungsdauer und Kontakthäufigkeit 193
      6.4.3 Dichte und Netzwerkkomposition 195
   6.5 Die Determinanten der Homogenität im Zusammenhang 198
      6.5.1 Das mehrebenenanalytische Schätzmodell 198
      6.5.1 Zentrale Ergebnisse der multivariaten Analyse 201
   6.6 Eine kurze Einschätzung der Resultate 208

7. Resümee **211**

8. Literatur **217**

Abbildungs- und Tabellenverzeichnis

Abbildung 3-1: Stars und Zonen 77
Abbildung 6-1: Beziehungsdauer und Einstellungshomogenität 204

Tabelle 5-1: Einstellungen gegenüber „Ausländern" 123
Tabelle 5-2: Zuzugspräferenzen 126
Tabelle 5-3: Persönliche Kontakte zu Ausländern 129
Tabelle 5-4: Kontakte, XENO-Skala und Zuzugspräferenzen (bivar. Korrelationen) 132
Tabelle 5-5: Verteilungsmaße der sozialen Distanz im Vergleich 137
Tabelle 5-6: Interkorrelationen zwischen den Indikatoren der ethn. Grenzziehung 141
Tabelle 5-7: Bewertungen unterschiedlicher Beziehungsaspekte 148
Tabelle 5-8: Erwartete Schwierigkeiten in Beziehungen zu Türken und Italienern 150
Tabelle 5-9: Soziale Distanz gegenüber Türken (Modelle 1 und 2) 155
Tabelle 5-10: Soziale Distanz gegenüber Italienern (Modelle 1 und 2) 157
Tabelle 5-11: Diskriminierungstendenz gegenüber Türken und Italienern (Modell 3) 159
Tabelle 5-12: Diskriminierungstendenz gegenüber Türken und Italienern (Modell 4) 162
Tabelle 5-13: Diskriminierungstendenz gegenüber Türken und Italienern (Modell 5) 166
Tabelle 6-1: Übereinstimmung bei Zuzugsfragen 178
Tabelle 6-2: Einstellungshomogenität: XENO, soziale Distanzen und Nationalstolz 180
Tabelle 6-3: Einstellungshomogenität nach Beziehungstypen 184
Tabelle 6-4: Einstellungshomogenität und „Hintergrundmerkmale" 192
Tabelle 6-5: Einstellungshomogenität, Dauer und Kontakthäufigkeit 194
Tabelle 6-6: Einstellungshomogenität und Netzwerkstruktur 197
Tabelle 6-7: Multivariate random coefficient-Modelle der Einstellungshomogenität 202
Tabelle 6-8: Einstellungshomogenität unter Freunden (logistische Regression) 207

Vorwort

Dieses Buch ist die leicht überarbeitete Fassung meiner Dissertation, die an der Fakultät für Sozialwissenschaften der Universität Mannheim eingereicht und angenommen wurde. Die Arbeit beruht auf einem Forschungsprojekt am Mannheimer Zentrum für Europäische Sozialforschung (MZES). Unterstützt wurde dieses Projekt durch das MZES und die Stiftung Volkswagenwerk, die das Projekt unter dem Titel „Ethnische Grenzziehung und soziale Kontexte" (AZ II/74 635) finanzierte.

Die finanzielle und infrastrukturelle Unterstützung war eine notwendige, aber keine hinreichende Bedingung für die Entstehung dieses Buches. Ausschlaggebend war letztlich die Bereitschaft vieler Personen, auf unterschiedliche Weise zum Gelingen des Projektes beizutragen. Ihnen allen bin ich zu großem Dank verpflichtet. An erster Stelle möchte ich Hartmut Esser nennen, der sowohl das Forschungsprojekt als auch die Dissertation betreute. Seine vielseitigen Anregungen und kritisch-konstruktiven Nachfragen haben die Arbeit immer wieder ganz entscheidend voran gebracht. Die Zusammenarbeit mit ihm ist in jeder Hinsicht ein Gewinn. Außerordentlich kooperativ war auch Dagmar Stahlberg, die sich trotz zahlreicher Zusatzverpflichtungen als Dekanin der Fakultät, sofort bereit erklärt hat, die Dissertation zu begutachten.

Viele Ideen, Anstöße und Tipps verdanke ich außerdem den Kolleginnen und Kollegen am Mannheimer Zentrum für Europäische Sozialforschung und an der Fakultät für Sozialwissenschaften. Ich denke dabei vor allem an Cornelia Kristen, Gunnar Otte, Volker Stocké und ganz besonders an Claudia Diehl und Frank Kalter. Frank Kalter war immer ein erstklassiger Gesprächspartner, wenn es um Methodenfragen oder auch mal um ballorientierte Nebensächlichkeiten ging. Claudia Diehl hat wichtige Teile der Arbeit in einem frühen Stadium gelesen und in sehr hilfreicher Weise kommentiert. Aufmerksame Korrekturleser waren außerdem Andreas Horr, Jasna Kvesic, Mareike Roggenkamp, Patrick Schupp und Tim Bercio. Patrick Schupp leistete daneben wichtige Dienste in der heißen Phase der Feldarbeit. Großer Dank gebührt selbstverständlich auch den mehr als 500 Interviewpartnern, die bereit waren, an der empirischen Studie mitzuwirken, wie auch den engagierten Mitarbeitern, die die Interviews durchgeführt haben.

Während der Arbeit an einer Dissertation gibt es natürlich auch mal harte Zeiten. Dass diese Phasen nie zu lang wurden, ist zu einem Großteil das Verdienst meiner Familie und guter Freunde. Ganz besonders meine Freundin, Elke Wolf, und unsere Tochter, Carlotta, haben dazu sehr viel beigetragen. Mit ihnen gemeinsam werden sicher auch die nächsten Projekte gelingen.

1. Einleitung

Fast alle europäischen Gesellschaften entwickeln sich zunehmend zu Einwanderungsgesellschaften. Selbst Länder wie Italien, Spanien oder Irland, die noch vor wenigen Jahrzehnten durch starke Abwanderungsströme gekennzeichnet waren, weisen inzwischen einen positiven Zuwanderungssaldo auf. Gleichzeitig und teilweise als Folge davon verändert sich die ethnische und demographische Struktur dieser Gesellschaften. Deutschland ist in dieser Hinsicht keine Ausnahme. Vor allem als Konsequenz der nach 1955 begonnenen Anwerbung von „Gastarbeitern", der relativ großzügig geregelten Zuzugsmöglichkeiten für Vertriebene und Aussiedler sowie der zunehmenden Zahl der Asylsuchenden erhöhte sich der Anteil der ausländischen Bevölkerung in einem Zeitraum von rund 40 Jahren von weniger als 2% im Jahr 1960 auf rund 9% im Jahr 2000 (vgl. Bade 1992; Herbert 2001; Münz, Seifert und Ulrich 1999; Münz und Ulrich 2000; Statistisches Bundesamt 1997). In einigen städtischen Ballungsräumen Westdeutschlands wie Frankfurt, München oder Stuttgart sind schon deutlich mehr als 20% der Bevölkerung ausländischer Herkunft. Dagegen nehmen sich die Anteile der drei „alten" ethnischen Minderheiten der Sorben in der Nieder- und Oberlausitz, der Dänen in Schleswig-Holstein und der Friesen in Nord- und Ostfriesland bescheiden aus.

Die sich verstärkende ethnische Heterogenität stößt bekanntlich nicht nur auf positive Reaktionen. Besonders drastisch wurde dies in Deutschland durch die Attacken gegen Asylbewerber und „Gastarbeiter" in Hoyerswerda, Rostock, Mölln und Solingen sichtbar. Fast schon in Vergessenheit geraten dagegen die zahlreichen anderen fremdenfeindlichen Straf- und Gewalttaten. Allein im Jahr 2002 wurden vom Bundeskriminalamt 440 Gewalttaten mit fremdenfeindlichem Hintergrund registriert; 374 wurden im Vorjahr gezählt (Bundesministerium des Inneren 2003: 32). Aber auch aus anderen europäischen Ländern wird immer wieder über gewaltsame Übergriffe gegen Asylbewerber und andere Immigranten berichtet: Krawalle und Attacken gegen marokkanische Einwanderer im nordspanischen Terrassa (1999) und gegen nordafrikanische Landarbeiter in der andalusischen Provinz El Ejido (2000) oder die harten Auseinandersetzungen zwischen den Nachkommen asiatischer Einwanderer und Sympathisanten der National Front in nordenglischen Industriestädten wie Oldham (Juni 2001) oder Bradford (Juli 2001) sind nur einige besonders schlagzeilenträchtige Beispiele für konflikthafte Zuspitzungen interethnischer Beziehungen. Auch in Deutschland warnen manche Auguren schon vor einem „erheblichen interethnischen Konfliktpotential zwischen der ‚einheimischen' Mehrheitsbevölkerung und der hier zum großen Teil bereits in der zweiten und dritten Generation lebenden türkischen Minderheit" (Schröder, Conrads, Testrot und Ulbrich-Herrmann 2000: 192).

Eine vom European Monitoring Centre on Racism and Xenophobia (EUMC) in Auftrag gegebenen Eurobarometer-Studie aus dem Jahr 2000 geht davon aus, dass rund 14% der EU-Bevölkerung stark negative Einstellungen gegenüber ethnischen Minderheiten haben. „They feel disturbed by people from different minority groups and see minorities as having no positive effects on the enrichment of society" (Thalhammer, Zucha, Enzenhofer, Salfinger und Ogris 2001: 24). Bei weiteren 25% werden „ambivalente" Einstellungen ausgemacht, die sich einerseits in einer eher gleichgültigen Haltung gegenüber Minoritätsgruppen, andererseits aber auch in einer negativen Bewertung des Beitrags ethnischer Minderheiten zum „Gemeinwohl" äußern. Als „tolerant" sind nach dieser Befragung von mehr als 16.000 Bürgerinnen und Bürgern in den 15 EU-Mitgliedsstaaten etwa 21% der europäischen Bevölkerung einzustufen. Für Deutschland schwanken die Schätzungen des Anteils der Personen mit stark negativen bzw. fremdenfeindlichen Haltungen auf der Basis repräsentativer Bevölkerungsumfragen zwischen 15,5% (Silbermann und Huesers 1995) und 30% (Küchler 1996; vgl. auch Ganter 1998: 41).

1.1 Fragestellungen, Prämissen und zentrale Hypothesen

Wie lassen sich diese Reaktionen der „Einheimischen" gegenüber den so genannten „neuen ethnischen Minderheiten" erklären? Worauf sind die deutlichen Unterschiede in den individuellen Einstellungen und Verhaltensweisen gegenüber „Ausländern" zurückzuführen? Sind die unterschiedlichen Reaktionsmuster lediglich Ausdruck mehr oder weniger zufällig variierender Vorlieben und Dispositionen oder beruhen sie auf bestimmten, empirisch feststellbaren Entstehungsbedingungen? Unter welchen Bedingungen entwickeln sich „tolerante" Meinungen und Einstellungen gegenüber solchen ethnischen Minderheiten? Und wovon werden die sehr unterschiedlichen individuellen Präferenzen in Bezug auf den Zuzug weiterer Immigranten bestimmt? Warum gehen manche „Einheimische" persönliche Kontakte zu Ausländern ein und andere nicht? Inwieweit bestimmen ihre Meinungen und Einstellungen gegenüber Immigranten diese Beziehungen?

Die vorliegende Studie geht von der Annahme aus, dass ein wichtiger Schlüssel zur Klärung dieser oft gestellten Fragen in der sozialen Bezugsumgebung der Individuen liegt. Distanzierende Einstellungen und Verhaltensweisen von Deutschen gegenüber in Deutschland lebenden Ausländern sind, so die zentrale Hypothese, hauptsächlich als Reaktionen auf Gegebenheiten der unmittelbaren „lebensweltlichen" Umgebung zu erklären, die durch Prozesse der wechselseitigen Beeinflussung im Kontext alltäglicher Interaktions- und Kommunikationsbeziehungen in sozialen Nahumwelten und Milieus strukturiert werden. Dieser Ansatz unterscheidet die Arbeit deutlich vom Gros der Forschungsliteratur. Der weitaus überwiegende Teil der Forschung konzentriert sich – zumindest in den empirischen Untersuchungen – auf die Analyse individueller bzw. intraindividueller

Charakteristika wie zum Beispiel auf Besonderheiten der Wahrnehmungs- und Informationsverarbeitungsprozesse, auf persönlichkeitsspezifische Neigungen zu autoritären Haltungen, auf durch sozialen Wandel erzeugte Zustände der Anomie oder auf rein individuelle Interessenlagen. Die Entwicklung und Verfestigung von Einstellungs- und Verhaltensmustern in sozialen Bezugsgruppen und Milieus wird in der Regel entweder gar nicht beachtet oder aber nicht systematisch in die Analyse einbezogen, obwohl es eigentlich gute theoretische Gründe und aus anderen Forschungsbereichen auch genügend empirische Hinweise auf die Prägekraft solcher Faktoren gibt.

Den theoretischen Bezugsrahmen der Studie bildet das Programm des strukturtheoretischen Individualismus und das damit verbundene Modell der soziologischen Erklärung (vgl. dazu u.a. Esser 1996c: Kap. 1; Wippler und Lindenberg 1987). Dieser Ansatz ist in methodologischer Hinsicht *individualistisch*, da er von der Auffassung ausgeht, dass sich interethnische Beziehungen – ebenso wie alle anderen kollektiven Phänomene – letztlich nur unter Bezug auf die individuellen Situationsdeutungen und das soziale Handeln der einzelnen Akteure erklären lassen. Gleichzeitig ist er insofern *strukturtheoretisch*, als diese Situationsdeutungen und Handlungen nicht als Resultate mehr oder weniger zufällig entstandener Dispositionen oder Motive verstanden werden, sondern zu den „objektiv" definierten, sozial strukturierten Bedingungen des subjektiv sinnhaften Handelns der Akteure in Beziehung zu setzen sind. Zu diesen Bedingungen des subjektiv sinnhaften Handelns zählen insbesondere die Netzwerke sozialer Beziehungen, denen sowohl eine zentrale Bedeutung bei der Erzeugung sozialer Anerkennung als auch bei der Auswahl und Bewertung von Informationen über die die Akteure umgebenden soziale Kontexte zuzumessen ist.

Ausgehend von diesem allgemeinen theoretischen Bezugsrahmen wird in der vorliegenden Studie ein Erklärungsmodell entwickelt, das im Wesentlichen auf einer soziologisch erweiterten Variante der Werterwartungstheorie beruht. Die oft etwas verkürzt als *rational choice*-Theorie bzw. *rational action*-Theorie bezeichnete Theorie hat sich bereits in sehr unterschiedlichen Forschungsfeldern als ein – auch in methodologischer Hinsicht – überzeugender Ansatz erwiesen. Mit guten Gründen wird ihm vermehrt eine große Bedeutung für die soziologische Erklärung zugemessen (vgl. Coleman 1986; Esser 1991b; Goldthorpe 1998; Hechter und Kanazawa 1997; Hedstrom und Swedberg 1996). In der Forschung über interethnische Beziehungen gibt es indessen bislang kaum Arbeiten, die daran anknüpfen. Das ist zumindest insofern erstaunlich, als auch in neueren Publikationen immer wieder erhebliche theoretische und methodische Defizite festgestellt werden (z.B. Jäger 1995; Stolz 2000). Es gibt zwar eine Vielzahl von Orientierungshypothesen und Theorien mit beschränkter Reichweite, die sich auf einzelne Teilaspekte ethnischer Grenzziehungen beziehen. Doch es mangelt an Erklärungsansätzen, die auf einem möglichst allgemein gültigen theoretischen Kern beruhen und gleichzeitig Anschlussmöglichkeiten für die diversen Orientierungshypothesen und „Spezialtheorien" bieten. Das im Folgenden in Anlehnung an die *theory of reasoned action* und das Modell der Frame-Selektion entwickelte Erklärungsmodell kann in dieser Hinsicht neue Perspektiven eröffnen.

In den darauf aufbauenden empirischen Analysen wird sich zeigen, wie gut sich der Ansatz bei der Erklärung von Unterschieden im Verhältnis von Deutschen gegenüber Ausländern bewährt. Dazu werden Daten herangezogen, die zwischen 1999 und 2000 in standardisierten Interviews mit insgesamt 500 Befragten in Mannheim und Umgebung erhoben wurden. Dieser Datensatz hat gegenüber den sonst meist untersuchten Datensätzen zwei entscheidende Vorzüge: Erstens enthält er – neben den sonst meist als relevant erachteten Variablen – zur Überprüfung des Erklärungsmodells erforderliche Informationen, die in den sonst verfügbaren Datensätzen gar nicht oder nur ungenau erfasst sind. Zweitens kann damit die bereits angesprochene soziale Einbettung von Einstellungs- und Verhaltensmustern gegenüber Ausländern genauer analysiert werden, als dies bisher möglich war. Die wenigen Studien, die sich überhaupt mit dem Einfluss der Bezugsumgebung befassten, beschränkten sich auf die Untersuchung von Angaben der befragten Personen über die von ihnen *subjektiv* wahrgenommenen Reaktionen hinsichtlich des Verhältnisses zu Ausländern. Mit den hier verwendeten Daten wird es darüber hinaus möglich, neben diesen subjektiven Angaben auch das Ausmaß der tatsächlichen Übereinstimmung und die Determinanten der faktischen Homogenität in den Einstellungen und Verhaltensintentionen zu untersuchen. Das setzt die Verknüpfung der gängigen Erhebungsverfahren quantitativ-empirischer Sozialforschung mit einer Erhebung ego-zentrierter Netzwerke und anschließenden Follow-up-Interviews mit relevanten Bezugspersonen aus diesen Netzwerken voraus. Dieses spezielle Design der Studie ist die Grundlage für eine Analyse der sozialen Verankerung der Einstellungs- und Verhaltensmuster gegenüber „Ausländern" in Deutschland, die neue Erkenntnisse über die Entstehungsbedingungen ethnischer Grenzziehungen eröffnen kann.

1.2 Eine genauere Eingrenzung des Themas

Im Mittelpunkt dieser Studie stehen die bereits erwähnten Unterschiede in Bezug auf unterschiedliche Dimensionen der ethnischen Grenzziehung von Deutschen gegenüber in Deutschland lebenden Immigranten (und deren Nachkommen). In einem sehr umfassenden Sinn werden hier unter „ethnischer Grenzziehung" unterschiedliche, auch begrifflich auseinander zu haltende Formen und Prozesse der Abgrenzung und Distanzierung gegenüber *ethnisch* – also unter Bezug auf die Abstammung und damit subjektiv verbundene kulturelle und andere Charakteristika – differenzierten Personengruppen verstanden (vgl. Banton 1997; Elwert 1989; Weber 1980: 234-240). Dazu zählen sowohl Stereotypisierungen und Vorurteile als auch distanzierende Verhaltensabsichten und overte Diskriminierungen (vgl. zum Folgenden auch Esser 1993; Ganter 2002; Ganter 1997). *Stereotype* bezeichnen verallgemeinerte Überzeugungen oder Annahmen über (tatsächlich oder vermeintlich) typische Eigenschaften und Merkmale der Angehörigen einer Gruppe.[1] Wesentlich ist vor allem der Aspekt der Generalisierung, also die Verallgemeinerung bestimmter Meinungen über besondere Zusammenhänge zwischen Personen und deren Eigenschaften auf alle oder die meisten Personen, die einer bestimmten Gruppe oder Kategorie (z.B. „den Türken" oder „den Italienern") zugeordnet werden. Im Unterschied zu diesem kognitiven Konstrukt sind *Vorurteile* vor allem durch eine evaluative Dimension gekennzeichnet. Gemeint sind damit mit Bewertungen verbundene Überzeugungen und Meinungen über die Eigenschaften und Merkmale bestimmter Personengruppen (z.B. „Die X. belasten unser soziales Netz und nehmen uns unsere Arbeitsplätze weg"), die mit daran orientierten emotionalen Reaktionen und Verhaltensdispositionen verknüpft sein können.[2] Der Begriff der *Diskriminierung* bezieht sich dagegen auf konkrete Handlungen, Verhaltensweisen oder institutionalisierte Benachteiligungen, während mit „sozialen Distanzen" üblicherweise entsprechende Verhaltensintentionen bezeichnet werden (vgl. Allport 1954: 50; Bogardus 1925; Jones 1997: 10-11; Stroebe und Insko 1989: 10).

In der empirischen Forschung über interethnische Beziehungen liegt der Akzent üblicherweise auf der Untersuchung von Stereotypen und Vorurteilen. Das ist vor allem darauf zurückzuführen, dass diese Dimensionen der ethnischen Grenzziehung mit standardisierten Erhebungsverfahren wesentlich leichter zu erfassen sind als das tatsächliche Handeln der Akteure. Die vorwiegende Ausrichtung auf die eher kognitiven und evaluativen Aspekte reicht aber zumindest dann nicht aus, wenn man sich nicht in erster Linie für die innerlichen Regungen der Individuen interessiert, sondern für das soziale Handeln der Akteure und dessen intendierten oder nicht intendierten Folgen. Aus den Überzeugungen bzw. Stereotypen oder Einstellungen bzw. Vorurteilen allein lassen sich keine direkten Rückschlüsse auf das tatsächliche Handeln ziehen. Das haben zahlreiche Studien zum Zusammenhang zwischen Einstellungen und Verhalten im Allgemeinen und zwischen Vorurteilen und Diskriminierungen im Besonderen immer wieder gezeigt (vgl. u.a. Benninghaus 1976; Dovidio, Brigham, Johnson und Gaertner 1996; Meinefeld 1977; Schütz und Six 1996; Wicker 1969).

Aus diesen Gründen wird in der vorliegenden Studie vor allem dem Konzept der sozialen Distanz eine große Bedeutung zugemessen. Dieses Konstrukt, das

---

[1] Diese Definition entspricht im Wesentlichen den gängigen Begriffsspezifikationen der neueren Literatur über Stereotype. So bezeichnen zum Beispiel Stroebe und Insko Stereotype als „a set of beliefs about the personal attributes of a group of people" (Stroebe und Insko 1989: 5) und Hilton und von Hippel sprechen in ihrer Bestandsaufnahme des derzeitigen Forschungsstands von "beliefs about the characteristics, attributes, and behaviors of members of certain groups" (Hilton und von Hippel 1996: 240; vgl. Brown 1995: 90, Hamilton und Trolier 1986: 133 oder bereits Allport 1954: 191).
[2] Diese Konkretisierung des Vorurteil-Begriffs stimmt im Kern ebenfalls mit dem in zahlreichen neueren Arbeiten zu erkennenden Verständnis überein. So definieren etwa Stroebe und Insko das Konstrukt Vorurteil als „an attitude toward members of some outgroup [...] in which the evaluative tendencies are predominantly negative" (Stroebe und Insko 1989: 8). Damit wird deutlich, dass Vorurteile letztlich nichts anderes als ein Spezialfall von Einstellungen (*attitudes*) darstellen, die negativ konnotiert sein *können*, aber nicht schon *per definitionem* negativ ausfallen müssen (vgl. auch Jones 1997: 140; Tajfel 1982b: 3; Zick 1997: 39).

seit den Arbeiten von Bogardus und anderen zu den zentralen Konzepten der Soziologie interethnischer Beziehungen gehört, hat zwei wesentliche Vorzüge: Zum einen ist es eng auf die eigentlich primär interessierende Ebene des tatsächlichen Handelns der Akteure bezogen; und zum zweiten ist es ohne große Schwierigkeiten zu operationalisieren und im Rahmen standardisierter Interviews zu messen. Vor allem der explizite Bezug auf das soziale Handeln ist ein wichtiger Unterschied zu den in der Forschung sonst meist ausschließlich betrachteten Stereotypen und Vorurteilen und gleichzeitig eine wesentliche Ergänzung zu den gängigen Indikatoren der ethnischen Grenzziehung.

Eine weitere Besonderheit dieser Studie ist die differenzierte Betrachtung unterschiedlicher Gruppen von „Ausländern" bzw. ethnischen Minderheiten. In einem Großteil der vorliegenden Beiträge wird nur das Verhältnis gegenüber „den Ausländern" im Allgemeinen betrachtet, obwohl es immer wieder deutliche Hinweise darauf gibt, dass sich die Einstellungs- und Verhaltensmuster gegenüber den verschiedenen in Deutschland lebenden Immigrantengruppen erheblich unterscheiden. Vor allem zwischen Zuwanderern aus Mitgliedstaaten der Europäischen Union und Immigranten aus anderen Ländern gibt es offenbar wesentliche Unterschiede. Deshalb werden in dieser Arbeit die sozialen Distanzen von Deutschen gegenüber zwei besonders interessanten Immigrantengruppen genauer analysiert: einerseits im Hinblick auf Immigranten türkischer Herkunft und andererseits in Bezug auf Zuwanderer aus Italien. Damit kann geklärt werden, ob und wie stark die Verhaltensintentionen gegenüber Angehörigen dieser beiden Gruppen tatsächlich divergieren. Bislang ist dazu noch wenig Genaues bekannt.

Darüber hinaus kann auf der Basis der verwendeten Daten festgestellt werden, inwieweit sich die befragten „Einheimischen" *unter sonst gleichen Bedingungen* gegenüber Türken oder Italienern anders verhalten würden als gegenüber Deutschen. Würde es zum Beispiel jemand ablehnen, mit einer Person zusammenzuarbeiten, nur weil diese italienischer oder türkischer Abstammung ist? Oder spielt die ethnische Zugehörigkeit einer Person unter sonst gleichen Bedingungen hinsichtlich des Geschlechts, des Alters oder der sozialen Lage keine Rolle? Eine daran anknüpfende Analyse ist nicht nur eine wichtige Ergänzung für die Bestandsaufnahme aktueller Tendenzen im Verhältnis von Deutschen gegenüber Immigranten türkischer oder italienischer Herkunft. Sie ist zugleich eine vielversprechende Basis für eine tiefer gehende Untersuchung der Determinanten von (latenten) Diskriminierungstendenzen gegenüber ethnisch differenzierten „Fremdgruppen". Wie ist es zu erklären, dass einige „Einheimische" sehr drastische Diskriminierungstendenzen gegenüber Immigranten erkennen lassen, während andere eine eher neutrale oder auch relativ positive Haltung einnehmen? Ist das, wie oft behauptet wird, in erster Linie eine Frage des Alters oder des Bildungsniveaus? Sind die Diskriminierungstendenzen, wie andere meinen, eine Konsequenz bestimmter persönlichkeitsspezifischer Dispositionen? Oder sind sie, wie hier vermutet wird, eine Folge bestimmter Erwartungen und Bewertungen, von denen sich die Akteure – bewusst oder unbewusst – in ihrem sozialen Handeln leiten lassen? Und inwieweit sind dabei subjektiv erwartete Bezugsgruppenbarrieren maßgeblich? Diese Fragen werden im Mittelpunkt der multivariaten empirischen Analysen stehen.

1.3 Zum Aufbau der Studie

Interethnische Beziehungen, Stereotype, Vorurteile und Diskriminierungen, Rassismus oder Fremdenfeindlichkeit sind Phänomene, mit denen sich die sozialwissenschaftliche Forschung schon lange befasst. Ständig werden neue Publikationen zu diesen Themen veröffentlicht. Das Angebot an Interpretations- und Erklärungsansätzen nimmt weiter zu. Insofern ist die Frage nahe liegend, worin denn genau der Sinn dieser weiteren Studie bestehen soll und in welcher Beziehung sie zur bislang vorliegenden Forschungsliteratur steht. Um diese Frage zu klären soll im nachfolgenden Kapitel zunächst ein kurzer Überblick über den derzeitigen Forschungsstand gegeben werden (Kap. 2). Dieser umfasst eine breite Palette an theoretisch und/oder empirisch aufschlussreichen Beiträgen, in denen wichtige (Teil-) Antworten auf zentrale Fragen zu den Erscheinungsformen und Ursachen ethnischer Grenzziehungen zu finden sind. Gleichzeitig sind sowohl in theoretischer als auch in empirischer Hinsicht erhebliche Einseitigkeiten und Defizite vieler Ansätze zu erkennen, aus denen sich wichtige Konsequenzen für die Weiterentwicklung und Ergänzung von Modellen zur Erklärung solcher Einstellungs- und Verhaltensmuster ergeben.

Eines der grundlegenden Defizite, das in diesem Zusammenhang sichtbar wird, betrifft die mehr als spärliche Berücksichtigung der sozialen Kontexte und Netzwerke bei der Analyse interethnischer Beziehungen. In Kapitel 3 wird die Hypothese untermauert, dass gerade darin ein entscheidender Schlüssel für ein fundierteres Verständnis der Ursachen unterschiedlicher Einstellungen und Verhaltensweisen gegenüber „Ausländern" liegt. Des Weiteren werden in diesem Kapitel eine Reihe grundlegender Fragen geklärt, die sich ergeben, wenn Charakteristika des sozialen Kontexts auf theoretisch konsistente Weise in die empirische Analyse einbezogen werden sollen: Wie, über welche Mechanismen und Prozesse werden diese Kontextbedingungen überhaupt wirksam? Welche Kontexte sind – aus welchen Gründen – als wichtig anzusehen? Welche Personengruppen konstituieren relevante Bezugsumgebungen? Wie sind diese Bezugsumgebungen empirisch zu erfassen? Das sind keineswegs nur „technische" Detailfragen. Vielmehr berühren sie zentrale inhaltliche Aspekte und erfordern theoretisch begründete Entscheidungen.

Auf der Grundlage dieser Vorarbeiten wird in Kapitel 4 der theoretische Bezugsrahmen für die Erklärung der Unterschiede in den distanzierenden Einstellungen und Verhaltensmustern gegenüber „Ausländern" im Einzelnen entwickelt. Genau genommen handelt es sich um zwei aufeinander aufbauende Erklärungsmodelle, die beide auf den allgemeinen Prinzipien der Werterwartungstheorie beruhen. Als erstes wird ein Grundmodell präsentiert, das im Wesentlichen auf der *theory of reasoned action* beruht. Dieses Modell enthält vor allem hinsichtlich des Zusammenhangs von sozialen Distanzen und Vorurteilen einige stark vereinfachende Annahmen, die im zweiten Modell gelockert werden. Das zweite Erklärungsmodell orientiert sich am so genannten „Modell der Frame-Selektion". Auf dessen Basis kann die unter Umständen ganz unreflektierte Orientierung an situationsübergreifenden Schemata und Skripten – und damit auch die Orientierung an generalisierten Vorurteilen – theoretisch integriert werden. Speziell das zweite Modell eröffnet außerdem interessante Anschlussmöglichkeiten für zahlreiche Hypothesen der diversen Erklärungsansätze, die genutzt werden können, um die notwendige Integration der sonst meist unverbundenen Theorien voranzubringen.

Beide Erklärungsmodelle werden in Kapitel 5 anhand der in Mannheim erhobenen Daten empirisch überprüft. Den Anfang dieses Kapitels bildet eine aktuelle Bestandsaufnahme des Verhältnisses zwischen Deutschen und den in Deutschland lebenden Immigranten. Die deskriptiven Analysen beziehen sich zum einen auf Einstellungen gegenüber „Ausländern" im Allgemeinen und auf die Präferenzen der Befragten zu den Zuzugsmöglichkeiten verschiedener Immigrantengruppen. Zum anderen gibt die Bestandsaufnahme einen Einblick in die tatsächlich bestehenden Kontakte zu Ausländern in unterschiedlichen Lebensbereichen sowie in das Ausmaß der sozialen Distanzen und latenten Diskriminierungstendenzen gegenüber Türken und Italienern. Die zuletzt genannte Dimension ethnischer Grenzziehung rückt später ins Zentrum der multivariaten Analysen, in denen die Entstehungsbedingungen und Ursachen der unterschiedlichen Verhaltensintentionen gegenüber beiden Immigrantengruppen genauer untersucht werden.

Im ersten Teil der empirischen Analysen beschränkt sich die Untersuchung der sozialen Einbettung der betrachteten Einstellungs- und Verhaltensmuster auf die *subjektiv* wahrgenommenen Bezugsgruppenbarrieren. Der zweite Teil (Kapitel 6) stellt dagegen die tatsächlich beobachtete Übereinstimmung unter Angehörigen ego-zentrierter *core networks* ins Zentrum der empirischen Analyse. Damit wird es erstmals möglich, genauer zu bestimmen, ob eng miteinander verbundene Partner, Verwandte, Freunde oder Bekannte nach ihren eigenen Angaben – im Unterschied zu den Proxy-Angaben der Befragten über ihre Bezugsumgebung – faktisch die gleichen Einstellungen gegenüber „Ausländern" haben und von welchen spezifischen Bedingungen das im Einzelnen abhängt. Ist die Homogenität der Einstellungen überhaupt mehr als nur zufällig? Inwieweit wird sie durch Eigenschaften der jeweiligen Beziehung wie Dauer oder Kontakthäufigkeit beeinflusst? Ist die Wahrscheinlichkeit homogener Einstellungen in sozialen Netzwerken mit hoher Dichte größer als in eher lose geknüpften Netzwerken? Das sind die zentralen Fragen, deren Klärung das Ziel der dort vorgestellten Ergebnisse sind. Das Schlusskapitel (Kapitel 7) resümiert anschließend die Resultate der Studie insgesamt.

2. Mikro, Makro – und Meso? Zum Stand der Forschung

Die Frage nach Entstehungsbedingungen und Determinanten sozialer Distanzierungen und ethnischer Grenzziehungen zwischen „Einheimischen" und „Fremden", oder allgemeiner: zwischen ethnisch differenzierten Gruppen, beschäftigt die sozial- und geisteswissenschaftliche Forschung nicht erst seit ein paar Jahren. Neben der sonst meist genannten „sozialen Frage" ist sie eines der zentralen Themen der modernen Sozialwissenschaften. Wer danach sucht, wird schon bei den gern zitierten „Klassikern" fündig. Max Webers kurzes, vor allem begrifflich klärendes Kapitel zum Thema „Intcrethnische Gemeinschaftsbeziehungen" in *Wirtschaft und Gesellschaft* (Weber 1980: 234-244), Simmels „Exkurs über den Fremden" (Simmel 1992: 764-771), Schütz' Versuch zu einer Phänomenologie des „Fremden" (Schütz 1972) oder Parks Essay zum „Marginal Man" (Park 1928) sind nur einige Beispiele, die auch in neueren Arbeiten immer wieder als Fluchtpunkte der Analyse dienen. Mittlerweile hat sich das Forschungsfeld stark ausdifferenziert und zerfällt in mehr oder weniger klar von einander getrennte Sektoren mit ganz unterschiedlichen inhaltlichen und theoretischen Schwerpunkten, die sich kaum noch an die gängigen akademischen Grenzziehungen zwischen Soziologie, Sozialpsychologie, Ökonomie, Politik- oder Geschichtswissenschaft und anderen Disziplinen halten.

Nicht alles, was in diesem weit gesteckten Feld über soziale Distanzen, Stereotype, Vorurteile, Diskriminierungen oder interethnische Beziehungen publiziert wird, ist indes für die in dieser Arbeit verfolgten Ziele unmittelbar wichtig und bemerkenswert. Ein entscheidendes Auswahlkriterium ergibt sich vor allem aus der Absicht, soziale Distanzen seitens einer Aufnahmegesellschaft gegenüber Zuwanderern und deren Nachkommen nicht nur zu beschreiben, sondern (auch) zu *erklären*. Dieses Kriterium schließt mehr aus als es vielleicht auf den ersten Blick den Anschein hat.

2.1 Beschreibungen – Erklärungen – Theorien

Aus der Perspektive einer am Konzept der nomologischen Erklärung orientierten Soziologie handelt es sich bei einem großen Teil der wissenschaftlichen Literatur zu interethnischen Beziehungen in Einwanderungsgesellschaften nicht im eigentlichen Sinn um Erklärungen und Theorien. Zumindest im Verständnis der analytischen Wissenschaftstheorie erfordert eine Erklärung eine logische Schlussfolgerung bzw. eine Deduktion des Explanandums aus einem oder mehreren „Gesetzen" unter gegebenen spezifischen Randbedingungen; nur ein System von aufeinander bezogenen Erklärungen für eine bestimmte Klasse von Phänomenen ist in diesem Sinn eine Theorie. Die so genannten „Gesetze" sind allgemeine Aussagen über funktionale Beziehungen zwischen bestimmten Ursachen und bestimmten Folgen, die eine möglichst generelle, über den jeweils betrachteten Einzelfall hinausgehende Geltung haben (Esser 1996c: 45; vgl. auch Esser, Klenovits und Zehnpfennig 1977: 101-122; Stegmüller 1983: 113-128). Im klassischen „*covering-law*-Modell" der deduktiv-nomologischen Erklärung von Hempel und Oppenheim sind solche Gesetze deterministisch und die Hypothesen üblicherweise als strikte „(Immer) Wenn-Dann-Aussage" formuliert (Hempel und Oppenheim 1948).[3] In dieser idealen Form finden sie sich in den Sozialwissenschaften bekanntlich kaum, weil es keine ohne raum-zeitliche Einschränkung ausnahmslos gültige und empirisch – vorläufig und unter den angegebenen Randbedingungen – immer bewährte Gesetze für soziale Phänomene gibt. Das heißt aber nicht, dass überhaupt keine Erklärungen in den Sozialwissenschaften möglich sind. Möglich und akzeptabel sind auch Erklärungen, die auf probabilistischen Hypothesen beruhen. Aus probabilistischen Hypothesen kann zwar das Verhalten einer bestimmten Person X nicht ganz genau deduziert werden. Doch man kann die Wahrscheinlichkeit bestimmen, dass das zu erklärende Phänomen tatsächlich eine Folge der als wichtig erachteten (kausalen) Ursachen ist (Opp 1995: 50-55; vgl. Stegmüller 1983: Kapitel IX).

Auch am Maßstab einer solchen induktiv-statistischen Erklärung gemessen, entspricht ein großer Teil der thematisch relevanten Forschungsliteratur nicht den Zielsetzungen und Anforderungen einer erklärenden Soziologie. Viele Beiträge sind mehr oder weniger reine Beschreibungen von aktuellen Gegebenheiten oder langfristigen Entwicklungstrends interethnischer Beziehungen zwischen „Einheimischen" und „Ausländern". Sie zeigen auf, *was* der Fall ist, aber sie geben keine befriedigende Antwort auf die Frage, *warum* das so ist. Gute Beschreibungen können wichtige Voraussetzungen für Erklärungen sein, sofern sie zur notwendigen Präzisierung des Explanandums und der relevanten Randbedingungen beitragen. Aber sie sind, wie zum Beispiel Stegmüller nachdrücklich betont, eben nicht selbst schon Erklärungen: „Eine noch so vollständige und genaue Beschreibung liefert keinen Ersatz für eine Erklärung" (Stegmüller 1983: 115). Ähnliches gilt im Übrigen auch für theoretisch unspezifizierte Korrelationen zwischen Variablen. Allein der Nachweis eines statistisch signifikanten Zusammenhangs etwa zwischen Bildungsniveau und sozialer Distanz ist, unabhängig von der *statistisch*

---

[3] Zu den grundlegenden Anforderungen an eine Erklärung gehören auch die von Hempel und Oppenheim benannten Adäquatheitsbedingungen. Demnach ist eine Erklärung nur dann als adäquat anzusehen, wenn (a) das Explanandum überhaupt empirisch wahr und im Explanans logisch enthalten ist, (b) das Explanans sowohl aus mindestens einem Gesetz als auch aus singulären Sätze, die die Antecedensbedingungen benennen, besteht, (c) das „Gesetz" und die die Randbedingungen konkretisierenden singulären Sätze empirisch überprüfbar und „gehaltvoll" sind und (d) die Sätze des Explanans selbst wahr bzw. bewährt sind (Hempel und Oppenheim 1948: 136-138; vgl. auch Esser et al. 1977: 105-114; Opp 1995: 48-50).

erklärten Varianz, noch keine theoretische Erklärung. Allenfalls konkretisiert sie, wie eine gute Beschreibung, ein Explanandum (Esser 1996c: 89; Boudon 1980: 178-182).

Daneben finden sich in der Forschungsliteratur nicht wenige Beiträge, bei denen es sich im Kern um reine „Prolegomena" oder „Erklärungsskizzen" handelt. Das sind typischerweise auf unterschiedlichen, mehr oder weniger eklektizistisch verbundenen Theorieelementen aufbauende Argumentationen, die nach den Beurteilungskriterien der analytischen Wissenschaftstheorie nicht als „Erklärungen" zu bezeichnen sind. Für sie gilt, was Stegmüller allgemein als Charakteristika von so genannten „Erklärungsskizzen" benannt hat: „Das, was als Explanans vorgeschlagen wird, ist nicht nur ungenau oder unvollständig formuliert; es liefert auch nicht eine bloß partielle Erklärung des Explanandums. Vielmehr besteht das Explanans nur in einem ungefähren Umriß einer Erklärung, in mehr oder weniger vagen Hinweisen darauf, wie Antecedensdaten und Gesetze so ergänzt werden könnten, daß daraus eine befriedigende rationale Erklärung entsteht" (Stegmüller 1983: 148). Insbesondere die zahllosen Sammelbände über interethnische Beziehungen sind Brutstätten solcher „Skizzen" und „Prolegomena", in denen zwar oft wortgewaltig angedeutet wird, was eigentlich noch alles zu tun wäre, aber wenig darüber zu finden ist, wie die Erklärungsdefizite behoben werden sollen.

Klammert man bloße Beschreibungen, theoretisch ungeklärte Korrelations- bzw. Regressionsanalysen und reine „Erklärungsskizzen" aus, wird die Menge der für die hier untersuchte Fragestellung relevanten Literatur schon deutlich überschaubarer. Sie reduziert sich weiter, wenn lediglich im Begrifflichen bleibende Bemühungen um Konzeptspezifikationen und eher philosophische Reflexionen über „das Wesen" von Fremdenfeindlichkeit, Rassismus und verwandten Phänomenen außen vor gelassen werden. Darauf zugeschnittene Beiträge haben manchmal durchaus ihren Wert. Doch im Hinblick auf das Ziel einer Erklärung der Unterschiede in den sozialen Distanzen von „Einheimischen" gegenüber „Ausländern" können sie vernachlässigt werden.

Nach den damit vorgenommenen Einschränkungen bleibt immer noch ein breites Spektrum an Ansätzen zur Erklärung sozialer Distanzen, die in verschiedener Hinsicht den Bezugsrahmen dieser Arbeit bilden. Zum einen enthalten diese Ansätze oft wichtige Erkenntnisse und Theoreme, die bei der Entwicklung eines Erklärungsmodells zu beachten sind. Zum anderen lassen sich bei der genaueren Inspektion der theoretischen Argumente und nach einer Bestandsaufnahme der vorliegenden empirischen Evidenzen, Schwachstellen und Anomalien der bereits vorhandenen Modelle herausarbeiten, die ein darauf aufbauendes Erklärungsmodell reduzieren sollte. Außerdem sind die schon bekannten Ansätze immer auch ein wichtiger Maßstab zur Beurteilung des Informationsgehalts und der Güte eines neu konzipierten Erklärungsmodells. An diesen Zielsetzungen orientiert sich die komprimierte Bestandsaufnahme der wichtigsten Ansätze zur Erklärung sozialer Distanzen gegenüber ethnischen Minderheiten. Es geht also nicht um eine – von vornherein zum Scheitern verurteilte – enzyklopädische

Zusammenfassung aller Untersuchungen zum Thema, sondern um eine zielgerichtete Auseinandersetzung mit den wichtigsten Argumenten, Hypothesen und empirischen Evidenzen, auf die sich dann der nachfolgende Entwurf eines Erklärungsmodells wie auch die anschließenden empirischen Analysen beziehen werden.

Eine grundlegende Unterscheidung ergibt sich in diesem Zusammenhang hinsichtlich der Ebene, auf der jeweils die relevanten „Gesetze" bzw. die theoretisch zentralen Aussagen über funktionale Beziehungen zwischen bestimmten Ursachen und bestimmten Folgen verortet werden. Danach lassen sich im Wesentlichen zwei Arten theoretischer Ansätze unterscheiden, zum einen die eher makroanalytisch orientierten Ansätze und zum anderen die primär mikroanalytisch ausgerichteten Beiträge. Makro-Ansätze sehen die Determinanten hauptsächlich auf der Struktur- bzw. Aggregatebene. Mikro-Ansätze suchen sie dagegen auf der Ebene des Handelns von Individuen oder auch in individuellen Dispositionen und intraindividuellen Prozessen. Obwohl diese Differenzierung nicht immer ganz eindeutig ist, trifft sie einen vom Standpunkt der erklärenden Soziologie grundlegenden Unterschied. Makroanalytische Ansätze beruhen in der Regel auf oft nur impliziten mikroanalytischen Annahmen und Hypothesen; der eigentliche Kern der Erklärung bezieht sich indessen auf bestimmte sozialstrukturelle Regelmäßigkeiten und Prozesse. Mit umgekehrten Vorzeichen gilt Ähnliches für die mikroanalytischen Theorien. Beide Richtungen haben, wie im Folgenden deutlich werden wird, angebbare Stärken und Schwächen, die bei der Formulierung alternativer Erklärungsmodelle zu beachten sind.

2.2 Makroanalytische Ansätze

Eine ganze Reihe von Erklärungsansätzen zeichnet sich dadurch aus, dass sie bei der Analyse sozialer Distanzierungen den Schwerpunkt der Analyse auf Strukturen und Prozesse legen, die im Prinzip weitestgehend unabhängig von den einzelnen Akteuren sind und deren Orientierungen und Handeln festlegen. In einigen Beiträge wird der Kern der Erklärung vor allem in Besonderheiten der historischen Entwicklung von Gesellschaften und daran gebundenen Identitätsprägungen gesucht; andere rücken allgemeine sozialstrukturelle, soziokulturelle, politisch-institutionelle oder durch globale Wandlungsprozesse hervorgerufene Ursachen ethnischer Grenzziehungen in den Mittelpunkt. Die zentralen Schlagworte, mit denen sich diese diversen Ansätze auf einfache Begriffe bringen lassen, sind: Historische Hintergründe und „Sonderwege" (2.2.1), Modernisierung, (Des-)Integration und soziale Krisen (2.2.2), Produktionsverhältnisse und politische Ökonomie (2.2.3) und strukturelle Determinanten der Beziehungen zwischen Gruppen (2.2.4).

2.2.1 Historische Hintergründe und „Sonderwege"

Wenn man die immer wieder sichtbar werdenden historischen Spuren von Stereotypisierungen, Vorurteilen und ethnisch konnotierten Grenzziehungen gegenüber „Ausländern" und Minderheiten zur Kenntnis nimmt, dann ist es nicht sehr überraschend, dass die geschichtliche Entwicklung der jeweils betrachteten Gesellschaften oft als eine der wichtigsten Ursachen sozialer Distanzierungen aufgefasst wird. So wird zum Beispiel in vielen Analysen der *interethnic relations* in den USA immer wieder betont, dass die rassistischen Vorurteile gegen Schwarze nur historisch zu erklären seien, vor allem als Folge der Sklaverei und der Versäumnisse beim Neuaufbau in den Südstaaten nach dem *Civil War*. Was die Verhältnisse in Deutschland betrifft, wurden insbesondere nach der rapiden Zunahme fremdenfeindlicher Gewalttaten Anfang der 90er Jahre – aus gut nachvollziehbaren Gründen – die Besonderheiten der historischen Entwicklung wieder verstärkt ins Licht gerückt. Im Mittelpunkt steht dabei vor allem der so genannte „Sonderweg" Deutschlands in die Moderne, der sich sowohl auf sozialstruktureller und institutioneller Ebene als auch auf der Ebene „kollektiver Mentalität" in einer eigentümlichen sozialen Ordnung manifestiert haben soll, die erst den Nationalsozialismus ermöglichte und auch in der Bundesrepublik Deutschland in einem „latenten Faschismus" bzw. „völkischen Nationalismus" konserviert geblieben sei, der nunmehr wieder zum Vorschein komme (Geis 1995; vgl. Eckert, Willems und Würtz 1996; Krell, Nicklas und Ostermann 1996).[4]

Stark betont werden in diesem Zusammenhang vor allem die Spezifika der sich in einem „völkischen Nationalismus" artikulierenden „deutschen Identität", die im Unterschied zur republikanisch-demokratischen Volkskonzeption immer schon auf einer besonders markanten Abgrenzung gegenüber den „Anderen" beruhten. In dieser Sichtweise ist das Subjekt xenophober Tendenzen dann letztlich auch „nicht der einzelne Deutsche, der eine irgendwie problematische Einstellung gegenüber Nichtdeutschen hat, sondern es ist die traditionelle Vorstellung vom deutschen Volk als einer sozialen Realität, in der jeder Nichtdeutsche als Fremdkörper erscheint" (Hoffmann 1993: 45). Der Kern dieser traditionellen Vorstellung vom deutschen Volk wird in einer ethnischen bzw. linguistisch-kulturellen Definition von Volkszugehörigkeit ausgemacht, durch die die Inklusion von Nicht-Deutschen in das soziale System erschwert und die Exklusion legitimiert wird (Bommes und Halfmann 1994; Brubaker 1992; Staas 1994; Wehler 1994; Wilpert 1993; vgl. Bös 1993). Besonders das am *ius sanguinis* festgemachte – erst 1999 grundlegend modifizierte – Staatsangehörigkeitsrecht gilt als ein markanter politisch-institutioneller Ausdruck dieser Konzeption.

Das Bestehen solcher historischen Besonderheiten der Entwicklung in Deutschland ist grundsätzlich unstritig. Sie sind durch zahlreiche geschichtswis-

---

[4] In der Geschichtswissenschaft ist die These vom deutschen „Sonderweg" nicht unumstritten. Das zeigen zum Beispiel die Beiträge von Möller, Nipperdey, Sontheimer, Nolte, Stürmer und Bracher zu einem Kolloquium des Instituts für Zeitgeschichte (vgl. Institut für Zeitgeschichte 1982).

senschaftliche und historisch-soziologische Studien recht gut belegt. Dennoch ist ihr Beitrag zur Erklärung sozialer Distanzen gegenüber ethnischen Minderheiten beschränkt. Das liegt zum einen an der nicht überzeugenden empirischen Bewährung des Grundarguments vom Einfluss der durch die historische Entwicklung weitgehend festgelegten „kollektiven Mentalität" auf die zu erklärenden Ausprägungen sozialer Distanzen. Zum anderen bleibt offen, welche kausalen Mechanismen hinter den vermuteten Zusammenhängen stehen sollen. Wenn die Hypothese von der anhaltenden Prägekraft des deutschen „Sonderwegs" in die Moderne zutreffen sollte, wären zumindest deutliche Unterschiede im Ausmaß sozialer Distanzen gegenüber anderen Ländern mit anderen historischen Entwicklungspfaden zu erwarten. Dafür finden sich aber keine stichhaltigen Belege. Nach den Zahlen der Eurobarometer-Erhebung des *European Monitoring Centre on Racism and Xenophobia* von 2000 unterscheiden sich zum Beispiel Deutsche und Franzosen in ihren Einstellungen gegenüber ethnischen Minderheiten kaum (Thalhammer et al. 2001; vgl. Eckert et al. 1996; Küchler 1996; Pettigrew 1998b; Watts 1997; Wiegand 1992). Gerade für Frankreich – Idealtypus eines republikanischen Nationalismus – wäre nach der „Sonderwegs"-These aber eigentlich etwas anderes zu erwarten. Auch auf der Ebene der manifesten Gewalt scheint es keine großen Unterschiede zu geben. Insbesondere aus Frankreich und Großbritannien, aber auch aus Schweden, der Schweiz und den Niederlanden werden immer wieder Gewalttaten gegen Angehörige ethnischer Minderheiten berichtet (Banton 1999; Bovenkerk, Miles und Verbunt 1990; Björgo und Witte 1993; Björgo 1995). Das sind empirisch gut belegte Evidenzen, die eine skeptische Einschätzung des Erklärungspotentials der auf historische Sonderentwicklungen fixierten Ansätze begründen.

Ostdeutsche „Sonderwege"?

Ähnliche Vorbehalte gelten im Prinzip auch für einige Analysen und Interpretationen der viel beachteten Unterschiede im Verhältnis zu ethnischen Minderheiten zwischen Ost- und Westdeutschen. Zumindest implizit wird oft unterstellt, allein die Tatsache, dass jemand in Ostdeutschland lebt und/oder in der ehemaligen DDR aufgewachsen ist, erkläre einen erheblichen Teil der beobachteten Unterschiede in den Einstellungs- und Verhaltensmustern gegenüber Angehörigen ethnischer Minderheiten. In einem rein statistischen Sinn ist dies auch durchaus zutreffend. Nicht nur in einfachen bivariaten Analysen erweisen sich die Unterschiede zwischen Ost- und Westdeutschen als beträchtlich. Auch in multivariaten Analysen bleiben die Effekte (meistens) relativ robust (vgl., Hoffmeyer-Zlotnik 2000; Küchler 1994; Kühnel und Terwey 1994; Schmidt und Heyder 2000; Silbermann und Huesers 1995). Mit diesen Befunden scheint für manche Beobachter alles Weitere schon geklärt, da die Ursachen für diese Unterschiede offensichtlich in den unterschiedlichen historischen Entwicklungen von Ost- und Westdeutschland zu suchen sind (vgl. Breuer 1991: 54-66; Wilpert 1993). Fraglich ist dann nur noch, welche Besonderheiten dieser Entwicklung als ausschlaggebend anzusehen sind – das grundlegende Legitimationsdefizit der SED-Diktatur, die offensichtliche Farce inszenierter Freundschaftsrituale im Zeichen der sozialistischen Internationale, der „staatlich verordnete Antifaschismus" und die gleichzeitige Anknüpfung an alte preußisch-nationale Traditionen oder der „Gruppendrill" in den Kinderkrippen.

Keine dieser – nur selten präzise ausformulierten – Hypothesen ist empirisch leicht zu widerlegen. Entscheidend ist jedoch, dass keine der auf historische Besonderheiten verweisenden Argumentationen den Anforderungen an eine wissenschaftliche Erklärung genügt. Niemand wird ernsthaft behaupten, dass staatlich inszenierte Xenophilie oder Gruppendrill in Kinderkrippen immer Vorurteile und Diskriminierungstendenzen erzeugen. Es gibt mit Sicherheit kein allgemeines Gesetz, das einen solchen Zusammenhang postuliert. Dann stellt sich aber die Frage, warum und unter welchen Bedingungen die genannten Eigenheiten der DDR-Geschichte wirksam werden. Auf welche allgemeineren Mechanismen sind sie zurückzuführen? Wann sind sie wirksam, wann nicht? Antworten auf diese Fragen lassen sich aus keinen geschichtlichen Gesetzmäßigkeiten ableiten. Sie erfordern andere theoretische Argumente.

2.2.2 Modernisierung, (Des-)Integration und soziale Krisen

Der soziale Wandel in modernen Industriegesellschaften und dessen Folgen bilden den theoretischen Angelpunkt für einige Ansätze, in denen die Ursachen sozialer Distanzen gegenüber ethnischen Minderheiten in widersprüchlichen Anforderungen an die Individuen, in einer fortlaufenden „Integrations- und Desintegrationsdynamik" und in durch gesellschaftliche Krisenphasen erzeugten anomischen Zuständen gesehen werden. In ihren Hauptargumenten knüpfen diese Ansätze eng an die bereits von Durkheim prominent gemachte Hypothese an, dass in Phasen des intensiven sozialen Wandels allgemeinverbindliche, von den Individuen als selbstverständlich internalisierte Normen ausgehöhlt und normative Erwartungen außer Kraft gesetzt werden. Wo dies der Fall ist, ergeben sich nach dieser Sichtweise Zustände der Orientierungslosigkeit und Anomie, die Integration der Individuen in die Gesellschaft wird gestört und abweichendes Verhalten gefördert (vgl. v.a. Durkheim 1973: 273-318; Durkheim 1988: 42-44 und 421-442).

Diese Überlegungen haben unter anderem bereits Scheuch und Klingemann 1967 in ihrem Entwurf zu einer „Theorie des Rechtsradikalismus" aufgegriffen. Demzufolge ist die Anfälligkeit für rechtsradikale Orientierungen und die damit verbundene Feindseligkeit gegenüber Fremdgruppen letztlich „eine 'normale Pathologie' von freiheitlichen Industriegesellschaften" (Scheuch und Klingemann 1967: 13), weil die Diskrepanz von permanenten ökonomischen und technischen Transformationsprozessen einerseits und sich nur langsam anpassenden Werten und Verhaltensweisen der Individuen andererseits fortlaufend Desorientierungen erzeugt, welche wiederum die Attraktivität rigider Orientierungsmuster erhöhen (vgl. Winkler 1996: 37-39).

Ein von Hoffmann-Nowotny entwickelter und neuerdings von Stolz wieder aufgegriffener Erklärungsansatz zielt in die gleiche Richtung (Hoffmann-Nowotny 1973; Stolz 2000). Nach diesem explizit *makrosoziologischen* Ansatz ergeben sich aufgrund der sozialen Positionen in einer funktional differenzierten Gesellschaftsstruktur spezifische Spannungen („Rangspannungen", „Ungleichgewichtsspannungen" und „Unvollständigkeitsspannungen"), die vor allem dann in „anomische Spannungen" umgesetzt werden, wenn eine Diskrepanz zwischen als legitim erachteten Ansprüchen und uneingelösten Mobilitätserwartungen entsteht. „Anomische" Spannungen wiederum begünstigen Kompensationsversuche, in denen die relativ machtlosen Minoritäten zu „Sündenböcken" abgestempelt werden. Die „Fremden" sind folglich „nur der ‚Aufhänger' für interne Probleme der hochentwickelten Einwanderungsgesellschaft, die in der Auseinandersetzung über die ‚Überfremdung' lediglich sichtbar werden" (Hoffmann-Nowotny 1973: 151). Die eigentlichen „internen Probleme" liegen im schnellen sozialen Wandel und den dadurch erzeugten, durch eine „unterschichtende" Zuwanderung allenfalls verstärkten strukturellen Spannungen, auf die die Betroffenen mit einer kontrafaktischen Bekräftigung der Tradition reagieren. Diese Interpretation wird in wesentlichen Punkten durch eine Studie von Stolz untermauert, der in seiner Analyse der interethnischen Beziehungen in der Schweiz zum Ergebnis kommt, dass negative Einstellungen gegenüber Ausländern einen „Teil eines größeren, veränderungsfeindlichen Syndroms darstellen, welches viel mit eigenen kognitiven Strukturen, Werten und Lebensstilen, jedoch eher wenig mit der eigenen ‚objektiven' Betroffenheit durch von der Immigration produzierte Probleme zu tun hat" (Stolz 2000: 298).

Die Annahme einer tiefgreifenden gesellschaftlichen „Integrations- und Desintegrationsdynamik" bildet indessen das Kernstück eines Erklärungsansatzes, der vor allem von Heitmeyer bekannt gemacht wurde. Die Ursachen fremdenfeindlicher Orientierungen werden demnach in den „Grundmechanismen der hochindustrialisierten, durchkapitalisierten Gesellschaft" verortet, die gekennzeichnet sind „durch temporeiche ökonomische und technologische Modernisierungsprozesse [...], die nicht den historischen Postulaten von ‚mehr Freiheit, mehr Gleichheit, mehr Brüderlichkeit' folgen, sondern einer anderen Dynamik, in der die Individualisierungsprozesse neuen Widersprüchen und Gegenläufigkeiten ausgesetzt sind" (Heitmeyer 1993: 4; vgl. auch Heitmeyer 1996). Diese Prozesse führen, so die Hypothese, auf der individuellen Ebene zu einer erheblichen Zunahme der Handlungsmöglichkeiten, gleichzeitig aber auch zu einer Auflösung traditioneller Milieus und zu einem Verlust an Verständigungsmöglichkeiten über gemeinsame Wert- und Normvorstellungen. Erfahrungen der Vereinzelung, Ausgrenzung und ökonomischen Unsicherheit werden zur Belastung für die Individuen. Auf der Ebene zentraler gesellschaftlicher Institutionen wird zugleich eine generelle „Paralysierung" konstatiert, die eine angemessene Bearbeitung der

Desintegrationsprozesse und ihrer Folgen verhindert (Heitmeyer 1993: 7-10). Auf die Gesamtheit dieser strukturell bedingten Desintegrationsprozesse und der damit einher gehenden Handlungsunsicherheiten, Ohnmachts- und Vereinzelungserfahrungen reagieren die Individuen, so Heitmeyer, mit der Suche nach klaren Orientierungsmöglichkeiten, Gewissheiten und leistungsunabhängigen Zugehörigkeiten, die gerade durch nationalistische, fremdenfeindliche und/oder rechtsextremistische Konzepte befriedigt werden können (Heitmeyer 1994: 47). Insbesondere mit Identitätsproblemen belastete, unter Statusangst leidende Jugendliche, aber auch andere von der „Integrations- und Desintegrationsdynamik" negativ Betroffene, würden folglich dazu tendieren, Andere auszugrenzen und abzuwerten, um dadurch selbst Anschluss und einen zumindest subjektiv erlebten Aufstieg in der sozialen Hierarchie zu erreichen (vgl. Heitmeyer 1987; Anhut und Heitmeyer 2000).

Eine weitere Gruppe makroanalytisch ansetzender Interpretationen sieht die Ursachen von negativen Einstellungen und sozialer Distanzen gegenüber Ausländern weniger in strukturell bedingten, moderne Industriegesellschaften kontinuierlich durchziehenden Desintegrationsprozessen, sondern in eher zyklisch zu beobachtende Reaktionen auf soziale Krisenlagen. In den Mittelpunkt werden strukturell bedingte Spannungszustände innerhalb von Gesellschaften gerückt, von denen angenommen wird, dass sie sich in einem diskontinuierlichen Vorgang gesellschaftlicher Entwicklung regelmäßig wiederholen. So betonen zum Beispiel Fröhlich und Müller vor allem durch ökonomische Krisen bedingte „akute Störungen im individuellen und sozialen Bereich der Lebenswelt", die die Individuen in Angst versetzen, ihnen eine Revision der Realitätsdeutungen abverlangen und dadurch Platz schaffen für „das Spiel mit der Angst" (Fröhlich und Müller 1995: 42). Einfache, scheinbar alle Probleme aus der Welt schaffende Lösungsoptionen werden attraktiv, wobei mit „Überfremdungsthesen" ein „schichtübergreifendes Publikum" angesprochen werden könne, das für einfache Erklärungsmuster und Handlungsoptionen empfänglich sei (57). Dagegen betont zum Beispiel Wimmer hauptsächlich die „Krise des gesellschaftlichen Solidarpakts", die die in ökonomischer und sozialer Hinsicht gefährdeten „Einheimischen" dazu bringe, auf nationalstaatliche Solidarität zu pochen und nicht zur „nationalen Gemeinschaft" Gehörige auszugrenzen (Wimmer 1997; vgl. auch Bommes und Halfmann 1994: 418-422; Imhof 1993: 340-344).

Ein gemeinsames Grundproblem dieser Ansätze liegt darin, dass sie im Grunde nur „partielle Erklärungen" (Hempel 1965: 415-418) sind. Es sind Erklärungen, in denen das zu erklärenden Phänomen (das Explanandum) nur eine mögliche Folge der vorgeschlagenen Theorie bzw. des Explanans ist. So beruht zum Beispiel das Erklärungsmodell von Scheuch und Klingemann auf der Hypothese, die als maßgeblich erachteten Modernisierungsprozesse erhöhten die Wahrscheinlichkeit der Herausbildung „pathologischer", für extreme Orientierungen anfälliger Persönlichkeitsstrukturen. Doch auch sie scheinen davon auszugehen, dass diese Reaktion auf Desorientierung und Unsicherheit nicht die einzig Mögliche ist und nur ein Teil der davon Betroffenen rigide Denkmuster entwickelt (Scheuch und Klingemann 1967: 18). Nicht geklärt wird jedoch, unter welchen Bedingungen das der Fall ist und wann nicht (Winkler 1996: 38). Das Gleiche gilt im Prinzip für das Modell von Hoffmann-Nowotny (vgl. Fröhlich und Müller 1995: 54) oder die Desintegrationstheorie (vgl. Eckert et al. 1996: 155-158, Wahl 1993, Winkler 1996). Diese Unvollständigkeit der Erklärung hat zur Folge, dass auch die Resultate der empirischen Analysen in der Regel letztlich mehrdeutig bleiben, weil eigentlich unklar ist, unter welchen spezifischen Randbedingungen das Erklärungsmodell als bewährt gelten kann und wann es widerlegt ist.

2.2.3 Produktionsverhältnisse und politische Ökonomie

Hauptsächlich als Resultat gesellschaftlicher Verhältnisse werden Fremdenfeindlichkeit und Rassismus auch in einigen marxistisch orientierten Erklärungsansätzen aufgefasst, die darin in erster Linie eine Folge der Funktionsweise kapitalistischer Produktions- und Lebensverhältnisse sehen. Insbesondere in der Tradition der maßgeblich von Oliver C. Cox begründeten Variante der Rassismusforschung werden ethnische oder rassistische Differenzierungen und Spannungslinien als mehr oder weniger direkter Ausdruck von in kapitalistischen Produktionsverhältnissen und Ausbeutungsbeziehungen verankerten Klassenverhältnissen interpretiert (vgl. z.B. Ruf 1989). Ihre Funktion bestehe darin, nationale und internationale Dominanz- und Ausbeutungsverhältnisse zu legitimieren und zu verfestigen. Im internationalen Kontext geschehe dies durch die ideologische Konstruktion einer „Völker- und Rassenhierarchie", mit deren Hilfe das Machtverhältnis von „Zentrum" und „Peripherie" abgesichert werden soll (Wallerstein 1987). In den einzelnen kapitalistischen Ökonomien selbst dienten rassistische Vorstellungen dagegen der Rechtfertigung von Billiglöhnen und Billiglohnkonkurrenzen sowie der Unterdrückung und Herrschaftssicherung, indem Segmente des „Proletariats" gegeneinander ausgespielt werden. Den Grundgedanken hat schon Cox auf einen einfache Formel gebracht: „Race prejudice is a social attitude propagated among the public by an exploiting class for the purpose of stigmatizing some group as inferior so that the exploitation of either the group itself or its resources may both be justified" (Cox 1959: 393).

Von diesen relativ einfachen funktionalistischen Interpretationen, in denen Einstellungs- und Verhaltensmuster gegenüber ethnischen Minderheiten aus deren Nutzen für die Bewahrung der Stabilität „des Systems" und die Interessen der „herrschenden Klassen" abgeleitet werden, hat sich die neuere (neo-)marxistische Forschung bereits seit einiger Zeit distanziert. Ethnischen Differenzierungen und Grenzziehungen werden nun eine „relative Autonomie" gegenüber den Produktionsverhältnissen zugeschrieben (vgl. Bader 1995; Balibar und Wallerstein 1992; Institut für Sozialforschung 1992; Miles 1991; Solomos 1986). Im Zentrum der Analyse steht nun etwa die so genannte „political economy of scarcity" (Bovenkerk, Miles und Verbunt 1991), die sich nicht nur unmittelbar auf elementare Produktionsverhältnisse, sondern auch auf die Regulierung der Verteilung knapper Güter bezieht. Einstellungen, Verhaltensweisen und institutionalisierte Diskriminierungspraktiken gegenüber Immigranten und ethnischen Minderheiten sind in dieser Sichtweise dann letztlich die Folge von Legitimierungsstrategien, mit denen ungleiche Chancen des Zugangs zu begehrten knappen Gütern - über Prozesse der Inklusion und Exklusion und symbolische Formen der Integration – begründet werden (vgl. Miles 1993).

Die neueren marxistisch orientierten Erklärungsansätze weisen in vielen Punkten bemerkenswerte Ähnlichkeiten mit der *realistic group conflict theory* und anderen, an der Struktur von Intergruppenbeziehungen ansetzenden Theorien auf. Das betrifft vor allem den zentralen Stellenwert knapper Ressourcen und der durch die jeweiligen Interessenlagen bestimmten Strategien der Inklusion und Exklusion. Allerdings beschränken sie sich im Wesentlichen auf die Ebene der strukturellen Beziehungen der Produktion und Reproduktion. Systematisch aus der Theorie abgeleitete Hypothesen über die Ursachen unterschiedlicher Einstellungs- und Verhaltensmuster von Individuen sind die Ausnahme. In dieser Hinsicht sind die Erklärungsansätze, die an der Struktur der Intergruppenbeziehungen ansetzen, erheblich präziser.

2.2.4 Strukturelle Determinanten der Intergruppenbeziehungen

Diejenigen Erklärungsansätze, in denen die Ursachen ethnischer Differenzierungen und sozialer Distanzen aus der Struktur der Beziehungen zwischen Gruppen und typischen Charakteristika der jeweils beteiligten Gruppen deduziert werden, nehmen eine Art Zwischenposition zwischen makro- und mikroanalytischen Ansätzen ein. Eine frühe Variante davon sind die klassischen Zyklenmodelle interethnischer Beziehungen, unter denen die von Robert E. Park und Emory Bogardus besonders prominent geworden sind. Parks Modell der *race-relations-cycles* zielt auf eine vollständige Darstellung einer allgemein gültigen, in ihrer Abfolge deterministisch festgelegten und im Prinzip unvermeidlichen Stufenfolge von Zuständen des Verhältnisses von Immigranten und Aufnahmegesellschaft. Danach verläuft der Prozess der Eingliederung von Immigranten in eine Aufnahmegesellschaft *immer* von der Phase des Kontakts über die Phasen des Konflikts und der anschließenden Akkomodation bis hin zur Assimilation im Sinne einer Verschmelzung der zuvor noch ethnisch oder rassisch differenzierten Gruppen (Park 1950: 138-151; vgl. Esser 1980: 43-45). Das Zyklenmodell von Bogardus unterscheidet im Hinblick auf die sukzessiven Veränderungen in den Reaktionen der Aufnahmegesellschaft sogar insgesamt sieben Stadien – „curiosity", „economic welcome", „industrial and social antagonism", „legislative antagonism", „fair play tendencies", „quiescence" und „second-generation difficulties" –, durch die die Beziehungen zwischen Einheimischen und Zuwanderern festgelegt werden (Bogardus 1930).

Diese Ansätze sind inzwischen aus verständlichen Gründen weitgehend in Vergessenheit geraten. Erstens erwies sich die grundlegende Behauptung allgemein gültiger, unvermeidlicher und irreversibler Zyklen als empirisch unhaltbar und zweitens sind die Zyklenmodelle eigentlich gar keine Theorien, sondern „allenfalls induktiv gewonnene Quasi-Gesetze", die auf zahlreichen implizit gelassenen Annahmen beruhen, ohne die relevanten Mechanismen deutlich zu machen (Esser 1980: 48; vgl. auch Esser 1986: 32).[5] Kaum mehr ernsthaft diskutiert wird im Übrigen auch die einfache Variante der „Kontakthypothese", die unterstellt, allein die Häufigkeit von Interaktionen zwischen Majorität und Minorität erhöhe die wechselseitige Attraktion und trage zu einem Abbau sozialer Distanzen bei. Zumindest in dieser Form hat sich die Hypothese als empirisch unhaltbar erwiesen. Die Ursache dafür ist vor allem eine unzureichende Spezifikation der Randbedingungen, unter denen Individuen positiv auf persönliche Kontakte mit Angehörigen anderer (ethnischer) Gruppen reagieren. Die neueren Formulierungen der Kontakthypothese, auf die im Folgenden noch eingegangen wird, sind in dieser Hinsicht einige Schritte weiter.

Kulturelle Konflikte zwischen ethnisch differenzierten Gruppen

Nach einem auch in der öffentlichen Debatte weit verbreiteten Ansatz zur Erklärung von Spannungen und Konflikten zwischen Immigranten und Einheimischen liegt den Dreh- und Angelpunkt der Analyse interethnischer Beziehungen in kulturellen Unterschieden und damit verbundenen Konflikten zwischen den ethnisch differenzierten Gruppen. So konstatiert zum Beispiel Hoffmann-Nowotny „eine z.T. erhebliche kulturelle Distanz" zwischen Einheimischen und „Fremden", die sich unter Umständen in Vorurteilen und Diskriminierungen niederschlagen kann (Hoffmann-Nowotny 1992: 23). In einer zugespitzten Form unterstellt der Ansatz einen direkten Zusammenhang zwischen kultureller und sozialer Distanz: Je größer die kulturelle Distanz und Andersartigkeit der miteinander in Kontakt tretenden Bevölkerungsgruppen ist, desto größer ist die soziale Distanz zwischen Angehörigen der verschiedenen Gruppen (z.B. Fuchs, Gerhards und Roller 1993: 243). Demnach werden ethnische Minderheiten umso eher Zielscheibe fremdenfeindlicher Orientierungen und Diskriminierungen, je stärker sie von der Kultur der Aufnahmegesellschaft abweichen und je mehr sie sich in einer ethnischen Kolonie einrichten, in der kulturelle Differenzen subkulturell verfestigt werden.

---

[5] Genau genommen handelt es sich bei Zyklen-Modellen um „unvollständige genetische Erklärungen", also um „Abfolgen von Bedingungen, die bestimmte Gesetze in Gang setzen und deren Explanandum wieder Bedingung für ein (anderes) Gesetz ist (usw.)" (Esser 1980: 50). „Unvollständig" sind solche genetischen Erklärungen dann, wenn die angenommenen Gesetze nicht präzise angegeben und jeweiligen Randbedingungen nicht spezifiziert werden, so dass auch die Folgen der Randbedingungen nicht deduktiv abgeleitet werden können.

Abgesehen von den (auch von Hoffmann-Nowotny aufgezeigten) erheblichen Schwierigkeiten einer brauchbaren Operationalisierung des Konstrukts „kulturelle Distanz" gibt es gravierende empirische und theoretische Einwände gegen diesen Ansatz. In empirischer Hinsicht zeigen zahllose Analysen der Geschichte von Einwanderungsgesellschaften wie wenig „objektive" kulturelle Unterschiede zu erklären vermögen. Die Geschichte der Assimilation der einst als ganz absonderlich geltenden deutschen Einwanderer in den USA (Alba 1990) oder die rasante Veränderung der Einstellungs- und Verhaltensmuster gegenüber italienischen Zuwanderern in Deutschland oder der Schweiz (Hoffmann-Nowotny 1992: 77-82) sind nur einige wenige Beispiele, die belegen, dass soziale Distanzen nicht aus „objektiven" Unterschieden abzuleiten sind. Dieser Befund ist aus theoretischer Sicht auch kaum überraschend, wenn man von einer handlungstheoretischen Konzeption des Kulturkonzepts ausgeht (vgl. dazu v.a. Swidler 1986; Wimmer 1996). Aus einer solchen Perspektive kann die These vom Kulturkonflikt schon deshalb nicht überzeugen, weil sie letztlich auf einem statischen und essentialistischen Kulturbegriff beruht, der fragwürdig wird, sobald man die individuelle und subkulturelle Variabilität, den Prozesscharakter und die strategische Adaptionsfähigkeit kultureller Praxis in die Analyse einbezieht (Wimmer 1997: 24-25).

Das heißt aber nicht, dass die subjektive Wahrnehmung kultureller Divergenz und Unverträglichkeiten seitens der Einheimischen völlig bedeutungslos wäre. Im Gegenteil: Subjektiv wahrgenommene kulturelle Distanzen sind mit hoher Wahrscheinlichkeit eine wichtige Determinante sozialer Distanzen und beeinflussen unter bestimmten Bedingungen die Einstellungs- und Verhaltensmuster gegenüber ethnischen Minderheiten. Nur lassen sich diese eben nicht direkt aus *objektiv* gegebenen kulturellen Eigenheiten von Gruppen deduzieren. Vielmehr stellt sich die Frage, durch welche Mechanismen auf der Ebene der individuellen Akteure die subjektiven Wahrnehmungen kultureller Unterschiede bestimmt sind und wie die dabei zu beobachtenden Unterschiede zwischen Individuen erklärt werden können.

Gruppenkonflikt und Wettbewerb

Strukturell bedingte Konstellationen von Intergruppenbeziehungen und daraus resultierende Interessen- und Kontrollkonflikte bilden den Kern einer Reihe von Erklärungsmodellen, die als *realistic group conflict theory* (Campbell 1965; LeVine und Campbell 1972: Kap. 3; Sherif 1966; vgl. Brown 1995: Kap. 6), als Theorie des ethnischen Wettbewerbs (Olzak und Nagel 1986; Olzak 1992; Nagel 1995), als *power approach* (Giles und Evans 1986; vgl. Blalock 1967; Blalock 1982) oder als *group position model* (Blumer 1958; Blumer und Duster 1980; vgl. Bobo und Hutchings 1996; Quillian 1995) bekannt geworden sind. Obwohl sich diese Erklärungsansätze in den Details der Argumentation unterscheiden, konvergieren sie in der geteilten Grundhypothese, dass ethnische Grenzziehungen und

Distanzierungen in erster Linie das Resultat von Konflikten zwischen Gruppen in Bezug auf die Verteilung knapper und gleichzeitig begehrter Güter sind. Ausgangspunkt der *realistic group conflict theory* (RGCT) ist die allgemeine Prämisse, dass funktionale Beziehungen bzw. wechselseitige Abhängigkeiten zwischen Gruppen in Bezug auf die Realisierung ihrer jeweiligen Ziele einen direkten Einfluss auf das Verhältnis der Mitglieder der einen Gruppe gegenüber den Mitgliedern der anderen Gruppe haben. Besteht ein Wettbewerb um gemeinsam angestrebte Güter, entwickeln sich negative Einstellungen und Feindseligkeiten gegenüber den Angehörigen der Outgroup. Die Notwendigkeit einer Kooperation zur Verwirklichung der von den einzelnen Gruppen angestrebten Ziele hingegen begünstigt eher positive Haltungen gegenüber den Outgroup-Mitgliedern und die Verringerung eventuell bereits bestehender Antipathien und Diskriminierungstendenzen. Ein beeindruckender Beleg dafür sind die berühmten Sommerlager-Studien von Muzafer Sherif und seinen Mitarbeiter (Sherif 1966: 71-93). Sie zeigen, dass Interessenkonflikte zwischen Gruppen auch ganz unabhängig von allen sonstigen persönlichkeitsspezifischen und situationalen Einflussfaktoren Einstellungs- und Verhaltensmuster zwischen Angehörigen unterschiedlicher Gruppen bestimmen können: „neither cultural, physical, nor economic differences are necessary for the rise of intergroup conflict, hostile attitudes, and stereotyped images of out-groups. Nor are maladjustment, neurotic, or unstable tendencies necessary conditions for the appearance of intergroup prejudice and stereotypes" (Sherif 1966: 85; vgl. Brown 1995: 164-166; Hogg und Abrams 1988: 42-48; Mummendey 1985: 188-189).

Vergleichbare Argumente finden sich auch in anderen Theorien zur Erklärung interethnischer Beziehungen. So geht zum Beispiel die von Bonacich ausgearbeitete *split labor market theory* davon aus, dass ethnische Antagonismen zwischen Einheimischen und Immigranten primär als Folgen eines strukturell bedingten Interessenkonflikts um die Verteilung von Arbeitsplätzen und Einkommen zwischen privilegierten Arbeitnehmern, zugewanderten „Lohndrückern" und den auf Profitmaximierung ausgerichteten Unternehmern zu erklären sei (Bonacich 1972; Bonacich 1979). Die *competition theory of ethnic relations* betont demgegenüber (in Anlehnung an die *human ecology* von Robert E. Park, Amos Hawley und Ernest W. Burgess) Konflikte um die Kontrolle allgemein angestrebter Ressourcen, die insbesondere dann entstehen, wenn infolge ökonomischer Rezession, starker Zuwanderung oder auch eines Abbaus rechtlicher Benachteiligungen eine etablierte „cultural division of labor" außer Kraft gesetzt und verstärkter Wettbewerb zwischen ethnisch differenzierten Gruppen ausgelöst wird (Nagel 1995; Olzak und Nagel 1986; Olzak 1992; vgl. Ganter 1995: 85-91).

Diese Überlegungen sind – mit umgekehrten Vorzeichen – auch wesentlich für die genauere Bestimmung der situationalen Bedingungen, unter denen Intergruppenkontakt zu einer Reduktion von Distanzen und Vorurteilen beitragen kann. Spätestens seit den Arbeiten von Allport ist bekannt, dass zu den wichtigsten Voraussetzungen nicht nur das Fehlen von Interessenkonflikten, sondern darüber hinaus die Erfahrung wechselseitig vorteilhafter Kooperationsbeziehungen gehört. Das ist ein erheblicher Unterschied zu den „naiven" Varianten der Kontakthypothese, die davon ausgehen, dass Kontakte zu Angehörigen von Fremdgruppen *per se* einen positiven Effekt auf die wechselseitigen Beurteilungen haben, weil sie zum Beispiel zur Vermeidung von Missverständnissen beitragen. Außerdem gibt es klare empirische Hinweise darauf, dass die Wahrscheinlichkeit einer Verringerung von Vorurteilen und sozialen Distanzen zunimmt, wenn die Angehörigen der verschiedenen Gruppen gemeinsame Ziele verfolgen und den gleichen sozialen Status haben (*equal group status*) und wenn der Kontakt darüber hinaus von wichtigen Bezugspersonen und Autoritäten befürwortet wird (Allport 1954; Amir 1969; Hewstone und Brown 1986). Kurz: „The situation must allow equal group status within the situation, common goals, intergroup cooperation, and authority support" (Pettigrew 1998a: 80).[6] Das ist im Prinzip nichts anderes als das genaue Gegenstück zu jenen Konstellationen, die „realistische" Theorien des Intergruppenkonflikts als entscheidende Ursache von Vorurteilen und sozialen Distanzierungen betrachten.

Von diesen Ansätzen unterscheiden sich das *group position model* von Herbert Blumer und die daran anknüpfenden Beiträge hauptsächlich durch die starke Akzentuierung eines kollektiven „sense of group position" (Blumer 1958; Blumer und Duster 1980: 221-237): Damit sind kollektiv geteilte Vorstellungen von besonderen, als legitim erachteten Vorrechten der Eigengruppe gemeint. Demnach sind Einstellungen gegenüber ethnischen Minderheiten „a response to threats to established group privileges, which are not necessarily linked to the individual interests of group members" (Quillian 1995: 586; vgl. Bobo und Hutchings 1996; Quillian 1996). Die wahrgenommene Bedrohung wiederum sei abhängig von der gegebenen wirtschaftlichen Lage im Aufnahmeland und von den jeweiligen Gruppengrößen. Je größer die subordinate Gruppe und/oder je prekärer die wirtschaftliche Lage, desto stärker sind die Vorurteile und Diskriminierungstendenzen.

Ein besonderes Merkmal dieser Ansätze ist die ausdrückliche Abgrenzung gegenüber der rein individualistischen *self-interest theory*, die gemäß einer „straightforward pocketbook logic" (Bobo und Hutchings 1996: 953) davon ausgeht, dass Individuen negative Einstellungen und soziale Distanzen gegenüber einzelnen Angehörigen anderer Gruppen entwickeln, mit denen sie in Wettbewerbs- und Konfliktbeziehungen stehen. Nach diesem Modell wäre zum Beispiel zu erwarten, dass einheimische Beschäftigte im Niedriglohnsektor, Arbeitslose oder Bewohner „sozial schwacher" Wohngebiete besonders starke Vorurteile und Diskriminierungstendenzen gegenüber Immigranten aufweisen, weil sie am ehes-

---

[6] Pettigrew verweist in seinem Review-Artikel zum Stand der *intergroup contact theory* noch auf einige weitere Faktoren, von denen es abhängt, ob durch Intergruppenkontakte Vorurteile verringert werden (Pettigrew 1998a). Er macht unter anderem deutlich, dass es auf intensive und wiederholte Kontakte und nicht bloß auf gelegentliche Zufallsbegegnungen ankommt und dass solche Kontakte erst dann eine grundlegende Einstellungsänderung hervorrufen, wenn etwa die veränderte Einschätzung *eines* Ausländers auch auf die Gruppe der Ausländer insgesamt generalisiert wird.

ten von einer direkten Konkurrenz betroffen sind (vgl. Krauth und Porst 1984: 234-235; Quillian 1995: 587-588; Wimmer 1997: 19). Die empirischen Belege für diese individualistische Konflikthypothese sind jedoch widersprüchlich. Während einige Studien (meist schwache) Hinweise dafür finden, dass Arbeitslosigkeit oder akute Befürchtungen, bald arbeitslos zu werden, die Abneigung gegen Ausländer und andere ethnische Minderheiten verstärkt (z.B. Krauth und Porst 1984: 257; Thalhammer et al. 2000: 11), stellen andere überhaupt keinen signifikanten Zusammenhang zwischen Arbeitslosigkeit, Arbeitsplatzkonkurrenz und Distanzierung fest (Ahlheim und Heger 2000: 377-380; Hernes und Knudsen 1992: 130; Heßler 1993: 159-160; Hill 1993: 59-66; Silbermann und Huesers 1995: 73-74). Andere Kritiker der *self-interest theory* verweisen auf historische Analysen, die zeigen, dass auch eine intensivierte Konkurrenz und sinkende Lohnniveaus auf dem Arbeitsmarkt nicht zwangsläufig zu verschärften Distanzierungen gegenüber Ausländern führen muss (Wimmer 1997: 19-21).

Nicht weniger umstritten ist indes die unter anderem von Quillian formulierte Hypothese eines direkten Zusammenhangs zwischen sozialer Distanz gegenüber „Ausländern" und deren relativem Anteil an der Gesamtbevölkerung (Quillian 1995: 589; vgl. Quillian 1996: 819-821). Ein solcher Zusammenhang wird auch von Fuchs, Gerhard und Roller postuliert, die annehmen, die „subjektive Bewertung der ‚Anderen'" in Europa sei hauptsächlich durch den Anteil an Ausländern aus Ländern außerhalb der EG bzw. EU zu erklären (Fuchs et al. 1993). Einige Analysen von Eurobarometer-Daten scheinen diese Hypothesen zu stützen (Alber 1995; Fuchs et al. 1993; Küchler 1996; Quillian 1995). Andere Analysen derselben Daten (Zick 1997: 372-382), insbesondere aber eine ganze Reihe von Untersuchungen mit Angaben über den Ausländeranteil im Wohngebiet bzw. Stadtkreis (anstelle von Angaben auf Nationalstaatsebene wie im Eurobarometer) stellen indessen ihre Gültigkeit in Frage (Ahlheim und Heger 2000: 377; Böltken 1994; Böltken 2000; Schröder et al. 2000: 194-195). So konstatiert etwa Böltken, „die Distanzierung bzw. die Neigung zu Segregation ist deutlich ausgeprägter, wenn in der Wohnumgebung keine Ausländer leben bzw. wahrgenommen werden" (Böltken 2000: 152). Allein schon die im Durchschnitt sehr starke Ablehnung von Ausländern in den Gebieten mit besonders niedrigen Ausländeranteilen in Ostdeutschland ist eine erklärungsbedürftige Anomalie für die von Quillian und anderen Autoren formulierte Hypothese.

Alles in allem wir damit klar, dass allein auf der Grundlage der mehr oder weniger „objektiv" gegebenen Konstellationen von Intergruppenbeziehungen die empirisch feststellbaren Unterschiede in den sozialen Distanzen gegenüber ethnischen Minderheiten nicht befriedigend erklärt werden können. Das heißt jedoch nicht, dass Konflikte um die Verteilung knapper Güter und die Bewahrung gruppenbezogener Privilegien bei der Entstehung von Vorurteilen und sozialen Distanzen überhaupt keine Rolle spielen. Vielmehr legen die vorliegenden empirischen Studien den Schluss nahe, dass es nicht allein auf objektiv gegebene Interessenkonflikte ankommt. Wichtiger dürften *subjektiv wahrgenommene* Situationen des Wettbewerbs und Konflikts um Ressourcen sein, die einerseits rein individuelle Güter – zum Beispiel ein bestimmter Arbeitsplatz oder eine bestimmte Wohnung –, andererseits aber auch kollektive Güter – wie etwa bestimmte Privilegien und Vorrechte, die den Angehörigen einer Gruppe als Ganzes zugute kommen – betreffen können. Der Akzent verschiebt sich damit auf die subjektive Wahrnehmung einer Konfliktsituation, was wiederum die Frage aufwirft, von welchen Determinanten die damit verbundenen subjektiven Meinungen und Einstellungen bestimmt werden: „If perceptions of competing goals can underlie prejudice, and if such perceptions are not always correlated with the groups' actual relations, where do they come from?" (Brown 1995: 16). Allein in der objektiven Struktur der Intergruppenbeziehung zwischen Einheimischen und „Fremden" sind die Gründe offenbar nicht zu finden, zumal schon die oft unterstellte Identifikation mit einer letztlich immer nur fiktiven Gesamtheit der „Eigengruppe" keineswegs selbstverständlich ist.

2.2.5 Zwischenfazit

So unterschiedlich die als makroanalytisch bezeichneten Ansätze in vieler Hinsicht sind, in einem wichtigen Punkt stimmen sie überein: Der entscheidende theoretische Ansatzpunkt zur Erklärung ethnischer Grenzziehungen und sozialer Distanzen gegenüber Ausländern und anderen ethnischen Minderheiten liegt für sie auf der Ebene struktureller Gegebenheiten und Gesellschaften als Ganzes betreffender Prozesse – seien dies besondere Eigentümlichkeiten der historischen Entwicklung einer Gesellschaft, die Dynamik des sozialen Wandels moderner Industriegesellschaften, die aus kapitalistischen Produktionsverhältnissen erwachsenden Interessenlagen oder die strukturellen Konstellationen von Intergruppenbeziehungen. Sie stehen damit in einer bereits seit Durkheim (Durkheim 1991) gut etablierten sozialwissenschaftlichen Tradition, die es als ihr Ziel ansieht, soziale Phänomene als Folge von sozialen Tatbeständen und Institutionen zu verstehen, welche unabhängig von den konkreten Akteuren bestehen und auf die einzelnen Individuen eine derart zwingende Macht ausüben, dass sich eine genauere Befassung mit dem Handeln der Akteure im Prinzip erübrigt.

Bei genauerem Hinsehen fällt allerdings auf, dass viele der in diesem Zusammenhang entwickelten Hypothesen auffällig vage und unbestimmt sind. Anstelle stringent theoretisch abgeleiteter Aussagen treten „Orientierungshypothesen", denen vor allem eines fehlt – „die genaue Spezifikation der Zusammenhänge, die es erst erlauben würde, spezifische Randbedingungen anzuwenden" (Esser 1996c: 57; vgl. Homans 1969: 26-29; Opp 1995: 157-160). Es sind in der Terminologie Mertons nicht mehr und nicht weniger als „general orientations toward substantive materials" oder „broad postulates which indicate *types* of variables which are somehow to be taken into account rather than specifying determinate relationships between particular variables" (Merton 1968a: 141-142). Nur ein Beispiel dafür ist die von Fuchs, Gerhard und Roller (1993: 249) formulierte Aussage, "daß die Bewertung der ‚Anderen' eine Funktion der Anzahl und der Herkunft der Ausländer in einem Land" sei. Damit wird eigentlich nur darauf hingewiesen, dass der Anteil der Ausländer an der Gesamtbevölkerung und der kulturelle Hintergrund der Immigranten eine irgendwie wichtige Rolle bei der Entstehung und Verbreitung sozialer Distanzen spielen können. Das ist aber offensichtlich noch keine Erklärung.

Die immer wieder sichtbar werdenden Schwierigkeiten beim Umgang mit bei der empirischen Analyse auftretenden Anomalien und Widersprüchen hängen mit den theoretischen Unklarheiten eng zusammen. Warum reagieren zum Beispiel nicht alle „Modernisierungsverlierer" oder unter Desintegration und Anomie leidende Individuen mit verschärfter sozialer Distanz gegenüber ethnischen Minderheiten? Oder warum führt eine tatsächliche oder auch bloß vermeintliche Bedrohung der privilegierten Position einer Gruppe zu sehr unterschiedlichen Reaktionen der Gruppenangehörigen? Allein aus der „Integrations- und Desintegrationsdynamik" moderner Gesellschaften oder aus Anomie erzeugenden Modernisierungsschüben und Krisensituationen lassen sich auf solche Fragen keine befriedigenden Antworten finden. Folglich werden immer wieder – mehr oder weniger ad hoc – meist implizite Annahmen über das Verhalten und Handeln von Individuen in die Analyse einbezogen, ohne dass die dabei unterstellten funktionalen Zusammenhänge theoretisch überzeugend begründet werden.

Der Kern dieser Probleme makroanalytischer Ansätze ist die schon in anderen Forschungsbereichen öfters aufgezeigte Unvollständigkeit von Makro-Erklärungen. Sie sind unvollständig, weil das zentrale Element einer Erklärung – das „Gesetz" – fehlt oder nicht klar ausgearbeitet ist. Nach allen vorliegenden Erkenntnissen liegt das schon ganz einfach daran, dass es bislang noch kein einziges hinreichend bewährtes Gesetz gibt, das es erlaubt, soziologisch interessante Phänomene allein auf der Grundlage struktureller Regelmäßigkeiten und ohne jede mikroanalytische Fundierung befriedigend zu erklären (vgl. Esser 1996c: 100-102; Lindenberg 1981: 20). Es gibt keinen triftigen Grund zur Annahme, dass das in Bezug auf interethnische Beziehungen und soziale Distanzen anders ist. Die wichtigste Ursache davon ist wohl letztlich in der Tatsache zu sehen, „daß es eine extrem hohe Variabilität und Instabilität in der Art der Regelung sozialer Beziehungen gibt, mit denen Menschen ‚Probleme lösen'", während man gleichzeitig davon ausgehen kann, „daß die Variabilität und Instabilität der Regeln des Problemlösungsverhaltens von Menschen – seine ‚Natur' – (mindestens im Vergleich) erheblich geringer [ist] als die Variabilität und Stabilität der sozialen und institutionellen Bedingungen dieses Problemlösungsverhaltens" (Esser 1991a: 41). Wenn es also überhaupt irgendwelche „Gesetze" gibt, dann sind sie eher auf der Ebene der Regelmäßigkeiten des Verhaltens und Handelns von Individuen zu finden als auf der Ebene der sozialen und institutionellen Randbedingungen.

Daraus kann man nicht den Schluss ziehen, dass die sozialen und institutionellen Randbedingungen für die Erklärung bedeutungslos wären. Eine Erklärung sozialer Distanzen, die diese sozialen und institutionellen Randbedingungen nicht berücksichtigte, wäre nach dem Verständnis einer erklärenden Soziologie ebenso unvollständig wie eine Erklärung, die sich allein auf die makrostrukturellen Gegebenheiten verlässt. Die wichtige Leistung der skizzierten makroanalytischen Ansätze liegt genau im unverzichtbaren Hinweis auf bei der Erklärung zu beachtende strukturelle Randbedingungen des Handelns der Individuen. Sie enthalten die notwendigen Beschreibungen spezieller Sachverhalte, die in die wenn-Komponente des Explanans eingehen und über Brückenhypothesen mit den Parametern eines Mikromodells zu verbinden sind, das angibt, unter welchen konkreten Bedingungen bestimmte Folgen zu erwarten sind (vgl. Esser 1996c: 92-93).

2.3 Mikroanalytische Ansätze

Der gemeinsame Nenner der diversen mikroanalytischen Ansätze besteht darin, dass sie individuelle oder auch intraindividuelle Verhaltensregelmäßigkeiten und Dispositionen in den Mittelpunkt der Erklärung ethnischer Grenzziehungen und sozialer Distanzen stellen. Das ist für die Entwicklung eines Erklärungsmodells eine wichtige und folgenreiche Weichenstellung, die die im Übrigen sehr unterschiedlichen Ansätze verbindet. Die meisten der dazu zählenden Beiträge sind nach den gängigen sozialwissenschaftlichen Abgrenzungskriterien der (Sozial-) Psychologie zuzuordnen. Viele Theoreme und Hypothesen, die in diesem Zusammenhang ausgearbeitet wurden, finden sich aber auch oft als mehr oder weniger offen deklarierte Leihgaben in vielen eigentlich makroanalytisch argumentierenden Analysen. Sie werden dort spätestens dann ins Spiel gebracht, wenn die notorische Unvollständigkeit der reinen Makromodelle zum Problem wird. Im Wesentlichen handelt es sich, in schlagwortartiger Verkürzung, um die Frustrations-Aggressions-Hypothese und andere „Sündenbock"-Hypothesen" (2.3.1), persönlichkeitsbezogene Ansätze (2.3.2), kognitionspsychologische Hypothesen und Erkenntnisse zu Prozessen der Kategorisierung und Akzentuierung sowie zur Bedeutung sozialer Schemata (2.3.3), deren Verbindung mit der „Theorie der sozialen Identität" (2.3.4) und schließlich um Hypothesen über die Relevanz von Lern- und Sozialisationsprozessen für soziale Distanzen gegenüber ethnischen Minderheiten und deren normative Verfestigung (2.3.5).

2.3.1 Frustrationen, Aggressionen und die „Sündenbock"-Hypothese

Nach einer weit verbreiteten Hypothese sind Stereotypisierungen, Vorurteile und Diskriminierungen gegenüber ethnischen Minderheiten letztlich nur die Folge davon, dass die Angehörigen solcher Gruppen als „Sündenböcke" für Probleme verantwortlich gemacht, mit denen sie eigentlich wenig oder gar nichts zu tun haben. Den theoretischen Kern dieser Argumentation in ihrer bekanntesten Form bildet ein funktionaler Zusammenhang zwischen Frustrationen und Aggressionen, den bereits John Dollard und seine Kollegen vor dem Hintergrund ihrer Studie über die Wurzeln des Antisemitismus in Deutschland kurz zusammengefasst haben: „Aggression is always a consequence of frustration" und „the existence of frustration always leads to some form of aggression" (Dollard, Doob, Miller, Mowrer und Sears 1939: 1). Es wird angenommen, dass „Frustrationen" entstehen, wenn die Verwirklichung erwünschter und antizipierter Ziele und Bedürfnisse durch unvorhergesehene Umstände blockiert wird. Daraus resultiert ein psychisches Ungleichgewicht. Überschüssige „Triebenergie" wird aufgestaut, die sich früher oder später in einer Art Katharsis in Aggressionen entladen muss. Ist die eigentliche Quelle der Frustration nicht identifizierbar oder zu mächtig und bedrohlich, dann richtet sich die Aggression gegen relativ wehrlose Minderheiten oder Randgruppen, die als eine Art Blitzableiter bei der Wiederherstellung des psychischen Gleichgewichts dienen. Zuschreibungen negativer Eigenschaften und Verhaltensabsichten legitimieren und rationalisieren die jeweilige Auswahl der „Sündenböcke" (Dollard et al. 1939; vgl. Brown 1995: 190-191; Stroebe und Insko 1989: 17-18).

In eine ähnliche Richtung geht die vor allem von Bettelheim und Janowitz bekannt gemachte Hypothese, dass negative Einstellungen und feindselige Reaktionen gegenüber Fremdgruppen eine Folge subjektiv empfundener Deprivationen seien, die aus in der Vergangenheit erlebtem oder für die Zukunft antizipiertem persönlichem Versagen resultierten (Bettelheim und Janowitz 1949). Die Schuld für die damit einher gehenden Erfahrungen des Kontrollverlusts und der Identitätsgefährdung werde den Angehörigen von Fremdgruppen zugeschrieben. Auf diese Fremdgruppen würden zudem genau jene Eigenschaften projiziert, die die Deprivierten an sich selbst nicht wahrnehmen möchten, so dass Stereotype und Vorurteile über Fremdgruppen im Prinzip vor allem das Spiegelbild der subjektiv negativ bewerteten Merkmale der eigenen Persönlichkeit darstellten. Die Anleihen bei der psychoanalytischen Theorie in der Tradition Sigmund Freuds sind kaum zu übersehen.

Demgegenüber legen neuere Varianten der Deprivations-Hypothese den Akzent weniger auf das absolute Niveau der Deprivationen oder Frustrationen, sondern auf „relative Deprivationen" als subjektiv wahrgenommenen Benachteiligungen („grievances") im Vergleich zu bestimmten Bezugspersonen und – gruppen. Nach einem Vorschlag von Runciman sind dabei zwei Formen der relativen Deprivation (RD) zu unterscheiden: (a) eine „egoistische" Variante die sich auf rein individuelle Vergleiche zwischen erstrebten und realisierten Zielzuständen oder zwischen der eigenen Erfolgen bei der Verwirklichung bestimmter Ziele und den Erfolgen anderer Personen bezieht; und (b) eine „fraternalistische" Variante, die auf sozialen Vergleichsprozessen in Intergruppenbeziehungen beruht und folglich immer schon eine subjektiv bedeutsame Identifikation mit einer „Ingroup" voraussetzt (Runciman und Bagley 1969; vgl. Bagley, Verma, Mallick und Young 1979: 83-127; Brown 1995: 192-203; Hogg und Abrams 1988: 37-42;

Pettigrew et al. 1998). Je stärker solche Deprivationen ausgeprägt sind, desto stärker sollte auch die Tendenz zu Stereotypisierungen und Vorurteilen sein.

Die wenigen Studien, in denen unterschiedliche Varianten dieses Ansatzes empirisch überprüft wurden, haben wenig überzeugende Resultate ergeben (vgl. Brown 1995: 191-201; Duckitt 1992: 72-73 und 165-168; Schäfer 1988; Westie 1964: 608). Lediglich zwischen „fraternalistischer" relativer Deprivation und sozialer Distanz gegenüber Minderheiten konnte in mehreren Studien ein signifikanter Zusammenhang festgestellt werden, der sich im Übrigen auch als erheblich stärker erwies als der Effekt einer bloß individuellen bzw. „egoistischen" Deprivation (vgl. Bagley und Verma 1979: 91-103; Eckert et al. 1996: 162-166; Pettigrew et al. 1998: 258; Wagner, Van Dick und Zick 2001: 69). Andererseits ist gerade in diesem Fall zu vermuten, dass die Wahrnehmung einer fraternalen relativen Deprivation gegenüber einer Fremdgruppe selbst schon ein Element oder Indikator von Vorurteilen ist, was zwangsläufig die Frage nahe legt, was dann eigentlich durch eine solche „Erklärung" gewonnen ist.

Außerdem hat bereits Allport darauf aufmerksam gemacht, dass es weder zwischen Frustration bzw. Deprivation und Aggression noch zwischen Aggression und Vorurteilen sowie Diskriminierungstendenzen gegenüber ethnischen Minderheiten einen generell gültigen funktionalen Zusammenhang gibt (Allport 1954: 350-352). Frustrationen – oder auch Deprivationserfahrungen – können sich in sehr unterschiedlicher Weise äußern und selbst wenn sie zu Aggressionen führen, richten sie sich nicht immer nur gegen wehrlose Minderheiten als „Sündenböcke". Die Erklärungsansätze sind offensichtlich unvollständig, weil nicht angegeben wird, unter welchen konkreten Randbedingungen letztlich eine Verschiebung (*displacement*) von Frustrations- und Deprivationszuständen auf soziale Distanzen gegenüber bestimmten Personengruppen zu erwarten ist und wovon es abhängt, *welche* Gruppe im konkreten Fall als „Sündenböcke" bestimmt wird. Zwar gibt es inzwischen weiterführende Überlegungen zu den Determinanten der Wahl des Aggressionsobjekts, die zum Beispiel auf die Sichtbarkeit oder räumliche Nähe potentieller *scapegoat*-Gruppen verweisen; doch auch sie bleiben meist vage und erweisen sich teilweise als widersprüchlich (vgl. Berkowitz 1989: 61-62; Blalock 1982: 14-15; Westie 1964: 604-608; Zick 1997: 103-104).

2.3.2 Persönlichkeitsstruktur und individuelle Dispositionen

Anders als die auf mehr oder weniger diskontinuierliche Frustrations- und Deprivationserfahrungen abzielenden psychodynamischen Ansätze betonen mehrere persönlichkeitsbezogene Erklärungsversuche einen engen Zusammenhang zwischen sozialen Distanzen und in der Persönlichkeitsstruktur fest verankerten individuellen Dispositionen. Die Basis dieser Überlegungen bildet ein schon in der einflussreichen Studie zur *authoritarian personality* als Kernhypothese formuliertes Postulat: „the political, economic, and social convictions of an individual often form a broad and coherent pattern, as if bound together by a ‚mentality' or

‚spirit' and that this pattern is an expression of deep-lying trends in his personality" (Adorno, Frankel-Brunswik, Levinson und Sanford 1950: 1). Ethnozentrismus bzw. Antisemitismus und politisch-ökonomischer Konservatismus bilden nach der Autoritarismustheorie ein solches Muster, das typischerweise mit autoritären, antidemokratischen Persönlichkeitsstrukturen zu einem kohärenten „Syndrom" von Überzeugungen und Einstellungen verkettet ist (vgl. Adorno et al. 1950: 262-279).

Als allgemeine Kennzeichen einer autoritären Persönlichkeit gelten nach diesem Ansatz unter anderem eine strenge Orientierung an den Werten der *middle-class* („conventionalism"), eine unkritische Haltung gegenüber den Autoritäten der Eigengruppe („authoritarian submission"), eine latent aggressive Haltung gegenüber jeglichen Normverletzungen („authoritarian aggression") und die Tendenz zur Orientierung an fest gefügten Denkschemata und -kategorien („stereotypy") (Adorno et al. 1950: 248-250, 468-486). Die entscheidende Ursachen für die Entwicklung einer solchen autoritären Persönlichkeitsstruktur werden vor allem in den Sozialisationspraktiken patriarchalisch dominierter Familien lokalisiert. Insbesondere dort ist demnach der Ort, an dem etwa durch strenge Disziplinierung und starke Orientierung an gesellschaftlichen Konventionen, mangelnde emotionale Zuwendung und gestörte affektuelle und sexuelle Entfaltungsmöglichkeiten sowie durch nicht aktualisierbare Hassgefühle gegenüber den Autoritätspersonen ein „potentiell faschistischer Charakter" ausgebildet wird, der seine inneren Spannungen und Aggressionen an sozialen Randgruppen und Minderheiten abreagiert (Adorno et al. 1950: 384-390; vgl. Allport 1954: 395-409). Je stärker solche Charakterzüge ausgebildet sind, desto stärker ist, so die Hypothese, die Tendenz zu fremdenfeindlichen Orientierungen (vgl. auch Altemeyer 1988; Oesterreich 1993).

Im Unterschied zur Autoritarismustheorie geht die von Rokeach entwickelte Dogmatismustheorie davon aus, dass negative Einstellungs- und Verhaltensmuster gegenüber Fremdgruppen nicht notwendig an einen „rechten" Autoritarismus gebunden seien; auch andere dogmatische *belief systems* würden solche Tendenzen begünstigen (Rokeach 1960; vgl. Stroebe und Insko 1989: 21; Zick 1997: 91-97). G.D. Wilsons „dynamische Theorie des Konservatismus" oder Eysencks Studien zum Phänomen der „tough-mindedness" und daran anschließenden Studien zielen in eine ähnliche Richtung (Brown 1995: 29-30; Duckitt 1992: 178-181; Schäfer und Six 1978: 185-187). In einem weiteren Sinn zeigen sich auch Parallelen zu Untersuchungen, in denen Vorurteile und Diskriminierungstendenzen zu materialistischen bzw. postmaterialistischen Wertorientierungen in Beziehung gesetzt werden. Vor dem Hintergrund der Thesen Ronald Ingleharts zum Wertewandel in postindustriellen Gesellschaften wird hier davon ausgegangen, dass „Postmaterialisten" im Unterschied zu „Materialisten" eine starke Affinität zu Werten wie Toleranz und Solidarität mit sozial Benachteiligten haben, die wiederum relativ positive Grundhaltungen gegenüber „Ausländern" begünstigen

(Kühnel und Terwey 1994: 80; vgl. Hamberger und Hewstone 1997: 175-176; Stolz 2000: 106-107; Winkler 2000: 374-375).

Der gemeinsame Grundzug dieser Erklärungsansätze ist die Vorstellung von einer dauerhaften, gegenüber situationalen Veränderungen relativ robusten Persönlichkeitsdisposition, die – unter anderem – Meinungen, Einstellungen und Verhaltensweisen gegenüber ethnischen Minderheiten bestimmt. Die empirische Evidenzen dafür sind, zumindest auf den ersten Blick, durchaus beeindruckend. So kommen verschiedene multivariate Untersuchungen zum Ergebnis, dass zwischen Autoritarismusneigungen und sozialer Distanz gegenüber ethnischen Minderheiten ein positiver Zusammenhang besteht (u.a. Esser 1986; Herrmann und Schmidt 1995; Scheepers, Felling und Peters 1990; Schmidt und Heyder 2000). Gleiches gilt für den Zusammenhang zwischen materialistischen Wertorientierungen und Einstellungen gegenüber ethnischen Minderheiten (Hamberger und Hewstone 1997; Kühnel und Terwey 1994: 96; Terwey 1998). Eher spärlich sind im Vergleich dazu die Indizien hinsichtlich der Dogmatismustheorie (vgl. Brown 1995: 75-77; Stroebe und Insko 1989: 23; Zick 1997: 95-97).

Die Frage ist indes, was mit den vorliegenden Ergebnissen der empirischen Tests tatsächlich belegt ist. Ein statistisch signifikanter Zusammenhang zwischen Indikatoren des Autoritarismus oder des (Post-) Materialismus auf der einen, und Indikatoren der Fremdenfeindlichkeit auf der anderen Seite beruht auf Korrelationen, die zunächst nur darauf schließen lassen, dass diese theoretischen Konstrukte irgendwie empirisch miteinander verbunden sind (Hill 1993: 55). Damit ist aber – zum Beispiel – noch nicht überzeugend nachgewiesen, dass die Tendenz zu Vorurteilen und Diskriminierungen auch wirklich etwas mit den von der Autoritarismustheorie angenommenen Störungen der „normalen" Persönlichkeits- und Identitätsentwicklung im Sozialisationsverlauf zu tun hat. Tatsächlich mangelt es nach wie vor an einer systematischen Überprüfung etwa der sozialisationstheoretischen Kernhypothesen der Autoritarismustheorie, was in einem neueren Überblicksartikel zum aktuellen Forschungsstand zu Recht als „verwunderlich" bezeichnet wird (Rippl, Kindervater und Seipel 2000: 21).

Des Weiteren findet sich in der ganzen empirischen Literatur eigentlich kein überzeugender Beleg für die Gültigkeit der Annahme, es handle sich bei den untersuchten Individualmerkmalen wirklich um stabile Persönlichkeitsdispositionen oder stark gefestigte Wertorientierungen. Um diese zentralen Prämissen der Hypothesenbildung angemessen überprüfen zu können, wären eigentlich Paneldaten erforderlich. Alle einschlägigen Studien beruhen jedoch auf Querschnittsdaten. Schon aus theoretischen Gründen lässt sich indessen bezweifeln, dass die Erklärungsansätze einem solchen Test gewachsen wären. Im Prinzip wird nämlich unterstellt, dass einmal erworbene Persönlichkeitsstrukturen bzw. Wertorientierungen im gesamten weiteren Lebensverlauf unverändert beibehalten werden. Das ist eine fragwürdige Prämisse. Immerhin gibt es genügend Belege, die dafür sprechen, dass sich Einstellungs- und Verhaltensmuster immer wieder ändern können, aber keinen Beleg dafür, dass dies zum Beispiel für Stereotypisierungen,

Vorurteile und daran orientierte Verhaltensintentionen nicht gilt. Folglich wäre zu klären, unter welchen inneren und äußeren Bedingungen eine Stabilität der Dispositionen und Wertorientierungen überhaupt zu erwarten ist. In den persönlichkeitstheoretischen Ansätzen finden sich dazu keine klaren Angaben.

2.3.3 Kategorisierung, Akzentuierung und soziale Schemata

Einen sehr deutlichen Kontrast zu den psychodynamischen und persönlichkeitstheoretischen Beiträgen bilden die Prämissen und Hypothesen der *social cognition*-Forschung. Die psychodynamischen und persönlichkeitstheoretischen Ansätze gehen im Kern davon aus, dass Stereotypisierungen und Vorurteile letztlich immer irrationale und pathologische Phänomene sind. Die Ansätze aus dem Umfeld der *social cognition*-Forschung fassen sie dagegen als mehr oder weniger „normale" Folgen allgemeiner kognitiver Regelmäßigkeiten und Abläufe auf. Ein zentraler Ansatzpunkt für diese Sichtweise ist die Erkenntnis, dass menschliche Organismen über eine beschränkte Kapazität zur Aufnahme und Verarbeitung von Informationen verfügen. Dieser Mangel der kognitiven Grundausstattung des Menschen ist, wie schon Walter Lippmann deutlich gemacht hat, letztlich nur durch Strategien und Heuristiken der Komplexitätsreduktion zu bewältigen: „For the real environment is altogether too big, too complex, and too fleeting for direct acquaintance. We are not equipped to deal with so much subtlety, so much variety, so many permutations and combinations. And although we have to act in that environment, we have to reconstruct it on a simpler model before we can manage with it. To traverse the world men must have maps of the world" (Lippmann 1922: 16). Stereotype als eine spezielle Form der „pictures in our heads" spielen dabei eine zentrale Rolle.

Vom gleichen Grundverständnis geht Gordon Allport in seinem für die moderne Vorurteilsforschung wegweisenden Kapitel zur „Normality of Prejudgment" aus, in dem Kategorisierungen bzw. Generalisierungen als fundamentale Voraussetzungen von Vorurteilen benannt werden: „The human mind must think with the aid of categories [...]. Once formed, categories are the basis for normal prejudgment. We cannot possibly avoid this process. Orderly living depends on it" (Allport 1954: 20). Kategorisierungen stellen eine Art „Schubladensystem" zur Umweltorientierung, zur Strukturierung von Alltagserfahrungen und zur Anpassung an wechselnde Umweltgegebenheiten bereit. Sie erlauben die relativ grobe, aber gleichwohl zielgerechte und unaufwändige Einordnung umfangreicher Informationen in verfügbare Kategorien, wobei die damit verknüpften Bewertungen und emotionalen Besetzungen tendenziell für alle kategorial zugeordneten Personen oder Objekte generalisiert werden.

Die neuere *social cognition*-Forschung hat diese Erkenntnisse über die kognitiven Hintergründe ethnischer Grenzziehungen vor allem in zwei zentralen Punkten vertieft. Sie betreffen zum einen die Bedingungen der Aktivierung von Stereotypisierungen und Vorurteilen und zum anderen die typischen Konsequenzen von Kategorisierungen für die subjektive Definition der Situation. In Bezug auf die generellen Folgen von Kategorisierungen konnte wiederholt gezeigt werden, dass selbst triviale Kategorisierungen erhebliche Urteilsverzerrungen auslösen können (Tajfel 1969). Offenbar gibt es eine in der kognitiven Grundstruktur des Menschen angelegte Tendenz zur *Überschätzung* der Ähnlichkeiten zwischen den Mitgliedern bzw. Objekten derselben Kategorie („intrakategoriale Assimilation") und zur *Unterschätzung* der Gemeinsamkeiten zwischen Mitgliedern bzw. Objekten verschiedener Kategorien („interkategoriale Dichotomisierung"). Dieser so genannte „Akzentuierungseffekt" wurde für die unterschiedlichsten Wahrnehmungsgegenstände beobachtet. Bei der Wahrnehmung von Personen und Gruppen äußert er sich insbesondere in einer Überschätzung der Homogenität sowohl der Eigengruppe als auch der Fremdgruppen – und damit in einer Vernachlässigung individueller Eigenheiten und Differenzen – sowie in einer Überschätzung der Unterschiede zwischen Ingroup- und Outgroup-Angehörigen (vgl. Brown 1995: 42-44; Hogg und Abrams 1988: 68-73; Leyens, Yzerbyt und Schadron 1994: 58-61; Messick und Mackie 1989). Dadurch wird eine erhebliche Komplexitätsreduktion möglich: „Categorization brings the world into sharper focus and creates a perceptual environment in which things are more black and white, less fuzzy and ambiguous. It imposes structure on the world and our experiences therein" (Hogg und Abrams 1988: 72).

Andere Studien haben gezeigt, dass Stereotypisierungen und Vorurteile als „implizite Persönlichkeitstheorien" wirksam werden, die spezifische Erwartungen und Hypothesen über die Eigenschaften und Attribute von Gruppen und Gruppenangehörigen beinhalten, welche dann wiederum die subjektive Definition der Situation prägen. So konnte zum Beispiel experimentell demonstriert werden, dass keineswegs eindeutig als aggressiv bestimmbare Interaktionen zwischen unterschiedlichen Paaren von schwarzen und weißen „Tätern" und „Opfern" (unter sonst gleichen Bedingungen) viel eher als bedrohlich eingeschätzt werden, wenn es sich bei dem „Täter" um einen Schwarzen handelte als wenn das genau gleiche Verhalten bei einem Weißen beobachtet wurde (vgl. Hamilton und Trolier 1986: 143-144). Ferner wurde beobachtet, dass positiv bewertete Verhaltensweisen von Mitgliedern der Eigengruppe eher persönlichkeitsspezifischen Eigenschaften der Akteure, vergleichbare Verhaltensweisen von Mitgliedern der Fremdgruppe hingegen eher situationsspezifischen Ursachen zugeschrieben werden. Diese als *ultimate attribution error* bezeichnete Tendenz ist eng verbunden mit der generellen Neigung, Stereotypen-konsistente Beobachtungen auf stabile Charakteristika der Angehörigen einer Gruppe zurückzuführen, während inkonsistente Informationen eher als Folge von situationalen Ursachen aufgefasst werden (vgl. Brown 1995: 100-102; Hamilton und Trolier 1986: 132-133; Hamilton und Sherman 1994: 34). Das ermöglicht im Endeffekt eine Stabilisierung von Stereotypen, die an Allports „re-fencing device" erinnert: „When a fact cannot fit into a mental field, the exception is acknowledged, but the field is hastily fenced in again and not allowed to remain dangerously open" (Allport 1954: 23).

Ob und inwieweit Stereotypisierungen und Vorurteile tatsächlich in die subjektive Definition der Situation eingeschaltet werden, hängt nach den Erkenntnissen der *social cognition*-Forschung von bestimmten Bedingungen ab. Wie mehrere Studien gezeigt haben, kann schon die unbewusste Wahrnehmung bestimmter Symbole oder „Schlüsselreize" zu einer weitgehend automatisch ablaufenden Aktivierung von Stereotypen und Vorurteilen führen, die alle weiteren Vorgänge der Definition der Situation mehr oder weniger festlegt (Devine 1989b; Dovidio, Evans und Tyler 1986; Fazio, Jackson, Dunton und Williams 1995; Gaertner und McLaughlin 1983; Perdue, Dovidio, Gurtman und Tyler 1990). Dies ist vor allem dann der Fall, wenn die Kategorisierungen mit gut sichtbaren äußerlichen Merkmalen (z.B. Hautfarbe, Alter, Geschlecht) verbunden sind, wenn diese zudem in der jeweiligen Situation besonders auffällig bzw. „salient" sind (z.B. ein Schwarzer in einer „white neighborhood") und wenn die Kategorien oder Schemata häufig aktiviert, und damit ins Gedächtnis gerufen werden (vgl. Brown 1995: 59-67; Fiske und Taylor 1991: 143-146; Hamilton und Sherman 1994: 9-11; Tajfel 1982b: 4-5).

Wie stark die automatisch aktivierbaren kognitiven Repräsentationen die Definition der Situation und das davon ausgehende Handeln festlegen, wird nach den vorliegenden Erkenntnissen vor allem von zwei Faktoren bestimmt: erstens von der subjektiv wahrgenommenen Gültigkeit des Stereotyps selbst und zweitens von der kognitiven und zeitlichen Gelegenheit zu einer aufwändigeren Informationsverarbeitung und Urteilsbildung. Nur wenn ein Stereotyp als zweifelhafte Basis für die Bildung von Bewertungen und Verhaltensintentionen empfunden wird *und* gleichzeitig genügend Opportunitäten zu einer intentionalen und kontrollierten Ausblendung der „images in mind" bestehen, ist demnach eine elaborierte Definition der Situation zu erwarten. Umgekehrt wird die Wahrscheinlichkeit einer automatischen Aktivierung kognitiver Modelle umso größer, je größer der Zeitdruck und/oder je höher die Komplexität der zu bewältigenden Umstände ist (Devine 1989a; Hamilton und Sherman 1994: 39-42; Gilbert und Hixon 1991). Fazio und seine Kollegen konnten außerdem nachweisen, dass mit einer Unterbrechung automatisch aktivierter Stereotypisierungen und Bewertungsschemata nur dann zu rechnen ist, wenn auch eine hinreichend starke Motivation zu einer kognitiv aufwendigeren Informationsverarbeitung besteht (Fazio et al. 1995: 1023-1026).

Diese und zahlreiche andere Erkenntnisse der *social cognition*-Forschung legen den Schluss nah, dass Stereotypisierungen und Vorurteile letztlich als Urteilsheuristiken zu verstehen sind, die ebenso wie andere, an „Faustregeln" orientierte Urteilsverfahren „zwar effizient, aber nicht immer zutreffend" sind (Strack 1988: 76). Sie gelten als effizient, weil sie besonders bei hoher Komplexität der kognitiv zu bewältigenden Situation und/oder bei geringer Motivation zu aufwändigeren Verarbeitungsprozessen mentale „Abkürzungen" bereitstellen und eine rasche Orientierung in sozialen Interaktionen ermöglichen, indem auf bereits verfügbare, assoziativ verknüpfte Wissensstrukturen zurückgegriffen werden kann (Hilton und von Hippel 1996: 238). Die Kehrseite der effizienten Vereinfachung von Informationsverarbeitungsaufgaben durch solche „energy-saving devices" (Macrae, Milne und Bodenhausen 1994) ist die damit notwendig verbundene Vernachlässigung individueller Eigenschaften und Besonderheiten von Personen, die im äußersten Fall als bloße Repräsentanten einer spezifischen sozialen Kategorie oder Gruppen wahrgenommen und beurteilt werden. Es war wohl vor allem der Blick auf diese Kehrseite, der einen Großteil der Forschung dazu veranlasst hat, Stereotype und Vorurteile ausschließlich als Phänomene mit besonderer psychologischer Qualität zu begreifen, die „bizarr", „pathologisch" oder „fehlerhaft" seien. Die kognitionstheoretische Forschung weist dagegen mit guten Gründen darauf hin, dass diese negativ bewerteten Eigenschaften letztlich nur dann angemessen zu erklären sind, wenn man sie als eine „normale" Folge der strukturell bedingten und somit nicht leicht willkürlich kontrollierbaren Beschränkungen der kognitiven Grundausstattung versteht (vgl. auch van den Berghe 1997).

Doch auch die rein kognitionstheoretischen Erklärungen haben offensichtliche Grenzen. Entstehung, Inhalt und Ausrichtung *spezifischer* Stereotype und Vorurteile sind damit kaum zu erklären. Versuche einer solchen Erklärung allein auf der Basis kognitiver Faktoren – wie etwa die „Theorie der illusorischen Korrelation" (Hamilton und Sherman 1994: 11-14) – haben sich bislang als wenig überzeugend erwiesen (vgl. Brown 1995: 86-90; Hilton und von Hippel 1996: 244-248; Leyens et al. 1994: 110-117; Tajfel 1982b: 6-7). Auch reicht allein die Analyse kognitiver Strukturen und Prozesse nicht aus, um zu erklären, wie Stereotype zu *sozialen* Stereotypen werden können, die von einer größeren Zahl von Personen geteilt werden (vgl. auch Hamilton und Trolier 1986: 151-158). Die Entstehungsbedingungen sozial geteilter *belief systems* bleiben ebenso unterbelichtet wie die Verankerung kognitiver Prozesse in alltäglichen Interaktionsbeziehungen (vgl. Graumann 1988). Erhebliche Schwierigkeiten bereitet überdies die Erklärung individueller und gruppenspezifischer Unterschiede in der Tendenz zu Stereotypisierungen, Vorurteilen oder overten Diskriminierungen. Warum werden bei manchen Akteuren bestimmte Stereotype und Vorurteile sehr rasch und weitgehend automatisch aktiviert und bei anderen nicht? Warum halten manche Individuen an bestimmten generalisierten Meinungen und Einstellungen auch gegen alle faktische Evidenz und Widerlegungsversuche fest und andere nicht? Unter welchen Umständen ist eine Revision eingeschliffener Stereotype und Vorurteile zu erwarten? Auf diese und andere Fragen hat die *social cognition*-Forschung (noch) keine schlüssigen, allein auf kognitionstheoretischen Prinzipien beruhende Antworten gefunden.

2.3.4 Soziale Kategorisierung und soziale Identität

Die Erkenntnisse der kognitionstheoretischen Beiträge einerseits und die Hypothesen der *realistic group conflict*-Theorie andererseits sind die beiden maßgeblichen Pfeiler der so genannten „Theorie der sozialen Identität" (TSI), die einen zentralen Platz in der neueren Forschung über Stereotypisierungen, Vorurteile und Diskriminierungstendenzen einnimmt. Beide werden als konstitutive und einander ergänzende Voraussetzungen der vor allem von Henri Tajfel entwickelten Theorie angesehen. Die kognitiven Ansätze gelten als unverzichtbare Grundlage für das Verständnis der „kognitiven Funktionen" von Stereotypisierungen und Vorurteilen im Hinblick auf die Vereinfachung und Systematisierung von Prozessen der Informationsverarbeitung und Situationsdeutung. Allerdings vernachlässigten sie in ihrer „individualistischen" Fixierung auf intraindividuelle Vorgänge die Bedeutung sozialer Kategorisierungen für die Selbstverortung der Individuen in der Gesellschaft und die Rolle von Stereotypen und Vorurteilen bei der Herausbildung und Verteidigung von Differenzierungen und Distinktionen zwischen Gruppen, auf die vor allem die *realistic group conflict theory* aufmerksam gemacht hat (Tajfel 1982a: 43; Tajfel 1982b: 6-7; Tajfel 1978c: 63-64).

Die Notwendigkeit einer kognitionstheoretischen Erweiterung der Gruppenkonflikttheorie wird indessen hauptsächlich durch die Ergebnisse einer berühmt gewordenen Experimentalreihe im Rahmen des *minimal group design* verdeutlicht. Darin gelang Tajfel und seinen Mitarbeitern der Nachweis, dass schon minimale, völlig willkürliche Ingroup-Outgroup-Differenzierungen ausreichen, um Diskriminierungen zu Lasten von Angehörigen der Outgroup hervorzurufen, und zwar selbst dann, wenn keine konfligierenden Interessen im Spiel sind (Tajfel 1978a; Mummendey 1985: 189-190). Mit anderen Worten: „the mere perception of belonging to two distinct groups - that is, social categorization per se - is sufficient to trigger intergroup discrimination favoring the in-group" (Tajfel und Turner 1986: 13). Das ist zwar im Prinzip kein Widerspruch zur *realistic group conflict theory*. Aber das Ergebnis macht deutlich, dass Interessenkonflikte keine notwendige Bedingung von Stereotypisierungen und Vorurteilen sind. Soziale Kategorisierungen sind offenbar allein schon hinreichend. Anspruch der Theorie der sozialen Identität ist es, zu erklären, auf welche Prinzipien und Prozesse diese Beobachtungen zurückzuführen sind.

Die Theorie geht davon aus, dass alle Individuen nach einem positiven Selbstbild bzw. nach einer Bewahrung oder Aufwertung ihres Selbstwertgefühls streben. Dieses Selbstbild ist – unter anderem – an die Zugehörigkeit zu bestimmten sozialen Gruppen oder Kategorien geknüpft, deren Status mit bestimmt, ob eine damit verknüpfte soziale Identität als positiv oder negativ empfunden wird. Der Status bzw. die Bewertung von sozialen Gruppen bzw. Kategorien wiederum beruht, so jedenfalls die Annahme, immer auf einem Vergleich zwischen Eigen- und Fremdgruppe auf relevanten Vergleichsdimensionen. Das sind die wichtigsten Grundannahmen, aus denen die drei zentralen Hypothesen abgeleitet werden:

Individuen streben – erstens – danach, eine positive soziale Identität zu erreichen oder abzusichern (sofern sie eine Gruppenzugehörigkeit als einen wesentlichen Aspekt ihres Selbstbilds verstehen); dieses Bedürfnis nach einer positiven sozialen Identität führt zweitens zu sozialen Vergleichsprozessen, in denen die Eigengruppe auf-, und die Fremdgruppe abgewertet wird; wenn allerdings dadurch eine positive soziale Identität nicht erreicht werden, dann werden sich die Individuen – drittens – über kurz oder lang entweder einer anderen Gruppe zuwenden oder alles daran setzen, den relativen Status ihrer Eigengruppe zu verbessern (Tajfel und Turner 1986: 16; vgl. auch Tajfel 1982b: 24-27).[7]

Ob eine Gruppenzugehörigkeit überhaupt als ein wesentlicher Aspekt des Selbstbilds bewertet wird, ist nicht einfach zufällig. Nach der Theorie der sozialen Identität ist das vielmehr vor allem dann zu erwarten, wenn sie mit den von der *realistic group conflict theory* angeführten „objektiven" Gegebenheiten der Intergruppenbeziehung und daran eventuell geknüpften Interessenkonflikten verbunden ist: „the more intense is an intergroup conflict, the more likely it is that the individuals who are members of the opposite groups will behave toward each other as a function of their respective group memberships, rather than in terms of their individual characteristics of interindividual relationships" (Tajfel und Turner 1986: 8; vgl. Tajfel 1978b). Außerdem wird die Gruppenzugehörigkeit als Aspekt der sozialen Identität umso wichtiger, je geringer die Durchlässigkeit oder „Permeabilität" der Grenzziehungen zwischen den sozialen Kategorien oder Gruppen ist, und je stärker somit die individuellen Lebenschancen mit dem Schicksal der Gruppe zusammenhängen (Tajfel und Turner 1986: 11; Tajfel 1978b: 50-53). Wo diese strukturellen Voraussetzungen gegeben sind, ist mit einem „sozialen Wettbewerb" zu rechnen, in dem es nicht mehr allein um materielle Güter oder Macht geht, sondern (auch) um „soziale Ressourcen", nämlich den relativen Status und das Prestige der Eigengruppen im Verhältnis zu den jeweiligen Vergleichsgruppen (vgl. Tajfel und Turner 1986: 16-19).

Vor diesem Hintergrund sind Stereotypisierungen und Vorurteile mehr als bloß kognitive Hilfsmittel zur Reduktion der überkomplexen Umwelt des menschlichen Organismus. Vielmehr erhalten soziale Kategorisierungen durch enge Bindungen an die soziale Identität der Akteure einen evaluativen und emotionalen Wert, durch den sich ein starkes Motiv zur Maximierung positiv bewerteter Unterschiede zwischen Eigen- und Fremdgruppe ergeben kann. Denn neben die kognitiven Funktionen tritt damit „a vested interest in being associated with categories which are positive since these can confer positive self-evaluation and create feelings of self-worth or self-esteem" (Hogg und Abrams 1988: 53; vgl. Tajfel 1982b: 20-22). Stereotype und Vorurteile werden dadurch gewissermaßen zu „Waffen" in der Auseinandersetzung um die knappen sozialen Ressourcen

---

[7] „Soziale Identität" ist allgemein definiert als „that *part* of the individual's self-concept which derives from his knowledge of his membership of a social group (or groups) together with the value and emotional significance attached to that membership" (Tajfel 1978c: 63). Daneben kann es auch andere Dimensionen des Selbstbilds und der Identität geben, die nicht in diesem Sinn „sozial" sind.

Prestige und Status innerhalb einer Gesellschaft (Stroebe und Insko 1989: 15). Darüber hinaus lassen sie sich, so Tajfel, auch als Instrumente zur Herstellung und Bewahrung von Gruppenideologien einsetzen, indem sie sowohl zur sozial geteilten Interpretation und Erklärung kritischer sozialer Ereignisse – wie etwa bei der „Erklärung" von Massenarbeitslosigkeit als Verschulden der „Ausländer" – als auch zur Rechtfertigung des kollektiven Handelns der Gruppe herangezogen werden (Tajfel 1982b: 22; Tajfel 1982a: 55).

Dieser Ansatz gilt vor allem in der aktuellen sozialpsychologischen Forschung als ein wichtiger Meilenstein bei der Analyse interethnischer und anderer Intergruppenbeziehungen. Aber auch in anderen Disziplinen ist sie auf Resonanz gestoßen, wie zum Beispiel die darauf aufbauende komparative Studie über ethnische Konflikte von Horowitz zeigt (Horowitz 1985; vgl. Ganter 1995: 91-100). Ein maßgeblicher Grund für diese Resonanz liegt mit Sicherheit in der darin angestrebten Integration der zuvor meist nur getrennt betrachteten Prozesse der sozialen Kategorisierung, der „self evaluation" und des sozialen Vergleichs in einen empirisch überprüfbaren theoretischen Bezugsrahmen, der zur Analyse unterschiedlicher Formen der Intergruppenbeziehungen eingesetzt werden kann (Tajfel und Turner 1986: 23). Den eigentlichen Kern der Erklärung bilden relativ klare Annahmen und Hypothesen über die allgemeinen Determinanten der Wahrnehmungen und Bewertungen der Individuen. Anders als in den rein kognitionsbasierten Ansätzen werden dabei aber auch die strukturellen Gegebenheiten der Intergruppenbeziehungen und die darin verankerten motivationalen Grundlagen von Stereotypisierungen und Vorurteilen ins Modell integriert.

Trotzdem sind in den Detailaussagen der Theorie noch konzeptionelle und theoretische Ungenauigkeiten festzustellen (Brown 1995: 188-189; Stroebe und Insko 1989: 15; Zick 1997: 118). Auch die empirischen Evidenzen sind nicht eindeutig. Als weitgehend unstrittig gilt, dass schon die einfachsten sozialen Kategorisierungen und Abgrenzungen ausreichen, um Intergruppendiskriminierungen auszulösen (Brown 1995: 47; Leyens et al. 1994: 56; Messick und Mackie 1989: 59; Tajfel 1982b: 23-24). Eher uneinheitlich sind dagegen die empirischen Belege für die zentrale Hypothese, wonach ein direkter Zusammenhang zwischen dem Bedürfnis nach positiver sozialer Identität und der Tendenz zur Stereotypisierung und zu Vorurteilen besteht (vgl. Bagley et al. 1979: 99-125; Brown 1995: 176-185; Cargile, Giles und Clément 1995; Duckitt 1992: 85-89; Messick und Mackie 1989: 60). Noch weitgehend ungeklärte Probleme wirft im Übrigen auch die Frage auf, welche Entwicklungen interethnischer Beziehungen unter den Bedingungen multipler Gruppenzugehörigkeiten zu erwarten sind, wenn es also nicht mehr nur eine relevante Gruppenzugehörigkeit gibt (vgl. Brown 1995: 52-53). Aber zumindest die Ansatzpunkte für eine vertiefende Analyse dieser Unklarheiten und Anomalien sind aus der Perspektive dieser Theorie eindeutig: „the best way to predict whether a man will harbor hostile attitudes towards a particular group and what will be the content of these attitudes is to find out how he understands the intergroup situation" (Tajfel 1969: 81).

2.3.5 Sozialisation, Lernen und normative Verankerungen

Sowohl die kognitionstheoretischen Ansätze als auch die Theorie der sozialen Identität und die anderen mikroanalytischen Ansätze zur Erklärung sozialer Distanzen tun sich schwer damit, schlüssig zu begründen, woher eigentlich die *mental images* in den Köpfen der Akteure stammen und wie es zu einer sozialen Verbreitung relativ einheitlicher Stereotype und Vorurteile kommen kann. Zwar wird in einigen Beiträgen kurz darauf hingewiesen, die Erwartungen und das Wissen über die Eigenschaften von sozialen Kategorien oder Gruppen seien durch Sozialisations- und Lernprozesse vermittelte Gegebenheiten. Doch systematisch ins Erklärungsmodell integriert werden diese Aspekte meistens nicht. Einige „soziokulturelle" oder „normative" Erklärungsansätze sehen dagegen genau in solchen Prozessen der sozialen Vermittlung und Sozialisation einen entscheidenden Ansatzpunkt für das Verständnis von Stereotypisierungen, Vorurteilen und Diskriminierungstendenzen.

Ein relativ gut ausgearbeitetes Beispiel dafür ist die *normative theory of prejudice* von Frank Westie. Dieser Theorie zufolge sind Vorurteile und Stereotype Teil der normativen Ordnung einer Gesellschaft und ihrer Kultur, durch die die Erwartungen, die Bewertungen und das Verhalten gegenüber Angehörigen der Eigengruppe und Fremdgruppen festgelegt werden: „Individuals are prejudiced because they are raised in societies which have prejudice as a facet of the normative system of their culture. Prejudice is built into the culture in the form of normative precepts - that is, notions of 'ought to be' - which define the ways in which members of the group ought to behave in relation to the members of selected outgroups" (Westie 1964: 583-584). Diese „notions of ‚ought to be" spiegelten zu einem Großteil sozialstrukturelle Gegebenheiten und institutionalisierte Diskriminierungspraktiken wider, die auch relativ weit in die Vergangenheit zurückreichen können (vgl. Bagley et al. 1979: 143-174; Jones 1997: 423-428; Simpson und Yinger 1985: 91-94). Sie sind gelernt (und nicht angeboren), sie werden von einer Generation zur nächsten weitergegeben und sie sind sozial geteilt, das heißt „they are practiced in common and not peculiar to particular individiuals in the society" (Westie 1964: 583).

Diese Sichtweise wird durch eine ganze Reihe von Studien gestützt, die zeigen, dass Stereotype und Vorurteile „Teil des sozialen Lernens und der ‚normalen' Sozialisation" (Heckmann 1992: 129) sind. Offenbar entwickelt sich in der Regel schon relativ früh, etwa im Alter von drei bis vier Jahren, eine Art „ethnisches Bewusstsein", das sich zum Beispiel in der Verwendung ethnischer Merkmale zur Selbstbezeichnung und zur Beschreibung Anderer äußert. Ansätze zu einer Ingroup-Outgroup-Diskriminierung nach spezifisch ethnischen Kriterien sind bereits für den Zeitraum zwischen dem vierten und siebten Lebensjahr nachgewiesen. Zwischen dem fünften und dem achten Lebensjahr kommt es häufig zu einer Verschärfung, ehe sich die Tendenz zu Vorurteilen und (mehr oder weniger latenten) Diskriminierungen als Folge einer Zunahme der kognitiven Fähigkeiten und Differenzierungsmöglichkeiten wieder abschwächt (vgl. Allport 1954: 297-311; Brown 1995: 121-149; Schäfer und Six 1978: 90-121; Tajfel 1969: 87-90; Westie 1964: 591-603).

An diesen Entwicklungsprozessen sind nach den vorliegenden Erkenntnissen sowohl direkte als auch indirekte Sozialisationsmechanismen beteiligt. Die direkten Mechanismen beinhalten die bewusste und intentionale Übertragung bestimmter Meinungen, Einstellungen und Verhaltensmuster, zum Beispiel in Form expliziter Ge- oder Verbote, mit denen insbesondere Eltern, Verwandte oder Lehrer Kontakte zwischen Kindern und Jugendlichen regulieren oder durch die Vermittlung bestimmter Interpretations- und Deutungsangebote. Nicht minder bedeutsam sind jedoch die eher indirekten, relativ unbewusst ablaufenden Transmissionsmechanismen, die beispielsweise durch die allmähliche Adaption alltäglicher Redeweisen und Verhaltensgewohnheiten der „signifikanten Anderen" wirksam werden. Darauf hat vor allem Westie nachdrücklich hingewiesen: „children do not learn prejudice as they learn arithmetic, primarily by deliberate and formal instruction, but more as they learn table manners, by the example of and occasional direct statement and object lessons from older people" (Westie 1964: 603).

Im Prinzip unterscheidet sich der Erwerb bzw. die Übernahme von Stereotypen und Vorurteilen nicht wesentlich vom Erwerb von Erwartungen, Bewertungen und Verhaltensmustern in anderen Zusammenhängen. Die dafür grundlegenden Abläufe lassen sich ohne größere Schwierigkeiten auf die allgemeinen lerntheoretischen Mechanismen – die klassische Konditionierung und das instrumentelle Lernen – zurückführen (vgl. Blalock 1982: 23; Esser 1999: 359-386). Dass dabei der so genannten „primären Sozialisation" als fundamentaler Instanz der „Internalisierung der Wirklichkeit" (Berger und Luckmann 1980: 139-148) eine große Bedeutung zukommt, steht außer Frage. Sie ist nicht nur grundlegend für die Vermittlung bestimmter Wahrnehmungs-, Interpretations- und Reaktionsschemata in Bezug auf Fremdgruppen, sondern zugleich auch für die Entwicklung eines Bewusstseins einer eigenen „Identität" als Person in Abgrenzung zu anderen Personen und anderen Personengruppen. Doch das heißt nicht, dass der Vorgang der Vermittlung und Übernahme von Stereotypen und Vorurteilen bereits mit der primären Sozialisation abgeschlossen ist. Die Meinungen und Einstellungen können sich im weiteren Lebensverlauf auch wieder ändern. Insofern weiß man noch nicht sehr viel, wenn man weiß, welche Stereotype und Vorurteile im Prozess der Primärsozialisation vermittelt wurden.

Relativ beschränkt ist im Übrigen auch der Effekt der Meinungen und Einstellungen der Eltern auf die bei ihren Kindern festgestellte Stereotype und Vorurteile. So konnten zum Beispiel Aboud und Doyle in einer neueren Untersuchung feststellen, dass bei Kindern im Alter von etwa 9 Jahren nur ein schwacher Zusammenhang zwischen ihren eigenen Einstellungen gegenüber ethnischen Minderheiten und den Einstellungen ihrer Mütter besteht (Aboud und Doyle 1996; vgl. auch Brown 1995: 150-152; Duckitt 1992: 134; Schäfer und Six 1978: 155-

157; Westie 1964: 591-603). Indessen konstatieren Urban und Singelmann auf der Basis einer 3-Wellen-Panelbefragung von Jugendlichen und deren Eltern in Ostdeutschland einen zunächst erheblichen, spätestens ab dem 15. Lebensjahr aber deutlich abnehmenden Einfluss der Mütter auf die Orientierung ihrer Kinder gegenüber Ausländern; als vergleichsweise schwach erweist sich der Einfluss der Väter (Urban und Singelmann 1998). Kaum Zweifel gibt es jedenfalls daran, dass neben den Eltern auch noch andere „Sozialisationsagenturen" eine wichtige Rolle bei der Vermittlung von Meinungen und Einstellungen gegenüber ethnischen Minderheiten spielen, etwa die *peer group*, das Schulpersonal oder auch die Massenmedien. Allerdings ist weitgehend ungeklärt, wie das Gewicht dieser diversen Sozialisationsagenturen einzuschätzen ist. Klar scheint nur zu sein, dass sie gemeinsam die Transmission von Stereotypen und Vorurteilen beeinflussen und dass deren Verlauf vor allem davon abhängt, ob die Beeinflussung in ähnliche oder verschiedene Richtungen geht.

Soziokulturelle oder „normative" Theorien unterstellen übrigens nicht, dass die im Sozialisationsverlauf vermittelten Meinungen und Einstellungen in Bezug auf ethnische Minderheiten zwangsläufig einheitlich sein müssen. Nicht nur innerhalb einer Gesellschaft, auch innerhalb einer individuellen Persönlichkeit können, so Westie, unterschiedliche normative Vorgaben bestehen: „both prejudice norms and antiprejudice norms frequently prevail simultaneously within the same society and within the same individual personality" (Westie 1964: 585). Das wirft die Frage auf, wovon es dann im Einzelnen abhängt, wie stark „prejudice norms" und „antiprejudice norms" in einer Gesellschaft verbreitet sind und wie sehr sich die einzelnen Individuen an den verschiedenen normativen Vorgaben orientieren. Wenn man von der *normative theory of prejudice* ausgeht, dann wäre ganz allgemein zu vermuten, dass die soziale Verbreitung von bestimmten Stereotypen und Vorurteilen maßgeblich durch die strukturellen Konstellationen der Intergruppenbeziehungen in Vergangenheit und Gegenwart mit bestimmt wird, wodurch sich bereits erhebliche Unterschiede zwischen Generationen ergeben können.

Individuelle Unterschiede innerhalb der Generationen können hingegen vor allem auf unterschiedliche „Lernbiographien" und Bezugsumgebungen zurückgeführt werden. So wird zum Beispiel der immer wieder beobachtete Zusammenhang zwischen Bildungsniveau und der Neigung zu Stereotypisierungen und Vorurteilen oft damit begründet, dass mit zunehmendem Bildungsniveau der soziale und kulturelle Horizont erweitert und diversifiziert wird, das Wissen etwa über „andere Kulturen" und Lebensgewohnheiten zunimmt, die Fähigkeit zur Perspektivübernahme gefördert wird und Normen der Toleranz oder humanistische Ideale nachhaltiger vermittelt werden (vgl. Bagley und Verma 1986: 67-68; Fuchs et al. 1993: 250; Hamberger und Hewstone 1997: 175; Küchler 1994: 60; Kühnel und Terwey 1994: 78-79; Stolz 2000: 111). Je höher das Bildungsniveau ist, desto höher sollte demnach die Chance sein, dass neben den sozial geteilten

Stereotypen und Vorurteilen auch Orientierungen und Normen vermittelt werden, die eher differenzierte Meinungen und Einstellungen begünstigen.

Was den „normativen" oder „soziokulturellen" Ansätzen aber letztlich fehlt, ist eine theoretisch schlüssige Erklärung der dauerhaften Verankerung bestimmter Normen und der Normbefolgung. Wann werden Vorurteile zu einer Norm, die die Wahrnehmungen und Bewertungen der Individuen mehr oder weniger vollständig festlegt? Welche Reaktionen und Entwicklungen sind zu erwarten, wenn Individuen mit unterschiedlichen normativen Vorgaben konfrontiert sind? Vor allem bei Westie finden sich aber bereits wichtige Ansatzpunkte für eine Klärung dieser Fragen, die er hauptsächlich in Einflüssen seitens der unmittelbaren Nahumgebung sieht, denen die Individuen auch nach dem Ende der Primärsozialisation fortlaufend ausgesetzt bleiben. Denn: „a large percentage of people in modern mass society make their decisions on how to behave on the basis of definitions provided for them in the immediate situations of particular groups to which they belong" (Westie 1964: 584).

2.3.6 Fazit

Die mikroanalytischen Ansätze setzen genau da an, wo die makroanalytischen Beiträge ihre blinden Flecken haben: an den Determinanten der Einstellungen und Verhaltensweisen auf der Ebene der individuellen Akteure. Sie benennen grundlegende Prozesse, die dazu führen, dass Individuen in mehr oder weniger starkem Maß zu Stereotypisierungen und Vorurteilen neigen. Nach den diversen Varianten der „Sündenbocktheorie" kommt es dabei vor allem auf psychodynamische Abläufe an. Die Beiträge aus dem Bereich der *social cognition*-Forschung betonen dagegen hauptsächlich allgemeine Regelmäßigkeiten der kognitiven Verarbeitung von Informationen und Erlebnissen, die Stereotypisierungen und Vorurteile als Spezialfälle enthalten. Beide Richtungen unterscheiden sich wiederum in wesentlichen Punkten von der Theorie der sozialen Identität oder auch von den sozio-kulturellen bzw. normativen Ansätzen. Sie konzentrieren sich bei der Erklärung sozialer Distanzen in erster Linie auf intraindividuelle Prozesse, während jene Faktoren wie etwa den subjektiv wahrgenommenen Status der Eigengruppe oder den Niederschlag historisch veränderlicher Konstellationen von Intergruppenbeziehungen in den Lerninhalten verschiedener Generationen in die Analyse einbeziehen.

Je nachdem, von welchem Ansatz man ausgeht, ergeben sich erhebliche Unterschiede in der Interpretation von Stereotypen, Vorurteilen und Diskriminierungstendenzen. Psychodynamische Theorien – „the prototypical example for individual-level explanations of stereotypes and prejudice" (Stroebe und Insko 1989: 17) – vermitteln den Eindruck, dass es sich um höchst irrationale und fast schon pathologische Phänomene handelt, die eigentlich nur als Folge einer gestörten Persönlichkeitsentwicklung oder vielleicht auch nur situational bedingter „maladjustments" bei der Reproduktion des individuellen Organismus zu verstehen sind. Im Gegensatz dazu betonen zum Beispiel die normativen bzw. soziokulturellen Ansätze gerade die „Normalität" von Vorurteilen, die gerade keine „Abweichungen" darstellen, sondern in subkulturell geteilten Orientierungsmustern und Distanzierungsvorschriften als Soll-Norm verankert sind. Aus kognitionstheoretischer Perspektive liegt der Schlüssel zur Erklärung von Stereotypen und Vorurteilen indessen in der strukturell bedingten kognitiven Überforderung des Menschen, die in allen möglichen Lebensbereichen Vereinfachungsstrategien zur Reduktion der nicht zu bewältigenden Komplexität erfordern; auch in dieser Sicht erscheinen Stereotypisierungen und Vorurteile dann nicht mehr als Resultat einer eigentlich irrationalen Abweichung, sondern als letztlich unvermeidbares Hilfsmittel zum Umgang mit den in der Grundausstattung des Menschen angelegten kognitiven Restriktionen.

In der Forschung über interethnische Beziehungen werden solche Divergenzen oft nur einfach festgestellt. Bemühungen um eine Klärung der Widersprüche oder gar um eine Integration der Hypothesen im Sinne einer Tiefenerklärung sind kaum zu erkennen. Ziel einer solchen Tiefenerklärung müsste es sein, bestimmte funktionale Zusammenhänge bzw. „Gesetze" auf ein noch allgemeineres „Gesetz" zu reduzieren, das angibt, unter welchen Bedingungen der spezifische funktionale Zusammenhang zu erwarten ist (vgl. Esser 1996c: 44-49). So käme es zum Beispiel darauf an, in einem einheitlichen theoretischen Bezugsrahmen zu klären, unter welchen Bedingungen Frustrations- oder Deprivationserfahrungen in Vorurteile umgesetzt werden und unter welchen Bedingungen Individuen – auch ohne solche Frustrationen oder Deprivationen – subkulturell gefestigten Distanzierungsnormen folgen. Weitaus verbreiteter ist jedoch eine dem genau entgegengesetzte Entwicklungstendenz, deren Ergebnis Westie schon vor ein paar Jahrzehnten beklagte: „there is an impressive number of [...] generalizations in the intergroup relations area [...]. But these propositions, while general, abstract, and applicable to wide varieties of specific behaviors, are, at best, more of less discrete items of knowledge not meaningfully related to one another. At worst, they contradict one another" (Westie 1964: 576). Daran hat sich bis heute wenig geändert (vgl. Winkler 2000: 359)

Ein besonders gravierendes Problem ist in diesem Zusammenhang die Verbindung mikro- und makroanalytischer Argumente. Mikroanalytische Ansätze beinhalten mehr oder weniger gut ausgearbeitete Hypothesen über allgemeine Regelmäßigkeiten und Prozesse auf der individuellen oder auch intraindividuellen Ebene. Sozialstrukturelle Bedingungsfaktoren oder auch Einflüsse der unmittelbaren Handlungsumgebung auf die Entwicklung und Stabilisierung sozialer Distanzen werden dabei nur selten systematisch mit den Parametern der jeweiligen Theorie verbunden. Auf der anderen Seite haben strikt makroanalytische Ansätze die bereits erwähnten Schwierigkeiten, die maßgeblichen Wirkungsmechanismen zu bestimmen, die zum Beispiel einen Zusammenhang zwischen sozialen Distanzierungen gegenüber ethnischen Minderheiten einerseits und der Dynamik des sozialen Wandels moderner Industriegesellschaften oder den besonderen Eigentümlichkeiten der historischen Entwicklung einer Gesellschaft andererseits verursachen sollen. Meistens werden eher beiläufig und *ad hoc* auf die Individualebene bezogene Annahmen und Theoreme ins Modell eingebaut. Das ist vor allem dann eine beliebte Strategie, wenn bei der empirischen Analyse unerwartete Ergebnisse und Anomalien auftreten, die durch nachträglich eingeführte „Gesetze" und Hypothesen erklärt werden sollen. Solche Erklärungen sind jedoch fast immer unvollständig, weil die im nachhinein eingeführten Aussagen nicht eindeutig ausformuliert werden und zudem nicht klar ist, inwieweit der damit unterstellte funktionale Zusammenhang zwischen Ursache und Wirkung als bewährt akzeptiert werden kann. Bemühungen um eine systematische Überprüfung von Theorien und eine Klärung ihrer jeweiligen Anwendungsbedingungen werden dadurch unterlaufen, weil sich im Prinzip zu jedem Befund irgendeine passende Theorie finden lässt. Das Ergebnis ist die „Aufstellung immer neuer Theorien mit niedrigem Informationsgehalt, über deren empirische Gültigkeit nur wenig bekannt ist" (Schnell, Hill und Esser 1999: 67, vgl. Opp 1995: 58-60).

Die empirische Gültigkeit der verschiedenen Theorien ist im Übrigen auch noch aus einem anderen Grund schwer einzuschätzen: Viele Studien, in denen das Erklärungspotential von Theorien getestet werden soll, beschränken sich auf sehr einfache Auswertungen der analysierten Daten. Oft werden nur bivariate Zusammenhänge zwischen Indikatoren der sozialen Distanz und theoretisch bestimmten Prädiktoren wie zum Beispiel „Autoritarismus", „Traditionalismus", „(Post-)Materialismus" oder „Nationalstolz" betrachtet, ohne die dabei unterstellten Kausalzusammenhänge oder Einflüsse möglicher Drittvariablen statistisch zu kontrollieren. Tatsächlich können jedoch erst multivariate Analysen mehr Klarheit darüber verschaffen, ob etwa eine bivariat festgestellte Korrelation zwischen sozialer Distanz und Autoritarismus oder Traditionalismus nicht vielmehr die Folge eines Alters- oder Bildungseffekts ist. Möglicherweise legen ältere Menschen oder Personen mit niedriger Bildung größeren Wert auf eine klar strukturierte Handlungsumgebung und neigen aus diesem Grund sowohl zu autoritären bzw. traditionalistischen Einstellungen als auch zu Vorurteilen gegenüber ethnischen Minderheiten, ohne dass man deshalb davon ausgehen kann, dass eine autoritäre oder traditonalistische Persönlichkeit soziale Distanzen *verursacht*. Vielleicht sind Vorurteile und autoritäre Einstellungen einfach nur verschiedene Dimensionen eines „Syndroms", wie dies bereits die Berkeley-Gruppe vermutete? Erschwerend kommt hinzu, dass die verwendeten Indikatoren der zentralen theoretischen Konstrukte nicht immer stringent einem Erklärungsmodell zuzuordnen sind. Sind zum Beispiel der berufliche Ausbildungsstatus und das Haushaltseinkommen Indikatoren der „individuell-funktionalen Systemintegration" im Sinne des Erklärungsmodells von Heitmeyer und Kollegen (vgl. Schröder et al. 2000: 138-150) oder sind sie vielleicht einfach nur Indikatoren einer potentiellen oder auch tatsächlichen Wettbewerbsbeziehung gegenüber ethnischen Minderheiten im Sinne der *realistic group conflict theory* (vgl. z.B. Coenders und Scheepers 1998: 406-409; Hernes und Knudsen 1992: 125-127)? Solche Fragen sind nur dann befriedigend zu klären, wenn auch die Antecedensbedingungen einer Theorie explizit und möglichst vollständig benannt sind.

Vor diesem Hintergrund lässt sich schließlich noch ein weiterer, sowohl in theoretischer wie in empirischer Hinsicht ganz wesentlicher Mangel der meisten Beiträge zur Erklärung sozialer Distanzen zu nennen: die fast vollständige Vernachlässigung der Einbettung der Akteure in Interaktionssysteme und soziale Kontexte. Die makroanalytischen Ansätze beleuchten nahezu ausschließlich die Makroebene der übergreifenden sozialen Strukturen und Prozesse; die mikroanalytischen Ansätze konzentrieren sich genauso ausschließlich auf intraindividuelle Vorgänge oder individuelle Dispositionen und Motive. Doch weder die einen noch die anderen integrieren die „Meso"-Ebene, die für die Individuen unmittelbar bedeutsamen, Interaktionssysteme der Verwandtschaft, Freundschaft, Nachbarschaft usw. umfassenden sozialen Umgebungen in das Erklärungsmodell. Nur gelegentlich wird eher andeutungsweise eingeräumt, dass sich manche Fragen erst dann sinnvoll klären lassen, wenn die soziale Einbettung der Akteure mit berücksichtigt wird. Westie weist darauf hin, dass Vorurteile und Diskriminierungstendenzen als Folgen von Entscheidungen zu verstehen sind, die zu einem großen Teil von Situationsdefinitionen durch relevante Mitgliedsgruppen bestimmt werden, denn „we acquire our prejudices through exposure to the attitudes of others rather than through experience with the object of the prejudice" (Westie 1964: 603). Tajfel macht wiederholt deutlich, dass der relative Status der Eigengruppe letztlich immer auf sozialen Vergleichsprozessen beruht, die durch einen sozialen Konsens den Anschein einer „objektiven Tatsache" erhalten können (Tajfel 1978c: 64-67). Selbst die Verfechter des eigentlich makroanalytisch orientierten Konzepts der „Integrations-und Desintegrationsdynamik" deuten in neueren Beiträgen – zumindest verbal – den Einfluss der „sozialen Umgebung" auf die Problemwahrnehmungen und Situationsdefinitionen der Individuen an (Anhut und Heitmeyer 2000: 54), während andere mit guten Gründen an die schon von Merton herausgearbeitete Rolle der Integration in lokale Milieus erinnern (Eckert et al. 1996: 157). Doch in keinem Fall werden diese Vermutungen vertieft und zu tragenden Bestandteilen des Erklärungsmodells ausgearbeitet.

Insofern ist es wenig erstaunlich, dass auch in fast allen empirischen Untersuchungen Stereotype, Vorurteile und Diskriminierungstendenzen als Attribute der einzelnen Individuen und als Folge psychischer Dispositionen isolierter Akteure behandelt werden. Dabei spielt natürlich auch der übliche Zuschnitt von Surveydaten eine Rolle, die nur selten detaillierte Informationen über die soziale Umgebung der Befragten enthalten. Doch die bereits in der Theoriebildung erkennbare Vernachlässigung der relationalen und kontextuellen Hintergründe sozialer Distanzen lässt sich damit nicht begründen. Diese Vernachlässigung ist weit mehr als nur ein kleines Manko, wie im Folgenden noch deutlich werden wird.

3. Bringing Contexts Back In: Distanzen und soziale Kontexte

Wie wichtig kontextuelle Einflussfaktoren bei der Analyse und Erklärung individueller Einstellungen und Verhaltensweisen sind, wird beim Blick über die engeren Grenzen der Forschung über interethnische Beziehungen leicht deutlich. Klare Hinweise darauf finden sich unter anderem bereits in Durkheims Arbeit über den Selbstmord (Durkheim 1973), in der Studie zum *American Soldier* von Stouffer und seinen Mitarbeitern (Stouffer et al. 1949), in der Arbeit von Festinger, Schachter und Back über die ökologischen Grundlagen der Gruppenbildung in den Wohnheimen des M.I.T. (Festinger, Schachter und Back 1950), in der Elmira-Studie von Berelson, Lazarsfeld und McPhee zum Einfluss der besten Freunde und des in der Gemeinde vorherrschenden Meinungsklimas auf die politische Meinungsbildung der Individuen (Berelson, Lazarsfeld und McPhee 1954) oder auch in manchen älteren Untersuchungen über den Einfluss des schulischen Umfelds auf Bildungsaspirationen (z.B. Campbell und Alexander 1965).

Für unterschiedliche inhaltliche Fragestellungen demonstrieren diese Studien das, was üblicherweise als „Kontexteffekte" bezeichnet wird. Ein solcher Kontexteffekt liegt im Prinzip immer dann vor, wenn ein bestimmtes Kontextmerkmal in einem signifikanten Zusammenhang zu einem davon abhängigen Individualmerkmal steht, und zwar unter Kontrolle aller anderen relevanten Individual- und Kontextmerkmale (Alpheis 1988: 51; Blalock 1984: 354; Boudon 1967: 197-199). In Durkheims Studie bezieht sich dies zum Beispiel auf einen funktionalen Zusammenhang zwischen dem individuellen Akt des Selbstmords und regional variierenden Scheidungsraten, im Fall der Elmira-Studie auf die systematische Variation politischer Meinungen und Präferenzen in Abhängigkeit vom jeweiligen Wohnumfeld und Freundschaftsnetzwerk.

Generell können solche Effekte mit ganz unterschiedlichen Merkmalen von Kontexten verbunden sein: mit den „globalen Kollektivmerkmalen" des Lazarsfeld-Menzel-Schemas – also mit Merkmalen wie der natürlichen Umwelt oder der Verfassung einer Gesellschaft, die nicht aus den Eigenschaften der Individuen abgeleitet werden können – oder mit „konstruierten Kollektivmerkmalen", die auf einer Aggregation individueller Eigenschaften oder auf Beziehungen zwischen den Mitgliedern eines Kollektivs beruhen können (Lazarsfeld und Menzel 1962; vgl. Boudon 1967: 160-161; DiPrete und Forristal 1994: 332-333; Hummell 1972: 21-25; Opp 1995: 20-30). Ein *analytisch* konstruiertes Kollektivmerkmal ist etwa das Konstrukt eines *racial climate*, das aus der durchschnittlichen Verteilung bestimmter Einstellungsindikatoren in einer Stadt oder einem bestimmten Wohngebiet berechnet werden kann, um damit kontextuelle, unabhängig von individuellen Vorurteilen wirksame Determinanten sozialer Distanzen bestimmen zu können (vgl. Boyd und Iversen 1979: 197). Dagegen ergeben sich die so genannten *strukturellen* Kollektiveigenschaften aus der Struktur der sozialen Beziehungen zwischen Akteuren. Diese Eigenschaften sind im Hinblick auf Prozesse der sozialen Beeinflussung besonders interessant.

Die Benennung der verschiedenen Varianten von Kontextmerkmalen ist indes nur eine notwendige begriffliche Klärung. Die eigentlich zentrale, *theoretisch* zu klärende Frage ist, wie solche Kontexteigenschaften in ein Erklärungsmodell und anschließend in eine Schätzgleichung zu integrieren sind. Eine besonders einfache Lösung besteht darin, zusätzlich zu den individuellen Eigenschaften der Akteure auch einen entsprechenden Mittelwert für den Kontext oder eine bestimmte Gruppe hinzuzufügen. So kann man zum Beispiel in Anlehnung an Boyd und Iversen die Distanz gegenüber Ausländern als Folge individueller Vorurteile *und* eines davon weitgehend unabhängigen Meinungsklimas in der Nachbarschaft erklären. Notiert man die Bereitschaft zur Kontaktaufnahme mit Y_{ij}, die Stärke des individuellen Vorurteils mit X_{ij} und das Meinungsklima als Durchschnittswert der Vorurteile in der Nachbarschaft mit $\overline{X}_j$, dann ergibt sich unter Berücksichtigung von Messfehlern und nicht berücksichtigten anderen Einflussfaktoren (e_{ij}) folgendes Modell:

$$Y_{ij} = a + b_1 X_{ij} + b_2 \overline{X}_j + e_{ij}.$$

Solche Modelle können durch Einbeziehung weiterer unabhängiger Variablen auf Individual- und/oder Kontextebene im Prinzip beliebig komplexer gestaltet werden. Darüber hinaus können die unterschiedlichsten Varianten von Kontexteffekten – mit oder ohne Interaktionseffekten, mit oder ohne *time lags* und so weiter – spezifiziert werden (vgl. Blalock 1984; Boudon 1967: 183-196; DiPrete und Forristal 1994). Die eigentlich interessante Frage ist aber letztlich immer, *warum* ein bestimmtes Charakteristikum des sozialen Kontexts in einer spezifischen Weise auf ein zu erklärendes Phänomen wirkt. Warum sollte zum Beispiel das *racial climate* in einem Stadtteil die Meinungen und Einstellungen seiner Bewohner beeinflussen? Welche Gründe sprechen dafür, einen Stadtteil (oder eine andere Analyseeinheit) als maßgebliche Kontextgröße zu betrachten? Wie wird der Kontext abgegrenzt und wie werden seine wesentlichen Merkmale operationalisiert? Unter welchen Bedingungen ist überhaupt ein Kontexteffekt zu erwarten und in welcher Richtung wird er wirksam? Ist der Kontexteffekt unabhängig vom Einfluss der Individualmerkmale oder sind Interaktionseffekte zu erwarten?

Diese Fragen nach den Kriterien der Kontextabgrenzung, nach dem relevanten Wirkungsmechanismus, nach der zu erwartenden Effektrichtung und nach potentiellen Interaktionseffekten müssen letztlich in jeder Erklärung beantwortet werden, die bei der Analyse sozialer Phänomene auch die soziale Einbettung der Individuen einbezieht (Alpheis 1988: 54-55; Blalock 1984: 354-356; Burbank 1995: 168; Pappi 1977: 182). Die in diesem Zusammenhang zu treffenden Entscheidungen sind in der Regel nicht unabhängig voneinander: „Die Annahme bestimmter Wirkungsmechanismen führt zu bestimmten Gruppierungskriterien, die Anwendung bestimmter Gruppierungskriterien [...] bedeutet wiederum, daß bestimmte Wirkungsmechanismen wahrscheinlicher werden" (Alpheis 1988: 55). Die Konsequenzen dieser Entscheidungen für die empirische Analyse und die Erklärung der Befunde sind in jedem Fall weitreichend. Deshalb lohnt es sich, zunächst einmal die vorliegenden Erkenntnisse über relevante Wirkungsmechanismen und Kriterien der Kontextabgrenzung zur Kenntnis zu nehmen, um auf dieser Grundlage dann einen geeigneten theoretischen und methodischen Bezugsrahmen für die Analyse der sozialen Einbettung von Stereotypen, Vorurteilen und sozialen Distanzen gegenüber „Ausländern" zu entwickeln.

3.1 „Soziale Telepathie" und „gemeinsames Schicksal"

Sofern in der Forschung zu den Determinanten ethnischer Grenzziehung Konexteffekte überhaupt Berücksichtigung finden, laufen sie letztlich oft auf Erweiterungen des zuvor beschriebenen einfachen Grundmodells hinaus. So wird zum Beispiel immer wieder die Auffassung vertreten, die „öffentliche Meinung" oder das „Stimmungsklima" in Bezug auf ethnische Minderheiten in einem Stadtteil habe einen wesentlichen Einfluss auf die Meinungen und Einstellungen der Bewohner. Oder es wird, wie etwa in einer von Quillian vorgelegten Mehrebenenanalyse von Vorurteilen gegenüber ethnischen Minderheiten in Europa, unterstellt, dass das nationalstaatlich abgegrenzte Volk letztlich die maßgebliche Bezugsgruppe bilde, von der diese Einstellungen mit bestimmt werden (Quillian 1995). Diese Überlegungen legen es nahe, für möglichst viele unterschiedliche Stadtteile oder Länder entsprechende Angaben über möglichst viele Bewohner zu erheben, aus denen jeweils ein Durchschnittswert für jeden einzelnen Kontext errechnet werden kann. Lässt sich dann unter Kontrolle relevanter Individualmerkmale ein signifikanter Zusammenhang zwischen diesem Mittelwert und den zu erklärenden Phänomenen feststellen, kann dies als Beleg für einen „Kontexteffekt" interpretiert werden.

Solche Analysen beruhen jedoch, wie vor allem Erbring und Young (1979) anschaulich klar gemacht haben, auf fragwürdigen Hintergrundannahmen. Das wird deutlich, wenn die Hypothesen in ein formales Modell übersetzt werden. Notiert man etwa die Bereitschaft zur Aufnahme persönlicher Kontakte zu Ausländern wieder mit Y_{ij}, die Stärke des individuellen Vorurteils mit X_{ij} und das Meinungsklima als gemittelte Summe der individuellen Vorurteile der anderen Bewohner, dann ergibt sich unter Berücksichtigung eventueller Messfehler und nicht berücksichtigter anderer Einflussfaktoren (e_{ij}) die folgende Erweiterung des zuvor beschriebenen Grundmodells:

$$Y_{ij} = a + (b_1 + b_2/n_j)X_{ij} + (b_2/n_j)\sum_{i' \neq i} X_{i'j} + e_{ij}$$

Dieses Modell unterstellt, dass *jeder* in die Analyse einbezogene Bewohner *(i)* des Stadtteils bzw. Kontextes *(j)* jeden anderen Bewohner außer sich selbst $(i' \neq i)$ beeinflusst, und zwar unterschiedslos und unabhängig von den individuellen Charakteristika. Doch wie soll das vor sich gehen? Wie, über welche Mechanismen, soll es denn dazu kommen, dass *alle* Bewohner eines Wohnviertels oder auch nur eines Häuserblocks Einfluss aufeinander ausüben? Oder wie soll es möglich sein, dass „the people of the nation" (Quillian 1995: 592) insgesamt als Orientierungsmaßstab fungieren? In Kleingruppen kann das Modell unter Umständen noch plausibel sein. Unter allen anderen Umständen lässt es sich wohl nur aufrecht erhalten, wenn man an so etwas wie „soziale Telepathie" glaubt (Erbring und Young 1979: 401; vgl. Blalock 1984: 359-360; Wolf 1996: 3-4).

Schon wesentlich überzeugender ist dagegen die von Erbring und Young ebenfalls aufgegriffene *common fate*-Hypothese. Darin wird im Prinzip ein intervenierender Mechanismus unterstellt, der dazu führt, dass individuelle Einstellungs- und Verhaltensmuster indirekt durch die Einstellungs- und Verhaltensmuster anderer Mitglieder des Kontexts mit geprägt werden. Im formalen Modell kann das dadurch berücksichtigt werden, dass an die Stelle des Durchschnittswertes nun eine *common fate*-Variable z_j, gesetzt wird, von der anzunehmen ist, dass sie alle Angehörigen des Kontexts gleichermaßen betrifft:

$$Y_{ij} = a + b_1 X_{ij} + c z_j + e'_{ij}.$$

Ein bekanntes Beispiel dafür ist die Wirkung des durchschnittlichen Leistungsniveaus in einer Schulklasse auf die Qualität der Lehre, welche wiederum als „gemeinsames Schicksal" auf alle beteiligten Schüler zurückwirkt (Erbring und Young 1979: 402-404). Vom gleichen Modell wäre auszugehen, wenn man der Auffassung ist, dass die Reaktionsmuster der Einheimischen in einem Stadtgebiet insgesamt die Verhaltensweisen der ethnischen Minderheiten beeinflussen, die dann wiederum auf die individuellen Vorurteilsneigungen zurückwirken. Zwar würde die Operationalisierung und Messung der intervenierenden Variablen in diesem Fall einige Schwierigkeiten aufwerfen; doch das ist zumindest aus theoretischer Sicht zweitrangig.

Das Manko dieses Ansatzes besteht in erster Linie darin, dass das „gemeinsame Schicksal" – in diesem Fall also die Verhaltensweisen und Reaktionsmuster der ethnischen Minderheiten – in der Regel nicht einfach ein objektives Datum ist. Vielmehr beruht das, was als „gemeinsames Schicksal" angesehen wird, selbst wieder auf subjektiven Deutungen und Bewertungen, die ihrerseits vom sozialen Umfeld der Individuen beeinflusst werden. Dies führt schließlich zu einem Wirkungsmechanismus, den Erbring und Young etwas missverständlich als *group norms* bezeichnen. Gemeint ist ein Prozess der wechselseitigen Beeinflussung unter *peers*, aus dem sich ein Konsens in Bezug auf Meinungen und Einstellung in wichtigen Fragen ergeben kann. In diesem Fall wäre ein für den gesamten Kontext berechneter Durchschnittswert $\overline{X}_j$ als Modellparameter bedeutungslos. Aber auch mit einem direkten Effekt von $X_i'_j$ ist dann eigentlich nicht mehr zu rechnen. Das Modell vereinfacht sich folglich formal zu:

$$Y_{ij} = a + b_1 X_{ij} + e_i'_j'.$$

Der entscheidende Unterschied zu den „Individualeffekt + Gruppeneffekt"-Modellen (Erbring und Young 1979: 407) liegt darin, dass in einem solchen Modell die Einflüsse der sozialen Umgebung endogenisiert werden, in dem man sie systematisch auf die zentralen Parameter auf der Individualebene bezieht. Ein bestimmtes *racial climate* oder der Ausländeranteil in einem Stadtgebiet ist demnach allenfalls insofern maßgeblich, als dadurch die Meinungen und Einstellungen der Akteure direkt mit bestimmt werden, und zwar in Interaktion mit anderen Determinanten auf der Individualebene. Das setzt theoretisch begründete und empirisch möglichst gut bewährte Hypothesen über die Verbindung zwischen den typischen Kontextbedingungen und den relevanten Erklärungsfaktoren voraus. Vor allem in der so genannten Bezugsgruppenforschung sind dafür wichtige Anhaltspunkte zu finden.

3.2 Bezugsgruppen

Der Bezugsgruppenforschung ist die wichtige Erkenntnis zu verdanken, dass Meinungen, Einstellungen, Handlungen oder auch Selbst-Einschätzungen stark durch Gruppen beeinflusst werden, denen man angehört oder denen man zumindest angehören möchte. Die dabei maßgeblichen Determinanten und Prozesse stehen im Mittelpunkt dieser Forschungsrichtung: „reference group theory aims to systematize the determinants and consequences of those processes of evaluation and self-appraisal in which the individual takes the values or standards of other individuals and groups as a comparative frame of reference" (Merton und Rossi 1968: 288). Die weitreichenden Konsequenzen der Bezugsgruppenorientierung sind in mehreren einschlägigen Studien belegt worden. So hat zum Beispiel die Untersuchung von Stouffer und seinen Kollegen zum *American Soldier* gezeigt, dass die Bewertung der eigenen sozialen Lage und die (Un-)Zufriedenheit mit den aktuellen Gegebenheiten oft weniger von „objektiven" Sachverhalten als von sozialen Vergleichsprozessen mit anderen Gruppen bestimmt werden (Stouffer et al. 1949). Je nachdem, auf welche Referenzgruppe sich der Vergleich bezieht, können sich auch unter sonst ähnlichen Bedingungen ganz unterschiedliche Einschätzungen und Bewertungen ergeben. Die Bennington-Studie von Newcomb macht indes deutlich, dass Bezugsgruppen (und darunter in erster Linie Primärgruppen) einen ganz erheblichen und auch relativ dauerhaften Einfluss auf die Entstehung und Verfestigung von Einstellungen ausüben, der unter Umständen Prägungen aus vorangegangenen Perioden vollständig unterlaufen kann. (Newcomb 1968; vgl. Alwin, Cohen und Newcomb 1991).

Neben diesen klassischen Beiträgen ließen sich zahlreiche weitere Studien anführen, in denen die Bedeutung von Bezugsgruppen für das soziale Handeln der Akteure aufgezeigt wird. Doch darauf kommt es hier nicht an. Wichtiger ist die Frage nach den allgemeinen Determinanten. Geht man davon aus, dass „soziale Gruppen nicht von sich aus Bezugsgruppen sind, sondern zu Bezugsgruppen erst dadurch werden, daß eine Person eine innere Beziehung zu ihnen herstellt, sich in Beziehung zu ihnen setzt" (Gukenbiehl 1999: 121), dann ist vor allem zu klären, warum, unter welchen Bedingungen und in welcher Weise sich Individuen mit welchen sozialen Gruppen (oder Kategorien) in Beziehung setzen.

3.2.1 Beziehungsvarianten

Eine erste Variante der Beziehung auf eine Gruppe besteht in einem sozialen Vergleich mit einem bestimmten Standard bzw. Beurteilungsmaßstab. Diesem Aspekt kommt unter anderem bei Phänomenen der relativen Deprivation eine wichtige Bedeutung zu. Eine Bezugsgruppe ist in diesem Zusammenhang „a standard or check point which an actor uses in forming his estimate of the situation, particularly his own position within it" (Shibutani 1955: 563). Eine zweite Variante richtet sich auf Gruppen, deren Sichtweisen, Einstellungen und Bewertungen einen Bezugsrahmen für die Akteure und somit „Ankerpunkte" für die Definition der Situation bilden (Shibutani 1955: 563; vgl. Kelley 1968; Singer 1981). Im ersten Fall kann man auch kurz von „Vergleichsgruppen", im zweiten Fall von „Beeinflussungsgruppen" sprechen (Esser 2001: 441). Davon zu unterscheiden sind zum einen Orientierungen an Gruppen, denen man zugehören möchte und an denen man sich eventuell in einem Prozess der antizipatorischen Sozialisation ausrichtet („Aspirationsgruppen"), und zum anderen die so genannten „Identifikationsgruppen", die als ausschlaggebend für bestimmte Dimensionen der sozialen Identität einer Person wahrgenommen werden (Esser 2001: 442; vgl. Merton und Rossi 1968: 316-325; Shibutani 1955: 563).

Nach den von der Theorie der relativen Deprivation ausgehenden Erklärungsansätzen sind Bezugsgruppen vor allem als Vergleichsgruppen wichtige Determinanten von Vorurteilen und sozialen Distanzen (vgl. Abschnitt 2.3.1). Wer sich im Vergleich zu anderen Personen, insbesondere im Vergleich zu den ethnischen Minderheiten, benachteiligt fühlt, wird, so die Hypothese, in besonders starkem Maß zu Vorurteilen tendieren. Die Theorie der sozialen Identität rückt dagegen eher die jeweilige Identitätsgruppe – zum Beispiel „die Deutschen" – und deren Status im Vergleich zu anderen Gruppen in den Mittelpunkt (vgl. Abschnitt 2.3.4). Beide Ansätze konzentrieren sich im Prinzip hauptsächlich auf motivationale Grundlagen sozialer Distanzierungen, die entweder in Deprivationszuständen oder im Bedürfnis nach einer positiven sozialen Identität verortet werden.

Das reicht aber nicht aus, wenn man davon ausgeht, dass die Wahrnehmungen und Bewertungen selbst schon durch Bezugsgruppeneinflüsse geprägt werden. Vielmehr müssen dann normative und Informationseinflüsse in die Analyse einbezogen werden.

3.2.2 Information und Norm

Ein entscheidender Ausgangspunkt für viele Beiträge aus dem Umfeld der Bezugsgruppenforschung ist die Erkenntnis, dass Wahrnehmungen und Bewertungen in einem sehr umfassenden Sinn von sozialen Vergleichsprozessen und Bezugsgruppeneinflüssen bestimmt werden. Sherifs berühmte Experimentalreihe zum autokinetischen Effekt und die daran anschließenden Arbeiten haben deutlich gemacht, dass sich Menschen vor allem in relativ unstrukturierten Situationen mit mehrdeutigen oder auch widersprüchlichen Evidenzen bei ihrer Urteilsbildung stark durch Informationen aus dem unmittelbaren sozialen Umfeld beeinflussen lassen (Sherif 1936; vgl. Siegrist 1970: 74-81). Angaben anderer Personen in einer Gruppensituation werden als Zusatzinformation genutzt, um trotz Unsicherheit ein Urteil über einen Sachverhalt treffen zu können. Außerdem bilden sich unter diesen Umständen oft schnell konvergente, von den ursprünglichen Urteilen mitunter deutlich abweichende Beurteilungen heraus, die auch außerhalb des Gruppenkontextes als Orientierungsrahmen dienen. Eine konsensuelle Einschätzung von objektiv nicht unmittelbar verifizierbaren Wahrnehmungen wird somit als Folge einer Serie reflexiver Ko-Orientierungsprozesse zu so etwas wie einem Standard oder einer Konvention, wodurch die Ungewissheit bei den individuellen Beurteilungen verringert und die Erwartungen der Beteiligten aufeinander abgestimmt werden (vgl. Siegrist 1970: 81-87).

Ein solches „Einstimmungsverhalten" (Siegrist) beruht nicht notwendig auf einer zwanglosen Übereinkunft als Folge einer wechselseitigen Beeinflussung. Es kann auch durch Gruppendruck und Konformitätszwänge bewirkt werden. Wie die Asch-Experimente und die darauf folgenden Untersuchungen erkennen lassen, kann eine überzeugte Mehrheit zunächst noch abweichende Angehörige einer Gruppe selbst dann zur Übernahme der Mehrheitsmeinung drängen, wenn ihre Position tatsächlich und überprüfbar im Widerspruch zur Wirklichkeit steht (Asch 1955). Eine Übereinstimmung mit den innerhalb einer Gruppe vorherrschenden Meinungen und Einstellungen wird nach den Resultaten verschiedener Studien um so wahrscheinlicher, je kleiner die Gruppe, je höher die Abhängigkeit von den anderen Personen, je höher die Belohnung für konforme Reaktionen, je komplexer die zu bewältigende Aufgabe und je größer die wahrgenommene Zuverlässigkeit der Anderen ist (vgl. von Avermaet 1996: 507-514). Neben diesen eher situationalen Determinanten sind auch persönlichkeitsspezifische Unterschiede auszumachen: „Personen, die in der psychologischen Terminologie als ego-schwach, unselbständig, autoritätsempfänglich bezeichnet werden, Personen, welche eine geringe Toleranz gegenüber unsicheren Situationen (*intolerance of ambiguity*), ein geringes Orientierungsrisiko aufweisen, haben eine stärkere Motivation zum Einstimmungsprozeß als Personen mit entgegengesetzten Merkmalen" (Siegrist 1970: 107).

Generell stehen hinter diesen Vorgängen zwei oft miteinander verbundene, aber analytisch verschiedene Formen der sozialen Beeinflussung und des Bezugs auf eine Gruppe: zum einen die als „Informationseinfluss" bezeichnete Variante, nämlich „influence to accept information obtained from another as evidence about reality", und zum anderen den normativen Einfluss im Sinne eines „influence to conform with the positive expectations of another" (Deutsch und Gerard 1955: 629). Informationseinflüsse beruhen letztlich auf dem Bedürfnis, selbst in relativ undurchsichtigen Situationen durch den Vergleich der eigenen Einschätzungen mit denen anderer Personen und unter Berücksichtigung der von ihnen vermittelten Informationen zu einer möglichst adäquaten Interpretation und Beurteilung zu gelangen. Denn: „People feel uncomfortable when they are not sure that their attitudes are correct, especially if the attitudes are important in a particular context. Since there are no objective standards for attitudes, people can judge their own correctness only by comparison with the attitudes of others" (Erickson 1988: 101).

Dagegen ist die Basis normativer Einflüsse ein Bedürfnis nach sozialer Anerkennung und Bestätigung, aus dem konforme Orientierungen entstehen können. Man wird sich demnach vor allem dann normativen Einflüssen unterwerfen, wenn zu erwarten ist, dass Übereinstimmung zu Anerkennung und Sympathie, ihr Fehlen aber zu Unverständnis und Antipathie führt. Solche normativen Einflüsse sind in der Regel an *Face-to-face*-Beziehungen in einem Gruppenkontext mit bereits weitgehend gefestigten Beurteilungsstandards gebunden und gewinnen umso mehr an Gewicht, je größer die wahrgenommene Attraktivität der jeweiligen Gruppe ist. Informationseinflüsse sind im Unterschied dazu auch schon dann möglich, wenn Personen nur gelegentlich und vorübergehend miteinander interagieren, da es in diesem Fall eben „nur" darum geht, Unsicherheiten über die „Geltung" bestimmter Meinungen und Einstellungen zu reduzieren (vgl. Jones 1984: 23-26; Turner 1991: Kap. 2).

Beiden Formen der sozialen Beeinflussung ist auch bei der Entstehung und Verfestigung von Einstellungs- und Verhaltensmustern gegenüber ethnisch differenzierten *outgroups* eine entscheidende Rolle zuzumessen. Die Wahrnehmungen und Beurteilungen von Personen und Gruppen bzw. Kategorien von Personen sind durch eine besonders große Ambiguität gekennzeichnet. Ob etwa die Einschätzung der typischen Eigenschaften von Angehörigen einer ethnischen Minderheit zutrifft, ist schlecht durch einen „Objektivitätstest" an der Realität mit Gewissheit festzustellen. Folglich werden die Akteure bestrebt sein, ihre Einschätzungen mit denen anderer Personen zu vergleichen und dadurch zu „validieren". Schon allein dadurch werden Informationseinflüsse begünstigt (vgl. Festinger 1954; Festinger et al. 1950: 163-172). Darüber hinaus kann in einer Gruppe aber auch eine mehr oder weniger eindeutige Norm in Bezug auf das "adäquate" Verhältnis gegenüber ethnischen Minderheiten bestehen, die unter Umständen auch gegen zunächst noch bestehende Zweifel durch normativen Einfluss durchgesetzt wird und schließlich als Bezugspunkt für die konsensuelle Definition der Situation dient. Dabei ist aber zunächst noch offen, *welche* Bezugsgruppen hinsichtlich dieser Mechanismen der sozialen Beeinflussung im Allgemeinen relevant werden.

3.2.3 Multiple Bezugsgruppen und die „Kreuzung sozialer Kreise"

Die Analyse der über Bezugsgruppen und soziale Beeinflussung vermittelten Kontexteffekte wird dadurch erheblich erschwert, dass es in der Regel nicht einfach eine „objektiv" vorgegebene Bezugsgruppe gibt. Was wahrscheinlich bis zu einem gewissen Grad für alle größeren Sozialverbände zutrifft, gilt, wie unter anderem Georg Simmel klargestellt hat, in besonderem Maß für moderne, durch starke soziale Differenzierung gekennzeichnete Gesellschaften: Ein festes „Eingewachsensein in *einen* Kreis" ist die Ausnahme, eine Existenz am „Kreuzungspunkt unzähliger sozialer Fäden" die Regel (Simmel 1992: 467). Die mit den verschiedenen sozialen Kreisen verbundenen Orientierungsvorgaben und Referenzpunkte können konsistent und aufeinander abgestimmt sein. Sie können sich aber auch klar widersprechen. Folglich war es immer schon eine der wichtigsten Fragen der Bezugsgruppenforschung, warum sich Akteure subjektiv auf bestimmte Gruppen oder Kategorien beziehen und auf andere nicht (vgl. Merton und Rossi 1968: 295-304; Singer 1981: 72-81).

Die Antworten auf diese Frage konzentrieren sich im Wesentlichen auf drei grundlegende Determinanten:

- auf das „Prinzip der Ähnlichkeit" (*principle of similarity*),
- auf Interdependenz und Kohäsion und
- auf Kontaktopportunitäten und räumliche Nähe.

Nach dem *principle of similarity* ist ein wichtiges Kriterium für die Orientierung an einer bestimmten Bezugsgruppe die subjektiv wahrgenommene Ähnlichkeit in zentralen Vergleichsdimensionen. Je größer die wahrgenommene Kongruenz der Einstellungen und Werte oder je ähnlicher die beobachtbaren sozialen Positionen und Lebensumstände sind, desto eher wird eine bestimmte Gruppe eine relevante Bezugsgruppe (Esser 2001: 446-448; Hyman 1968: 357; Singer 1981: 73-74; vgl. auch Merton und Rossi 1968: 296-297). Darauf hat schon Leon Festinger in Anspielung auf auch ihm bekannte Regelmäßigkeiten interethnischer Beziehungen hingewiesen: „One does not evaluate the correctness or incorrectness of an opinion by comparison with others whose opinions are extremely divergent from one's own. Thus, a person who believes that Negroes are the intellectual equals of whites does not evaluate his opinion by comparison with the opinion of a person who belongs to some very anti-Negro group" (Festinger 1954: 120-121).

Dadurch ergeben sich deutliche Restriktionen bei der Selektion von Bezugsgruppen, die nicht unabhängig von strukturellen Gegebenheiten sind. Vor allem hinsichtlich der normativen Einflüsse ist davon auszugehen, dass eine Gruppe hauptsächlich dann zu einer relevanten Bezugsgruppe wird, wenn es sich um eine relativ kohäsive Gruppe handelt, die über wichtige Belohnungs- und Sanktionsmöglichkeiten verfügt. Je höher die Interdependenz unter den beteiligten Personen und je enger die Bindung an die Gruppe ist, desto eher kann sie zu einer Norm setzenden Bezugsgruppe werden und desto stärker ist in der Regel auch die Identifikation mit einer solchen Gruppe (Hyman 1968: 357-358; Lau 1989: 221; Singer 1981: 75-76). Gute Kontaktopportunitäten und räumliche Nähe sind darüber hinaus zum einen günstige Bedingungen für Informationseinflüsse und zum anderen wichtige Voraussetzungen für eine nötigenfalls durch Sanktionen abgestützte „Einstimmung" auf bestimmte Gruppennormen: „the more fellow members of a membership group in a person's immediate environment, the more that group can serve the functions that reference groups serve, and therefore the more likely that group is to be chosen as a reference group" (Lau 1989: 221; vgl. Festinger et al. 1950: 153-163; Singer 1981: 74-80).

Demnach könnte man davon ausgehen, dass eine soziale Beeinflussung von Meinungen und Einstellungen vor allem dann zu erwarten ist, wenn eine Bezugsgruppe zugleich eine Mitglieds*gruppe* ist (Oshagan 1996: 337; vgl. Hyman 1968: 355; Merton und Rossi 1968: 290-295). Damit ist nach den üblichen sprachlichen Konventionen ein soziales System gemeint, das durch unmittelbare, mehr oder weniger diffus bestimmte Mitgliederbeziehungen, durch gemeinsame Ziele, regelmäßige Interaktionen und durch eine relative Dauerhaftigkeit gekennzeichnet ist (vgl. Bahrdt 1990: 86-97; Esser 2001: 416-417; Homans 1950: 82-86). Indessen hat vor allem Merton schon relativ früh bemängelt, der Ausdruck „Bezugs*gruppe*" sei „something of a misnomer" (Merton 1968b: 338). Auch soziale Kategorien als bloße Aggregate sozialer Positionen und Status, die etwa durch soziale Charakteristika wie Geschlecht, Alter oder Einkommen bestimmt sein können, können als Bezugsgruppen bzw. als Bezugskategorien bedeutsam sein. Selbst so genannte *reference individuals* können beispielsweise als „Rollenmodell", als Meinungsführer oder Trendsetter normative oder Informationseinflüsse ausüben (Hyman 1968: 355; vgl. Esser 2001: 443-444; Merton 1968b: 356-358). So orientieren sich vielleicht manche in ihren Meinungen und Einstellungen in Bezug auf ethnische Minderheiten eher am Partner oder an bestimmten *opinion leaders*, andere möglicherweise daran, wie man als aufgeklärter Lehrer in solchen Fragen denken sollte und wieder andere halten sich vor allem an die vorherrschende Meinung in der wöchentlichen Kegelrunde.

Die Bezugsgruppenforschung enthält eine Reihe von mehr oder weniger gut empirisch gestützten Orientierungshypothesen über die dabei maßgeblichen Determinanten der Entscheidung. So wird zum Beispiel davon ausgegangen, dass normative Einflüsse eher an Mitgliedsgruppen gebunden sind, während Informationseinflüsse und die soziale Validierung von Meinungen und Einstellungen auch an sozialen Kategorien ausgerichtet sein können. Doch letztlich fehlt, was oft beklagt wurde, eine eigenständige und in sich schlüssige Theorie (Rhodebeck 1995: 235-236; Singer 1981: 66). Es gibt kein allgemeines Modell, aus dem man ableiten könnte, welche Bezugsgruppen, Bezugskategorien oder Bezugspersonen für eine bestimmte Klasse von Explananda als relevant anzusehen sind. Man findet keine generellen, theoretisch begründeten Anhaltspunkte dafür, wie wichtig zum Beispiel Familien, Freundescliquen oder Arbeitsgruppen für die Entstehung und Stabilisierung von Meinungen und Einstellungen gegenüber Ausländern sind. Ebenso ist nach wie vor unklar, wie sich Akteure bei unterschiedlichen, möglicherweise mit widersprüchlichen Vorgaben verbundenen Bezugsgruppen verhalten.

Daraus ergeben sich erhebliche Komplikationen für die empirische Analyse von Bezugsgruppeneffekten. Wie soll man die für die untersuchte Fragestellung relevanten Gruppen oder Kategorien empirisch genau bestimmen? Sind zum Beispiel im Hinblick auf die Determinanten sozialer Distanzen gegenüber ethnischen Minderheiten alle Gruppen relevant, in denen jemand Mitglied ist? Oder sind es nur solche Gruppen, in denen überhaupt über solche Fragen gesprochen wird? Immerhin ist eine nicht unwesentliche, aber oft vernachlässigte Nebenbedingung für normative Einflüsse, dass auch entsprechende Gruppennormen vorhanden sind und deutlich kommuniziert werden (Oshagan 1996: 337). Muss man im Hinblick auf das „Ähnlichkeitsprinzip" davon ausgehen, dass sich die Akteure immer gerade diejenigen Gruppen auswählen, die ihnen in ihren Meinungen und Einstellungen besonders ähnlich sind? Erweist sich das nicht spätestens dann als eine ziemlich realitätsfremde Annahme, wenn man neben der Tatsache der multiplen Gruppenzugehörigkeiten und der „Kreuzung sozialer Kreise" auch noch in Rechnung stellt, dass es außer ethnische Minderheiten betreffende Fragen noch eine Vielzahl anderer potentiell relevanter Themen gibt, für die gemäß dem Ähnlichkeitsprinzip ebenfalls passende Bezugsgruppen zu suchen wären?

Gerade in diesem Zusammenhang ist zudem mit nicht immer eindeutigen Kausalbeziehungen zu rechnen. Allein aus der Tatsache, dass jemand angibt, die anderen Mitglieder einer Gruppe hätten ähnliche Meinungen und Einstellungen, kann man noch nicht schließen, ob das die Folge einer bewussten Selektion einer Bezugsgruppe mit möglichst hoher Ähnlichkeit oder die Folge einer allmählichen Konvergenz von zunächst noch unterschiedlichen Meinungen und Einstellungen in einer Gruppe ist (vgl. Blalock 1984: 360-362; Singer 1981: 71). Auch die Annahme, dass es sich dabei überhaupt um eine *Gruppe* im engeren Sinn des Begriffs handelt, ist, wie bereits deutlich wurde, nicht zwingend. Wenn man sich aber nicht einmal darauf verlassen kann, dass die relevanten Bezugsgrößen relativ dauerhafte soziale Systeme mit mehr oder weniger diffus bestimmten Mitgliederbeziehungen – wie zum Beispiel die „Kernfamilie", ein Tennisclub oder ein Team von Arbeitskollegen – sind, wie soll man dann die für eine Kontextanalyse unabdingbare Abgrenzung der maßgeblichen Nahumgebung vornehmen?

Der Bezugsgruppenforschung und den damit verbundenen theoretischen Ansätzen sind wichtige Erkenntnisse darüber zu verdanken, wie stark und über welche Wirkungsmechanismen individuelle Meinungen, Einstellungen und Verhaltensweisen vom sozialen Umfeld der Akteure beeinflusst werden. Im Unterschied zu den simplen „individual effect plus group effect"-Modellen (Erbring und Young 1979: 407) geben sie theoretisch begründete und auch empirisch recht gut belegte allgemeine funktionale Zusammenhänge zwischen Individualmerkmalen und Bezugsumgebung an. Soziale Vergleichsprozesse, die Selbstvergewisserung subjektiver Wahrnehmungen durch den Austausch mit anderen, die allmähliche Einstimmung auf gemeinsam geteilte Gruppennormen – das sind Vorgänge, die auch für die Analyse der sozialen Einbettung von sozialen Distanzen gegenüber ethnischen Minderheiten von großer Bedeutung sind. Doch die Antwort auf die zentrale Frage nach sinnvollen Kriterien für die Kontextabgrenzung muss letztlich jenseits der Bezugsgruppenforschung gesucht werden.

3.3 Soziale Beziehungen und Netzwerke

Ein besonders aussichtsreicher Ansatz für die Lösung dieser Probleme ist die so genannte Netzwerkanalyse. Im Unterschied zur hauptsächlich auf Gruppen (und vielleicht noch auf soziale Kategorien) fixierten Bezugsgruppenforschung sieht sie die Grundeinheit der empirischen und theoretischen Analyse in konkreten Interaktionen und Beziehungen zwischen Akteuren. In diesem Sinn versteht man unter einem sozialen Netzwerk allgemein „any articulated pattern of connections in the social relations of individuals, groups and other collectivities" (Scott 1996: 794) oder in graphentheoretischer Terminologie: „eine abgegrenzte Menge von Knoten oder Elementen und der Menge der zwischen ihnen verlaufenden sogenannten Kanten" (Jansen 1999: 52; vgl. Pappi 1987: 13; Wasserman und Faust 1994: 20).[8]

Es ist eine der Grundprämissen des Ansatzes, dass man die Art und Struktur der Beziehungen sowie die Verortung eines Akteurs in einem Netzwerk kennen muss, um dessen Wahrnehmungen, Überzeugungen, Einstellungen und Verhalten adäquat verstehen und erklären zu können (Knoke und Kuklinski 1982: 9-13).[9]

---

[8] Gelegentlich wird darüber spekuliert, ob *social network analysis* nicht sogar als eine ganz eigenständige sozialwissenschaftliche Theorie oder wenigstens als eine besondere „theoretische Perspektive" aufzufassen sei (vgl. z.B. Emirbayer 1997; Granovetter 1979; Jansen 1999: Kap. 1; Mitchell 1974: 279-284; Wellman 1983; Wellman 1988). Doch im Großen und Ganzen steht fest, dass es sich in erster Linie um ein leistungsfähiges und vielfach erprobtes *Instrument* für die Erhebung, Beschreibung und Analyse der Inhalte und Strukturen sozialer Beziehungen handelt, das mit unterschiedlichen theoretischen Ansätzen verbunden werden kann (Pappi 1987: 11; Scott 1996: 794).

[9] Für Clyde Mitchell, einen der wichtigsten Nestoren der Netzwerkanalyse aus der Tradition der britischen Sozialanthropologie, war der Bezug auf das Handeln der Akteure sogar so wesentlich, dass er ihn wie selbstverständlich als begriffskonstitutiv auffasste. Seiner Definition zufolge sind soziale Netzwerke „a specific set of linkages among a defined set of persons, with the additional property that the characteristics of these linkages as a whole may be used to interpret the social behavior of the persons involved" (Mitchell 1969: 2).

Im Mittelpunkt des Interesses stehen folglich nicht isolierte Akteure mit bestimmten Attributen, sondern Verflechtungen zwischen Akteuren und darin zu erkennende Regelmäßigkeiten, die einerseits als Kontextbedingung des sozialen Handelns, andererseits aber immer auch als ein Resultat des Handelns von Akteuren zu verstehen sind (vgl. Schweizer 1996: 111-114).

Als Kontextbedingung des Handelns können soziale Netzwerke generell sowohl als Handlungsspielräume einschränkende *constraints* oder als individuell nutzbare Ressourcen relevant werden. Der Ressourcencharakter von Netzwerken ist unter anderem in zahlreichen Arbeiten zur sozialen Unterstützung in unterschiedlichen Lebensbereichen aufgezeigt worden (z.b. Wellman und Wortley 1990; vgl. Gartrell 1987: 56-57). In der hauptsächlich von Mark Granovetter initiierten Forschung zur Stärke schwacher Beziehung bei der Arbeitsplatzsuche werden diese Aspekte sozialer Netzwerke ebenfalls gut erkennbar (Granovetter 1973; Granovetter 1974). Demgegenüber richten andere Analysen den Blick eher auf jene Seiten von Beziehungsstrukturen, die für die Akteure mehr oder weniger „objektive", nicht nach Belieben und durch eigenes Bemühen unmittelbar veränderliche Gegebenheiten darstellen, durch die sie in ihren Handlungsmöglichkeiten eingeschränkt werden. In dieser Sichtweise ist der Schlüssel zur Erklärung sozialer Phänomene letztlich in strukturell verfestigten Relationen zwischen sozialen Positionen und ihren jeweiligen „Inhabern" zu sehen. So betonen etwa die Protagonisten des „strukturellen Ansatzes", dass „social life, including its cultural manifestation, is rooted in the structure of social positions and relations and must be explained by analyzing these patterns or distributions of positions and these networks or rates of relations in groups and societies" (Blau 1982: 275; vgl. Esser 2000a: 270-278). Das Augenmerk richtet sich damit auf *emergent properties* von Gruppen und Kollektiven wie etwa ihre Größe, ihre Zusammensetzung bzw. Heterogenität, ihre Überschneidungen (*intersections*) mit anderen Kollektiven oder auch „the network or pattern of social relations", das zum Beispiel im Anteil der Isolierten in einem Kollektiv zum Ausdruck kommt (Blau 1982: 278; vgl. Wellman 1983; Wellman 1988).

In einer zugespitzten Form führt diese Sichtweise zu einer strikt makrosoziologischen Position, die soziale Phänomene unmittelbar und ausschließlich auf die strukturelle Anordnung von Elementen in einem mehrdimensionalen sozialen Raum zurückführen will. So postuliert zum Beispiel Peter Blau: „the distributions of people's positions and their nexus – the degrees of their various similarities and differences, and how closely related the various dimensions are – govern people's social relations and life chances" (Blau 1994: 6). Dabei wird jedoch ausgeblendet, dass soziale Beziehungen und Netzwerkstrukturen den Akteuren nicht einfach nur von außen auferlegt sind. Beziehungen können bewusst aufgebaut oder auch wieder abgebrochen werden. Das haben unter anderem Beiträge zur Analyse von Netzwerken unter Freunden immer wieder deutlich gemacht. Demnach ist die Entstehung von Freundschaftsbeziehungen und – netzwerken nicht einfach nur eine Frage des *meeting*, der weitgehend vorgegebenen Gelegenheitsstrukturen und der mit ihnen variierenden Möglichkeiten der Kontaktaufnahme, sondern immer auch eine Frage des *mating*, also der Bedürfnisse und Präferenzen der Akteure, von denen es abhängt, ob und wie die sich bietenden Möglichkeiten genutzt werden (Jackson 1977; Verbrugge 1977; Wolf 1996).[10] Ronald Burt und andere haben gezeigt, dass man die Struktur sozialer Netzwerke auch als Resultat von Investitionsentscheidungen der Akteure erklären kann, die darauf abzielen, einen möglichst effizienten Zugang zu anderen Akteuren und den durch sie kontrollierten Ressourcen sicher zu stellen (Burt 1992; vgl. auch Lin 2001). Diese und viele weitere, in die gleiche Richtung weisende Erkenntnisse erfordern offensichtlich eine Theorie, in der der einzelne Akteur nicht bloß als passives Beiwerk der strukturellen Gegebenheiten aufgefasst wird, sondern im Sinne Boissevains als ein „entrepreneur who tries to manipulate norms and relationships for his own social and psychological benefit" (Boissevain 1974: 7).

Für die Analyse der sozialen Einbettung von Mustern der Distanz gegenüber ethnischen Minderheiten bedeutet das, dass man sich auch bei einem netzwerkanalytischen Ansatz zur Untersuchung von Kontexteffekten nicht auf irgendwelche „objektiv" vorgegebenen Kriterien der Kontextabgrenzung berufen kann. So wenig zum Beispiel dauerhafte Relationen zwischen sozialen Positionen definitiv festlegen, wer mit wem engere freundschaftliche Beziehungen aufnimmt und aufrecht erhält, so wenig wird durch makrostrukturelle Regelmäßigkeiten bestimmt, welche Personen und Gruppen bei der Entstehung und Verfestigung von Meinungen und Einstellungen über ethnische Minderheiten ins Gewicht fallen. Sind es die Familienangehörigen, die Freunde, die Arbeitskollegen oder die Nachbarn, die dafür maßgeblich sind? Oder sind es vielleicht weniger bestimmte Gruppen oder Kategorien von Personen als vielmehr ganz bestimmte Eigenschaften von Beziehungen und strukturelle Merkmale von sich über verschiedene Gruppen erstreckenden Netzwerken, die als wichtig anzusehen sind? Diese Fragen sind im Kontext der Netzwerkforschung genauso wenig geklärt wie die Frage nach den Determinanten der Orientierung auf eine bestimmte Gruppe oder Kategorie im Rahmen der Bezugsgruppenforschung.

Gegenüber der traditionellen Bezugsgruppenforschung verfügt die Netzwerkanalyse allerdings über ein wesentlich flexibleres Arsenal an Konzepten und Modellen zur Beschreibung typischer Eigenschaften von Beziehungen und Beziehungsstrukturen, die für eine Analyse der sozialen Einbettung von Wahrnehmungsmustern, Präferenzen, Bewertungen und Verhaltensweisen von Interesse sind. Gartrell hat darauf hingewiesen, dass schon in den frühesten Studien zu den normativen und „komparativen" Funktionen von Bezugsgruppen einiges an „network imagery" zu finden ist (Gartrell 1987: 50). Doch erst mit Hilfe netzwerk-

---

[10] Lois Verbrugge hat diese Überlegungen auf eine knappe Formel gebracht: „While meeting depends on opportunities, mating depends on both attraction and opportunities. How readily an acquaintance is converted to close friendship depends on how attractive two people find each other and how easily they can get together" (Verbrugge 1977: 577).

analytischer Konzepte und Verfahren sind die eher metaphorischen Andeutungen und Spekulationen zur Relevanz von Beziehungsstrukturen genauer zu fassen.

3.3.1 Strukturelle Grundlagen interpersonaler Beeinflussung

Die Besonderheit des netzwerkanalytischen Ansatzes zur Analyse sozialer Einflussbeziehungen liegt hauptsächlich in der strukturell fundierten Konzeptualisierung dessen, was allgemein als „soziale Nähe" (*social proximity*) bezeichnet wird. „Soziale Nähe" bezeichnet in einem sehr umfassenden Sinn eine durch strukturelle Gegebenheiten kanalisierte Aufmerksamkeit für die Äußerungen anderer Akteure, ohne die eine Einflussnahme nicht möglich ist. Das setzt nicht notwendig unmittelbare persönliche Kontakte voraus; „the only precondition for social influence is information (which allows social comparison) about the attitudes or behaviors of other actors" (Marsden und Friedkin 1993: 128). Auch müssen noch nicht einmal bewusste Bemühungen um eine Modifikation oder Manipulation der Meinungen und Einstellungen anderer Personen unterstellt werden. Prozesse einer sozialen Ansteckung (*social contagion*), wie sie zum Beispiel in der *Medical Innovation*-Studie von Coleman, Katz und Menzel nachgezeichnet wurden, sind ebenfalls denkbar (Coleman, Katz und Menzel 1966). Doch irgendeine soziale Beziehung muss zwischen zwei oder mehreren Akteuren bestehen und wenigstens einer der Akteure muss sich am anderen orientieren, denn: „Actor j's influence on actor i depends on i's knowledge of j's opinions; invisible opinions cannot be directly influential" (Friedkin 1998: 68).

Im Wesentlichen sind zwei Varianten der Konzeptualisierung und Messung der strukturellen Charakteristika von *social proximity* zu unterscheiden, die auch für die Analyse der sozialen Einbettung von Meinungen und Einstellungen gegenüber ethnischen Minderheiten von Interesse sind: zum einen die Modelle der sozialen Kohäsion und zum anderen die der strukturellen Äquivalenz.

Soziale Kohäsion

Das Modell der sozialen Kohäsion konzentriert sich auf die unmittelbaren Beziehungen zwischen mehreren Akteuren und die unterschiedlichen Charakteristika dieser Beziehungen. In einer besonders strikten Fassung dieses Ansatzes sind die strukturellen Voraussetzungen für soziale Einflussbeziehungen immer dann gegeben, wenn Akteure bzw. „Knoten" in einem Netzwerk direkt miteinander verbunden sind. Verallgemeinerungen des Ansatzes lassen auch indirekte Beziehungen etwa in Form von n-Cliquen, k-Plexen oder F-Gruppen zu (vgl. Jansen 1999: 185-198; Kappelhoff 1987b; Scott 2000: 100-145; Wasserman und Faust 1994: 249-290). Doch der eigentlich charakteristische Strukturtyp ist die oft kurz als Clique bezeichnete kohäsive Subgruppe innerhalb eines Gesamtnetzwerks, oder, etwas genauer, die soziometrische 1-Clique, ein maximaler Teilgraph, in dem alle möglichen Beziehungen auch tatsächlich vorkommen und jeder jeden ohne Zwischenschritte erreichen kann (Kappelhoff 1987b: 48; Schweizer 1996: 191). Typische Eigenschaften solcher Cliquen sind neben der direkten Verbundenheit insbesondere die Gegenseitigkeit der Beziehungen, die Häufigkeit der Interaktionen und eine relativ hohe Dichte der Beziehungen im Vergleich zum sozialen Umfeld (Wasserman und Faust 1994: 251-252).

Die Grundidee, die dieses Modell für die Analyse von Kontexteffekten interessant macht, ist leicht nachzuvollziehen. „Social influence is assumed to operate most often and most consequentially between those who communicate directly and intensely with one another" (Meyer 1994: 1022; vgl. Burt 1987: 1289). Dieses Argument lässt sich – erstens – auf die zuvor beschriebenen Prozesse der sozialen Validierung von Meinungen und Einstellungen übertragen. Je größer die Verbundenheit unter den Angehörigen eines Netzwerks ist, desto eher werden sie sich in sozialen Vergleichsprozessen aneinander orientieren. Dafür gibt es, wie Bonnie Erickson klargestellt hat, mindestens drei wesentliche Gründe: „They will do so because they are available (social comparison rarely occurs in any consequential way between strangers), because they are attracted to each other (density tends to increase the strength of dyadic ties and of the overall attractiveness of the group itself), and because they have opportunities to compare salient attitudes (clique density tends to increase communication volume)" (Erickson 1982: 164). Außerdem können gerade multiple und redundante Beziehungen zwischen den Angehörigen einer Clique dazu beitragen, dass die Einstellungen der anderen Beteiligten auch tatsächlich korrekt wahrgenommen werden, was die Wirksamkeit des sozialen Vergleichs erhöhen dürfte (vgl. Gartrell 1987: 50-51; Erickson 1988: 106-109).

Zweitens schaffen die mit Cliquen verbundenen Struktureigenschaften sozialer Netzwerke aber auch günstige Voraussetzungen für Prozesse der normativen Kontrolle und der eventuell auch gegen zunächst noch skeptische Haltungen vollzogenen Durchsetzung einer bestimmten Gruppennorm. Das wird leicht verständlich, wenn man bedenkt, dass die spezifischen Merkmale von Cliquen im Wesentlichen denen entsprechen, die üblicherweise als Charakteristika von „Primärgruppen" im Sinne der erweiterten Definition Cooleys verstanden werden, also von *Face-to-face*-Assoziationen unter einer kleinen Menge von Personen, die relativ dauerhafte und enge Beziehungen ohne klar abgesteckte Ziele und interne Spezialisierungen zueinander unterhalten (vgl. Schäfers 1999). Solchen Primärgruppen kommt eine entscheidende Bedeutung bei der Konstitution der Lebenswelt und der kulturellen Bezugsrahmen zu, weil sie in besonderer Weise mit einer hohen Stabilität und Relevanz der lebensweltlichen Abläufe verbunden sind und wichtige Quellen der Versorgung mit sozialer Wertschätzung darstellen (Esser 2001: 429-432). Darauf hat auch die Bezugsgruppenforschung immer wieder hingewiesen, indem sie den großen Stellenwert von Mitgliedsgruppen für normative Einflüsse nachdrücklich herausstellte. Je enger und dauerhafter die direkten

Beziehungen unter einer Gruppe von Personen sind, desto günstiger sind die Voraussetzungen für *normative influence*.

Strukturelle Äquivalenz und Ähnlichkeit

Im Unterschied zum *relationalen* Modell der sozialen Kohäsion beruht das Konzept der strukturellen Äquivalenz bzw. Ähnlichkeit auf einem *positionalen* Ansatz. Nicht die direkte oder indirekte Verbundenheit der Akteure, sondern gleiche oder zumindest ähnliche Muster von empirisch vorhandenen oder fehlenden Beziehungen zwischen differenzierten sozialen Positionen stehen in diesem Fall im Mittelpunkt der Analyse (Burt 1982: 29-31; Pappi 1987: 25-26; Schweizer 1996: 194). „Soziale Nähe" als Grundvoraussetzung von Einflussbeziehungen zwischen Akteuren wird demnach im Wesentlichen über die Profile der interpersonalen Beziehungen erfasst (Marsden und Friedkin 1993: 132).

Strukturelle Äquivalenz setzt streng genommen genau identische Beziehungsmuster voraus: „two actors are structurally equivalent if they have identical ties to and from all other actors in the network" (Wasserman und Faust 1994: 356; vgl. Burt 1982: 42-45; Burt 1987: 1291). Folglich wäre die Bedingung sozialer Nähe und damit die Voraussetzung von Einflussprozessen dann erfüllt, wenn zum Beispiel zwei Akteure exakt die gleichen Freunde hätten oder wenn sie genau das gleiche Muster von Rollenbeziehungen zu einem bestimmten Set von Personen in bestimmten sozialen Positionen aufweisen würden. Diese strikte Definition der Äquivalenz der *social proximity* ist äußerst restriktiv, weil sie im Prinzip eine Identität der Beziehungsstrukturen nicht nur für einen Beziehungstypus (z.B. Freundschaft oder Hilfeleistung), sondern für mehrere Relationen gleichzeitig, voraussetzt (Knoke und Kuklinski 1982: 59). Deshalb werden üblicherweise abgeschwächte Kriterien der strukturellen Ähnlichkeit verwendet, die in der empirischen Analyse unter anderem über das Nullblockkriterium der Blockmodellanalyse umgesetzt werden (vgl. Burt 1982: 46-49; Jansen 1999: 206-220; Kappelhoff 1987a; Knoke und Kuklinski 1982: 59-74; Wasserman und Faust 1994: 356-424).

Sozialer Einfluss auf der Grundlage struktureller Äquivalenz bzw. Ähnlichkeit setzt, wie vor allem Burt nachdrücklich betont hat, weder unmittelbare Kommunikation noch intensive persönliche Beziehungen voraus: „structural equivalence predicts that two people identically positioned in the flow of influential communication will use each other as a frame of reference for subjective judgments and so make similar judgments even if they have no direct communication with each other. [...] It is their similar relations with others that determine their structural equivalence, not their relations with each other" (Burt 1987: 1293).

Mit einer Angleichung von Meinungen und Einstellungen ist demnach vor allem deshalb zu rechnen, weil strukturell ähnliche Personen in der Regel mit ähnlichen Typen von anderen Akteuren zu tun haben und demzufolge auch in ihren Bemühungen um eine soziale Validierung ihrer Überzeugungen und Bewertungen auf ähnliche Referenzpunkte orientiert sind oder weil sie sich aufgrund ihrer Position mit bestimmten Erwartungen und Normen einer spezifischen Bezugsumgebung konfrontiert sehen (Erickson 1988: 110-111; Gartrell 1987: 51; Marsden und Friedkin 1993: 133; Meyer 1994: 1022-1023). Strukturelle Äquivalenz ist zudem auch eine wichtige Voraussetzung von Wettbewerbs- und Distinktionsprozessen, in denen ein jeweils als ähnlich eingestufter anderer Akteur als Vergleichsmaßstab der Einschätzung der eigenen sozialen Position dient.[11] Daraus können sich wiederum Anreize ergeben, bestimmte Meinungen, Einstellungen und Verhaltensweisen nochmals zu überdenken, wenn sie mit erkennbaren Nachteilen beim Erwerb sozialer Anerkennung verbunden sind.

In diesem Zusammenhang ist auch zu beachten, dass schon die Anfangsausstattungen der Akteure mit bestimmten Überzeugungen, Bewertungen und Verhaltensmustern nicht unabhängig von struktureller Äquivalenz oder Ähnlichkeit sind: „Because actors' initial orientation on issues are influenced by their definitions of the situation, the more similar two actors' structural positions are, the more similar their initial positions on issues are likely to be" (Friedkin 1998: 71). Je stärker sich die strukturellen Positionen von zwei Akteuren unterscheiden, desto stärker werden vermutlich ihre Ausgangspositionen etwa in sozialen und politischen Fragen voneinander abweichen und desto geringer ist – unter sonst gleichen Bedingungen – die Wahrscheinlichkeit, dass zum Beispiel erhebliche Meinungsunterschiede überhaupt als bedeutsam erachtet werden. Ebenso gut ist es möglich, dass eine Ähnlichkeit der Meinungen und Einstellungen im Prinzip schon allein durch die Ähnlichkeit strukturell bedingter Interessenlagen erzeugt wird, ohne dass gleichzeitig auch strukturelle Äquivalenz im Sinne einer Übereinstimmung der Beziehungsmuster gegeben sein muss. Daraus ergeben sich komplexe Kausalbeziehungen, die bei der empirischen Analyse berücksichtigt werden müssen, wenn man die Bedeutung struktureller Äquivalenz für die Angleichung von Meinungen und Überzeugungen in sozialen Netzwerken genauer bestimmen will.

Soziale Kohäsion oder strukturelle Äquivalenz?

Soziale Kohäsion und strukturelle Äquivalenz sind konzeptionell verschiedene, aber deshalb nicht notwendig auch empirisch unverbundene Modelle zur Beschreibung struktureller Voraussetzungen von Einflussbeziehungen. Wenn zwei Akteure eng miteinander verbunden sind und gleichzeitig Beziehungen zu einem

---

[11] Auf den Zusammenhang von struktureller Äquivalenz und verschärftem Wettbewerb aufgrund der damit verbundenen Substituierbarkeit zwischen (individuellen oder kollektiven) Akteuren hat vor allem Burt in seiner Reanalyse der *Medical Innovation*-Study hingewiesen: „The more similar ego's and alter's relations with other persons are – that is, the more that alter could substitute for ego in ego's role relations, and so the more intense that ego's feelings of competition with alter are – the more likely it is that ego will quickly adopt any innovation perceived to make alter more attractive as the object or source of relations" (Burt 1987: 1291).

identischen Set von Freunden, Verwandten, Nachbarn und Bekannten haben, dann wären nach beiden Modellen günstige Voraussetzungen einer wechselseitigen Beeinflussung zu erwarten. Wenn indessen zwei Akteure eine enge Beziehung zueinander aufweisen, aber sonst mit unterschiedlichen Personen oder Positionen verbunden sind, dann würde man zwar nach dem Kohäsionsmodell tendenziell ähnliche Meinungen und Einstellungen erwarten, nicht aber nach dem Modell der strukturellen Äquivalenz; nach dem Modell der strukturellen Äquivalenz wäre sogar mit konfligierenden Beziehungen außerhalb der Clique zu rechnen, die die Effekte der Kohäsion unterlaufen können. In einer Konstellation der strukturellen Äquivalenz ohne unmittelbare persönliche Beziehung zwischen zwei betrachteten Akteuren wäre dagegen nach dem Modell der sozialen Kohäsion jede mehr als zufällige Übereinstimmung der Meinungen und Einstellungen eigentlich als eine Anomalie zu werten. So müsste zum Beispiel nach dem Modell der strukturellen Äquivalenz bzw. Ähnlichkeit zwischen isolierten Akteuren in einem Sozialverband eine überzufällige Ähnlichkeit der Meinungen und Einstellungen zu beobachten sein, während das Ausmaß der Übereinstimmung nach dem Modell der sozialen Kohäsion nur zufällig sein sollte (vgl. Burt 1987; Erickson 1988; Meyer 1994).

Die Effekte sozialer Kohäsion und struktureller Äquivalenz können sich auch gegenseitig verstärken. So vermutet Erickson: „similarity is greater if people are densely tied as well as equivalent" (Erickson 1982: 164; vgl. auch Marsden und Friedkin 1993; Meyer 1994). Welche Aspekte der Beziehungsstrukturen – Kohäsion und/oder strukturelle Äquivalenz – für die Analyse der sozialen Einbettung von Meinungen, Einstellungen und Verhaltensmustern letztlich wichtiger sind, lässt sich nicht allgemein und unabhängig vom jeweiligen Untersuchungsgegenstand klären. Allerdings spricht einiges dafür, dass strukturelle Äquivalenz vor allem dann bedeutsam wird, wenn solche Überzeugungen, Einstellungen oder Verhaltensmuster im Mittelpunkt des Interesses stehen, die – wie zum Beispiel institutionell definierte Rollenerwartungen – an bestimmte soziale Positionen gekoppelt sind, wie es etwa bei den in der *Medical Innovation*-Studie untersuchten Ärzten der Fall war (vgl. Burt 1982; Burt 1987). Wo es dagegen – wie bei der vorliegenden Studie – um eher schwach institutionalisierte, in der Regel nicht typisch an bestimmte soziale Positionen geknüpfte Meinungen, Einstellungen und Handlungsweisen geht, dürfte soziale Kohäsion eine größere Rollen spielen, die dann freilich durch gleichzeitig vorliegende strukturelle Äquivalenz noch verstärkt werden kann.

3.3.2 Gesamtnetzwerke und egozentrierte Netzwerke

Sowohl die empirische Analyse struktureller Äquivalenz als auch die Bestimmung von Cliquen stellt hohe Anforderungen an die zu erhebenden Daten. Um strukturelle Äquivalenz bzw. Ähnlichkeit festzustellen, benötigt man im Prinzip Angaben über Gesamtnetzwerke für alle relevanten Beziehungstypen. Nur wenn für *alle* beteiligten Akteure bekannt ist, wer mit wem in welcher Weise verbunden ist, können die Beziehungsmuster und Positionsstrukturen mit den etablierten netzwerkanalytischen Methoden sinnvoll erfasst werden. Die Verfahren zur Identifikation strukturell äquivalenter Positionen wie der CONCOR-Algorithmus von Arabie, Breiger, Boorman und White, oder das auf euklidischen Distanzen beruhende Verfahren von Burt, geraten in Schwierigkeiten, wenn einzelne Beziehungen zwischen zu einem Netzwerk gehörigen Akteuren nicht eindeutig zu bestimmen sind, weil dann die euklidischen Distanzen oder die Korrelationen für die Datenvektoren der Soziomatrizen nicht richtig berechnet werden können. Im Fall der Cliquenanalyse sind die Voraussetzungen ähnlich. Wenn man zum Beispiel Cliquen als Komponenten mit relativ hoher Innendichte oder als so genannte F-Gruppen identifizieren will, benötigt man ebenfalls möglichst vollständige Angaben über das Vorliegen oder Fehlen von Beziehungen innerhalb eines Gesamtnetzwerks. Allerdings setzen Cliquenanalysen nicht notwendig multiple Relationen voraus.

Diese „technischen" Anforderungen an die Datenbasis haben weitreichende Folgen für die empirische Analyse der sozialen Einbettung von Meinungen, Einstellungen und Verhaltensmustern. Eine Erhebung von Gesamtnetzwerken ist ohne mehr oder weniger „natürlich" vorgegebene Gruppierungskriterien wie etwa im Fall von Schulklassen oder Arbeitsgruppen und ohne „künstlich" im Experiment erzeugte Abgrenzungen einer eindeutig bestimmbaren Menge von Personen kaum handhabbar. Nicht von ungefähr konzentrieren sich Cliquenanalysen meistens auf überschaubare Eliten, wie in der Alt-Neustadt-Studie von Laumann und Pappi (vgl. Kappelhoff 1987b; Laumann, Marsden und Galaskiewicz 1977) und in der Untersuchung von Padgett und Ansell zum Netzwerk des Cosimo de Medici (Padgett und Ansell 1993), oder auf Kleingruppen mit formal bestimmter Mitgliedschaft, wie in den Studien zum Netzwerk der Frauen aus Old City (vgl. Freeman 1992) und in den diversen organisationssoziologischen Untersuchungen vom Zuschnitt der klassischen Hawthorne-Studie (vgl. Homans 1950: 48-155). Für die nicht sehr zahlreichen empirischen Beiträge zur strukturellen Äquivalenz gilt im Großen und Ganzen das Gleiche (vgl. Burt 1982: 95-129; Burt 1987; Degenne und Forsé 1994: 114-118; Wasserman und Faust 1994: 369-393).

Die hohen Anforderungen an die Erhebung von Gesamtnetzwerken ergeben einen *trade-off* zwischen den Vorzügen möglichst umfassender Informationen über die Strukturen sozialer Beziehungen einerseits und den Vorzügen der sonst üblichen Praxis sozialwissenschaftlicher Surveyforschung andererseits. Zufallsstichproben lassen sich kaum mit einer möglichst vollständigen Erhebung multipler Beziehungsstrukturen vereinbaren.[12] Das ist ein wesentlicher Grund dafür,

---

[12] Selbst wenn eine Erhebung von Gesamtnetzwerken im Prinzip machbar wäre, müssten bei der Datenanalyse erhebliche technische Anforderungen bewältigt werden. Gewöhnliche Surveydaten von – zum Beispiel – 5.000 Interviews mit jeweils 50 Variablen ergeben eine Datenmatrix mit 250.000 Einträgen. Für die gleiche Anzahl an Interviews würden bei einer Erhebung des Gesamtnetzwerks insgesamt 25 Millionen Einträge in der Datenmatrix resultieren (Scott 2000: 57).

dass sich ein Großteil der Forschung vorzugsweise auf so genannte ego-zentrierten Netzwerke konzentriert. Im Unterschied zu den Gesamtnetzwerken, die im Prinzip alle durch bestimmte Beziehungen verbundene Mengen von Personen (oder anderen sozialen Einheiten) und Positionen umfassen, bezeichnet das ego-zentrierte Netzwerk „das um eine fokale Person, das Ego, herum verankerte soziale Netzwerk" (Jansen 1999: 74; vgl. Pappi 1987: 13).[13] Ausgehend von der betrachteten Fokalperson (*Ego* bzw. *Alpha*) kann sich ein solches Netzwerk baumförmig verzweigen und zu immer weiteren, entfernteren Einheiten aufschließen. Betrachtet man nur Ego und alle Personen (Alteri), die adjazent zu Ego sind, mit ihm also in direktem Kontakt stehen, gelangt man in der Terminologie von Barnes zum so genannten *first-order star* (vgl. Abb. 1). Werden auch diejenigen Personen mit berücksichtigt, die Ego über seine direkten Kontakte indirekt erreichen kann (z.B. die Freunde der Freunde), erhält man den *second-order-star*, über den der Personenkreis wiederum im Prinzip beliebig weit ausgedehnt werden kann. Bezieht man die Querverbindungen zwischen den Kontaktpersonen ebenfalls mit ein, ergeben sich schließlich die so genannten primären und sekundären Zonen bis hin zu einer äußeren Zone n-ter Ordnung (Barnes 1969: 58-60; vgl. Boissevain 1974: 24-25; Schenk 1984: 46-49).

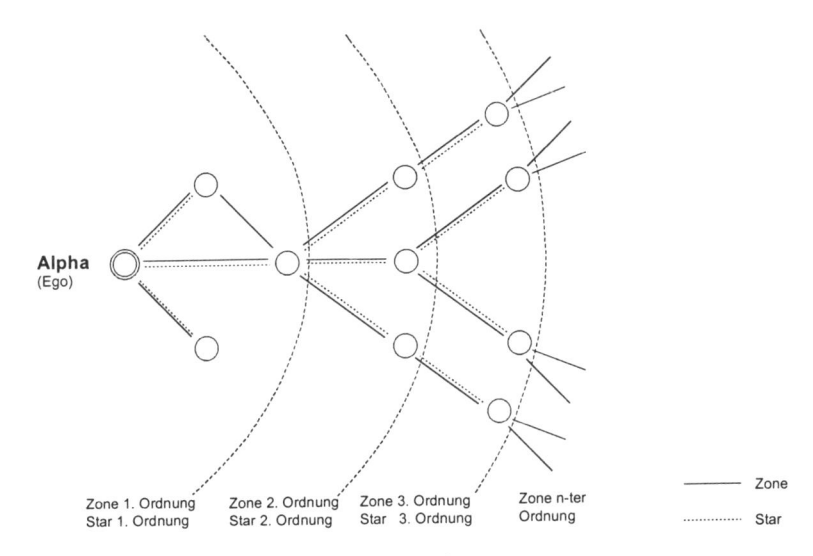

Abbildung 3-1: Stars und Zonen (nach Schenk 1984: 48)

---

[13] Häufig werden ego-zentrierte Netzwerke auch als „persönliche Netzwerke" (*personal networks*) bezeichnet. Solche Netzwerke müssen aber nicht notwendig in Personen verankert werden. Auch Organisationen und andere kollektive Akteure können als „point of anchorage" von Netzwerken in Frage kommen (Burt 1982: 31; Pappi 1987: 13).

Ego-zentrierte Netzwerke können im Unterschied zu den Gesamtnetzwerken auch im Rahmen von gewöhnlichen Bevölkerungsumfragen erhoben werden. Das gilt insbesondere für den *first-order star*. Dazu werden die Befragten gebeten, in der Regel bis zu fünf Personen zu nennen, die sie selbst auf der Grundlage eines so genannten „Namensgenerators" aus ihrem sozialen Netzwerk auswählen. Welcher Ausschnitt des Netzwerks auf diese Weise erfasst wird, wird ganz entscheidend durch die genaue Spezifikation des Generators bestimmt. Häufig verwendet wird die folgende Variante, die von Ronald Burt für ein Netzwerk-Modul des General Social Survey entwickelt wurde:

> *„From time to time, most people discuss important personal matters with other people. Looking back over the last six months – [...] – who are the people with whom you discussed an important personal matter?" (Burt 1984: 331, Q 1)*

Daneben gibt es noch eine Reihe weiterer Namensgeneratoren (vgl. Laumann 1973; Marsden 1990; McCallister und Fischer 1978; Wellman und Wortley 1990; Van der Poel 1993a). Doch speziell für die Zwecke der vorliegenden Studie ist das von Burt konzipierte Instrument besonders interessant. Wie sich wiederholt gezeigt hat, ermöglicht es eine valide und reliable und zugleich relativ leicht praktikable Erhebung derjenigen Personen, die die „core discussion networks" konstituieren (Burt 1984; Marsden 1987; vgl. auch Bailey und Marsden 1999; Pappi und Melbeck 1988; Pfenning und Pfenning 1987; Schenk, Pfenning, Mohler und Ell 1992; Straits 2000). Das Verfahren zielt genau auf den Ausschnitt sozialer Netzwerke, den McCallister und Fischer als „Kernnetzwerk" bezeichnet haben, also auf „the set of people who are most likely to be sources of a variety of rewardings interactions" und damit auf einen Kreis von Personen, von denen anzunehmen ist, dass sie einen besonders nachhaltigen Einfluss auf Einstellungen und Verhaltensweisen haben (McCallister und Fischer 1978: 135; vgl. Burt 1984: 317; Marsden 1987: 123).

Ausgehend von dem dadurch eingegrenzten Personenkreis können dann wichtige Eigenschaften der genannten Alteri (wie zum Beispiel Alter, Bildungsniveau oder auch Einstellungen zu bestimmten Fragen), relevante Merkmale der jeweiligen Beziehungen zwischen Ego und diesen Alteri (zum Beispiel die Art und Dauer der Beziehung) und Angaben über die Beziehungen der Alteri untereinander erhoben werden. Das Potential solcher Daten für sozialwissenschaftliche Fragestellungen ist beträchtlich.[14] Sie können, wie vor allem die Arbeiten von Peter Blau zeigen, für die Zwecke einer sozialstrukturellen „Makroauswertung" verwendet werden, um Relationen zwischen bestimmten Gruppen oder Katego-

---

[14] Ein Manko bei der Analyse ego-zentrierter Netzwerke liegt darin, dass sie auf tatsächlich existierende Beziehungen fixiert ist und das für die soziale Positionierung eines Akteurs oft ebenfalls wichtige Fehlen bestimmter Relationen ebenso vernachlässigt wie andere nicht leicht zugängliche Struktureigenschaften von Netzwerken. Außerdem werden sie in der Regel ausschließlich aus der Perspektive der Fokalperson erhoben, so dass zum Beispiel die mögliche Asymmetrie nicht erwiderter Beziehungen außer Acht gelassen wird (Burt 1982: 90-91).

rien von Personen zu erfassen und Kontaktwahrscheinlichkeiten für beliebige Paare von Personen zu berechnen, woraus dann wiederum Rückschlüsse über die „Kreuzung sozialer Kreise" oder die „Offenheit" einer Gesellschaft gezogen werden können (Blau und Schwartz 1984; Blum 1985; vgl. Pappi 1987: 22-23). Vor allem aber eignen sie sich vorzüglich für „Mikroauswertungen" zur „Charakterisierung der Primärumwelt des Befragten [...], mit dem Ziel, dessen Verhalten nicht nur mit seinen eigenen Eigenschaften, sondern auch mit Merkmalen seiner Umwelt zu erklären" (Pappi 1987: 22).

Besonders im Vergleich zur konventionellen Kontextanalyse werden wichtige Vorzüge dieses Ansatzes zur Analyse der sozialen Einbettung deutlich. Während in vielen kontextanalytischen Beiträgen Kontextmerkmale durch Aggregation von Individualdaten für mehr oder weniger willkürlich abgegrenzte Teilmengen einer Population – etwa einer Nachbarschaft oder eines Stadtteils – gebildet werden, gelingt es beim netzwerkanalytischen Verfahren viel eher, die für die Akteure bedeutsame personale Umgebung zu erfassen, denn „Netzwerke sind je nach Befragtem (möglicherweise) unterschiedlich umrissen, sie werden also je nach Befragtem auch unterschiedliche Eigenschaften aufweisen. In der konventionellen Kontextanalyse wird hingegen für alle Angehörigen einer Gruppe eine – bezogen auf dieses Umfeld – identische Struktur der Umgebung angenommen" (Alpheis 1988: 43; vgl. Wolf 1996: 5). Soziale Kontexte sind in dieser Perspektive letztlich immer Kommunikations- und Interaktionssysteme. Nur Akteure, die miteinander über bestimmte Beziehungen verbunden sind, bilden für einander jeweils eine soziale Umgebung, und zwar unabhängig davon, ob sie auch räumlich unmittelbar miteinander verbunden sind. Auch Personen, mit denen zu einem gegebenen Zeitpunkt nur telefonische Kontakte bestehen, können als relevante Elemente eines persönlichen Netzwerks in Betracht kommen. Dagegen bestimmt die konventionelle Kontextanalyse die relevanten Kontexte nicht über tatsächlich bestehende Relationen, sondern über meist relativ abstrakte Attribute von Akteuren, bei denen oft nicht klar ist, inwieweit sie überhaupt etwas mit theoretisch begründbaren Voraussetzungen sozialer Beeinflussung zu tun haben.

Auch im Vergleich zur Bezugsgruppenforschung zeichnet sich ein netzwerkanalytischer Ansatz durch wichtige Vorzüge aus. Die Analyse ego-zentrierter Netzwerke ermöglicht einen wesentlich flexibleren Zugriff auf die soziale Einbettung von Akteuren als die in der Bezugsgruppenforschung immer wieder zum Vorschein kommende Fixierung auf Bezugs*gruppen* oder Referenz*kategorien*. Es ist ohne Weiteres möglich, soziale Netzwerke auf genau definierte Gruppen oder soziale Kategorien zu beschränken. Doch das ist nicht zwingend. Ebenso gut kann ein solches Netzwerk für bestimmte Beziehungen aufgespannt werden. So können sich zum Beispiel Freundschaftsnetze oder Netzwerke alltäglicher Unterstützungsleistungen ergeben, die eigentlich nach dem üblichen Sprachkonventionen nicht als „Gruppen" zu bezeichnen sind, weil ihnen wesentliche Definitionsmerkmale wie genau angebbare Mitgliedschaftskriterien, Dauerhaftigkeit und mehr oder weniger klare Zielsetzungen fehlen. Gleichzeitig stellt die Netzwerkanalyse ein präzises begriffliches und methodisches Instrumentarium bereit, mit dessen Hilfe geklärt werden kann, ob und inwieweit empirisch festgestellte Verflechtungen zwischen Akteuren in einem nicht trivialen Sinn so etwas wie eine „Gruppe" konstituieren. Vor allem die diversen Maßzahlen der Netzwerkdichte und Multiplexität oder auch Indikatoren der Intensität und Dauer der betrachteten Beziehungen sind dafür nützlich (vgl. Freeman 1992; Schenk 1983).

Das Methodenarsenal für die Untersuchung ego-zentrierter Netzwerke ist nicht so umfangreich wie im Fall von Gesamtnetzwerken. Doch die zuvor angeführten strukturellen Randbedingungen sozialer Einflussbeziehungen können auch auf der Basis solcher Daten mit Hilfe verschiedener Strukturparameter empirisch bestimmt werden. Schwieriger ist das aus den bereits genannten Gründen im Fall der strukturellen Äquivalenz bzw. Ähnlichkeit, die sich hauptsächlich auf Indikatoren der sozialen Lage der Akteure sowie auf relativ grobe strukturelle Merkmale wie Anzahl und Sozialprofil der persönlichen Kontakte stützen muss. Leichter fällt sie im Hinblick auf soziale Kohäsion, die sich vor allem mit den gängigen cliquenanalytischen Konzepten zur Untersuchung ego-zentrierter Netzwerke gut erfassen lassen. Außerdem gibt es vielfältige Möglichkeiten, neben den Eigenschaften der Akteure theoretisch relevante Charakteristika der sozialen Beziehungen selbst und weitere wichtige strukturelle Merkmale der Netzwerke in die empirische Analyse einzubeziehen.

3.3.3 Empirische Evidenzen und offene Fragen

Die möglichen Erträge der Analyse ego-zentrierter Netzwerke für die Untersuchung der sozialen Einbettung von Meinungen und Einstellungen sind bislang hauptsächlich im Kontext der politischen Soziologie aufgezeigt worden. Speziell die Erie County-Studie von Lazarsfeld, Berelson und Gaudet erwies sich als bahnbrechend, weil darin auf der Basis von Surveydaten eindrucksvoll demonstriert wurde, wie stark Meinungen und Entscheidungen der Wählerinnen und Wähler durch interpersonale Einflüsse geprägt sind (Lazarsfeld, Berelson und Gaudet 1948). Gleichzeitig weckte die Studie nachhaltige Zweifel an den oft überschätzten Einfluss- und Manipulationsmöglichkeiten der modernen Massenmedien. Sofern medial vermittelte Informationen über soziale und politische Ereignisse überhaupt zur Kenntnis genommen werden, ist ihr Einfluss auf die Meinungen und Einstellungen des Elektorats in der Regel vermittelt über persönliche Netzwerke, in deren Rahmen die Validität der Informationen überprüft wird. Erhärtet wurde dieser Befund unter anderem in der Decatur-Studie, die zeigte, „daß scheinbar eigene Meinungen und Einstellungen einer Person in Verbindung mit einer kleinen Zahl anderer, mit denen sie zu tun hat, aufrechterhalten werden" und dass demzufolge „der Erfolg eines Versuches, die Meinung oder Einstellung einer Person zu ändern, in gewissem Maße davon abhängt, ob die gewünschte Änderung von der für die Person maßgebenden Gruppe begrüßt oder abgelehnt wird" (Katz und Lazarsfeld 1962: 153). In der 1948 durchgeführten Elmira-

Studie wurden diese grundlegenden Befunde ebenfalls bestätigt (Berelson et al. 1954). Auch in neueren wahlsoziologischen Untersuchungen finden sich immer wieder deutliche Hinweise auf eine überzufällig starke Homogenität politischer Ansichten und Präferenzen in persönlichen Netzwerken. Nach Laumanns Analyse der Netzwerkdaten aus der Detroit Area-Studie gaben zum Beispiel rund 73% der Befragten eines Teilsamples an, sie würden die gleiche Partei bevorzugen wie ihre Freunde (Laumann 1969: 61). In einer nicht nur auf Freundschaftsbeziehungen beschränkten Untersuchung ego-zentrierter Netzwerke im Rahmen der Wahlstudie zur amerikanischen Präsidentschaftswahl von 1992 lag dieser Anteil (unter Ausschluss der Ehepartner) immerhin noch bei etwa 61% (Huckfeldt, Beck, Dalton und Levine 1995: 1035). Für Deutschland sind ähnliche Zahlen bekannt. So zeigen zum Beispiel Analysen der deutschen Stichprobe des internationalen Projektverbunds „Comparative National Election Project" (CNEP), dass 38% der Wähler in den alten Bundesländern und 31% der Wähler in den neuen Bundesländern der Meinung sind, ihr persönliches Netzwerk umfasse ausschließlich Personen, die ihre eigene Parteipräferenz teilen; als wenigstens zur Hälfte konkordant erwiesen sich die Kontaktnetze von 62% der westdeutschen und 54% der ostdeutschen Wähler (Schmitt-Beck 1994: 206). Dass es mehr als bloß zufällige Übereinstimmungen nicht nur beim Wahlverhalten gibt, macht unter anderem eine Untersuchung der neuen sozialen Bewegungen im Rahmen der Wahlstudie von 1987 deutlich, aus der hervorgeht, dass die Identifikation mit Gruppierungen wie der Antikernkraftbewegung wesentlich davon abhängt, inwieweit sie in der Nahumwelt der Befragten Unterstützung findet (Pappi 1990; vgl. Schenk 1984: 209-217).

Mehr noch als die Beiträge zur politischen Soziologie machen insbesondere Arbeiten zur Adaption von Innovationen deutlich, welche zentrale Rolle persönlichen Netzwerken zukommt, wenn es darum geht, Beurteilungen und Entscheidungen unter Unsicherheit vorzunehmen. Vor allem die *Medical Innovation*-Studie und die daran anknüpfenden Arbeiten waren in dieser Hinsicht bahnbrechend (vgl. Burt 1987; Coleman et al. 1966; Rogers 1995). Auch neuere Arbeiten wie die Studie von Schenk, Dahm und Sonje zur Ausbreitung moderner Kommunikationstechnologien wie *e-mailing* und *newsgroups* demonstrieren sowohl bei der Bewertung der technologischen Möglichkeiten als auch bei der Entscheidung über erforderliche Anschaffungen und bei der anschließenden Adoption der Innovation signifikante Kontexteffekte seitens des ego-zentrierten Netzwerks (Schenk, Dahm und Sonje 1997).

Auf der anderen Seite gibt es eine Reihe von Untersuchungen, deren Ergebnisse vor allem auf normative Einflüsse in eng verflochtenen Netzwerken schließen lassen. Ein bekanntes Beispiel ist die wegweisende Studie von Elizabeth Bott über die netzwerkspezifischen Determinanten der häuslichen Arbeitsteilung, in der sie vor allem die Dichte als zentralen Strukturparameter herausstellte: „When many of the people a person knows interact with one another, that is when the person's network is close-knit, the members of his network tend to reach consensus of norms and they exert consistent informal pressure on one another to conform to the norms" (Bott 1957: 60). Edward Laumann kam in der Detroit Area-Studie ebenfalls zu dem Schluss, dass eng miteinander verknüpfte Netzwerke besonders effektive „group anchors for attitudes" seien (Laumann 1973: 127). Seinen Ergebnissen zufolge war in untereinander eng verbundenen „interlocking networks" nicht nur die Wahrscheinlichkeit übereinstimmender Einstellungen etwa in Bezug auf politische Präferenzen deutlich höher als in „radial networks"; auch die Klarheit und Gewissheit der Präferenzen erwies sich als deutlich größer. Gestützt wird diese Einschätzung unter anderem durch eine Analyse der Daten des General Social Survey aus dem Jahr 1985. Daraus geht hervor, dass die Dichte und die Homogenität eines Netzwerks Unterschiede zwischen sozialen Kategorien mit unterschiedlichen Einstellungen verstärken. Unter anderem zeigen ihre Ergebnisse, dass die Einstellungen von weißen Amerikanern zu *racial issues* umso konservativer werden, je größer die Dichte und die ethnische Homogenität ihres persönlichen Netzwerkes ist (Bienenstock, Bonacich und Oliver 1990; vgl. Marsden 1987).

Ohne weiteres ließen sich noch zahlreiche andere Arbeiten vergleichbaren Zuschnitts anführen. Doch schon die genannten Beispiele machen deutlich, welcher Erkenntnisgewinn von einer sorgfältigen Analyse der sozialen Einbettung von Meinungen, Einstellungen und Verhaltensmustern auf der Grundlage von Netzwerkdaten zu erwarten ist. In methodischer Hinsicht liefern sie überzeugende Belege für die Fruchtbarkeit einer Kombination von „normalen" Surveydaten mit Daten über ego-zentrierte Netzwerke. In inhaltlicher Hinsicht deuten sie unverkennbar darauf hin, dass persönlichen Netzwerke in der Tat eine wichtige Bedeutung nicht nur bei der Vermittlung von Informationen über politische, soziale und andere Angelegenheiten zukommt, sondern auch bei der Einschätzung und Bewertung neuer Informationen und Erkenntnisse oder bereits vorhandener Meinungen und Präferenzen.

Bezugsgruppen, Netzwerke und interethnische Beziehungen in Deutschland

In der Forschung über interethnische Beziehungen in Deutschland sind vergleichbare Erkenntnisse über den Einfluss sozialer Netzwerke und Bezugsgruppen kaum zu finden. Zu den wenigen Ausnahmen zählt eine 1982 in Duisburg durchgeführte Untersuchung in vier Stadtgebieten mit unterschiedlich hohen Ausländeranteilen, in denen insgesamt 200 deutsche und 186 türkische Einwohner befragt wurden (Esser 1986; Hill 1984b). Für die deutsche Teilstichprobe wurden neben verschiedenen Individualmerkmalen wie Alter oder Bildungsniveau und sozialkontextuellen Charakteristika der Wohngebiete auch Angaben über subjektiv wahrgenommene Haltungen des „Primärmilieus" in Bezug auf Ausländer betreffende Fragen erfasst. Ohne Berücksichtigung dieser Angaben zur Bezugsumgebung der befragten Personen ergeben sich in der multivariaten Analyse für alle untersuchten Dimensionen des Verhältnisses von Deutschen gegenüber Ausländern die auch sonst oft berichteten Zusammenhänge: Je höher das Alter der Befragten ist und je stärker sie zu autoritaristischen bzw. ethnozentrischen Einstellungen tendieren, desto unwahrscheinlicher ist es, dass sie persönliche Kontakte zu Türken haben. Negative Einstellungen und Haltungen gegenüber ethnischen Minderheiten nehmen ebenfalls mit höherem Alter und stärkerer Autoritarismus-Tendenz zu, während höheres Bildungsniveau und persönliche Kontakte zu Türken dem entgegen wirken. Ähnliches gilt für die über eine modifizierte Bogardus-Skala gemessenen sozialen Distanzen; auch sie vergrößern sich mit zunehmender Neigung zu Autoritarismus bzw. Ethnozentrismus und nehmen mit wachsendem Bildungsniveau und persönlichen Kontakten ab.

Diese wenig überraschenden Resultate ändern sich beträchtlich, sobald die „Primärmilieus" in der Analyse berücksichtigt werden: Die Effekte der Individualvariablen werden deutlich schwächer und sind teilweise nicht mehr signifikant von Null verschieden. Gleichzeitig erhöht sich der Anteil der erklärten Varianz um rund zehn Prozentpunkte (Esser 1986: 44, Tab. 4). Das ist ein klarer Hinweis darauf, dass beobachtbare Unterschiede in Vorurteilen und Distanzen gegenüber ethnischen Minderheiten kaum befriedigend zu erklären sind, wenn man lediglich individuelle Charakteristika in Betracht zieht. Auch für makrostrukturelle Kontextmerkmale wie die unterschiedlichen Ausländeranteile im Wohngebiet oder das „Meinungsklima" im Wohngebiet sind keine statistisch gesicherten Effekt auf Ablehnungstendenzen, soziale Distanzen und interethnische Kontakte festzustellen. Entscheidend sind nach den Ergebnissen der Duisburg-Studie (sowohl bei den Deutschen als auch bei den ebenfalls befragten Immigranten) vielmehr die sozialen Milieus und Bezugsgruppen, in denen Einstellungen und Handlungsweisen durch wechselseitige Bestätigung und normative Kontrolle auch gegen möglicherweise widersprüchliche Dispositionen und Erfahrungen durchgesetzt werden.

Diese Resultate stehen allerdings unter dem Vorbehalt einer relativ einfachen Operationalisierung und Messung dessen, was in der Duisburg-Studie als „Primärmilieu" bezeichnet wurde. Dazu standen letztlich nur die Angaben der Befragten über die von ihnen subjektiv wahrgenommenen Vorbehalte der Familienangehörigen und des Freundeskreises in Bezug auf persönliche Kontakte zu Immigranten zur Verfügung. Eine differenzierte Erfassung der Bezugsumgebung auf der Basis einer Erhebung ego-zentrierter Netzwerke fehlte. Eine Studie von Paul Hill auf der Grundlage von Daten aus dem ZUMA-Methodenforschungsprojekt „Egozentrierte Netzwerke in Massenumfragen" geht in dieser Hinsicht einen Schritt weiter (Hill 1988). Hill konnte seine Analysen auf Angaben über die soziale Nahumgebung der Akteure stützen, die über verschiedene Operationalisierungen egozentrierter Netzwerke erhoben wurden.

Nach den Ergebnissen seiner Analysen gehen die einzigen statistisch signifikanten Effekte auf Einstellungen gegenüber in Deutschland lebenden Ausländern einerseits von autoritaristischen Attitüden und andererseits von subjektiv wahrgenommenen Bezugsgruppenbarrieren gegenüber Ausländern aus. Unabhängig davon, wie die relevanten Bezugspersonen und -gruppen in der Erhebung der ego-zentrierten Netzwerke eingegrenzt wurden, ist nach den berichteten Resultaten festzustellen, dass die Tendenz zu negativ gefärbten Einstellungen gegenüber Ausländern unter sonst gleichen Bedingungen zunimmt, wenn die Befragten davon ausgehen, dass Personen aus ihrer Nahumgebung persönliche Kontakte mit Türken ablehnen. Vertiefende Pfadanalysen legen allerdings die Vermutung nahe, dass die Art der Erhebung der ego-zentrierten Netzwerke dennoch nicht gleichgültig ist. Vor allem für die sehr einfache „Globalversion" ergeben sich Anzeichen auf problematische Verzerrungen, da die relativ undifferenzierte, pauschal auf „Freunde und Bekannte" und auf „Verwandte" abzielende Befragungstechnik möglicherweise dazu führt, dass manche Befragte ihre eigenen Einstellungen auf die Bezugsgruppen übertragen. Präziser ausformulierte Netzwerkgeneratoren scheinen dagegen validere Informationen zu ergeben.

Offene Fragen

Die kurze Übersicht über einige einschlägige Studien lässt erkennen, welcher Erkenntnisgewinn aus einer Analyse sozialer Netzwerke für die Untersuchung der sozialen Einbettung individueller Einstellungs- und Verhaltensmuster zu ziehen ist. Kaum noch ernsthafte Zweifel gibt es daran, dass speziell die Erhebung egozentrierter Netzwerke im Rahmen von repräsentativ angelegten Surveys ohne gravierende Schwierigkeiten realisiert werden kann. Zwar ist der damit verbundene Aufwand wesentlich höher als bei „normalen" Erhebungen. Doch dieser Mehraufwand wird kompensiert durch die Aussicht auf die dadurch mögliche Integration von Einflüssen der Bezugsumgebung in sozialwissenschaftliche Erklärungsmodelle, die auch für die Analyse sozialer Distanzen gegenüber ethnischen Minderheiten von zentralem Interesse ist. Trotzdem gibt es sowohl in methodischer als auch in inhaltlicher Hinsicht noch einige offene Fragen, die zu klären sind.

Eine erste wichtige Frage betrifft die Zuverlässigkeit der Angaben der befragten Personen über die für sie relevanten Bezugspersonen bzw. persönlichen Netzwerke. Meistens liegen nur Informationen darüber vor, was die Befragten glauben, welche Meinungen, Einstellungen oder Verhaltensmuster ihre Verwandten, Freunde oder Bekannte aufweisen. Was die Befragten glauben – oder was sie zumindest in der Interviewsituation berichten – muss aber nicht zwangsläufig mit dem übereinstimmen, was jene Personen selbst von sich berichten würden. Nur wenn man sie ebenfalls befragt, kann man festzustellen, ob und in welchem Maß die Proxy-Angaben der Befragten über ihre Bezugsgruppen bzw. persönlichen Netzwerke tatsächlich mit den Eigenangaben der betreffenden Alteri übereinstimmen. Entsprechende Follow-up-Interviews sind bislang nur in einigen wenigen Studien durchgeführt worden. Doch schon diese wenigen Studien geben Anlass, die zuvor berichteten Befunde mit größerer Skepsis zu betrachten.

Auch in dieser Hinsicht war die Decatur-Studie von Katz und Lazarsfeld mit den darin wohl erstmals in größerem Umfang eingesetzten Nachbefragungen der von den Befragten genannten Netzpersonen bahnbrechend (Katz und Lazarsfeld 1962). Spätere Untersuchungen übernahmen, mit mehr oder weniger geringfügigen Modifikationen, die bereits dort entwickelten Verfahren, um festzustellen, wie hoch die tatsächliche Übereinstimmung in den interessierenden Merkmalen der Netzwerkpartner ist und ob dabei möglicherweise systematische Verzerrungen im Spiel sind. So konstatierte zum Beispiel Laumann in seiner Detroit Area-Studie, dass nur in etwas mehr als der Hälfte (53,4%) der untersuchten Fälle die Proxy-Angaben über die Parteipräferenzen der Netzpersonen mit deren Eigenangaben genau übereinstimmten; 14,4% der Befragten gaben an, die Präferenz nicht zu wissen und in immerhin 17,8% der Fälle wichen Proxy- und Eigenangaben voneinander ab (Laumann 1969: 60, Tab. 3).[15] Im Vergleich dazu erwiesen sich die Angaben der Befragten über Alter, Bildungsniveau, Beschäftigungssituation und Religionszugehörigkeit als weitaus zuverlässiger. Zudem ergaben sich bei der Proxy-Angabe zu den Parteipräferenzen der Netzpersonen Anzeichen für systematische Verzerrungen, die darauf schließen ließen, dass zumindest einige der Befragten ihre eigenen Parteipräferenzen auf ihre Freunde projizierten (Laumann 1969: 61, Tab. 4).

Zu ähnlichen Resultaten gelangten Pappi und Wolf in einer in Jülich durchgeführten Untersuchung, die im Wesentlichen das Design der Detroit Area-Studie replizierte (Pappi und Wolf 1984). Ihren Zahlen zufolge stimmten in 68% der Fälle die Angaben Egos über die Parteipräferenzen eines Freundes mit dessen tatsächlichen Parteipräferenzen überein. Gemessen am Koeffizienten der Intraklassenkorrelation entspricht dieser Wert (unter Berücksichtigung der Unterschiede in den Randverteilungen) ungefähr den Werten der Detroit Area-Studie. Für Merkmale wie Alter, Beruf bzw. Berufsprestige und Religion sind die entsprechenden Werte größer, was als Indiz dafür zu werten ist, dass eine Übereinstimmung der Angaben bei solchen eher „objektiv" festzustellenden Merkmalen wesentlich wahrscheinlicher ist als zum Beispiel bei politischen Präferenzen oder anderen Einstellungen. Eine log-lineare Tabellenanalyse der Jülich-Daten erhärtet zudem den Verdacht, dass dabei auch systematische Verzerrungen eine Rolle spielen, die vor allem bei der Frage nach den Präferenzen bzw. Einstellungen der Netzpersonen ins Gewicht fallen (Pappi und Wolf 1984: 290-293). Die South Bend-Studie von Huckfeldt und Sprague (Huckfeldt und Sprague 1991; Huckfeldt und Sprague 1995) oder die Analyse der CNEP-Daten von Koßmann kommen zu ähnlichen Schlüssen (Koßmann 1996).

Wie sind diese Erkenntnisse zu bewerten? Kann man sich auf Proxy-Angaben der Befragten über die in ihr persönliches Netzwerk eingebundenen Alteri überhaupt verlassen? Bei Wahrnehmungsdaten über sozialstrukturelle Merkmale wie

---

[15] In weiteren 17,8% der Fälle gaben die Hauptbefragten als Parteipräferenz des Freundes „Independent" an, während dieser selbst erklärte, eine spezifische Präferenz für die Demokraten oder die Republikaner zu haben (vgl. Laumann 1969: 60).

Alter oder Religionszugehörigkeit scheint es keine gravierenden Probleme zu geben (vgl. auch Marsden 1990: 445-450). Aber inwieweit kann man Proxy-Angaben über Meinungen und Einstellungen der einzelnen Netzpersonen vertrauen, auf denen die bislang vorliegenden Analysen der sozialen Einbettung von sozialen Distanzen gegenüber ethnischen Minderheiten beruhen? Ist der darin festgestellte enge Zusammenhang zwischen den Einstellungs- und Verhaltensmustern der Befragten gegenüber Ausländern und den Haltungen relevanter Personen aus ihrer Bezugsumgebung vielleicht nur das Resultat einer Projektion der eigenen Überzeugungen und Attitüden? Oder gibt es tatsächlich eine mehr als nur zufällige Übereinstimmung innerhalb der *core networks*?

Daran schließt sich die Frage an, wie eigentlich diejenigen Fälle zu erklären sind, bei denen eventuell *keine* Übereinstimmung in den betrachteten Einstellungs- und Verhaltensdimensionen zu beobachten ist. Welche Bedingungen sind dabei maßgeblich? Ist die Konkordanz der Einstellungs- und Verhaltensmuster vielleicht bloß eine Frage der Zeit? Ist mangelnde Übereinstimmung also darauf zurückzuführen, dass sich die Beteiligten noch nicht lange genug kennen? Sind die Unterschiede hinsichtlich der faktischen Homogenität eine Folge unterschiedlicher struktureller Eigenschaften des Netzwerks? Oder kommt es vielleicht darauf an, wie eng die Beziehung ist? Stimmt es überhaupt, dass in dichten, kohäsiven Netzwerken eine Homogenisierung der Einstellungen wahrscheinlicher ist als in eher locker geknüpften Netzwerken? Alle diese Fragen sind bislang noch ungeklärt, weil die dazu erforderlichen Daten fehlten. Insofern sind die im Folgenden präsentierten Befunde auf der Basis von Follow-up-Interviews ein erster Schritt in ein interessantes Neuland, der aufschlussreiche Erkenntnisse über die soziale Einbettung der sozialen Distanzen gegenüber den in Deutschland lebenden Ausländer ermöglicht.

3.4 Kontexte, Bezugsgruppen und Netzwerke – ein kurzes Resümee

Die Übersicht über die verschiedenen Varianten der Kontextanalyse hat gezeigt, mit welchen Erträgen, aber auch mit welchen Komplikationen zu rechnen ist, wenn man von der sozialen Einbettung individueller Meinungen, Einstellungen und Verhaltensweisen ausgeht und dies in empirischen Analysen umzusetzen versucht. Wie wichtig eine stärkere Berücksichtigung der damit verbundenen Prozesse und Konstellationen für die Klärung der Ursachen ethnischer Grenzziehungen gegenüber „Ausländern" ist, haben die bereits zuvor genannten Defizite und Desiderata der gängigen mikro- und makroanalytischen Ansätze erkennen lassen. In diesem Kapitel ging es nun darum, deutlich zu machen, welche der verschiedenen Varianten der Kontextanalyse für die Zielsetzungen dieser Studie am besten geeignet ist. Aus den genannten Gründen spricht fast alles für die vielfach bewährten Verfahren der sozialwissenschaftlichen Netzwerksanalyse.

Der lange Zeit bevorzugte Ansatz, Kontextmerkmale über aggregierte Eigenschaften der darin eingeschlossenen Individuen zu konstruieren und diese dann in Modelle zur Erklärung von Unterschieden zwischen Individuen einzubeziehen, stößt offensichtlich allzu schnell an seine Grenzen. Maßgeblich sind dafür weniger die mit diesem Ansatz verbundenen statistischen Komplikationen; immerhin gibt es neben den älteren Verfahren der Kovarianzanalyse inzwischen auch weiterentwickelte regressionsanalytische Verfahren, mit denen entsprechende Modelle geschätzt werden können (vgl. Alpheis 1988; Boyd und Iversen 1979). Schwerwiegender sind die Unklarheiten bei der inhaltlichen Interpretation der empirischen Resultate. Wenn man nicht angeben kann, wie – über welche sozialen Mechanismen – ein Kontextmerkmal auf die Orientierungen und Handlungen der Individuen wirken sollen, dann sind auch statistisch hochsignifikante Kontexteffekte für die Erklärung sozialer Phänomene wenig nützlich. In der „konventionellen" Kontextanalyse finden sich dazu meistens keine überzeugenden Aussagen.

Dagegen hat vor allem die Bezugsgruppentheorie und die daran anknüpfende *social influence*-Forschung viel zur Klärung der Mechanismen und Voraussetzungen von Kontexteffekten und der dabei zentralen Prozesse der wechselseitigen Beeinflussung beigetragen. Allerdings gibt es nach wie vor Defizite bei der theoretisch begründeten Identifikation geeigneter Kriterien der Kontextabgrenzung. Wenn man es nicht gerade mit Experimentalbedingungen oder gut überschaubaren, durch „objektive" Mitgliedschaftskriterien bestimmten Gruppen zu tun hat, dann weiß man eigentlich nie genau, welche Personen diesen Ansätzen zufolge zu einem Kontext zu zählen sind und welche nicht. Es ist noch nicht einmal allgemein geklärt, ob bzw. wann es überhaupt in einem präziseren Sinn Bezugs*gruppen* sein müssen, die den Rahmen von Prozessen sozialer Beeinflussung abstecken. Folglich bleibt letztlich unklar, wie die relevanten Bezugsumgebungen im Einzelnen empirisch erfasst und ihre Wirkungen adäquat überprüft werden können.

Der Ansatz der Netzwerkanalyse eröffnet einen Ausweg aus diesen Schwierigkeiten. Er ist in entscheidenden Punkten flexibler als der Ansatz der Bezugsgruppenforschung, setzt aber gleichzeitig genaue, theoretisch fundierte Maßstäbe für die Abgrenzung der Bezugsumgebungen voraus. Die Netzwerkanalyse ist flexibler, weil sie es bei der Erfassung der interessierenden Kontexteigenschaften nicht *a priori* erforderlich macht, von bestimmten Gruppen, sozialen Kategorien oder Rollenträgern auszugehen. Netzwerke können die Struktur von Gruppen aufweisen. Aber nicht jedes Netzwerk ist notwendig eine Gruppe bzw. Clique. Ob und in welchem Maß Verbindungen zwischen Akteuren definitorisch wesentliche Eigenschaften von Gruppen aufweisen, kann mit dafür geeigneten, gut erprobten Verfahren empirisch bestimmt werden. Der Erfolg oder Misserfolg netzwerkanalytischer Untersuchungen hängt jedoch immer entscheidend von einer sorgfältigen Auswahl der Merkmale ab, anhand derer die relevanten Sektoren der sozialen Netzwerke festgelegt werden. Je nachdem, welcher Typus sozialer Beziehungen bei der Datenerhebung in den Mittelpunkt gestellt wird, können ganz unterschiedliche Netzwerke resultieren. Wenn man zum Beispiel die Konsultationen unter Arbeitskollegen betrachtet, erhält man in der Regel ein anders zusammengesetztes und anders strukturiertes Netzwerk als wenn man sich auf finanzielle oder andere Unterstützungsleistungen konzentriert. Das *boundary specification problem* ist deshalb stets mehr als nur ein rein methodisches Problem; es betrifft immer zugleich auch theoretisch zu klärende Fragen (vgl. Laumann, Marsden und Prensky 1989; Marsden 1990).

Speziell die Erhebung ego-zentrierter Netzwerke ermöglicht es, die für die Akteure selbst bedeutsamen Ausschnitte aus dem Geflecht der alltäglichen Interaktionsbeziehungen zu erfassen, von denen aufgrund entsprechender theoretischer Vorüberlegungen anzunehmen ist, dass sie für die interessierenden Meinungen, Einstellungen und Verhaltensweisen von Interesse sind. Außerdem hat sie gegenüber der Erhebung von Gesamtnetzwerken den großen Vorzug, sich relativ leicht mit den sonst üblichen Verfahren sozialwissenschaftlicher Surveys verbinden zu lassen. Das ist vor allem dann wichtig, wenn man nicht nur an kleingruppenspezifischen Konstellationen und Prozessen interessiert ist, sondern Wert auf größere Fallzahlen legt, um komplexere Kausalbeziehungen in multivariaten Analysen überprüfen zu können. Aus diesen Gründen bildet die Erhebung ego-zentrierter Netzwerke auch die Grundlage für die empirischen Untersuchungen der vorliegenden Studie.

Die bislang vorliegenden Erkenntnisse aus einer Reihe von Studien in ganz unterschiedlichen Forschungsbereichen geben zumindest einen ersten Eindruck davon, was von einer stärkeren Berücksichtigung solcher Merkmale der sozialen Nahumgebung für die Untersuchung von Meinungen, Einstellungen und Verhaltensmuster im Allgemeinen zu erwarten ist. Für den Fall der hier interessierenden interethnischen Beziehungen sind die Befunde noch vergleichsweise spärlich. Doch schon die wenigen einschlägigen Beiträge machen unmissverständlich deutlich, dass durch die Integration solcher Kontextmerkmale nicht nur der Anteil erklärter Varianz bei den betrachteten Indikatoren ethnischer Grenzziehung erhöht werden kann. Einige vermeintlich gut gesicherte Resultate der allein auf mikro- oder makroanalytische Determinanten fixierten Ansätze können ins Wanken geraten, wenn man die soziale Einbettung der Akteure in die empirische Analyse einbezieht. Das Ziel dieser Arbeit ist es, diese Erkenntnisse aufzugreifen und an wichtigen Stellen zu vertiefen.

4. Modelle und Hypothesen – Der theoretische Bezugsrahmen

Vor dem Hintergrund des bereits skizzierten Forschungsstands wird es nun darum gehen, den theoretischen Bezugsrahmen für die nachfolgenden Analysen der ethnischen Grenzziehung gegenüber in Deutschland lebenden „Ausländern" zu entwickeln. Nach den methodologischen Anforderungen einer *erklärenden* Sozialwissenschaft ist dazu ein möglichst präzises, aber gleichzeitig auch möglichst einfaches Modell erforderlich, aus dem empirisch überprüfbare Aussagen über allgemeine funktionale Beziehungen zwischen den zu erklärenden sozialen Phänomenen und bestimmten Ursachen abgeleitet werden können. Aus rein makrostrukturellen „Gesetzen" oder Regelmäßigkeiten sind solche Aussagen aus den bekannten Gründen nicht zu gewinnen. Vielmehr erfordern sie letztlich immer einen expliziten Bezug auf das *soziale Handeln* der Akteure, also auf „ein menschliches Verhalten (einerlei ob äußeres oder innerliches Tun, Unterlassen oder Dulden)", mit dem die Handelnden einen subjektiven Sinn verbinden und das vor allem dadurch zu einem *„sozialen"* Handeln wird, dass es „seinem von dem oder den Handelnden gemeinten Sinn nach auf das Verhalten anderer bezogen wird und daran in seinem Ablauf orientiert ist" (Weber 1980: 1).

Obwohl der analytische Primat bzw. das Ziel der Erklärung in erster Linie auf der Ebene makrostruktureller oder „gesamtgesellschaftlicher" Phänomene zu verorten ist, liegt nach diesem Ansatz der theoretische Primat der Art der Erklärung „auf der individuellen Ebene der Situationsdeutungen und des Handelns menschlicher Akteure", (Esser 1996c: 4; vgl. Wippler und Lindenberg 1987: 137-140). Der Kern des Erklärungsmodells muss also eine Theorie der Erklärung von Handlungen sein, die möglichst unabhängig vom jeweiligen inhaltlichen Explanandum angibt, wovon die Situationsdeutungen und Handlungen der Individuen bestimmt werden. Die Frage ist dann nur, welche Handlungstheorie für diese Zwecke am besten geeignet ist. Um diese Frage zu klären, sind nach einem Vorschlag von Lindenberg und Wippler vor allem fünf grundlegende Beurteilungskriterien zu beachten.

Erstens sollte eine solche Theorie möglichst wenig Informationen über einzelne Akteure erfordern und nicht zu viele Modellparameter enthalten; andernfalls wird das Modell schnell unüberschaubar und die Erklärung ineffizient. Sozialstrukturelle und institutionelle Randbedingungen sollten – zweitens – auf möglichst unkomplizierte Weise über „Brückenhypothesen" mit den Modellparametern zu verbinden sein. Erkenntnisse „vertiefender" Theorien, wie zum Beispiel Erkenntnisse aus der kognitionspsychologischen Forschung über die Informationsverarbeitungskapazität der Individuen, sollten – drittens – zumindest prinzipiell in die Theorie integriert werden können. Viertens muss es (im Prinzip) möglich sein, den Grad der bewussten Vereinfachung im Sinne der Methode der abnehmenden Abstraktion explizit durch komplexere oder „realistischere" Annahmen zu verringern. Und fünftens sollte es sich um eine möglichst gut bewährte Theorie handeln, die systematisch berücksichtigt, dass Menschen nicht einfach nur vorgegebene Handlungsprogramme exekutieren, sondern bei der Wahl ihrer Ziele und Mittel „findig" und „initiativ" sein können (Wippler und Lindenberg 1987: 141; vgl. Esser 1991a: 50-51; Esser 1999: 241-244; Lindenberg 1981: 29-32).[16]

Nach diesen Kriterien kommen viele der gängigen Theorien als Kandidaten für den Kern soziologischer Erklärungen nicht in Frage. So erfordern zum Beispiel psychodynamische oder persönlichkeitstheoretische Theorien viel an Informationen über die einzelnen Individuen und haben gleichzeitig notorische Schwierigkeiten, institutionelle und sozialstrukturelle Bedingungen systematisch auf die Modellparameter zu beziehen. Letzteres gilt auch für kognitionstheoretische Ansätze. „Normative" Handlungstheorien oder die traditionelle Rollentheorie scheitern in der Regel an der Tatsache, dass Akteure „findig" sind und nicht einfach nur vorgegebenen Normen oder Rollenerwartungen folgen. Das berücksichtigen zwar interaktionistische Ansätze, doch fehlt ihnen die präzise Bestimmung expliziter Regeln der Entscheidung zwischen unterschiedlichen Handlungsalternativen (Esser 1991a: 51-52; vgl. Esser 1999: 403-405).

Viele der zuvor präsentierten mikroanalytischen Ansätze zur Erklärung ethnischer Grenzziehungen beruhen zudem auf Spezialtheorien, deren allgemeine Aussagen sich auf einen besonderen Teilbereich beschränken und folglich keine Ansatzpunkte für eine systematische Theorieintegration eröffnen (vgl. Kap. 2). Selbst die relativ gut ausgearbeitete Theorie der sozialen Identität hat einen stark eingeschränkten Geltungsbereich und ist nur in begrenztem Maß in der Lage, andere Erklärungsansätze systematisch zu integrieren. Mit dieser Theorie kann zum Beispiel nicht geklärt werden, unter welchen Bedingungen Aspekte der sozialen Identität für das Handeln der Akteure überhaupt relevant werden und unter welchen Bedingungen sie eventuell in den Hintergrund treten. Dazu bedarf es einer umfassenderen Theorie, die den genannten Kriterien genügt und als Grundlage für eine konsistente und systematische Integration der diversen Erklärungsansätze genutzt werden kann.

---

[16] Esser nennt noch ein sechstes Kriterium: „Die Parameter der Handlungstheorie sollen möglichst präzise benannt sein und es muss eine explizite funktionale Beziehung zwischen den Parametern und der ‚abhängigen Variablen' – der zu erklärenden ‚Handlung' – angegeben werden" (Esser 1991a: 51).

4.1 *Rational choice* und die Werterwartungstheorie

Eine allgemeine Theorie, die diesen Anforderungen genügt, ist die soziologisch modifizierte und ergänzte Theorie der rationalen Wahl (*rational choice*). Ihr Ausgangspunkt ist die zunächst noch relativ triviale Annahme, dass Individuen bestimmte Eigeninteressen und Ziele haben, die sie so gut wie möglich zu realisieren versuchen, indem sie aus den verfügbaren Handlungsalternativen die unter den gegebenen Bedingungen am besten geeignete wählen (vgl. z.B. Becker 1993: 385-386; Coleman 1992: 1621; Lindenberg 1981: 24; McKenzie und Tullock 1984: 28; Riker und Ordeshook 1973: 12). Jedes Handeln beinhaltet demnach immer eine Entscheidung für eine bestimmte Option und damit gleichzeitig den Verzicht auf andere, potentiell ebenfalls verfügbare Alternativen, woraus die Opportunitätskosten des „äußeren oder innerlichen Tuns" (Weber) resultieren. Den äußeren Rahmen dieser Entscheidungen bilden mehr oder weniger starke, nur begrenzt nach eigenem Willen zu beeinflussende Restriktionen – etwa in Bezug auf die zur Verfügung stehende Zeit, die erreichbaren sozialen Beziehungen oder die finanziellen Ressourcen –, die die Akteure bei der Wahl ihrer Handlungen in Rechnung stellen müssen.

Analytisch sind drei wesentliche Teilschritte bei der Handlungswahl zu unterscheiden:

(a) die Kognition der Situation,
(b) die Evaluation der Konsequenzen und schließlich
(c) die Selektion einer Handlungsalternative (Esser 1991: 54-55).

Die *Kognition* der Situation beinhaltet eine Vorstrukturierung der Handlungsspielräume durch (subjektive) Erwartungen über die Eigenschaften von Situationselementen, die ihrerseits auf Wahrnehmungen, Informationen und mehr oder weniger gut begründeten „Alltagstheorien" beruhen. Im nächsten Schritt – der *Evaluation* – geht es dann um die Bewertung der Alternativen im Hinblick auf die verfolgten Ziele. In diesem Zusammenhang wird unterstellt, dass die Akteure – bewusst oder unbewusst – das Set der in Frage kommenden Handlungsalternativen $A_1, A_2, ..., A_n$ gemäß ihren jeweiligen Zielen bzw. Präferenzen mit bestimmten Bewertungen $U_1, U_2, ..., U_n$ versehen, für die jeweils subjektive Erwartungen $p_1, p_2, ..., p_n$ darüber bestehen, mit welcher Wahrscheinlichkeit die entsprechende Handlung auch tatsächlich zu dem angestrebten Ziel führt.[17] Daraus ergeben sich die Erwartungswerte (*subjective expected utility,* SEU) der verschiedenen Alternativen, von denen schließlich bei der *Selektion* gemäß der Regel der Nutzenmaximierung jeweils diejenige gewählt wird, für die der SEU-Wert am größten ist (vgl. Esser 1999: 247-293).

Die Theorie der rationalen Wahl lässt im Prinzip völlig offen, auf welche Bewertungen bzw. auf welche Nutzenargumente es im Einzelnen ankommt oder

---

[17] Wenn in diesem Zusammenhang von „Wahl" und „Entscheidung" die Rede ist, dann setzt das nicht notwendig subjektiv bewusste Kalküle und Selektionen voraus.

welche Erwartungen damit verbunden werden. Es kann den Akteuren zum Beispiel darum gehen, finanzielles Einkommen zu maximieren, oder sie können einen Nutzen daraus ziehen, dass sie möglichst vielen Leuten Gutes zu tun. Beide Möglichkeiten sind zumindest in der allgemeinen Fassung der Nutzentheorie nicht ausgeschlossen: „The analysis assumes that individuals maximize welfare *as they conceive it*, whether they be selfish, altruistic, loyal, spiteful, or masochistic" (Becker 1993: 386). Auch in Bezug auf die Einzelheiten der Kognition ist die Nutzentheorie inhaltlich unbestimmt. Besonders einfache und formal elegante Lösungen ergeben sich, wenn man (wie etwa die neoklassische Mikroökonomie) von perfekter Information ausgeht. Doch diese Prämisse ist nicht zwingend und kann durch komplexere und realitätsnähere Annahmen ersetzt werden.

Insofern kann die Theorie der rationalen Wahl – oder genauer: die Werterwartungstheorie – in ihrer allgemeinen Fassung tatsächlich wie „ein leerer Sack" erscheinen (Lindenberg 1981: 26). Trotz dieser inhaltlichen Unbestimmtheit ist jedoch im Unterschied zu anderen handlungstheoretischen Ansätzen immer klar, wie und an welchen Stellen diese „Leere" zu überbrücken ist (vgl. Lindenberg 1996a). Die entscheidenden Ansatzpunkte sind die beiden zentralen Parameter des Modells: die subjektiven Erwartungen einerseits und die Bewertungen andererseits. Die wichtigsten Mittel der inhaltlichen Füllung sind die so genannten „Brückenhypothesen". Letztere sind immer ein integraler Teil der Theorie. Sie beinhalten im Wesentlichen typisierende Beschreibungen der Situationen, in denen sich die Akteure befinden, und stellen die notwendigen Verbindungen zwischen der „objektiven" Situation und den Variablen der Logik der Selektion – den subjektiven Erwartungen, Bewertungen und Präferenzen – her, die in der Regel historisch spezifisch sind, weil sie sich auf historisch spezifische Situationen, Präferenzen oder Wissensstrukturen beziehen (Esser 1999: 15-16).[18] Über solche Brückenhypothesen können im Prinzip die unterschiedlichsten inhaltlichen Hypothesen ohne größere Schwierigkeiten an die Werterwartungstheorie angeschlossen werden.

Ein geeigneter theoretischer Bezugsrahmen zur Analyse sozialer Distanzen?

Kann diese Theorie auch ein geeigneter Bezugsrahmen für die Analyse sozialer Distanzen gegenüber ethnischen Minderheiten sein? Ist ein auf *rational choice* ausgerichteter Erklärungsansatz nicht schon von vornherein zum Scheitern verurteilt, wenn es um Stereotypisierungen, Vorurteile und Diskriminierungen geht? Sind zum Beispiel Vorurteile nicht schon *per definitionem* nicht vernünftig zu

---

[18] Die bekannten Probleme unvollständiger Theorien oder leerer bzw. falscher Generalisierungen betreffen die Brückenhypothesen nicht, weil es sich um Annahmen handelt, denen keine Allgemeingültigkeit zugeschrieben wird. Dennoch erfüllt eine Erklärung unter Verwendung von Brückenhypothesen die Anforderungen an eine deduktiv-nomologische Erklärung: Immer dann, wenn die spezifizierten Randbedingungen gegeben sind, kann das Explanans aus dem Explanandum deduziert werden (Esser 1991a: 43).

begründende Beurteilungen und schon insofern irrationale Erscheinungen? Und ist damit nicht wieder nur eine rein individualistische, nur auf den einzelnen Akteur fixierte Sichtweise verbunden? Diese und ähnliche Vorbehalte sind nicht ganz unverständlich. Größtenteils beruhen sie jedoch auf Missverständnissen.

Schon der der Theorie zugrunde liegende Begriff der „Rationalität" sorgt oft für vorschnelle Fehlurteile. Sie lassen sich leicht vermeiden, wenn man sich klar macht, dass mit „rationalem" Handeln kein im normativen Sinn „vernünftiges", „sinnvolles" oder „richtiges" Verhalten gemeint ist, sondern immer nur ein *subjektiv* rationales Handeln, das insofern *rational* ist, als es auf einer Maximierung des subjektiv erwarteten Nutzens im Hinblick auf die in Betracht gezogenen Handlungsalternativen unter den jeweils geltenden Randbedingungen beruht (vgl. Esser 1999: 215-224). Die Erwartungen in Bezug auf die Handlungsalternativen können „objektiv" nicht zutreffen und die Präferenzen können aus ethischer Perspektive höchst fragwürdig sein. Dennoch können die Entscheidungen für die Akteure „rational" sein, weil sie ihnen unter Berücksichtigung der gegebenen Erwartungen und Präferenzen den höchsten Nutzen stiften. Insofern spricht nichts dagegen, auch für Außenstehende möglicherweise völlig unsinnige Phänomene interethnischer Beziehungen auf der Grundlage des allgemeinen Modells der Werterwartungstheorie zu erklären.

Im Übrigen heißt *subjektive* Rationalität auch nicht, dass die Wahrnehmungen und Bewertungen der Akteure völlig individuell und zufällig sind. Zumindest in den soziologischen Fassungen der SEU-Theorie wird üblicherweise davon ausgegangen, dass die subjektiven Orientierungen ganz entscheidend von den objektiven Vorgaben der materiellen, institutionellen, sozialstrukturellen und kulturellen Bedingungskonstellationen bestimmt sind, die von den einzelnen Akteuren nicht einfach nach Belieben geändert werden können, obwohl sie letztlich immer auch das Produkt ihres Handelns sind. Entscheidungen sind aus dieser Perspektive immer Entscheidungen unter Restriktionen, was wiederum Anlass zur Vermutung gibt, dass Unterschiede in den Entscheidungen mit systematischen Unterschieden in den Restriktionen verbunden sind. Deshalb richtet sich das Interesse auch in erster Linie auf die strukturierten Randbedingungen des individuellen Handelns, wenn es darum geht, zu klären, warum Menschen etwa zu Stereotypisierungen, Vorurteilen und Diskriminierungen neigen, die für externe Beobachter aus guten Gründen unverständlich oder gar völlig absurd erscheinen. Nicht die Details des Einzelfalls sind dabei maßgeblich, sondern *typische* Bedingungen von *typischen* Reaktionsweisen bei Typen von Akteuren.

Die allgemeine Logik dieses Vorgehens bei der Analyse von scheinbar nicht „rational" nachvollziehbaren sozialen Phänomenen ist im Übrigen keineswegs neu. Von ähnlichen Prämissen ist zum Beispiel schon Max Weber in seiner Religionssoziologie ausgegangen (z.B. Weber 1988). Raymond Boudon formulierte in diesem Rahmen eine „begrenzte Theorie der Ideologie", die deutlich macht, dass „die Einbürgerung falscher Ideen sich weitgehend erklären läßt, ohne auf die Annahme zurückzugreifen, der soziale Handelnde sei irrationalen Kräften unterworfen, die sich seiner Kontrolle entziehen" (Boudon 1988: 266). Bates, de Figueiredo und Weingast oder auch Fearon und Laitin und andere haben gezeigt, wie auf der Basis eines solchen Ansatzes sonst meist nur interpretativ-narrativ betrachtete Phänomene der *politics of culture* wie die ethnische Aufladung sozialer Spannungen bis hin zu gewaltsamen ethnischen Konflikten erklärt werden können (Bates, Figueiredo und Weingast 1998; Fearon und Laitin 1996). Ausdrücklich wird auf die Komplementarität von „kulturellen" bzw. interpretativen Ansätzen und den Modellen der Nutzentheorie hingewiesen: „Interpretivist accounts illuminate the power of ideas, the influence of history, the significance of intellectuals, and the persuasive power of political rhetoric and dramaturgy. Rational choice analysis helps to explain the mechanisms that account for the impact of these political forces" (Bates et al. 1998: 635).

Durchaus nachvollziehbar sind die Zweifel daran, wie eine Ausrichtung am Modell der Werterwartungstheorie mit der zuvor eingeforderten Berücksichtigung der sozialen Einbettung von Meinungen, Einstellungen und Verhaltensweisen in Einklang zu bringen ist. Eine derartige Skepsis liegt vor allem dann nahe, wenn man das formal elegante, aber soziologisch nicht immer überzeugende (neo-) klassische Modell des *homo oeconomicus* im Blick hat, der, ausgestattet mit einer vollständigen, reflexiven und transitiven Präferenzordnung und allen erforderlichen Informationen, allein für sich den maximalen (meist materiell definierten) Nutzen kalkuliert. In diesem Modell spielen soziale Interaktionen oder Netzwerke persönlicher Beziehungen tatsächlich keine unmittelbare Rolle. Das Handeln der Akteure wird danach höchstens indirekt durch das Verhalten anderer Akteure beeinflusst, sofern diese über ihre autonomen Transaktionen letztlich die relativen Preise bzw. die Knappheitsrelationen angestrebter Güter bestimmen. Das ist, wie unter anderem auch Becker und Murphy betonen, oft nicht ausreichend: „While these indirect effects are enormously important, they do not capture fully the influence of others on a person's behavior" (Becker und Murphy 2000: 1). Dennoch gibt es in der ökonomischen Theorie erst seit kurzem verstärkte Bemühungen, die soziale Einbettung des *homo oeconomicus* systematisch in die Modelle des rationalen Handelns einzubeziehen (vgl. z.B. Brock und Durlauf 2000; Manski 2000).

Für die eher soziologisch orientierten Varianten der Werterwartungstheorie war indessen die soziale Einbettung der Akteure in Nahumwelten und Milieus eigentlich immer schon weitestgehend unstritten. So betont zum Beispiel Coleman in seiner Analyse des sozialen Kapitals ausdrücklich, wie wichtig soziale Beziehungen und darauf aufbauende Sozialstrukturen für die einzelnen Akteure sind: „persons' actions are shaped, redirected, constrained by the social context" (Coleman 1988: S96). Ebenso gibt es etwa für Bates, de Figueiredo und Weingast in ihrer Analyse ethnischer Konflikte nicht den geringsten Zweifel daran, dass „actions – symbolic or otherwise – should only be understood in the context of interactions among actors and not as ends in themselves" (Bates et al. 1998: 631). Tatsächlich gibt es auch formal überhaupt keinen Grund dafür, solche Aspekte nicht in ein Erklärungsmodell auf der Basis der Werterwartungstheorie zu integrieren, solange sich die mit der sozialen Einbettung verknüpften Einflussfaktoren systematisch mit den theoretischen Parametern der Selektionstheorie verbinden lassen.

Die Tatsache, dass die SEU-Theorie in der Regel als eine Theorie des (sozialen) *Handelns* eingesetzt wird, schließt im Übrigen auch nicht aus, dass in diesem Rahmen auch „innerliches Tun, Unterlassen oder Dulden" (Weber) wie etwa die dem Handeln vorausgehende subjektive „Definition der Situation" erklärt werden kann. Für die Untersuchung interethnischer Beziehungen wesentliche Teilaspekte distanzierender Verhaltensintentionen und ethnischer Grenzziehungen wie Stereotype und Vorurteile können im Prinzip ebenso in das allgemeine Erklärungsmodell integriert werden wie „handfeste" Nutzen- oder Kostenkomponenten der Wahl zwischen spezifischen Handlungsalternativen. Dazu kann vor allem an zwei elaborierte Spezifikationen der allgemeinen Werterwartungstheorie angeknüpft werden, die sich besonders gut zur Erklärung der Unterschiede in den Einstellungs- und Verhaltensmustern gegenüber ethnisch differenzierten *outgroups* eignen. Das ist zum einen die *theory of reasoned action*, die im Folgenden als Basis für die Entwicklung eines relativ einfachen Grundmodells zur Erklärung sozialer Distanzen dienen wird. Darauf baut dann ein zweites Modell auf, bei dem gemäß der Methode der abnehmenden Abstraktion einige restriktiven Annahmen des Grundmodells gelockert werden. Der maßgebende theoretische Bezugsrahmen ist in diesem Fall das Modell der Frame-Selektion. Beide Modelle bilden die Grundlage für die nachfolgenden empirischen Analysen.

4.2 Ein einfaches Grundmodell

Die so genannte *theory of reasoned action* ist die wohl am weitesten verbreitete Spezifikation der Werterwartungstheorie in der empirischen Sozialforschung (Ajzen und Fishbein 1980; Fishbein und Ajzen 1975). Diese Prominenz ist vor allem darauf zurückzuführen, dass es sich bei der Theorie um ein einfaches, allgemeines und bereits in unterschiedlichen Forschungsbereichen bewährtes Erklärungsmodell handelt, das im Prinzip auf die unterschiedlichsten Meinungen, Einstellungen, Intentionen und Verhaltensweisen übertragen werden kann, wobei – im Unterschied zu anderen Modellen – die soziale Nahumgebung der Akteure explizit mit einbezogen wird. Insofern spricht einiges dafür, die Entwicklung eines Grundmodells zur Erklärung ethnischer Grenzziehungen an dieser Variante der Werterwartungstheorie auszurichten.

4.2.1 Die „Basisdeterminanten" der theory of reasoned action

Die vor allem von Icek Ajzen und Martin Fishbein ausgearbeitete Theorie geht allgemein davon aus, dass *jedes* Handeln der Individuen direkt von ihren Intentionen bestimmt wird, die wiederum eine Funktion individueller Einstellungen einerseits und „subjektiver Normen" andererseits sind. Beide so genannten „Basisdeterminanten" der Verhaltensintentionen sind wesentlich, können aber weitgehend unabhängig voneinander variieren und sind additiv miteinander verknüpft (Fishbein und Ajzen 1975: 335-351; vgl. Eagly und Chaiken 1993: 168-174; Frey, Stahlberg und Gollwitzer 1993).

Die erste Basisdeterminante, die individuelle Einstellung gegenüber dem Verhalten (*attitude toward the behavior*), bezeichnet ganz allgemein „the person's judgment that performing the behavior is good or bad, that he is in favor of or against performing the behavior" (Ajzen und Fishbein 1980: 6). Diese Beurteilung ergibt sich gemäß der Einstellungstheorie von Fishbein als Produkt aus den Erwartungen über bestimmte Handlungskonsequenzen (*behavioral beliefs*) und deren Bewertungen (*outcome evaluations*) oder, genauer gesagt, als Summe der Produkte aus (a) der subjektiv eingeschätzten Wahrscheinlichkeit b, dass ein bestimmtes Verhalten B zur Konsequenz i führt und (b) der Bewertung e dieser Handlungsfolge i über alle n in Betracht kommenden *outcomes*:

$$A_B \propto \sum_{i=1}^{n} b_i e_i$$

Ein Akteur wird immer dann eine positive Einstellung zu einer bestimmten Handlung haben, wenn er davon ausgeht, dass ihre Realisierung mit hoher Wahrscheinlichkeit zu positiven Konsequenzen bzw. mit geringer Wahrscheinlichkeit zu negativen externalen Konsequenzen führt; erwartet er hingegen, dass aus der Ausführung eines bestimmten Verhaltens mit hoher Wahrscheinlichkeit negative bzw. mit geringer Wahrscheinlichkeit positive Konsequenzen resultieren, dann wird die *attitude toward the behavior* negativ sein (Frey et al. 1993: 369-370). Das Gleiche gilt nach der allgemeinen Einstellungstheorie von Fishbein auch für jedes andere Einstellungsobjekt, unabhängig davon, ob es sich um materielle Gegenstände, reine Gedankengebilde oder bestimmte Personen oder Personengruppen handelt. Stets wird die Einstellung immer dann positiv sein, wenn die Attribute des Einstellungsobjekts positiv bewertet werden und wenn es diese Attribute auch tatsächlich mit hoher Wahrscheinlichkeit aufweist.

Die zweite, als *subjective norm* bezeichnete Determinante einer Verhaltensintention bezieht sich indessen auf „the person's perception of the social pressures put on him to perform or not perform the behavior in question" (Ajzen und Fishbein 1980: 6). Auch dieser Parameter des Modells ergibt sich als Produkt aus subjektiven Wahrscheinlichkeiten und den Bewertungen erwarteter Konsequenzen. Die beiden zentralen Komponenten sind in diesem Fall (a) normative Überzeugungen (*normative beliefs*) im Sinne von subjektiv wahrgenommenen Erwartungen relevanter Bezugspersonen oder Referenzgruppen, eine bestimmte Handlung auszuführen oder zu unterlassen, und (b) die Bereitschaft, diesen wahrgenommenen Erwartungen der Bezugsumgebung zu entsprechen (*motivation to* comply).[19] Wenn mit b_j die subjektiv wahrgenommene Verhaltenserwartung seitens der Bezugsperson oder Referenzgruppe j und mit m_j die Bereitschaft zur Erfüllung dieser Erwartung bezeichnet wird, dann ergibt sich bei n in Betracht zu ziehenden Bezugspersonen oder –gruppen die *subjective norm (SN)* folglich als:

$$SN \propto \sum_{j=1}^{n} b_j m_j$$

Wenn mit großer Sicherheit davon auszugehen ist, dass die relevanten Bezugspersonen ganz bestimmte Anforderungen an das eigene Verhalten stellen werden und eine eventuelle negative Sanktionierung gleichzeitig als sehr unangenehm empfunden wird, dann wird diese etwas missverständlich als „subjektive Norm" bezeichnete Determinante bei der Entscheidung stärker ins Gewicht fallen als wenn die Reaktion der Bezugsumgebung zwar generell als wichtig erachtet wird, aber für das betrachtete Verhalten keine spezifischen Erwartungen vorliegen, oder aber spezifische Erwartungen bestehen, eventuelle Sanktionen jedoch billigend in Kauf genommen werden.

Welche Handlungsalternative letztlich vorgezogen wird, hängt immer von beiden Determinanten gleichzeitig ab, das heißt: „individuals will tend to perform a behavior when they evaluate it positively and when they believe that important others think they should perform it" (Ajzen und Fishbein 1980: 6). Allerdings kann ihr jeweiliges Gewicht je nach Situation variieren. „Bei Abwesenheit relevanter Bezugspersonen wird der Einstellungsdeterminante ein sehr hohes Gewicht zukommen. Andererseits mag die starke Verankerung einer Person in einer Gruppe bewirken, daß Einstellungen irrelevant für die Verhaltensvorhersagen werden und der subjektiv erlebte soziale Druck die primäre oder sogar einzige Verhaltensdeterminante darstellt" (Frey et al. 1993: 368). Die Gewichte w_1 und w_2 reflektieren also letztlich die Unterschiede in den subjektiven Erwartungen und Bewertungen der Akteure in Bezug auf beide Teilkomponenten des Modells (vgl. Esser 2001: 248). Insgesamt ergibt sich damit in der Notation von Fishbein und Ajzen das folgende allgemeine Grundmodell:

$$B \leftarrow I \propto [w_1 A_B + w_2 SN]$$

Das heißt: Das Handeln der Akteure wird (weitgehend) von den Verhaltensintentionen bestimmt, die wiederum direkt proportional zur gewichteten Summe der *attitude toward the behavior* und der *subjective norm* sind. Dabei ist bemerkenswert, dass die Konzeption der Einstellung in dieser Theorie, im Gegensatz zu früheren, mehrdimensionalen Einstellungsbegriffen, auf einer klaren Differenzie-

---

[19] Als relevante Bezugspersonen oder –gruppen bezeichnen Fishbein und Ajzen ganz allgemein die für eine *bestimmte* Situation oder für *spezifische* Handlungszusammenhänge bedeutsamen Personen oder Gruppen, zu denen sowohl Partner, Verwandte, Arbeitskollegen oder eventuell auch „die Gesellschaft" als Ganzes gezählt werden können (Fishbein und Ajzen 1975: 304).

rung zwischen der kognitiven Dimension der Vorstellungen und Überzeugungen (*beliefs*), der evaluativen bzw. affektiven Dimension und der konativen Dimension der Verhaltensintentionen beruht.

Einstellungskonstrukte sind in dieser Fassung eindimensional konzipiert und auf positive oder negative Reaktionen und Bewertungen in Bezug auf ein bestimmtes „Einstellungsobjekt" beschränkt. Das ist ein wichtiger Unterschied zum so genannten Konsistenzmodell, bei dem unterstellt wird, dass die kognitiven, affektiven und konativen Dimensionen ein aufeinander abgestimmtes System bilden, das jeweils als Ganzes ausgelöst wird, so dass mit der Aktivierung einer Einstellung im Prinzip auch schon alle Wahrnehmungen, Gefühle, Bewertungen und Reaktionsmuster gegenüber dem Einstellungsobjekt festgelegt seien. Nach der *theory of reasoned action* und anderen Varianten der Werterwartungstheorie ist ein konsistenter Zusammenhang zwischen Einstellung und Verhalten indessen nur unter sehr speziellen Bedingungen zu erwarten. Vor allem die Stärke bzw. „Zugänglichkeit" und die Spezifizität der Einstellung sowie die erwarteten Konsequenzen eines daran orientierten Handelns spielen danach eine entscheidende Rolle: Wenn die Einstellung relativ vage und nicht stark ausgeprägt ist und/oder wenn mit negativen Konsequenzen zu rechnen ist, dann ist keine oder allenfalls eine schwache Korrelation zwischen Einstellung und Verhalten zu erwarten; wenn die Einstellung dagegen klar ausgeprägt und leicht zugänglich ist und zudem keine negativen Handlungskonsequenzen zu befürchten sind, dann sollte das Verhalten auch weitestgehend durch die Einstellung bestimmt sein (vgl. Esser 2001: 244-245; Frey et al. 1993: 361-367).

Das Modell der *theory of reasoned action* wurde bereits in einer Vielzahl empirischer Arbeiten in sehr unterschiedlichen Anwendungsfeldern überprüft. Diese reichen von politischen Wahlentscheidungen über den Konsum von Drogen bis hin zur Entscheidung über Methoden der Schwangerschaftsverhütung. Mit wenigen Ausnahmen konnte dabei festgestellt werden, dass die Intentionen der Akteure erwartungsgemäß in einem sehr engen Zusammenhang zum tatsächlich beobachteten Verhalten stehen. In einer ganzen Reihe von Studien konnten fast 50% der beobachteten Varianz im Verhalten der Akteure aufgrund der Unterschiede in den Verhaltensintentionen erklärt werden. Außerdem gibt es klare Hinweise darauf, dass sich die Intentionen wiederum ziemlich genau durch die *attitude toward the behavior* und die *subjective norm* prognostizieren lassen (vgl. Ajzen und Fishbein 1980: 98-242; Ajzen 1991: 185-191; Frey et al. 1993: 371-374).

Das gleiche Modell kann ohne Weiteres auch zur Erklärung sozialer Distanzen oder latenter Diskriminierungstendenzen gegenüber ethnischen Minderheiten genutzt werden. Bislang gibt es jedoch nur sehr wenige Untersuchungen, die sich daran orientierten. Zu den wenigen Ausnahmen zählen die Arbeiten von Christian Lüdemann zur Erklärung diskriminierender Einstellungen gegenüber Ausländern, Juden und Gastarbeitern auf der Basis des ALLBUS-Surveys von 1996 (Lüdemann 2000) oder auch dessen Untersuchung zur Akzeptanz des neuen Staatsangehörigkeitsrechts auf der Grundlage einer 1999 in Bremen durchgeführten Studie (Lüdemann 2001). Darin werden zum Beispiel diskriminierende Einstellungen gegenüber Ausländern als Funktion des subjektiv wahrgenommenen Nettonutzens der Anwesenheit von Ausländern in der Bundesrepublik aufgefasst. Die Ergebnisse der multivariaten Analyse (mit Daten aus dem ALLBUS-Survey von 1996) zeigen, dass dieser theoretisch abgeleitete Prädiktor die diskriminierenden Einstellungen am stärksten beeinflusst bzw. mehr Varianz erklärt als das Alter, das Bildungsniveau, die allgemeinen politischen Orientierungen oder persönliche Kontakte zu Ausländern (Lüdemann 2000: 386-387). Ebenso wird bei der Analyse der Akzeptanz des neuen Staatsangehörigkeitsrechts deutlich, dass die Erwartungen und Bewertungen der Befragten in Bezug auf die Folgen des neuen Rechts die Haltungen dazu ganz maßgeblich beeinflussen. Die entsprechenden SEU-Werte haben bei allen getesteten Modellen den größten Effekt (Lüdemann 2001: 556-563).

Die Umsetzung des theoretischen Modells ist in diesen Studien allerdings unvollständig, weil die Einflüsse der sozialen Bezugsumgebung ausgeklammert werden. Außerdem sagen die Ergebnisse wenig über das tatsächliche Verhalten oder die Verhaltensintentionen der Akteure gegenüber „Ausländern" aus. Sie beschränken sich auf allgemeine Einstellungen und spezifische Bewertungen einer Ausländer betreffenden politischen Entscheidung. Die folgenden Analysen werden sich indessen vorrangig auf die Verhaltensintentionen gegenüber Angehörigen ethnischer Minderheiten beziehen, die – so die zentrale Hypothese dieser Arbeit – nur befriedigend erklärt werden können, wenn die Einflüsse der Nahumgebung nicht nur theoretisch, sondern auch empirisch berücksichtigt werden.

4.2.2 Ein Grundmodell zur Erklärung sozialer Distanzen

Die zentralen theoretischen Parameter zur Erklärung von Unterschieden in den Verhaltensintentionen gegenüber „Ausländern" sind nach den Prinzipien der Werterwartungstheorie die Erwartungen und Bewertungen der Akteure. Die allgemeine Ausgangshypothese ist klar: Die sozialen Distanzen gegenüber Angehörigen einer bestimmten Personengruppe werden um so höher sein, je geringer der subjektiv wahrgenommene Nutzen einer Interaktion mit einer Person aus dieser Gruppe ist; und umgekehrt: Je höher der subjektiv wahrgenommene Nutzen einer solchen Interaktion ist, desto geringer sollte die soziale Distanz sein. Der subjektiv wahrgenommene Nutzen wiederum ergibt sich nach der *theory of reasoned action* als Funktion aus den beiden bereits genannten „Basisdeterminanten", also zum einen aus den Bewertungen der mit einer gewissen Wahrscheinlichkeit erwarteten Konsequenzen entsprechender Interaktionen und zum anderen aus den subjektiv wahrgenommenen Verhaltenserwartungen der Bezugsumgebung.

Die Hypothesen für die Auswirkungen der subjektiv wahrgenommenen Verhaltenserwartungen seitens der Bezugsumgebung sind relativ leicht zu präzisieren: Je stärker die subjektiv wahrgenommenen Vorbehalte von Seiten relevanter Teile der Bezugsumgebung gegenüber persönlichen Kontakten zu bestimmten

Personengruppen sind, desto zurückhaltender sollten (unter sonst gleichen Bedingungen) die Verhaltensabsichten bzw. desto größer sollten die sozialen Distanzen sein. Wer zum Beispiel befürchtet, aufgrund eines engeren persönlichen Umgangs mit Türken im Freundes- oder Bekanntenkreis oder in der Verwandtschaft auf Unverständnis oder Ablehnung zu stoßen, wird eher zu einer distanzierenden oder diskriminierenden Haltung gegenüber Türken neigen, als jemand der mit positiven Reaktionen der Bezugsumgebung rechnen kann. Das wird unmittelbar verständlich, wenn man davon ausgeht, dass die Gewinnung sozialer Wertschätzung zu den zentralen Funktionsbedingungen des menschlichen Organismus gehört (vgl. Esser 1999: Kap. 3; Lindenberg 1996a). Vor allem die soziale Wertschätzung innerhalb der persönlichen Nahumgebung ist in dieser Hinsicht ein wertvolles Gut, das durch Verstöße gegen geteilte Verhaltenserwartungen innerhalb dieses Kontexts zumindest potentiell gefährdet wird.

Daneben wird die Verhaltensintention gegenüber Personen ausländischer Herkunft aber auch durch die *attitude toward the behavior* bestimmt, die sich auf die Erwartungen und Bewertungen der daraus resultierenden Handlungsfolgen bezieht. Maßgeblich sind dafür im Prinzip alle möglichen Aspekte an „Nutzen" und „Kosten", die die Akteure damit verbinden, dass sie sich auf engere soziale Beziehungen zu bestimmten Personen oder Personengruppen einlassen. Im Folgenden wird davon ausgegangen, dass sie sich dabei hauptsächlich an allgemeinen Beurteilungskriterien orientieren, die sich nicht spezifisch auf persönliche Kontakte zu „Ausländern", sondern auf soziale Beziehungen im Allgemeinen richten. Diese Kriterien umfassen

- das Ausmaß der Übereinstimmung in gesellschaftlichen und politischen Fragen,
- das Ausmaß der Übereinstimmung in religiösen Überzeugungen,
- die Ähnlichkeit der sozialen Stellung,
- die Verständigungsmöglichkeiten,
- das Anregungspotential einer Beziehung und
- die Vielfalt und Unterschiedlichkeit der persönlichen Kontakte insgesamt.

Der Nutzen einer engeren sozialen Beziehung wird, so die Hypothese, wesentlich durch die Übereinstimmung in wichtigen Einstellungen und Überzeugungen bestimmt. Zu erwartende Unähnlichkeiten in zentralen *issues* – etwa in Bezug auf gesellschaftliche, politische oder religiöse Angelegenheiten – erzeugen als unangenehm empfundene Spannungen und verringern dadurch die Attraktivität einer Aufnahme von Interaktionen zu Personen mit tatsächlich oder vermeintlich anderen Überzeugungen und Einstellungen. Das Gleiche gilt im Prinzip auch für die soziale Lage der (potentiellen) Interaktionspartner: Die Gemeinsamkeit der sozialen Lage erleichtert den Austausch über gemeinsame Interessen, Anliegen und Probleme und erhöht schon allein deshalb die Attraktivität entsprechender Beziehungen. Darüber hinaus können aber auch das Anregungspotential einer Beziehung und die Vielfalt der persönlichen Kontakte positiv bewertet werden. Das steht nicht im Widerspruch zur Präferenz für möglichst homogene Beziehungen, wenn sie nicht mit starken Diskrepanzen und Irritationen in besonders wichtigen Einstellungs- und Verhaltensbereichen verbunden sind. Auf der anderen Seite verringert sich die Attraktivität einer sozialen Beziehung durch gravierende Komplikationen bei der alltagsweltlichen Verständigung.

Wie wichtig diese Nutzenargumente für die Aufnahme und Etablierung sozialer Beziehungen tatsächlich sind, lässt vor allem die Soziologie der Freundschaftswahlen erkennen. Schon Lazarsfeld und Merton konstatierten zum Beispiel die bemerkenswerte „tendency for friendship to form between those who are alike in some designated respect" (Lazarsfeld und Merton 1954: 23). Auch in neueren Studien sind vor allem in Bezug auf das Alter, das Geschlecht und religiöse Werte, aber auch hinsichtlich der sozialen Stellung und allgemeiner politisch-gesellschaftliche Orientierungen immer wieder starke Präferenzen für homophile Beziehungen festgestellt worden (vgl. Esser 1990; Laumann 1973; Verbrugge 1977; Wolf 1996; Zeggelink 1995). Gleichzeitig gibt es Hinweise darauf, dass zumindest ein Teil der Akteure dennoch, in mehr oder weniger eng gesteckten Grenzen, eine gewisse Vielfalt der persönlichen Beziehungen wünschen und Wert auf neue Erfahrungen und Anregungen legen. Das hat zur Folge, dass es trotz einer generell sehr starken Tendenz zu homogenen Beziehungen zumindest partiell auch Freundschafts- und Beziehungsnetzwerke mit relativ hoher Heterogenität gibt.

Die konkreten Ausprägungen der unterschiedlichen Beziehungspräferenzen können sehr verschieden sein. Wer zum Beispiel – aus welchen Gründen auch immer – tief religiös ist, wird die Übereinstimmung in religiösen Fragen bei der Etablierung persönlicher Beziehungen zu anderen Personen höher gewichten als jemand, für den solche Fragen belanglos sind.[20] Wer dagegen Statusfragen für wichtig erachtet, wird eher Beziehungen anstreben, die hinsichtlich der sozialen Lage möglichst ähnlich sind und andere meiden, bei denen es in diesem Bereich Komplikationen gibt. Personen, denen dieses Kriterium unwichtig ist, werden dagegen auf eventuelle Schwierigkeiten weniger empfindlich reagieren. Kurz: Je höher ein bestimmtes Beziehungsmerkmal bewertet wird, desto größer sollte (unter sonst gleichen Bedingungen) sein Einfluss auf das Verhalten gegenüber einem (potentiellen) Interaktionspartner sein.

Für die Vervollständigung des Grundmodells zur Erklärung sozialer Distanzen sind indessen nicht allein die unterschiedlichen Beziehungspräferenzen maßgeblich. Entscheidend sind daneben die subjektiven Erwartungen der Akteure über die Realisierungschancen dieser Präferenzen unter unterschiedlichen Randbedingungen. Genau darin liegt nach dem hier zugrunde liegenden Ansatz letzt-

---

[20] Die Unterschiede in den Präferenzen können jederzeit selbst wieder zum Ausgangspunkt vertiefender Erklärungen werden. So kann man zum Beispiel untersuchen, *warum* sich Individuen in ihren religiösen Überzeugungen unterscheiden. Auch dazu gibt es im Übrigen bereits Anschlusstheorien auf der Grundlage der *rational choice*-Theorie (Stark, Iannaccone und Finke 1996; Stark und Bainbridge 1987). Für die Erklärung sozialer Distanzen gegenüber „Ausländern" können solche Unterschiede jedoch als gegeben angesehen werden.

lich auch der Schlüssel zur Erklärung sozialer Distanzen bzw. diskriminierender Verhaltensintentionen gegenüber verschiedenen Personengruppen. Auch wenn die Beziehungspräferenzen nicht gruppenspezifisch variieren, können die Akteure unterschiedliche Erwartungen darüber haben, inwieweit sie ihre Bedürfnisse in persönlichen Kontakten mit bestimmten Personengruppen realisieren können.

Erst das Produkt aus beiden Parametern, aus den Bewertungen *und* den Erwartungen, bestimmt – zusammen mit den Bezugsgruppenbarrieren – die Verhaltensintentionen gegenüber bestimmten Personen und Personengruppen: Je höher die subjektiv wahrgenommene Wahrscheinlichkeit ist, dass ein Akteur seine Beziehungspräferenzen im persönlichen Kontakt zu bestimmten (potentiellen) Interaktionspartnern realisieren kann, desto positiver ist die entsprechende Verhaltensintention; und umgekehrt: Je größer die Wahrscheinlichkeit ist, dass es in hoch bewerteten Aspekten sozialer Beziehungen zu Schwierigkeiten bzw. Nutzeneinbußen kommt, desto negativer oder distanzierter werden die Verhaltensintentionen sein. Wenn also – zum Beispiel – jemand eine starke Präferenz für eine klare Übereinstimmung in Glaubensfragen hat, dann wird (unter sonst gleichen Bedingungen) das Ausmaß der sozialen Distanz umso größer sein, je größer die subjektiv wahrgenommene Wahrscheinlichkeit ist, dass es dabei in Interaktionen mit einer bestimmten Person oder Personengruppe zu Komplikationen kommen könnte. Umgekehrt sollte es dagegen für die Verhaltensabsichten vergleichsweise belanglos sein, wenn jemand zwar derartige Schwierigkeiten vermutet, aber diesem Beziehungsaspekt keine große Bedeutung zumisst. Das Gleiche gilt im Prinzip für die anderen bereits genannten Beziehungsdimensionen.

Damit lassen sich nicht nur Unterschiede zwischen den „Einheimischen" hinsichtlich des jeweiligen Niveaus der sozialen Distanz gegenüber Ausländern erklären. Auch die Ungleichbehandlung von ethnischen Minderheiten im Vergleich zu Angehörigen der (deutschen) Eigengruppe können auf die genannten Faktoren zurückgeführt werden. Eine solche Diskriminierung ist nach diesem Ansatz immer dann zu erwarten, wenn der subjektiv erwartete Nutzen einer Interaktion mit einer Person deutscher Herkunft größer ist als der subjektiv erwartete Nutzen einer Interaktion mit einer Person türkischer oder italienischer (oder anderer) Herkunft. Wenn also zum Beispiel ein Akteur, der eine starke Präferenz für eine klare Übereinstimmung in Glaubensfragen hat, mit hoher Wahrscheinlichkeit davon ausgeht, dass es in dieser Hinsicht mit Italienern (oder Türken) eher zu Komplikationen kommt als in Beziehungen zu Deutschen, wird die (latente) Diskriminierungstendenz (unter sonst gleichen Bedingungen) relativ stark sein. Mit einer solchen Diskriminierung ist hingegen (unter sonst gleichen Bedingungen) nicht zu rechnen, wenn keine gruppenspezifisch variierenden Erwartungen vorliegen und/oder der Beziehungsaspekt selbst als unwichtig eingestuft wird. Für die anderen Kriterien gelten analoge Hypothesen.

Damit sind die wesentlichen Züge des einfachen, eng an der *theory of reasoned action* ausgerichteten Grundmodells zur Erklärung sozialer Distanzen und latenter Diskriminierungstendenzen gegenüber „Ausländern" beschrieben, das im

Folgenden auf der Basis der in Mannheim erhobenen Daten empirisch getestet wird. Dort werden dann auch die Einzelheiten der Operationalisierung der zentralen theoretischen Konstrukte erläutert. Zuvor wird aber noch ein zweites Erklärungsmodell entwickelt, das darauf abzielt, einige der stark vereinfachten Annahmen des Grundmodells zu lockern. Vor allem die noch nicht berücksichtigten Effekte von Vorurteilen und andere oft als wichtig erachtete Determinanten ethnischer Grenzziehungen können über dieses Modell integriert werden.

4.3 „Bounded rationality" und das Modell der Frame-Selektion

Das einfache Grundmodell setzt im Kern voraus, dass die Akteure ihre Handlungen und Handlungsintentionen sorgfältig, unter Nutzung der verfügbaren, inhaltlich relevanten Informationen und unter Berücksichtigung aller zu erwartenden Konsequenzen abwägen. Das ist, wie Ajzen und Fishbein deutlich gemacht haben, eine zentrale Prämisse der *theory of reasoned action*, von der das Modell ausgeht: „the theory is based on the assumption that human beings are usually quite rational and make systematic use of the information available to them. [...]. people consider the implications of their actions before they decide to engage or not engage in a given behavior" (Ajzen und Fishbein 1980: 5). Folglich wäre zu erwarten, dass die sozialen Distanzen gegenüber „Ausländern" auch nur von den individuellen Beziehungspräferenzen, den damit verknüpften *spezifischen* Erwartungen über die Charakteristika ganz bestimmter Gruppe und den ebenfalls genau darauf bezogenen subjektiv erwarteten Vorbehalten der relevanten Bezugsumgebung bestimmt sein sollten. Für die Verhaltensintentionen gegenüber Personen italienischer Herkunft sollten also, zum Beispiel, nur solche Erwartungen relevant sein sollten, die sich auch tatsächlich auf „die Italiener" beziehen und nur solche Vorbehalte der Bezugsumgebung, die das Verhältnis zu Italienern berühren. Einflüsse generalisierter Einstellungen bzw. Vorurteile gegenüber „Ausländern" im Allgemeinen sind im Grundmodell nicht vorgesehen.

Diese Prämissen sind im Hinblick auf die bekannten Gegebenheiten interethnischer Beziehungen gewiss nicht unproblematisch.[21] Schon die genaue Beobachtung interethnischer Beziehungen im Alltag zeigt, dass in typischen Situationen der Interaktion zwischen Angehörigen ethnisch differenzierter Gruppen stark generalisierte Einstellungen, eingelebte Gewohnheiten und spontane Reaktionsweisen oft eine große Rolle spielen. Auch die bereits erwähnten Resultate experimenteller Untersuchungen demonstrieren deutlich, dass die Entscheidungen und Verhaltensweisen der Akteure im Kontext interethnischer Beziehungen häufig

---

[21] Allein aus der Tatsache, dass die Prämissen eines Erklärungsmodells nicht der Komplexität „der Realität" entsprechen, folgt freilich nicht *per se* die Notwendigkeit einer Modifikation des Modells. Selbst Modelle, die auf kontrafaktischen Annahmen beruhen, können gute Erklärungen liefern. Entscheidend ist vielmehr die Frage, ob durch eine schrittweise Lockerung rigider Annahmen im Sinne der Methode der abnehmenden Abstraktion wichtige neue Erkenntnisse möglich werden.

durch sehr vereinfachte Schemata und Skripte geprägt sind, die weitestgehend automatisiert und ohne sorgfältige Reflektion von Präferenzen und Erwartungen aktualisiert werden können (vgl. Abschnitt 2.3.3).

Zumindest auf den ersten Blick kann leicht der Eindruck entstehen, diese Evidenzen stünden in einem grundsätzlichen Widerspruch zum allgemeinen Modell der Werterwartungstheorie. Doch dieser Eindruck täuscht. Tatsächlich ist es möglich, solche generalisierten Vorurteile bzw. Schemata oder auch Skripte in die Theorie zu integrieren. Genau darin zeigt sich einer ihrer wesentlichen Vorzüge, nämlich die bereits angesprochene Möglichkeit, Erkenntnisse „vertiefender" Theorien – wie zum Beispiel die Erkenntnisse der kognitionspsychologischen Ansätze – in das Modell einzubeziehen und den Grad der bewussten Vereinfachung im Sinne der Methode der abnehmenden Abstraktion durch komplexere oder „realistischere" Annahmen zu verringern. Ansatzpunkte für eine solche Vertiefung finden sich vor allem in erweiterten Modellen der Werterwartungstheorie, die von einer eingeschränkten Informationsverarbeitungskapazität (*bounded information processing capacity*) menschlicher Akteure ausgehen. In diesem Modellen wird explizit berücksichtigt, dass menschliche Akteure in ihren Entscheidungen nicht immer alle potentiell verfügbaren Informationen nutzen (und möglicherweise aufgrund evolutionär bedingter kognitiver Restriktionen auch gar nicht dazu in der Lage sind), sondern die Informationsverarbeitung und Entscheidungsfindung mit Hilfe von Schemata, Skripten und Habits entlasten (Simon 1993: 27-45; vgl. Jones 1999; Simon 1992).

Schemata und Skripte vereinfachen die Wahrnehmungsprozesse durch eine Strukturierung der Kognition über bereits verfügbares, mehr oder weniger pauschalisiertes (nicht notwendig „objektiv" richtiges) Wissen und ermöglichen dadurch eine weniger aufwendige Definition der Situation.[22] Sind passende Wissensstrukturen im Gedächtnis abrufbar, dann reduziert sich der Aufwand bei der subjektiven Definition der Situation auf einen Prozess der Muster-Erkennung: Die zu verarbeitenden Informationen werden mit Merkmalen der verfügbaren Schemata verglichen; sobald ein passendes Schema gefunden ist, werden die dazu gehörenden Erwartungen und Bewertungen mehr oder weniger automatisch und ohne längeres Nachdenken aktiviert. Weitere Details der Situation – wie zum Beispiel die spezifischen Merkmale einer Person oder einer Personengruppe – verlieren dann an Bedeutung. Somit werden schon die *Bedingungen* der Wahl zwischen unterschiedlichen Handlungsalternativen erheblich erleichtert. Außerdem kann auch die Wahl zwischen den Handlungsalternativen selbst noch durch so genannte Habits drastisch vereinfacht werden. Die Selektionen beziehen sich dann nicht mehr einzelne Handlungen sondern auf „ganze Komplexe bzw. Bün-

---

[22] Ein „Schema" bezeichnet ganz allgemein „a cognitive structure that represents knowledge about a concept or type of stimulus, including its attributes and the relations among those attributes" (Fiske und Taylor 1991: 98). Skripte sind eine spezielle Variante davon, nämlich „soziale Drehbücher" oder Skripte von Ereignissen (*event schemas*), die die wichtigsten Merkmale von Ereignissequenzen und die typischen Beziehungen zwischen diesen Merkmalen wiedergeben (Esser 2000b: 199-207; Fiske und Taylor 1991: 119-120).

del von Handlungen bzw. Handlungskonsequenzen [...], die der Akteur nach Maßgabe bestimmter Situationshinweise ‚insgesamt' wählt" (Esser 1991a: 64-65).

Insgesamt kann sich aus solchen, mehr oder weniger unbewussten, Vorselektionen eine so stark vorstrukturierte Definition der Situation ergeben, dass das gesamte Verhalten der Akteure ohne reflektiert-rationale Kalkulation der damit verbundenen Vor- und Nachteile automatisch und ohne größere Anstrengungen ablaufen kann. Genau das scheint bei interethnische Beziehungen häufig der Fall zu sein: Bereits die Wahrnehmung einzelner Merkmale oder Symbole, wie zum Beispiel ein besonderes Kleidungsstück oder eine bestimmte Hautfarbe, reichen aus, um pauschalisierte Vorurteile oder spontane Antipathien zu aktivieren, die die subjektive Definition der Situation unter Umständen vollständig festlegen. Die individuellen Beziehungspräferenzen und die *spezifischen* Erwartungen über die typischen Eigenschaften von Personen und Personengruppen treten dann eventuell ganz in den Hintergrund und es kommt nur noch auf die generalisierten gedanklichen Modelle an, die bereits im Moment der Kognition der Situation auf den Plan gerufen werden.

Die für die Erklärung sozialer Distanzen eigentlich interessante Frage ist nun, unter welchen Bedingungen eine solche Orientierung an generalisierten Vorurteilen zu erwarten ist. Von welchen Faktoren hängt es ab, ob eher die „rationale" Orientierung am subjektiv erwarteten Nutzen persönlicher Beziehungen zu bestimmten Personengruppen oder eher die vergleichsweise unreflektierte Ausrichtung an allgemeinen Schemata oder Habits im Vordergrund steht? In der Literatur über interethnische Beziehungen findet man dazu keine klaren Antworten. Oft wird, wie in vielen Beiträgen in der Tradition der diversen „Sündenbock"-Theorien, so argumentiert, als seien soziale Distanzen *nur* eine Funktion der Vorurteile. Oder es wird, wie etwa in einigen Analysen auf der Grundlage der *realistic group conflict theory*, wenigstens implizit unterstellt, *allein* die Erwartungen und Bewertungen der Akteure seien maßgeblich. Beides greift zu kurz. Deshalb wird im Folgenden in Anlehnung an das allgemeine Modell der Frame-Selektion ein zweites (erweitertes) Modell zur Erklärung sozialer Distanzen skizziert, das es ermöglicht, nach den allgemeinen Regeln der Werterwartungstheorie anzugeben, wann (und warum) welche Orientierung zu erwarten ist.

4.3.1 Das allgemeine Modell der Frame-Selektion

Nach dem Modell der Frame-Selektion ist die Orientierung an generalisierten Vorurteilen und ähnlichen Schemata als Folge einer inneren Entscheidung aufzufassen, die, wie andere Entscheidungen auch, durch die subjektiven Erwartungen und Bewertungen der Akteure bestimmt wird (Esser 1991a; Esser 1996a; Esser 2001; vgl. auch Lindenberg 1990). Analytisch sind dabei zwei Aspekte zu unterscheiden:

- die Selektion eines Modells und
- die Selektion einer bestimmten Heuristik bzw. Entscheidungsstrategie in Bezug auf die Auswahl dieses Modells („Modus-Selektion").

Bei der Selektion eines Modells geht es darum, *ob* und gegebenenfalls *welche* Schemata und Skripte bereits im Verlauf der (kognitiven) Wahrnehmung der Merkmale einer Situation wirksam werden. Werden zum Beispiel bereits durch einfachste Schlüsselreize generalisierte Einstellungen und Bewertungen gegenüber bestimmten Kategorien oder Gruppen von Personen aktiviert? Durch *welche* Schemata wird dann gegebenenfalls die Definition der Situation bestimmt? Sobald es mehrere Schemata und Skripte gibt, muss eine (nicht notwendig bewusste) Entscheidung für eine der in Frage kommenden Alternativen getroffen werden. Nach der Framingtheorie sind dafür zwei Faktoren maßgeblich: einerseits die subjektiven Erwartungen über die „Geltung" eines Modells und andererseits die Bewertungen der erwarteten Folgen einer Orientierung an diesem Modell.

Die subjektiven Erwartungen über die Geltung eines Modells entsprechen dem Grad des Matches der wahrgenommenen Gegebenheiten einer Situation mit im Gedächtnis gespeicherten mentalen Modellen. Je besser der Match ist, desto sicherer ist auch die Geltung des mentalen Modells. Die Bewertungen hingegen beinhalten „alle Aspekte an ‚Nutzen' und ‚Kosten', die der Akteur mit der Aktivierung eines gedanklichen Modells assoziativ erlebt, diejenigen, die unmittelbar mit den inneren Empfindungen und Affekten dabei verbunden sind, aber auch diejenigen, die er als Folgen des Handelns im betreffenden Rahmen erwartet" (Esser 2001: 270-271). Beide Größen zusammen – die subjektive Erwartung über die Geltung des Modells und die Bewertung der damit verbundenen Konsequenzen – bestimmen nach den allgemeinen Regeln der SEU-Theorie die Selektion eines Modells aus dem Reservoir der verfügbaren *mental images*. Dem zufolge wird ein bestimmtes Modell oder Schema – wie zum Beispiel eine stark generalisierte Grundeinstellung gegenüber „den Ausländern" – vorgezogen, wenn der damit verbundene subjektiv erwartete Nutzen höher ist als der entsprechende Erwartungswert eines anderen Modells – zum Beispiel einer an differenzierten Erwartungen über die besonderen Eigenschaften einer ganz bestimmten Personengruppe orientierten Einstellung.

Die zweite Selektion beim Framing bezieht sich auf die Strategie oder Heuristik der Informationsverarbeitung. Sie kann eher reflexiv-kalkulierend oder eher automatisch-spontan sein. Welche Heuristik gewählt wird, hängt von zwei Faktoren ab: (a) von der (subjektiven) Wahrscheinlichkeit, dass auf diese Weise im Vergleich zum bisher Gewohnten ein besser passendes Modell gefunden werden kann, und (b) vom damit verbundenen Aufwand. Eine reflexiv-kalkulierende Interpretation der Situation ist nur dann zu erwarten, wenn dadurch mit hoher Sicherheit eine bessere Einschätzung und Interpretation der situationalen Gegebenheiten erreicht werden kann und gleichzeitig die Such- und Reflexionskosten möglichst niedrig sind. Ein automatisch-spontaner Modus wird hingegen vorgezogen, wenn es keine klaren Gründe für eine Abweichung von der gewohnten subjektiven Definition der Situation gibt und/oder die erwarteten Such- und Reflexionskosten zu hoch sind.

Modellselektion und Modusselektion bestimmen gemeinsam den Grad der Festlegung eines Akteurs auf eine bestimmte „Einstellung", durch die die Erwartungen und Präferenzen strukturiert werden, welche wiederum die Selektion der Handlungsalternativen steuern. Auf diese Weise lässt sich im Rahmen der Werterwartungstheorie erklären, unter welchen Bedingungen es dazu kommen kann, dass sich „rationale" Akteure auf Sichtweisen und Verhaltensmuster einlassen, die – wie im Fall von Vorurteilen und mehr oder weniger reflexartigen Distanzierungstendenzen – auf Voraussetzungen beruhen, die zumindest aus der Perspektive eines „objektiven" Beobachters dubios sind.[23] Eine solche Orientierung an einem einmal aktualisierten Modell der Situation ist danach insbesondere dann zu erwarten,

- wenn es sich bei dem gedanklichen Modell um ein leicht zugängliches Schema handelt, das schon durch die Wahrnehmung minimaler Schlüsselreize – etwa durch die Hautfarbe oder Kleidung – automatisch aktiviert werden kann,
- wenn das Modell als fraglos gültig oder hinreichend bewährt erscheint,
- wenn die mit einer Befolgung des Schemas verbundenen Konsequenzen positiv bewertet werden,
- wenn die Opportunitätskosten einer eventuell verfehlten Definition der Situation gering sind, und
- wenn keine besondere Motivation und/oder keine Gelegenheit (z.B. aufgrund von kognitiven Restriktionen oder bei *information overload*) zu einer reflektierten Einschätzung der Angemessenheit der generalisierten Erwartungen und Bewertungen besteht.

Wenn diese Bedingungen vorliegen, dann kann man nach dem Modell der Frame-Selektion davon ausgehen, dass die im zuvor beschriebenen Grundmodell maßgeblichen Determinanten der Verhaltensintentionen gegenüber ethnischen Minderheiten in den Hintergrund treten. Nicht auf den Erwartungsnutzen der unterschiedlichen Optionen im Umgang mit diesen Personengruppen kommt es dann an, sondern auf die allgemeine, an (positiven oder negativen) Vorurteilen gegenüber „Ausländern" insgesamt orientierte Einstellung auf die betreffende Situation.

Zu einer erklärungskräftigen Theorie wird auch dieses Modell der Frame-Selektion erst dann, wenn die maßgeblichen Modellparameter über „Brückenhypothesen" mit typischen Eigenschaften der Logik der Situation verbunden werden. Insbesondere die Verbindung der subjektiven „innerlichen" Entscheidungen mit den objektiven „äußerlichen" Bedingungen des sozialen Handelns ist dabei entscheidend. Denn: „Die innere Selektion der Modelle der Situation und

---

[23] Zur formalen Ableitung dieser Hypothesen aus der Werterwartungstheorie des „Framing" sei auf die einschlägige Literatur verwiesen (v.a. Esser 1996a: 17-26; Esser 2001: 268-290).

der Modi der Informationsverarbeitung geschieht nicht im luftleeren Raum. Sie erfolgt vor dem Hintergrund von unverrückbaren, wenngleich ihrerseits durch Akteure gesellschaftlich konstruierten *faits sociaux*: die objektiven Interessen und der soziale Sinn" (Esser 1996a: 32). Die Einzelheiten der „inneren", psychischen Vorgänge bei der Modell- und Modusselektion sind im Prinzip zweitrangig. Interessanter sind – jedenfalls aus soziologischer Perspektive – immer die *faits sociaux* und damit die „objektiven" Determinanten der subjektiven Definition der Situation. Dort sind letztlich auch die Ursachen der beobachtbaren Unterschiede in den Orientierungen an generalisierten Einstellungen und Vorurteilen gegenüber „Ausländern" zu suchen.

In den folgenden Analysen wird davon ausgegangen, dass es vor allem vier wesentliche Aspekte dieser objektiven Situation sind, von denen die bei der Modell- und Modusselektion relevanten Erwartungen und Bewertungen bestimmt werde, und zwar:

- die Anfangsausstattungen der Akteure mit typischen, vor allem kohortenspezifisch variierenden Interpretations- und Bewertungsschemata in Bezug auf ethnische Minderheiten und „Ausländer",
- positive oder negative persönliche Erfahrungen mit „Ausländern",
- die Einbettung der diesbezüglichen Einstellungs- und Verhaltensmuster in der Bezugsumgebung und
- die soziale Lage der Akteure, aus der sich unterschiedliche Interessen ergeben können, welche die mit sozialen Distanzen gegenüber ethnischen Minderheiten verbundenen Erwartungen und Bewertungen strukturieren.

4.3.2 Erlernte Interpretations- und Bewertungsschemata

Nach dem Modell der Frame-Selektion liegt ein erster wichtiger Ansatzpunkt zur Erklärung der Orientierung an allgemeinen Vorurteilen gegenüber Ausländern in Unterschieden hinsichtlich der Inhalte, der Zugänglichkeit und der subjektiv wahrgenommenen Gültigkeit der kognitiv verfügbaren Interpretations- und Bewertungsschemata. Je nachdem, welche Schemata im Gedächtnis gespeichert sind und mit welcher Selbstverständlichkeit sie als gültig wahrgenommen werden, ergeben sich Unterschiede in den Prozessen der Modell- und Modusselektion.

Weder die Inhalte, noch die Zugänglichkeit oder die Gültigkeit der Schemata sind einfach zufällig. Wie vor allem die „soziokulturellen" oder „normativen" Ansätze deutlich gemacht haben, handelt es sich vielmehr um erlernte und mehr oder weniger stark internalisierte Wissensstrukturen (vgl. Abschnitt 2.3.5). Erwartungen und Überzeugungen über die typischen Merkmale und Eigenschaften von Personengruppen werden demnach – wie andere Erwartungen und Wissensstrukturen auch – von Sozialisationsagenten vermittelt, die sich ihrerseits an dem orientieren, was sie selbst erlernt haben. Persönliche Erfahrungen mit den „Objekten" der Stereotypisierungen und Vorurteile sind dazu nicht unbedingt erforderlich. Allein die durch signifikante Andere übermittelten Zuschreibungen und Beurteilungen können, unabhängig von ihrem „objektiven" Wahrheitsgehalt, ausreichen, um klar strukturierte kognitive, evaluative und konative „Besetzungen" von Personen und Personengruppen auszuprägen.[24]

Aus solchen Lern- und Sozialisationsprozesse resultieren spezifische Anfangsausstattungen an kognitiv verfügbaren Schemata, die im Zeitablauf variieren können. Je nachdem, unter welchen situationalen Randbedingungen sich die Lernprozesse vollzogen haben, werden sich typische Unterschiede in Bezug auf die Zugänglichkeit und Geltung der gedanklichen Modelle ergeben und als Konsequenz daraus auch typische Unterschiede in der Orientierung an generalisierten Vorurteilen. Ein interessanter Testfall für diese Vermutung sind kohortenspezifische Unterschiede in der Neigung zu generalisierten Vorurteilen gegenüber Ausländern zwischen der Nachkriegsgeneration und den davor geborenen Deutschen. Für vor dem Ende des 2. Weltkriegs geborene Deutsche waren extrem nationalistische oder auch rassistische Auffassungen eher „normal" und „selbstverständlich" als für die jüngeren Kohorten. Folglich wird (unter sonst gleichen Bedingungen) die Zugänglichkeit und subjektiv wahrgenommene Gültigkeit eines an negativen Einstellungen gegenüber Ausländern orientierten Modells der Situation in den Vorkriegskohorten größer sein als unter den Angehörigen späterer Kohorten. Der Einfluss solcher Einstellungen auf die spezifischen Verhaltensintentionen gegenüber Türken und Italienern müsste somit besonders stark sein.

Damit wird jedoch nicht unterstellt, dass kohortenspezifische Besonderheiten der Sozialisation und Lernbiographie die Wahrnehmungen und Beurteilungen der Akteure ein für alle Mal festlegen. Lernprozesse sind mit der primären oder sekundären Sozialisation nicht abgeschlossen. Die einmal erworbenen Anfangsausstattungen bilden vielmehr die Grundlage, auf der neue Erfahrungen und Informationen bewertet und im Gedächtnis fortlaufend abgespeichert werden. Die zu einem Zeitpunkt t erworbenen Überzeugungen und Einstellungen werden folglich zur Randbedingung der Definition der Situation zum Zeitpunkt $t+1$, die wiederum als Randbedingung für die Definition der Situation zu nachfolgenden Zeitpunkten $t+2,...,n$ fungiert.[25] Daraus können sich mehr oder weniger deterministische Sequenzen von auf einander folgenden Wahrnehmungs- und Verhaltensprozessen ergeben. Ohne externe Störungen und *mismatches* sind sogar einfache reproduktive Prozesse möglich, in denen das System der Überzeugungen und Bewertungen die Voraussetzungen ihrer eigenen Fortdauer erzeugt.

Solche einfachen reproduktiven Prozesse können eventuell dazu führen, dass bestimmte Stereotypisierungen und Vorurteile sich fortlaufend selbst bestätigen,

---

[24] Die dabei maßgeblichen Prozesse und Mechanismen können relativ leicht im Rahmen der (kognitiven) Lerntheorie erklärt werden, deren Hypothesen wiederum nach der generellen Logik der Werterwartungstheorie spezifiziert und in eine „Tiefenerklärung" integriert werden können (vgl. Bandura 1986; Esser 1999: 359-386; Wiswede 1998: 129-138).

[25] Bates, Weingast und de Figueiredo zeigen am Beispiel von Überzeugungen über die Eigenschaften ethnischer Gruppen, wie ein solches *updating* nach den Prinzipien des Bayesianischen Lernens modelliert werden kann (Bates et al. 1998: 629-635).

wenn sie dauerhaft ohne unerwartete und irritierende äußere Eindrücke bleiben. Doch das dürfte eher die Ausnahme sein. Insbesondere aus Verschiebungen der Interessenlage im Hintergrund des Framings, aus Anzweiflungen seitens relevanter Bezugspersonen und –gruppen oder auch aus persönlichen Erfahrungen mit den Einstellungsobjekten können sich anhaltende Irritationen und daraus resultierende Zweifel an der Gültigkeit der erlernten Wahrnehmungs- und Interpretationsschemata ergeben, die den Einfluss generalisierter Einstellungen abschwächen.

4.3.3 Persönliche Erfahrungen und Kontakte

Persönliche Erfahrungen mit den „Objekten" der Wahrnehmung und Bewertung können *mismatches* bei der Modellselektion erzeugen und dadurch die automatische Aktivierung vorgefasster bzw. erlernter gedanklicher Modelle stören. Stimmen die persönlichen Erfahrungen der Akteure nicht mit den kognitiv verfügbaren Überzeugungen und Einstellungen überein, wird über kurz oder lang die Gültigkeit eines solchen Modells unterminiert. Dadurch schwächt sich der Einfluss der generalisierten Schemata auf die Definition der Situation und das daran orientierte Handeln ab. Reflektierte, eher „rationale" Abwägungen der in Betracht kommenden Handlungsalternativen treten in den Vordergrund. Folglich wäre zu erwarten, dass „Einheimische", die überhaupt keine persönlichen Kontakte zu Türken oder Italienern haben, sich wesentlich stärker von generalisierten Einstellungen gegenüber „Ausländern" im Allgemeinen leiten lassen als Personen, die über solche Kontakte verfügen.

Das heißt nicht, dass persönliche Kontakte in jedem Fall zu einem Abbau von Vorurteilen führen. Ob sich die Kontakte zugunsten einer Abminderung von Vorurteilen oder eher zum Gegenteil auswirken, hängt vielmehr von den jeweiligen Randbedingungen ab. Um sie zu konkretisieren, kann unmittelbar an die elaborierten Varianten der „Kontakthypothese" angeknüpft werden (vgl. Abschnitt 2.2.4). Demnach ist eine Abschwächung *negativer* Einstellungen aufgrund von persönlichen Kontakten und Erfahrungen mit „Ausländern" vor allem dann zu erwarten, wenn es sich (a) um *equal status*-Kontakte handelt, wenn (b) gemeinsame Ziele verfolgt werden, wenn (c) die Realisierung der gemeinsam verfolgten Ziele von gemeinsamen Bemühungen und Kooperationsbereitschaft abhängt und wenn (d) die Kontakte durch die relevante Bezugsumgebung akzeptiert oder positiv sanktioniert werden (vgl. Allport 1954; Amir 1969; Pettigrew 1998a). Andernfalls – unter Bedingungen der Statusbedrohung, des Zielkonflikts, der Konkurrenz und der negativen Sanktionierung - wird es eher zu einer Zunahme bzw. Verfestigung *negativer* Vorurteile kommen. Kurz: Nur wenn die Kontakte insgesamt als vorteilhaft empfunden werden, ist eine Abschwächung von Vorurteilen zu erwarten; wenn hingegen die mit den Kontakten (subjektiv) verbundenen Nachteile überwiegen, dann werden bereits bestehende Vorurteile bestärkt oder sogar weiter verstärkt.

Persönliche Erfahrungen und Kontakte mit den „Objekten" der Wahrnehmung und Bewertung sind indessen nicht die einzige Quelle neuer und möglicherweise irritierender Evidenzen. Ähnliche Wirkungen können von Informationen und Beeinflussungen seitens relevanter Anderer ausgehen, die ein allmähliches *updating* der kognitiv verfügbaren Erwartungen und Bewertungen in Gang setzen. Vor allem den Bezugspersonen und –gruppen ist in dieser Hinsicht eine zentrale Bedeutung zuzumessen.

4.3.4 Bezugsgruppen und die soziale Verankerung des Framing

Die fraglose Gültigkeit und subjektiv wahrgenommene Bewährung einer bestimmten Sichtweise auf soziale Situationen wird nach dem Modell der Frame-Selektion ganz wesentlich dadurch bestimmt, ob die damit verknüpften Erwartungen und Bewertungen in den Primärgruppen und sozialen Milieus bestätigt und verfestigt werden. Primärgruppen und Milieus bilden die „prozessuale Grundlage für eine hinreichend stabile Matrix des Alltags" (Esser 2001: 400) und fungieren gleichzeitig als Orte der Nutzenproduktion, in denen (unter anderem) soziale Anerkennung erzeugt wird. Darauf beruht ihr Einflusspotential. Die gesamte Matrix der Frames und Skripte, über die das Alltagshandeln strukturiert und erheblich vereinfacht wird, ist letztlich sozial, und das heißt vor allem: interaktiv und reflexiv konstituiert. Sie entwickelt sich typischerweise in fortlaufenden Sequenzen der mehr oder weniger expliziten Einigung über gemeinsam geteilte, immer wieder wechselseitig bestätigte Sichtweisen und Verhaltensmuster. Daraus kann sich eine gleichgewichtige kollektive Definition der Situation ergeben, bei der es für die Beteiligten keinen Anlass mehr gibt, ihre nunmehr selbstverständlichen Einstellungen und Verhaltensorientierungen in Frage zu stellen. Solche Gleichgewichte der wechselseitigen Stabilisierung von Orientierungen und Habitualisierungen können prinzipiell nur dann entstehen, wenn sie auf stabilen alltäglichen personalen Beziehungen beruhen, die gerade das Charakteristikum von Primärgruppen und strukturell verfestigten Milieus sind (vgl. Esser 2001: 496-502).

Folglich wäre nach dem Modell der Frame-Selektion davon auszugehen, dass eine starke, weitestgehend fraglose Orientierung an generalisierten Einstellungen bzw. Vorurteilen gegenüber „Ausländern" vor allem dann zu erwarten ist, wenn die entsprechenden Erwartungen und Bewertungen auch in den persönlichen Nahumgebungen der Akteure geteilt werden. Wer in der eigenen Bezugsumgebung ständig mit unterschiedlichen Meinungen und Sichtweisen in „Ausländer" betreffenden Fragen konfrontiert wird, wird (unter sonst gleichen Bedingungen) eher zu Zweifeln an der Geltung stark vereinfachter Einstellungen zu ethnischen Minderheiten neigen, als jemand, dessen Bezugsumgebungen in dieser Hinsicht homogen sind.

Im Unterschied zum zuvor beschriebenen Grundmodell, sind die damit angenommenen Einflüsse der Bezugsumgebung nicht notwendig an normative Einflüsse und Konformitätszwänge gekoppelt (vgl. Abschnitt 3.2.2). Nach dem Modell der Frame-Selektion können im Prinzip schon die vergleichsweise „milden" Prozesse des Informationseinflusses ausreichen, um Irritationen zu erzeugen, die eine selbstgewisse Orientierung an kognitiv leicht zugänglichen, automatisch aktivierbaren gedanklichen Modellen eher unwahrscheinlich machen. Je heterogener die Bezugsumgebung ist, desto eher ist mit solchen Irritationen zu rechnen. In Bezug auf die hier interessierenden Aspekte ethnischer Grenzziehungen sollte das dazu führen, dass der Einfluss der generalisierten Vorurteile auf das Verhalten und die Verhaltensintentionen gegenüber ethnischen Minderheiten relativ gering ist. Dagegen wird der Effekt der Vorurteile auf die sozialen Distanzen umso stärker sein, je schwächer die durch unterschiedliche Auffassungen in der Bezugsumgebung erzeugten Zweifel an der Gültigkeit der generalisierten Einstellungen sind.

Normative Einflüsse können diese Wirkungen verstärken. Sie werden hauptsächlich über die Opportunitätskosten einer eventuell verfehlten Definition der Situation wirksam. Wenn es innerhalb der Bezugsumgebung eindeutige Normen oder Konventionen in Bezug auf „selbstverständliche" und nicht in Zweifel zu ziehende Sichtweisen der Dinge und „adäquate" Verhaltensweisen gibt, dann erhöht sich durch die Übernahme der entsprechenden Überzeugungen und Einstellungen der Modell-Nutzen, den die Akteure damit verbinden, dass sie sich auf eine entsprechende Definition der Situation einlassen. Bei Verfehlungen des „richtigen" Codes – etwa durch wohlwollende Äußerungen über „Ausländer" in einem ausländerfeindlichen Milieu – drohen erhebliche Kosten durch mehr oder weniger strenge Formen der Missbilligung, vom empörten Stirnrunzeln bis hin zum Entzug sozialer Anerkennung in einem Kreis überzeugter Anhänger einer bestimmten Sicht der Dinge. Dadurch kann nach dem Modell der Frame-Selektion der Wert eines alternativen Frames so gering werden, dass eine Änderung der damit verbundenen Sichtweisen nur noch als eine vage Option im Verweisungshorizont der Akteure bestehen bleibt.

Normative Einflüsse und Konformitätszwänge sind allerdings aus den bereits genannten Gründen an relativ komplexe Bedingungen gebunden (vgl. Abschnitt 3.2). Anders als die so genannten „Informationseinflüsse" setzen sie im Prinzip immer voraus, dass es in den relevanten Sektoren der Bezugsumgebung überhaupt sozial geteilte Normen hinsichtlich der „richtigen" Orientierung gegenüber Ausländern gibt, dass diese Normen tatsächlich sanktioniert werden und dass sich die Akteure von eventuellen Sanktionen auch beeindrucken lassen. Sind diese Voraussetzungen erfüllt, dann kann man erwarten, dass die soziale Verankerung von Vorurteilen und sozialen Distanzen besonders effektiv und stabil sein wird. Zweifel an der Gültigkeit der entsprechenden gedanklichen Modelle sind unwahrscheinlich, solange die Bezugsumgebung selbst stabil und homogen bleibt.

Damit soll freilich nicht unterstellt werden, die Ursachen sozialer Distanzen seien letztlich nur noch in den Primärgruppen und sozialen Milieus zu suchen. Erstens sind die genannten Voraussetzungen normativer Einflüsse und Konformitätszwänge nicht zuletzt wegen der Zugehörigkeit zu multiplen Bezugsgruppen und der damit verbundenen „Kreuzung sozialer Kreise" oft nicht erfüllt. Und zweitens wird das Framing einer Situation nach dem hier zugrunde liegenden Erklärungsansatz immer auch von anderen Determinanten mit bestimmt. Die durch Lern- und Sozialisationsprozesse bedingten Unterschiede in den Anfangsausstattungen an kognitiv verfügbaren Stereotypen und Bewertungsschemata und die potentiellen Effekte persönlicher Kontakte wurden schon genannt. Aber auch die mehr oder weniger bewussten Interessen der Akteure an einer bestimmten Definition der Situation spielen im Hintergrund des Framings eine wichtige Rolle.

4.3.5 Soziale Lagen und Interessen

Die Orientierung an generalisierten Einstellungen gegenüber „Ausländern" lässt sich nach dem Modell der Frame-Selektion nur dann angemessen erklären, wenn man den damit verbundenen „Modell-Nutzen" berücksichtigt. Dieser Modell-Nutzen beinhaltet, wie bereits erwähnt, grundsätzlich „alle Aspekte an ‚Nutzen' und ‚Kosten', die der Akteur mit der Aktivierung eines gedanklichen Modells assoziativ erlebt, diejenigen, die unmittelbar mit den inneren Empfindungen und Affekten dabei verbunden sind, aber auch diejenigen, die er als Folgen des Handelns im betreffenden Rahmen erwartet" (Esser 2001: 270-271). Darüber wird im Prinzip festgelegt, wie stark das (latente) Interesse an einer bestimmten Sicht der Dinge ist. Je attraktiver ein bestimmtes gedankliches Modell ist, desto geringer ist (unter sonst gleichen Bedingungen) die Neigung zu einem „Reframing", also zu einem Wechsel des Bezugsrahmens und der damit eventuell verbundenen Skripte des Handelns. Folglich ist zu erwarten, dass sich „Einheimische" umso eher von generalisierten (negativen) Einstellungen gegenüber „Ausländern" leiten lassen, je stärker diese mit ihren Interessen hinsichtlich der Anwesenheit von „Ausländern" übereinstimmen oder mit als angenehm empfunden Affekten verbunden sind.

Viele der zuvor präsentierten theoretischen Ansätze und Hypothesen können an dieser Stelle relativ leicht über explizite „Brückenhypothesen" in das Erklärungsmodell integriert werden. Im Hinblick auf die diversen Varianten der „Sündenbockhypothese" wäre etwa anzunehmen, dass eine starke Orientierung an Vorurteilen vor allem dann attraktiv ist, wenn die daran geknüpften Interpretationsschemata und Verhaltensmuster auf relativ einfache und „kostengünstige" Weise das subjektive Wohlbefinden zu steigern ermöglichen (selbst wenn damit die eigentlichen Ursachen des Ungleichgewichts nicht gelöst werden können). Ebenso lassen sich auch die Argumente aus dem Umfeld der Theorie der sozialen Identität ohne große Komplikationen in das Erklärungsmodell integrieren. Demnach wäre zum Beispiel zu erwarten, dass der Modell-Nutzen von Vorurteilen gegenüber Ausländern umso höher ist, je höher der Beitrag der damit verbundenen Ingroup-Outgroup-Differenzierungen zu einer als positiv empfunden sozialen Identität ist. Personen, deren *self image* eng an die Zugehörigkeit zum deutschen Volk bzw. zur deutschen Nation gekoppelt ist und denen sonst wenig Alternativen zur Bewahrung oder Aufwertung ihres Selbstwertgefühls offen stehen, werden demnach eine besonders niedriges Reframing-Motiv haben und nur unter außergewöhnlichen Bedingungen eine Revision der entsprechenden Schemata und Skripte erwägen.

Soziologisch besonders interessant sind die Anknüpfungspunkte zur *realistic group conflict theory* oder zum *group position model* (vgl. Abschnitt 2.2.4). In Anlehnung an diese Ansätze wäre zu erwarten, dass die Einschätzung der Auswirkungen der Anwesenheit von Ausländern auf die eigene Nutzenproduktion zumindest im Hintergrund der Framingprozesse eine wichtige Rolle spielt. Von pauschalen Vorurteilen werden sich demnach insbesondere solche Personengruppen leiten lassen, die „Ausländer" insgesamt als Konkurrenten um hoch bewertete Güter wie Arbeitsplätze oder Wohnraum wahrnehmen. Die *subjektive* Wahrnehmung derartiger Konkurrenzbeziehungen ist dabei entscheidend, nicht deren faktisches Vorliegen. Trotzdem wird man davon ausgehen können, dass die Anfälligkeit für derartige Wahrnehmungen nicht ganz unabhängig von bestimmten strukturellen Voraussetzungen ist. Die Wahrnehmung eines Konkurrenzverhältnisses wird umso wahrscheinlicher, je ähnlicher die „objektive" soziale Lage von Einheimischen und Ausländern ist.

Aus Studien über ethnische Ungleichheit in den Bildungsverläufen und am Arbeitsmarkt in Deutschland ist bekannt, dass die „neuen" ethnischen Minderheiten im Durchschnitt relativ geringe Bildungsqualifikationen aufweisen und auf dem Arbeitsmarkt eher niedrige Positionen einnehmen (vgl. z.B. Alba, Handl und Müller 1994; Granato und Kalter 2001). Folglich wäre zu erwarten, dass (unter sonst gleichen Umständen) besonders diejenigen Einheimischen, die selbst ein niedriges Bildungs- und Ausbildungsprofil und dadurch eingeschränkte Einkommenserzielungschancen haben, zu stark ausgeprägten und stabil verankerten Vorurteilen neigen, weil sie wegen ihrer ähnlichen sozialen Lage am ehesten zu potentiellen Konkurrenten um gleichermaßen geschätzte Güter werden. Ähnliche Hypothesen ergeben sich im Hinblick auf die subjektiv wahrgenommene Bedrohung wohlfahrtsstaatlicher Privilegien, die in einigen Erklärungsansätzen stark betont wird (vgl. die Abschnitte 2.2.2 und 2.2.3). Nach diesen Ansätzen ist davon auszugehen, dass vor allem solche Personengruppen zu besonders negativen Einstellungen gegenüber Ausländern tendieren, die befürchten, durch Ansprüche der Angehörigen ethnischer Minderheiten auf wohlfahrtsstaatliche Unterstützung werde das eigene Wohlergehen beeinträchtigt und/oder ein vermeintlich durch Herkunft legitimiertes Privileg auf solche Leistungen in Frage gestellt.

Daneben können aber auch weniger materiell bestimmte Nutzenargumente auf diese Weise in das erweiterte Erklärungsmodell integriert werden. Speziell das Interesse der Akteure an einer Bewahrung kulturell bedingter Gewohnheiten und dadurch bestimmter Kapitalien ist in dieser Hinsicht zu beachten. Im Kern geht es dabei um „straightforward benefits of comforts, familiarity, and easy communication in one's group", die Russell Hardin auch kurz als „epistemological benefits" bezeichnet (Hardin 1995: 77; vgl. auch Hardin 1999). Die damit einhergehenden Erleichterungen bei der Koordination und Organisation der alltäglichen Lebensführung sind eine wichtige Determinante des Werts des kulturellen Kapitals, das die Akteure, wie jede andere Form des Kapitals auch, als Mittel ihrer Nutzenproduktion einsetzen können (vgl. Esser 1996b; Esser 2000a: 209-232).

Gemeinsamkeiten der Sprache als elementares Mittel der Kommunikation und Verständigung können dabei ebenso bedeutsam sein wie die verlässliche Geltung bestimmter Sitten und Gebräuche im alltäglichen Umgang. Je mehr eine gelingende Bewältigung der individuellen Lebensführung von der Sicherung ganz spezifischer Kapitalien abhängt, desto größer ist die Wahrscheinlichkeit, dass die Akteure ein starkes Interesse an ihrer möglichst uneingeschränkten Geltung haben und empfindlich auf potentielle Störungen reagieren. Wer sich durch die Anwesenheit von „Ausländern" in seinen Kommunikationsmöglichkeiten eingeschränkt sieht oder dadurch eine Gefährdung als wesentlich erachteter Gewohnheiten befürchtet, wird folglich eher zu stark ausgeprägten und stabil verankerten Vorurteilen gegenüber Ausländern neigen, als jemand, der über eher generalisierbare Kapitalien – wie zum Beispiel Fremdsprachenkenntnisse oder Wissen über die Hintergründe kultureller Besonderheiten der *outgroup* – verfügt. Außerdem wäre anzunehmen, dass sich die negativen Einstellungen besonders stark gegen solche Immigranten richten, die etwa in Bezug auf Sprache, Aussehen und spezifische Lebensgewohnheiten als sehr befremdlich oder gar bedrohlich erscheinen, und das umso mehr, je höher deren Anteil an der Bevölkerung des Wohngebiets ist (vgl. auch Kühnel und Leibold 2000: 112-115).

Diese Determinanten des mit der Orientierung an Vorurteilen verbundenen Modell-Nutzens sind nach dem zugrunde liegenden Erklärungsmodell immer im Zusammenhang mit den bereits zuvor genannten Determinanten zu betrachten. Vor allem der Einfluss der Bezugsumgebung ist in diesem Zusammenhang wichtig. Eine Verfestigung subjektiv wahrgenommener Konkurrenzbeziehungen im Verhältnis zu „Ausländern" wird viel wahrscheinlicher, wenn eine solche Interpretation der sozialen Gegebenheiten auch von relevanten Bezugspersonen geteilt und bestärkt wird. Wer es dagegen mit einem sozialen Netzwerk zu tun hat, in dem solche Sichtweisen auf ausdrückliche Widerstände stoßen, dürfte indessen unter sonst gleichen Bedingungen (niedriges Bildungs- bzw. Ausbildungsniveau usw.) entsprechende Interpretationen mit größerer Skepsis betrachten und den daran anknüpfenden gedanklichen Modelle einen geringeren Wert beimessen. Ebenso kann der Effekt einer privilegierten sozialen Lage noch zusätzlich verstärkt (oder abgeschwächt) werden, wenn in der Bezugsumgebung sehr positive (bzw. negative) Einstellungen gegenüber Ausländern im Allgemeinen vorherrschen.

Auf diese Weise kann vielleicht geklärt werden, warum in einigen empirischen Studien, im Widerspruch zur *realistic group conflict theory* und ähnlichen Theorien, keine signifikanten oder nur schwache Effekte der sozialen Lage festgestellt werden konnten. In diesen Studien wird schlicht davon ausgegangen, dass zum Beispiel Arbeitslosigkeit oder Abhängigkeit von wohlfahrtsstaatlichen Unterstützungsleistungen *per se* Vorurteile oder soziale Distanzen gegenüber ethnischen Minderheiten verschärfen sollte. Sie berücksichtigen aber in der Regel nicht, inwieweit die damit potentiell verbundenen Konkurrenzwahrnehmungen von den jeweiligen Bezugsumgebungen der Akteure geteilt und bekräftigt werden. Bezieht man dagegen nicht nur die Indikatoren der „objektiven" sozialen Lage der Akteure, sondern auch die Konsequenzen der sozialen Einbettung – und andere Determinanten wie zum Beispiel persönliche Kontakte zu „Ausländern" – in die Analyse ein, lässt sich die scheinbare Anomalie eventuell auflösen.

4.4 Zwei Erklärungsmodelle - Eine Theorie

Sowohl das „Grundmodell" als auch die zuletzt skizzierte Erweiterung des Modells zur Erklärung sozialer Distanzen orientieren sich an der allgemeinen Logik der soziologisch fundierten Varianten der *rational choice*-Theorie. Das einfachere Grundmodell folgt im Wesentlichen der Spezifikation der *theory of reasoned action* von Ajzen und Fishbein. Danach sind soziale Distanzen – ebenso wie andere Verhaltensintentionen auch – letztlich nur eine Funktion der *attitude toward the behavior* und der so genannten *subjective norm*. Die erste Komponente beinhaltet im Wesentlichen die mit spezifischen Erwartungen verknüpften allgemeinen Beziehungspräferenzen; die zweite bezieht sich auf die subjektiv erwarteten Vorbehalte der Bezugsumgebung gegenüber engeren persönlichen Kontakten zu Immigranten. Das darauf aufbauende zweite Modell berücksichtigt darüber hinaus auch mögliche Einflüsse von Vorurteilen bzw. generalisierten Einstellungen gegenüber „Ausländern" im Allgemeinen, die die Orientierung an den *spezifischen* Folgenerwartungen überlagern können. Es beruht im Prinzip auf dem allgemeinen Modell der Frame-Selektion, mit dem Abweichungen von den einfachen Grundmodellen – wie zum Beispiel Schema- oder Skript-geleitetes Handeln – theoretisch konsistent erklärt werden können.

Beide Modelle unterscheiden sich klar von den sonst meist üblichen Erklärungsansätzen. Sie gehen von einer gemeinsamen Logik der Erklärung aus, die im Grunde genommen auf die unterschiedlichsten Formen des „äußeren oder innerlichen Tuns" (Weber) angewandt werden kann. Es wird also nicht, wie sonst oft, wenigstens implizit unterstellt, interethnische Beziehungen beruhten auf ganz besonderen Gesetzmäßigkeiten, die mehr oder weniger *ad hoc* aufzudecken sind, sondern die Hypothesen werden auf der Basis einer *allgemeinen* Theorie des sozialen Handelns entwickelt. Die dabei zugrunde gelegte Theorie entspricht in allen wesentlichen Punkten den am Anfang dieses Kapitels genannten Beurteilungskriterien: Sie ist sparsam und enthält im Kern nur wenige Modellparameter; diese Modellparameter lassen sich relativ leicht mit Hilfe von Brückenhypothesen mit strukturellen Randbedingungen des Handelns verbinden; die bewusst vereinfachten Grundannahmen können nach den Regeln der Methode der abnehmenden Abstraktion schrittweise reduziert und Erkenntnisse „vertiefender" Theorien relativ problemlos integriert werden; und nicht zuletzt berücksichtigt sie, dass Menschen nicht einfach nur blind einmal erlernten Schemata oder vorgegebenen Handlungsprogrammen folgen, sondern durchaus auch in der Lage sind, eingelebte Gewohnheiten aufzugeben, wenn sie dadurch ihre Situation verbessern können.

Das besondere Interesse gilt bei diesem Ansatz strukturellen Determinanten. Nicht auf die Einzelheiten der individuellen Entscheidung kommt es an, sondern auf die *objektiven* Strukturen der sozialen Situation. Individuelle Besonderheiten und „Sonderwege" bei der generellen Art und Weise der Kognition oder der Selektion von Handlungsalternativen sind im Prinzip irrelevant; die Logik der Selektion ist nach den Grundsätzen des strukturtheoretischen Individualismus immer gleich (Esser 1999: 22-28). Im Mittelpunkt der Analyse steht vielmehr die soziale Strukturierung der Alternativen, Motive und Wissensbestände, durch die die überhaupt in Frage kommenden Optionen bereits so stark vorselektiert werden können, dass für individuelle Eigentümlichkeiten kaum noch Raum bleibt. Daran setzen auch die beiden Modelle zur Erklärung sozialer Distanzen bzw. latenter Diskriminierungstendenzen gegenüber Immigranten an. Die für diese Modelle wesentlichen Brückenhypothesen konzentrieren sich folglich auf strukturell bestimmte, nicht willkürlich zu ändernde Randbedingungen des individuellen Handelns, angefangen von den kohortenspezifischen Lernbiographien über strukturell bedingte Interessenkonstellationen bis hin zu mehr oder weniger „objektiv" gegebenen Verhaltenserwartungen relevanter Bezugspersonen.

Besonders bei der Entwicklung des erweiterten Modells ist zudem deutlich geworden, wie dieser Ansatz genutzt werden kann, um Hypothesen aus unterschiedlichen Erklärungsansätzen theoretisch zu integrieren. So können zum Beispiel sowohl Argumente aus der *realistic group conflict theory* als auch Hypothesen aus den diversen Varianten der „Sündenbocktheorie" auf theoretisch konsistente Weise einbezogen werden, ohne jedes Mal eine neue Kerntheorie zu unterstellen. Das ist ein wichtiger Vorzug gegenüber den bislang oft vorherrschenden additiven oder auch strikt exklusiven Sichtweisen der diversen Ansätze zur Erklärung ethnischer Grenzziehungen. Inwieweit sich die vorgeschlagenen Erklärungsmodelle empirisch bewähren, werden die nachfolgenden Analysen zeigen.

5. Formen und Determinanten ethnischer Grenzziehung

Nach den begrifflichen, methodischen und theoretischen Vorarbeiten der vorangegangenen Kapitel kann jetzt der Blick auf die aktuellen Gegebenheiten der interethnischen Beziehungen in Deutschland gerichtet werden. Dazu ist es sinnvoll, zunächst die zentralen Aspekte der ethnischen Grenzziehung im Verhältnis von Deutschen gegenüber Immigranten kurz zu beschreiben. Diese primär deskriptiven Analysen dienen gleichzeitig dazu, die erforderlichen Details der Operationalisierung und Messung der zentralen Konstrukte zu klären. Darauf bauen die anschließenden multivariaten Analysen auf.

Grundlage der Analysen sind Daten, die 1999 im Rahmen eines von der Volkswagen-Stifung geförderten Forschungsprojekts in Mannheim erhoben wurden. Insgesamt umfasst der Datensatz Angaben aus rund 500 Interviews. Eine wesentliche Besonderheiten des dabei zugrunde liegenden Erhebungsdesigns ist ein mehrstufiges Auswahlverfahren, das gewählt wurde, um die zentralen Kontextvariablen – zum einen die jeweiligen Ausländeranteile im unmittelbaren Wohngebiet als sozialräumliches Kontextmerkmal und zum anderen die egozentrierten Netzwerke – adäquat erfassen zu können. Zu diesem Zweck wurden zwei Stadtteile mit möglichst großen Unterschieden in Bezug auf die Anteile der Immigranten an der Wohnbevölkerung ausgewählt, für die dann Zufallsstichproben aus dem kommunalen Meldeamtsregister gezogen wurden.[26] Mit den so zufällig bestimmten Personen wurden (nach schriftlicher Vorankündigung) persönliche Interviews mit standardisierten Fragebogen nach der *paper and pencil*-Methode durchgeführt. Inhalt des Fragebogens waren neben den üblichen Angaben zu den soziodemographischen Charakteristika und einer Batterie von Aussagen über „Ausländer" bzw. Immigranten auch mehrere Fragen zu den sozialen Netzwerken der Befragten.

In Übereinstimmung mit etablierten Verfahren zur Erhebung ego-zentrierter Netzwerke wurden für bis zu fünf besonders wichtige Netzpersonen detaillierte Auskünfte eingeholt, die eine genauere Beschreibung der sozialen Nahumgebung

---

[26] Der Ausländeranteil im gesamten Stadtgebiet von Mannheim liegt nach Angaben der Statistikstelle der Stadt Mannheim (zum Stichtag 31. Mai 2000) bei knapp 20%. In einem der beiden ausgewählten Stadtteile (Neckarstadt-West) ist der Anteil mit fast 45% mehr als doppelt so hoch; im zweiten Bezirk (Lindenhof/Almenhof) liegt er mit rund 12% deutlich unter dem Mannheimer Gesamtdurchschnitt und fast viermal niedriger als im erstgenannten Gebiet. Beide Kontexte sind im Datensatz annähernd gleich stark vertreten. Die Grundgesamtheit der Stichprobenbeziehung umfasste bei der Stadt Mannheim gemeldete Personen mit deutscher Staatsangehörigkeit, die in einem Privathaushalt lebten und zum Erhebungszeitpunkt mindestens 18 Jahre alt waren.

der Befragten ermöglichen. Darüber hinaus wurden Kontaktangaben über die Netzpersonen erhoben, um mit diesen dann *follow-up*-Interviews durchführen zu können. Dadurch ergibt sich für einen Teil des Samples die Möglichkeit, Proxy-Angaben der zuerst befragten Personen über relevante Alteri zu den Eigenangaben dieser Netzpersonen in Beziehung zu setzen.

Auf der Grundlage dieser Daten können zum einen die bislang noch sehr spärlichen Erkenntnisse über die Effekte subjektiv wahrgenommener Bezugsgruppenbarrieren gegenüber persönlichen Kontakten zu Immigranten vertieft werden (vgl. Abschnitt 3.3.3). Zum anderen wird im anschließenden Kapitel nun erstmals der noch ungeklärten Frage nachgegangen, inwieweit die Angaben der Befragten über die Einstellungen und Reaktionsweisen ihrer Bezugsumgebung überhaupt mit dem übereinstimmen, was die genannten Netzpersonen selbst berichten und wovon es im Einzelnen abhängt, wie ähnlich die Einstellungen und Verhaltensintentionen gegenüber Immigranten innerhalb der sozialen Netzwerke tatsächlich sind.

5.1 Formen ethnischer Grenzziehung – Eine deskriptive Bestandsaufnahme

Ethnische Grenzziehung wird hier als ein mehrdimensionales Konstrukt verstanden. Es umfasst verschiedene Formen und Prozesse der Abgrenzung und Distanzierung gegenüber kategorial – in diesem Fall: bezüglich der Abstammung – differenzierten Personengruppen. Stereotypisierungen und Vorurteile zählen ebenso dazu wie overte Diskriminierungen oder entsprechende Handlungsintentionen bzw. soziale Distanzen. Mit Stereotypisierungen sind, nach der bereits ganz am Anfang angeführten Definition, generalisierte Meinungen oder Annahmen über (tatsächlich oder vermeintlich) typische Merkmale von Personengruppen gemeint. Vorurteile bezeichnen mit *Bewertungen* verbundene Überzeugungen über die Eigenschaften von Personengruppen, emotionale Reaktionsweisen in der Beziehung zu Angehörigen dieser Gruppe und daran orientierte *allgemeine* Verhaltensdispositionen. „Diskriminierung" meint konkretes, overtes Handeln und soziale Distanz (im engeren Sinn) bezieht sich auf entsprechende Verhaltens*intentionen* (vgl. Kap. 1).

Für jede dieser Teilkomponenten gibt es eine Reihe von mehr oder weniger gut bewährten Messkonzepten (vgl. Ganter 1997). Nicht alle entsprechen den üblichen sozialwissenschaftlichen Qualitätsstandards. Nur manche eignen sich für den Einsatz in standardisierten Interviews im Rahmen allgemeiner Bevölkerungsbefragungen. Hinreichende Reliabilität und Validität der Messinstrumente sowie deren Verwendbarkeit in standardisierten Interviews sind jedoch für die Zwecke dieser Arbeit ausschlaggebende Auswahlkriterien. Außerdem spricht vieles dafür, nach Möglichkeit Indikatoren zu verwenden, die auch in anderen Untersuchungen eingesetzt wurden. Dadurch ist es zumindest partiell möglich, die Befunde einer lokal begrenzten Studie zu den Ergebnissen repräsentativer Erhebungen und anderer empirischer Untersuchungen in Beziehung zu setzen. Aus diesen Gründen wurden bei der Erhebung in Mannheim soweit wie möglich Indikatoren bzw. Items verwendet, die auch in der Allgemeinen Bevölkerungsumfrage der Sozialwissenschaften (ALLBUS) zum Einsatz kommen. Die für die Zwecke einer *allgemeinen* Bevölkerungsumfrage entwickelten Indikatoren und Skalen liefern zwar keine exakt auf die Parameter des Erklärungsmodells abgestimmte Messungen, aber als Approximationen sind sie ohne weiteres verwendbar. Zu ihren Vorzügen zählt insbesondere die wiederholt getestete Reliabilität und Validität, die für neuere Konzepte zur Messung von Vorurteilen und Diskriminierungstendenzen (noch) nicht gewährleistet ist (vgl. Coenders et al. 2001; Ganter 2001; Pettigrew und Meertens 1995; Weimer, Galliker und Graumann 1999). Nicht zuletzt deshalb nehmen sie in der sozialwissenschaftlichen Forschung über interethnische Beziehungen in Deutschland eine zentrale Stellung ein, was auch für die Einschätzung der im Folgenden präsentierten Befunde ein Vorteil ist. Außerdem werden neben diesen Instrumenten einige Items zur Messung sozialer Distanzen aus der bereits erwähnten Duisburg-Studie übernommen, die sich dort als brauchbare Indikatoren erwiesen haben (Esser 1986; Hill 1984).

Anhand dieser Indikatoren und Skalen kann in einem ersten Schritt das bislang noch weitgehend abstrakt gebliebene Explanandum genauer beschrieben werden. Gleichzeitig wird auf der Basis von Vergleichsdaten aus der ALLBUS-Erhebung von 1996 überprüft, ob sich aufgrund der Besonderheiten des Untersuchungsdesigns Verzerrungen in den Randverteilungen ergeben. Und es wird geklärt, ob die verwendeten Messinstrumente auch tatsächlich hinreichend reliabel und valide sind.

5.1.1 Einstellungen gegenüber „Ausländern"

Zu den prominentesten Indikatoren der Distanzierung und Ablehnung gegenüber „Ausländern" in Deutschland zählen die so genannten „Ausländerfragen" aus der Allgemeinen Bevölkerungsumfrage der Sozialwissenschaften. Dabei handelt es sich um folgende vier Items, die seit 1980 wiederholt in den ALLBUS-Surveys enthalten waren und seitdem in zahlreichen empirischen Analysen verwendet wurden:

- „Die in Deutschland lebenden Ausländer sollten ihren Lebensstil ein bisschen besser an den der Deutschen anpassen" (*Anpassung*)
- „Wenn Arbeitsplätze knapp werden, sollte man die in Deutschland lebenden Ausländer wieder in ihre Heimat zurückschicken" (*Ausweisung*)
- „Man sollte den in Deutschland lebenden Ausländern jede politische Betätigung in Deutschland untersagen" (*Politikverbot*)
- „Die in Deutschland lebenden Ausländer sollte sich ihre Ehepartner unter ihren eigenen Landsleuten auswählen" (*Endogamie*)

Jedes dieses Statements verweist auf eine mehr oder weniger extreme Abwertung von als „Ausländer" klassifizierten Personen. Noch vergleichsweise harmlos ist die Forderung nach einer Anpassung des Lebensstils an den der Einheimischen, deren gesellschaftlichen und kulturellen Traditionen zumindest implizit als maßgeblicher Standard vorausgesetzt werden. Die Befürwortung einer Ausweisung von Ausländern bei Arbeitsplatzknappheit beinhaltet bereits eine wesentlich drastischere Diskriminierungstendenz, weil Immigranten und deren Nachkommen damit im Prinzip zu einer Art disponibler „Reservearmee" degradiert werden, die nur solange zu dulden sind, solange sie nicht die privilegierten Positionen der Einheimischen zu gefährden drohen. Die Forderung nach einem Verbot politischer Betätigungsmöglichkeiten läuft, wie schon Krauth und Porst klar gemacht haben, darauf hinaus, „ihnen die Teilhabe an politischen Rechten streitig zu machen, die nicht nur den Deutschen selbstverständlicherweise zugestanden werden, sondern per Gesetz sogar den in der Bundesrepublik lebenden Ausländern selbst"; und mit der Forderung, Ausländer sollten ihre Ehepartner unter den eigenen Landsleuten suchen, verbindet sich kaum etwas anderes als die Befürwortung einer „Reglementierung der Privatsphäre", die „durch nichts anderes begründet wird als durch ethnische Kategorisierung" (Krauth und Porst 1984: 239).

Den in Tabelle 5-1 zusammengefassten Ergebnissen ist zu entnehmen, dass die Mehrheit der in der Mannheim-Studie befragten Personen die Forderung nach einer stärkeren Anpassung des Lebensstils befürwortet. Mehr als 50% der Befragten stimmen diesem Statement mehr oder weniger stark zu. Weitere 20% scheinen in dieser Frage eher unentschieden zu sein. Bei den anderen drei Items ist es dagegen umgekehrt: Diese Statements werden von den meisten Befragten eher abgelehnt. Vor allem die Forderung nach endogamen Paarbeziehungen stößt offenbar auf große Vorbehalte. Allerdings sind es immerhin noch knapp 18%, die es zumindest tendenziell befürworten würden, wenn man Ausländer außer Landes verweisen würde, sobald es Probleme auf dem Arbeitsmarkt gibt. Außerdem würden rund 15% der Befragten einem Verbot politischer Betätigung „voll und ganz" zustimmen, ungeachtet der Tatsache, dass dies im Widerspruch zum geltenden Recht stünde. Auf der anderen Seite gibt ein Drittel der Befragten bei beiden Items an, solche Forderungen voll und ganz abzulehnen.

Tabelle 5-1: Einstellungen gegenüber „Ausländern" (in %)

Item		1	2	3	4	5	6	7	M	N
Anpassung	Mannheim	4,3	8,7	13,4	19,6	19,0	13,4	21,5	4,67	484
	ALLBUS_T	10,2	10,5	8,4	15,3	18,2	13,6	23,8	4,63	391
	ALLBUS_G	7,2	6,7	9,6	17,1	16,1	12,6	30,7	4,89	3131
Ausweisung	Mannheim	32,4	18,6	14,6	16,5	6,4	4,9	6,6	2,87	485
	ALLBUS_T	36,3	14,2	10,8	18,6	6,7	5,4	8,0	2,99	388
	ALLBUS_G	25,3	13,3	13,1	19,7	8,1	6,0	14,6	3,48	3122
Politikverbot	Mannheim	33,7	15,3	13,2	13,0	4,3	5,4	15,1	3,15	484
	ALLBUS_T	32,2	12,0	10,0	18,2	6,7	5,4	8,0	3,42	391
	ALLBUS_G	23,5	11,6	11,2	17,3	7,9	7,0	21,4	3,81	3127
Endogamie	Mannheim	60,2	10,5	6,8	9,1	1,2	2,7	9,5	2,25	485
	ALLBUS_T	64,0	8,7	5,9	9,7	2,0	2,8	6,6	2,17	391
	ALLBUS_G	48,1	9,9	6,9	13,6	5,2	4,2	12,2	2,79	3124

Der Wert 1 bedeutet „lehne voll und ganz ab", der Wert 7 „stimme voll und ganz zu"; M = arithmetisches Mittel; N = Anzahl der Beobachtungen.
Datenbasis: Mannheim-Studie (ohne Personen, die nicht von Geburt an die deutsche Staatsangehörigkeit besitzen); ALLBUS 1996.

Diese Verteilungen sind, wie der Vergleich mit den ALLBUS-Daten von 1996 zeigt, nicht ungewöhnlich. In der Tabelle sind dazu zwei relevante Vergleichswerte angegeben. Die jeweils an dritter Stelle eingetragenen Werte beziehen sich auf die Gesamtheit aller in der ALLBUS-Erhebung befragten Personen, die die deutsche Staatsangehörigkeit von Geburt an besitzen; dieses Sample umfasst also sowohl Ost- als auch Westdeutsche und Personen mit einem Wohnsitz in Gemeinden mit hohen Ausländeranteilen ebenso wie Personen, die in Gemeinden mit niedrigen Ausländeranteilen wohnen (ALLBUS_G). Die jeweils an zweiter Stelle aufgeführten Vergleichswerte beschränken sich dagegen auf die Angaben der in Deutschland geborenen Westdeutschen, die in einer Gemeinde bzw. in Städten mit einem Ausländeranteil von mehr als 16% leben. Dadurch ergibt sich ein Teilsample des ALLBUS-Surveys (ALLBUS_T), das dem Sample der Mannheim-Studie nicht nur im Hinblick auf den Ausländeranteil, sondern auch in Bezug auf die Gemeindengrößenklasse und die damit typischerweise verbundenen sozialen Charakteristika der Wohnbevölkerung ähnlich ist.

Besonders beim Vergleich der Daten aus der Mannheim-Studie mit denen des Teilsamples der in ähnlichen Wohnumgebungen lebenden Westdeutschen (ALLBUS_T) zeigt sich eine bemerkenswert hohe Übereinstimmung. Die relativen Häufigkeiten der Antworten unterscheiden sich bei allen vier Items größtenteils um weniger als fünf Prozentpunkte. Auch die Mittelwerte und Varianzen sind folglich ähnlich. Etwas größer sind dagegen die Abweichungen gegenüber den Vergleichswerten für die Gesamtheit der im ALLBUS-Survey von 1996 befragten Deutschen. Die Befürwortung der diskriminierenden Statements ist in der Gesamtbevölkerung bei allen Items offensichtlich deutlich größer. Vor allem die stärkeren Vorbehalte gegenüber „Ausländern" in ländlichen und kleinstädtischen Wohngebieten sowie generell in den östlichen Bundesländern spielen dabei eine maßgebliche Rolle. Sie führen dazu, dass die Durchschnittswerte für die Gesamtbevölkerung höher sind als die für rein städtische Kontexte bzw. für Wohngebiete mit hohen Ausländeranteilen. Die Auswertungen der Zuzugspräferenzen und der persönlichen Kontakte zu Ausländern werden zeigen, dass sich für andere Dimensionen der ethnischen Grenzziehung ein ähnliches Bild ergibt.

Da die gemeinsame Betrachtung der Angaben zu mehreren Statements meistens eine zuverlässigere Messung gewährleistet als die Analyse einzelner Angaben, ist es üblich, aus den vier Items eine Likert-Skala zu bilden. Die dafür erforderlichen Voraussetzungen sind nach den bislang vorliegenden Erkenntnissen erfüllt. Für verschiedene Wellen der ALLBUS-Surveys konnte wiederholt gezeigt werden, dass dieses oft als „Ausländerskala" bezeichnete Instrument eine akzeptable Reliabilität aufweist und eindimensional ist. Das lässt darauf schließen, dass mit den vier Items tatsächlich unterschiedliche Facetten eines einheitlichen latenten Konstruktes erfasst werden. Für die Daten der Mannheim-Studie ergibt sich im Wesentlichen das gleiche Resultat. Die Reliabilitätsschätzung ergibt einen Wert für Cronbachs Alpha von 0,74, der sich kaum von den Werten anderer Studien unterscheidet und nach den gängigen Beurteilungskriterien als annehmbar gilt (Spector 1992: 32; DeVellis 1991: 85). Die Eindimensionalität der Skala ist ebenfalls gesichert. Eine Hauptkomponentenanalyse der vier Items ergibt eine Hauptkomponente mit einem Eigenwert von 2,25, die mehr als 56% der Gesamtvarianz erklärt. Auch dieser Wert entspricht ziemlich genau den Resultaten der diversen ALLBUS-Studien (vgl. z.B. Blank und Schwarzer 1994; Hill 1993).

Somit kann aus den Angaben der Befragten zu den vier Statements ein Index berechnet werden, der im Folgenden als *XENO*-Index bezeichnet wird.[27] Der maximale Wert dieses Index ist 7, der minimale Wert ist 1. Je höher der Wert ist, desto stärker sind die negativen Einstellungen gegenüber Ausländern. Die beiden Extrempositionen sind relativ dünn besetzt. Knapp 4% der Befragten lehnen alle diskriminierenden Statements voll und ganz ab; weniger als 2% stimmen allen Aussagen voll und ganz zu. Der durchschnittliche Indexwert liegt etwa bei 3,2, also knapp unterhalb des mittleren Werts der Skala; die Standardabweichung beträgt 1,54.

---

[27] Der Index wird durch eine einfache Addition der Indikatorenwerte berechnet und dann durch die Anzahl der Items dividiert. Das hat gegenüber einer Verwendung der Faktorenwerte den Vorzug, dass die resultierenden Werte leichter interpretiert werden können. Vorausgesetzt wird dabei, dass die Einzelindikatoren weitgehend unabhängig voneinander und mit dem gleichen Gewicht auf die Zieldimension wirken.

Mehr als die Hälfte der Befragten weist einen Indexwert von 3,0 und weniger auf, was darauf schließen lässt, dass sie eine eher positive Haltung gegenüber Ausländern einnehmen. Knapp ein Viertel tendiert dagegen – gemessen an einem Indexwert von 4,0 und höher – zu einer Bejahung der Statements, was als Indiz dafür gewertet werden kann, dass sie gegenüber Angehörigen der „neuen" ethnischen Minderheiten erhebliche Vorbehalte und mehr oder weniger latente Diskriminierungsbereitschaft haben. Diese Werte können sicher nur eine grobe Einschätzung des Ausmaßes negativer bzw. fremdenfeindlicher Einstellungen liefern. Doch sie geben wichtige Hinweise auf beachtliche Unterschiede zwischen den befragten Personen, die nach einer Erklärung verlangen.

5.1.2 Zuzugspräferenzen

Ein zweiter wichtiger Anhaltspunkt zur Einschätzung der generellen Einstellung von Deutschen gegenüber Ausländern ergibt sich aus der Verteilung der Präferenzen zur Regelung des Zuzugs von Immigranten nach Deutschland. Im Unterschied zu den zuvor angesprochenen allgemeinen Ausländerfragen geht es dabei um relativ konkrete und in der Öffentlichkeit immer wieder diskutierte Themen. Sind zusätzliche Einwanderer in Deutschland willkommen? Oder sollte ihnen die Einreise verwehrt werden? Gibt es Gruppen von Immigranten, die eher geduldet werden als andere? Auch dazu enthält das ALLBUS-Fragenprogramm vier seit 1990 wiederholt verwendete Statements, die in der Mannheim-Studie ebenfalls eingesetzt wurden. Sie beziehen sich auf vier typische Kategorien von Zuwanderern:

- „deutschstämmige Aussiedler aus Osteuropa",
- „Asylsuchende",
- „Arbeitnehmer aus der Europäischen Union (EU-Staaten)" und
- „Arbeitnehmer aus Nicht-EU-Staaten, z.B. Türken".

Gefragt wurde jeweils danach, ob der Zuzug der betreffenden Gruppe „uneingeschränkt möglich" sein sollte, ob er „begrenzt werden" sollte oder ob er „völlig unterbunden werden" sollte. Die folgende Tabelle zeigt, wie oft welche dieser Alternativen von den in Mannheim befragten Personen bevorzugt wurde. Die verfügbaren Vergleichsdaten aus der ALLBUS-Erhebung von 1996 sind ebenfalls aufgeführt.

Tabelle 5-2: Zuzugspräferenzen (in %)

Item		Uneinge-schränkt	Begrenzt	Ganz unter-binden	N
Aussiedler	Mannheim	19,3	71,2	9,5	482
	ALLBUS_T	13,6	75,4	11,1	398
	ALLBUS_G	13,4	73,7	12,9	3061
Asylsuchende	Mannheim	20,2	67,4	12,4	485
	ALLBUS_T	20,6	61,3	18,1	398
	ALLBUS_G	12,5	66,1	21,4	3046
EU-Bürger	Mannheim	47,2	47,6	5,2	485
	ALLBUS_T	48,3	46,3	5,3	393
	ALLBUS_G	28,4	54,2	17,4	3003
Nicht-EU-Bürger	Mannheim	12,0	68,9	19,2	485
	ALLBUS_T	10,6	67,7	21,7	387
	ALLBUS_G	7,5	56,6	35,9	2987

Datenbasis: Mannheim-Studie (ohne Personen, die nicht von Geburt an die deutsche Staatsangehörigkeit besitzen); ALLBUS 1996

Wie leicht zu erkennen ist, gibt es nicht nur deutliche Unterschiede in den Zuzugspräferenzen zwischen den befragten Personen, sondern auch deutliche Unterschiede zwischen den verschiedenen Immigrantengruppen. Wenn es um die Zuwanderung aus EU-Mitgliedsstaaten geht, ist nur eine kleine Minderheit für eine vollständige Unterbindung. Uneingeschränkte Zuzugsmöglichkeiten werden von rund 47% der Befragten befürwortet; kaum höher ist der Anteil derer, die sich für eine Begrenzung aussprechen. Gegenüber Aussiedlern aus Osteuropa und Asylsuchenden, insbesondere aber gegenüber Arbeitnehmern aus Nicht-EU-Staaten werden indessen deutlich restriktivere Regelungen bevorzugt. Fast jeder Fünfte ist dafür, dass die Zuwanderung aus Nicht-EU-Staaten wie der Türkei vollständig unterbunden wird und nur rund 12% befürworten die entgegengesetzte Alternative einer unbegrenzten Einwanderungsoption. Asylsuchenden würde jeder Fünfte uneingeschränkte Zuzugsmöglichkeiten einräumen; ähnlich hoch ist der Anteil bei der Gruppe der Aussiedler.

Die Anteilswerte aus der Mannheim-Studie stimmen wieder ziemlich genau mit den Resultaten der ALLBUS-Erhebung von 1996 für vergleichbare Städte in Westdeutschland überein. Etwas größer sind die Unterschiede, erwartungsgemäß, beim Vergleich mit dem gesamten Sample des ALLBUS-Surveys, das auch die Befragten in Ostdeutschland und kleineren westdeutschen Gemeinden einschließt. Es ist wiederholt festgestellt worden, dass Ostdeutsche und Bewohner kleinerer Gemeinden restriktivere Haltungen in Fragen der Zuwanderung vertreten, als die viel stärker mit den direkten Konsequenzen der Zuwanderung konfrontierten Einwohner der (westdeutschen) Großstädte. Insofern sind die Ergebnisse des Vergleichs der Häufigkeitsverteilungen nicht überraschend. Vielmehr unterstreichen sie, ebenso wie die Daten zu den zuvor beschriebenen *Xeno*-Items, die bemerkenswert hohe Ähnlichkeit der Befunde aus der Mannheim-Studie mit den Resultaten des ALLBUS-Surveys.

Die Zuzugspräferenzen in Bezug auf die verschiedenen Immigrantengruppen sind nicht unabhängig voneinander. Wer zum Beispiel einer Zuwanderung von Asylsuchenden ablehnend gegenüber steht, befürwortet mit hoher Wahrscheinlichkeit auch eine Beschränkung der Zuzugsmöglichkeiten für Personen aus der Türkei oder anderen Nicht-EU-Staaten. Alle bivariaten Korrelationen zwischen den Indikatoren sind statistisch signifikant, aber mit Werten zwischen 0,22 und 0,43 noch relativ moderat. Wie eine Hauptkomponentenanalyse der vier Items zeigt, lassen sie sich ebenfalls als verschiedene Indikatoren eines einheitlichen latenten Konstruktes interpretieren, das als allgemeine „Zuzugspräferenz" bezeichnet werden könnte. In einer explorativen Hauptkomponentenanalyse wird eine Hauptkomponente mit einem Eigenwert von 2,0 extrahiert, die allerdings nur 50% der Varianz erklärt. Die Reliabilität einer daraus zu konstruierenden Skala ist nicht ganz befriedigend; Cronbachs Alpha ist mit einem Wert von 0,66 relativ niedrig. Insofern ist die Güte einer solchen Zuzugsskala eher kritisch zu beurteilen. Das schließt jedoch nicht aus, dass zur Vereinfachung der Darstellung eine additiv konstruierte Skala verwendet werden kann. Die aus den entsprechenden Skalenwerten resultierende Variable wird in den nachfolgenden empirischen Analysen kurz *ZUZUG* genannt.[28]

Betrachtet man die Zusammenhänge zwischen den Zuzugspräferenzen und der zuvor präsentierten Ausländer-Skala, so wird deutlich, dass negative Einstellungen gegenüber Ausländern besonders stark mit einer restriktiven Haltung zum Zuzug von Asylsuchenden und zum Zuzug von Arbeitnehmern aus Nicht-EU-Staaten verbunden sind; im ersten Fall hat der Pearson-Korrelationskoeffizient einen Wert von 0,50, im zweiten Fall beträgt er 0,48. Es gibt fast keine Personen, die einerseits die negativ konnotierten Statements zu Ausländern ablehnen, andererseits aber eine vollständige Unterbindung der Einwanderungsmöglichkeiten befürworten. Eine Besonderheit sind indes die Haltungen zum Zuzug von deutschstämmigen Aussiedlern aus Osteuropa. Bei dieser Frage spricht sich ein Teil der Personen, die im übrigen eher negative Einstellungen gegenüber Ausländern haben, für eher großzügige Zuzugsregelungen aus, während gleichzeitig zum Beispiel der Zuzug von Asylsuchenden stark abgelehnt wird. Das hängt vor allem damit zusammen, dass hauptsächlich ältere Personen eine relativ tolerante Positi-

---

[28] Die Werte der Variablen *ZUZUG* ergeben sich durch eine einfache Addition der Skalenwerte für die vier Zuzugsfragen. Der Wertebereich reicht von 4 bis 12. Je höher der Wert, desto stärker ist die generelle Ablehnung weiterer Immigration nach Deutschland. So ergibt sich zum Beispiel der Wert 12 nur dann, wenn jemand dafür ist, dass für alle vier genannten Immigrantengruppen der Zuzug völlig unterbunden werden sollte.

on gegenüber Aussiedlern einnehmen, während sie sonst eher negative Einstellungen gegenüber Ausländern und restriktive Zuzugspräferenzen erkennen lassen. Gleichzeitig gibt es einige eher jüngere Personen, die insgesamt Ausländern gegenüber eher positiv eingestellt sind und in Einwanderungsfragen eine relativ tolerante Haltung einnehmen, aber den Zuzug deutschstämmiger Aussiedler am liebsten eingeschränkt sehen würden. Doch abgesehen von dieser Besonderheit gilt, dass eine positive Einstellung zu Ausländern in der Regel mit einer Präferenz für relativ liberale Zuwanderungsregelungen einher geht (und umgekehrt). Dies ist ein auch aus anderen Studien bekanntes Ergebnis, das in theoretischer Hinsicht plausibel ist und somit nach den Kriterien der Konstruktvalidität als Indiz für Brauchbarkeit der Ausländer-Skala gewertet werden kann (vgl. Diekmann 1995: 223-227).

5.1.3 Persönliche Kontakte

Die Ausländer-Skala und die Zuzugsfragen messen allgemeine Einstellungen und Präferenzen. Über das tatsächliche Verhalten der Befragten sagen sie wenig aus. Trotzdem bezieht sich die empirische Forschung über interethnische Beziehungen hauptsächlich auf diese Konstrukte. Ein wichtiger Grund dafür sind die notorischen Schwierigkeiten einer zuverlässigen Messung von tatsächlichen Handlungen. Sofern das konkrete Handeln der Akteure dennoch in Betracht gezogen wird, stehen vorrangig die noch relativ leicht zu erfassenden persönlichen Kontakte von Deutschen und Ausländern im Mittelpunkt des Interesses. Das Fragenprogramm des ALLBUS enthält dazu vier Fragen, die sich auf persönliche Kontakte zu „in Deutschland lebenden Ausländern" in vier verschiedenen Bereichen beziehen:

- Kontakte in der eigenen Familie oder näheren Verwandtschaft,
- Kontakte am Arbeitsplatz,
- Kontakte in der Nachbarschaft und
- Kontakte im sonstigen Freundes- und Bekanntenkreis.

Diese Fragen sind ebenfalls in die Mannheim-Studie aufgenommen worden. Die Auskunft über persönliche Kontakte allein hat allerdings nur einen begrenzten Informationsgehalt. Sie sagt noch nichts über die Qualität der Kontakte aus. So kann zum Beispiel jemand am Arbeitsplatz oder in der Nachbarschaft persönliche Kontakte zu Ausländern haben, die eher zwangsläufig und kursorisch sind. Deshalb wurde in dieser Studie zusätzlich gefragt, ob die befragte Personen Ausländer, zu denen sie persönliche Kontakte haben, in den vorangegangenen zwölf Monaten wenigstens einmal besucht oder nach Hause eingeladen haben; lediglich bei ausländischen Familienmitgliedern wurde diese Ergänzungsfrage ausgeklammert. Wie die folgende Übersicht zeigt, gibt es auch in dieser Hinsicht große Unterschiede zwischen den Befragten, die zumindest teilweise wieder sehr ähnlich wie die Vergleichsdaten aus der ALLBUS-Erhebung von 1996 ausfallen.

Tabelle 5-3: Persönliche Kontakte zu Ausländern

Kontakt		Trifft nicht zu	Trifft zu	besucht/ eingeladen	N
Familie	Mannheim	66,9%	33,1%		486
	ALLBUS_T	77,0%	23,0%		404
	ALLBUS_A	84,6%	15,4%		3122
Arbeit	Mannheim	28,9%	71,1%	19,9%	477
	ALLBUS_T	52,1%	47,9%		401
	ALLBUS_A	61,2%	38,8%		3093
Nachbarschaft	Mannheim	50,2%	49,8%	25,9%	486
	ALLBUS_T	51,6%	48,4%		405
	ALLBUS_A	69,3%	30,7%		3122
Freunde/	Mannheim	36,0%	64,0%	52,5%	486
Bekannte	ALLBUS_T	37,2%	62,8%		406
	ALLBUS_A	56,6%	43,4%		3128

Datenbasis: Mannheim-Studie (ohne Personen, die nicht von Geburt an die deutsche Staatsangehörigkeit besitzen); ALLBUS 1996.

Weit mehr als die Hälfte der in der Mannheim-Studie befragten Deutschen hat demnach persönliche Kontakte zu in Deutschland lebenden Ausländern bei der Arbeit, in der Nachbarschaft oder im Freundes- und Bekanntenkreis. Am höchsten ist der Anteil mit 71% bei den Kontakten am Arbeitsplatz. An niedrigsten ist er in Bezug auf persönliche Kontakte in der eigenen Familie oder näheren Verwandtschaft. Doch selbst in diesem Fall hat jeder Dritte Kontakte zu Personen ausländischer Herkunft, sei dies der Partner, die Mutter oder ein Onkel.[29] Dieser Anteil ist um etwa zehn Prozentpunkte höher als in vergleichbaren westdeutschen Städten und schätzungsweise mehr als doppelt so hoch wie in der Bundesrepublik insgesamt. Noch drastischer sind die Unterschiede in bezug auf die Kontakte am Arbeitsplatz.[30] Hier liegen die Vergleichswerte aus den ALLBUS-Daten von 1996 erheblich niedriger. Vermutlich spielen dabei die Besonderheiten der Wirtschafts- und Sozialstruktur des Erhebungsgebiets – eine traditionelle „Arbeiter-

---

[29] Die persönlichen Kontakte zu Personen ausländischer Herkunft im Familien- und Verwandtenkreis beziehen sich auf den Partner oder die Partnerin (13,8%), auf einen Elternteil (16,7%), auf die Großeltern (6,3%), auf Tanten oder Onkel (14,4%) sowie auf sonstige Familienangehörige wie Neffen oder Nichten (48,9%).
[30] Es wurde gefragt, ob bei der Arbeit persönliche Kontakte zu Ausländern bestehen oder in der Vergangenheit bestanden. Ehemalige Arbeitskollegen waren also eingeschlossen. Nicht differenziert wurde zwischen haupt- und nebenberuflich Beschäftigten. Die zugrunde gelegte Definition des „Arbeits"-Kontextes war bewusst allgemein gehalten und umfasst zum Beispiel auch das Studium an einer Hochschule. Beschränkt man sich nur auf die ganztags oder halbtags hauptberuflich Erwerbstätigen, so liegt der Anteil der Personen, die angeben, persönliche Kontakte zu Ausländern bei der Arbeit zu haben, sogar bei über 78%.

stadt" mit hohem Industrieanteil – ebenso eine Rolle, wie die Tatsache, dass es hier bereits seit langem eine relativ starke Zuwanderung gibt, was insbesondere die Etablierung persönlicher Kontakte in familiären bzw. verwandtschaftlichen Beziehungen begünstigt haben dürfte. Indessen zeigt sich bei den Kontakten im Bekannten- und Freundeskreis sowie in der Nachbarschaft wieder eine hohe Übereinstimmung mit den ALLBUS-Daten für vergleichbare westdeutsche Städte. Die Vergleichswerte für das Gesamtsample liegen deutlich darunter. Das ist wenig überraschend, wenn man bedenkt, dass in größeren Städten mit einem relativ hohen Ausländeranteil auch die Kontaktopportunitäten deutlich günstiger sind.

Betrachtet man die persönlichen Kontakte genauer, wird gut erkennbar, dass es sich wohl nur bei einem Teil davon um engere, intensive persönliche Beziehungen handelt. Nur etwa 20% aller Befragten geben zum Beispiel an, ihre ausländischen Kolleginnen oder Kollegen in den vorangegangen zwölf Monaten besucht oder eingeladen zu haben. Bezogen auf die Gruppe derjenigen Personen, die von persönlichen Kontakten am Arbeitsplatz berichten, liegt der Anteil bei etwa 28%.[31] 26% aller Befragten, aber immerhin 52% der Personen, die angaben, solche Kontakte in der Nachbarschaft zu haben, haben ausländische Nachbarn besucht oder eingeladen.

Was schließlich die persönlichen Kontakte zu Ausländern im Freundes- und Bekanntenkreis angeht, so zeigt sich, dass mehr als die Hälfte aller Befragten ausländische Freunde oder Bekannte besucht oder eingeladen hat; beschränkt man sich nur auf den Kreis der Personen, die überhaupt solche Kontakte zu Ausländern im Freundes- und Bekanntenkreis haben, dann liegt der Anteil sogar bei über 80%. Das ist plausibel, wenn man davon ausgeht, dass Kontakte im Freundes- und Bekanntenkreis schon fast *per definitionem* selbst gewählte, relativ intensive Beziehungen sind, die offenbar auch entsprechend gepflegt werden. Dagegen scheint es sich zumindest bei einem Teil der persönlichen Kontakte zu Ausländern in der Nachbarschaft und am Arbeitsplatz um Kontakte zu handeln, die eher zwangsläufig bestehen und nicht weiter vertieft werden, was dazu führt, dass die Anteile der intensiven Beziehungen entsprechend geringer sind. Weitere Analysen zeigen, dass fast jeder zehnte Befragte überhaupt keine persönlichen Kontakte zu Ausländern hat. Etwa 19% haben lediglich in einem der vier genannten Bereiche solche Beziehungen, bei denen es sich dann vor allem um Kontakte in der Nachbarschaft oder am Arbeitsplatz handelt. Auf der anderen Seite geben rund 13% der Befragten an, in allen vier Bereichen persönliche Beziehungen zu Ausländern zu unterhalten. Die übrigen 58% verweisen auf entsprechende Kontakte in zwei oder drei Lebensbereichen.

---

[31] In der Gruppe der ganztags oder halbtags hauptberuflich Erwerbstätigen liegt der entsprechende Anteil mit rund 33% nur geringfügig höher.

Auf der Grundlage dieser Informationen kann ein einfacher additiver Kontaktindex berechnet werden, dessen Wertebereich von 0 (= überhaupt keine Kontakte) bis 4 (= Kontakte in allen vier Bereichen) reicht. Die daraus resultierende Variable wird im Folgenden als KONTAKT bezeichnet. Berücksichtigt man zudem die verfügbaren Informationen über die Häufigkeit bzw. Intensität der Kontakte, dann ergibt sich (unter Ausschluss der Kontakte in Familie und Verwandtschaft) analog dazu ein als KONTAKT* bezeichneter gewichteter additiver Kontaktindex mit einem Wertebereich von 0 (= überhaupt keine Kontakte) bis 6 (= intensive Kontakte in der Nachbarschaft, bei der Arbeit *und* im Freundes- und Bekanntenkreis).[32]

Diese Kontakte sind nicht unabhängig von den generalisierten Einstellungen gegenüber Ausländern. Nach der Kontakthypothese wäre zu erwarten, dass Personen, die persönliche Kontakte zu Ausländern haben, positivere Einstellungen aufweisen als Personen, für die das nicht zutrifft – vorausgesetzt, es handelt sich um Beziehungen unter Gleichen (*equal status*), bei denen es keine Interessenkonflikte und keine Widerstände von Seiten wichtiger Bezugspersonen und Autoritäten gibt (vgl. Abschnitt 2.2.4). Der umgekehrte Kausalzusammenhang ist allerdings im Prinzip ebenfalls plausibel: Persönliche Kontakte und vor allem intensivere persönliche Beziehungen zu Ausländern gehen eher Akteure ein, die ihnen gegenüber eher positive Einstellungen haben; wer sich dagegen in seinem Verhalten an generalisierten negativen Attitüden orientiert, wird solche Kontakte und vor allem intensive persönliche Beziehungen vermeiden. Beide Interpretationen lassen einen enge Korrelation zwischen Kontakten und Einstellungen erwarten, unterscheiden sich aber in der Erklärung des postulierten Zusammenhangs.

---

[32] Der Index KONTAKT* wird berechnet als Summe der mit der Intensität gewichteten Kontakte am Arbeitsplatz, in der Nachbarschaft und im Freundes- und Bekanntenkreis. Wenn zum Beispiel jemand angibt, einen ausländischen Nachbarn in den vergangenen zwölf Monaten besucht oder eingeladen zu haben, dann wird diesem Kontakt der Wert 2 zugeschrieben; gibt der Befragte an, Kontakte zu Ausländern in der Nachbarschaft zu haben, diese jedoch innerhalb des vorangegangenen Jahres weder besucht noch eingeladen hat, dann hat die Variable den Wert 1; gibt es überhaupt keine Kontakte in der Nachbarschaft, ist der Wert 0. Das Gleiche gilt für die Kontakte in den beiden anderen Bereichen. Kontakte zu Personen ausländischer Herkunft in Familie bzw. Verwandtschaft werden ausgeklammert, weil es sich um eine relativ heterogene Menge von askriptiven Verbindungen einerseits (z.B. Eltern oder Tanten) und sehr selektiven und bewusst intensivierten Beziehungen andererseits (Partner, Partnerin) handelt, deren Interpretation nicht unproblematisch ist.

Tabelle 5-4: Kontakte, XENO-Skala und Zuzugspräferenzen (bivariate Korrelationen)

	XENO-Skala		Zuzug		N
	ungew.	gew.	ungew.	gew.	
KONTAKT	-0,31**		-0,22**		474
KONTAKT*		-0,34**		-0,24**	474
Familie	-0,10*		-0,05		483
Nachbarschaft	-0,08	-0,10*	-0,07	-0,07	483
Arbeit	-0,29**	-0,32**	-0,18**	-0,19**	474
Freundeskreis	-0,28**	-0,31**	-0,24**	-0,26**	483

Bivariate Pearson-Korrelation (Missing pairwise); * = signifikant of 5%-Niveau, **= signifikant auf 1%-Niveau.
gew. = gewichtet mit Kontaktintensität, ungew. = ungewichtet. Der gewichtete Kontaktindex wurde unter Ausschluss der Kontakte in Familie und Verwandtschaft berechnet.
Datenbasis: Mannheim-Studie (ohne Personen mit ursprünglich ausländischer Staatsangehörigkeit).

Wie erwartet, ergibt sich für den additiv gebildeten Kontaktindex (mit allen vier Kontaktitems) eine signifikante negative Korrelation mit der Ausländer-Skala: Mit zunehmenden persönlichen Kontakten nimmt die Neigung zu negativen Einstellungen gegenüber Ausländern ab. Wer überhaupt keine Kontakte zu Ausländern hat, hat auf der siebenstufigen *XENO*-Skala im Mittel einen Wert von 4,5. In der Gruppe derjenigen, die in allen vier genannten Bereichen, persönliche Kontakte haben, liegt der Durchschnittswert dagegen bei 2,9. Legt man den mit der Kontaktintensität gewichteten Kontaktindex (ohne die Kontakte in Familie und Verwandtschaft) zugrunde, ändert sich der Korrelationskoeffizient kaum. Ein ähnliches Resultat ergibt sich für die einzelnen Kontaktbereiche.

Bemerkenswert ist, dass Kontakte in der Nachbarschaft in keiner eindeutigen Beziehung zu den betrachteten Einstellungsmustern stehen. Ob jemand Ausländer in der Nachbarschaft kennt, scheint also keinen systematischen Einfluss darauf zu haben, ob die generelle Attitüde gegenüber Ausländern eher positiv oder eher negativ ist. Statistisch signifikante, aber dennoch eher schwache Zusammenhänge in die erwartete Richtung sind nur dann zu erkennen, wenn man Personen mit intensiven Kontakten zu Ausländern mit Personen vergleicht, die keine derartigen Beziehungen pflegen. Ähnlich schwach sind die Korrelationen im Fall der Kontakte in der Familie bzw. Verwandtschaft.

Kontakte am Arbeitsplatz und im Freundes- bzw. Bekanntenkreis sind dagegen sehr deutlich mit einer Abschwächung latenter Diskriminierungstendenzen gegenüber „Ausländern" verknüpft. Personen ohne Kontakte zu Ausländern am Arbeitsplatz haben zum Beispiel einen *XENO*-Indexwert von 3,9; bei Personen, die zwar Kontakte haben, die ihnen bekannten Ausländer aber innerhalb eines Jahres weder besucht noch eingeladen haben, liegt dieser Wert bei 3,1; und bei

Personen, die ihre Kollegen mindestens einmal besucht oder eingeladen haben, beträgt der Mittelwert 2,6. Die gleiche Grundtendenz ergibt sich für die Kontakte im Freundes- bzw. Bekanntenkreis. Außerdem ist gut zu erkennen, dass Personen mit ausländischen Bekannten im Freundeskreis oder am Arbeitsplatz auch insgesamt weniger restriktive Positionen in Einwanderungsfragen einnehmen. Wer bei der Arbeit oder in der Freizeit persönlich mit Ausländern zu tun hat, ist offenbar eher bereit, zusätzliche Einwanderung nach Deutschland zu akzeptieren als Personen, die keine Kontakte haben. Für persönliche Kontakte in der Nachbarschaft oder in der Familie sind solche Unterschiede nicht eindeutig auszumachen.

5.1.4 Soziale Distanzen gegenüber italienischen und türkischen Immigranten

Die Untersuchung der persönlichen Kontakte zu in Deutschland lebenden Ausländern gibt wichtige Anhaltspunkte für die Einschätzung des tatsächlichen Verhaltens der Deutschen gegenüber den Immigranten. Aus dessen aggregierten Folgen können sich wiederum weitreichende Konsequenzen für die Struktur der interethnischen Beziehungen – etwa im Bereich der Sozialintegration von Immigranten – ergeben. Insofern ist gut verständlich, warum sich manche Studien auf diese Indikatoren konzentrieren. Dennoch ist eine solche Beschränkung aus mindestens zwei Gründen problematisch. Erstens können die Angaben über das Bestehen oder die Nicht-Existenz persönlicher Kontakte zu Ausländern irreführend sein, wenn die faktischen Restriktionen nicht bekannt sind. Und zweitens ist der Informationsgehalt der gewählten Items dadurch eingeschränkt, dass die Zielgruppe der „Ausländer" noch sehr unspezifisch ist. Daraus ergeben sich Schwierigkeiten bei der Interpretation der empirischen Befunde.

Das zuerst genannte Problem wird deutlich, wenn man sich die möglichen Gründe dafür klar macht, *warum* jemand zum Beispiel keine engeren persönlichen Kontakte in der Nachbarschaft hat. Eine mögliche Antwort darauf könnte in den Präferenzen oder in den Einstellungen der Akteure liegen: Wer solche Kontakte zu Ausländern als unangenehm empfindet, wird versuchen, sie zu vermeiden. Möglich ist aber auch, dass die Aufnahme persönlicher Beziehungen nur schwer oder gar nicht gelingt, selbst wenn der betreffende Akteur dies wünscht oder zumindest dazu bereit wäre. Personen, die zum Beispiel keine ausländischen Arbeitskollegen haben, können schlecht persönliche Kontakte zu Immigranten am Arbeitsplatz aufbauen. Wer in einem Viertel wohnt, in dem es keine Bewohnerinnen und Bewohner ausländischer Herkunft gibt, kann logischerweise keine ausländischen Nachbarn besuchen oder zu sich nach Hause einladen.

Die Etablierung persönlicher Kontakte zu Ausländern ist, wie jedes soziale Handeln, nicht allein eine Frage der Präferenzen, sondern immer auch eine Frage der Gelegenheitsstrukturen, die die Akteure nicht einfach nach eigener Willkür schaffen und verändern können. Hinzu kommt, dass solche Kontakte, wie jede andere soziale Interaktion, durch eine *double contingency* gekennzeichnet sind, auf deren Besonderheiten schon Talcott Parsons aufmerksam gemacht hat: „Not only, [...], is a goal outcome contingent on successful cognition and manipulation of environmental objects by the actors, but since the most important objects involved in interaction act too, it is also contingent on their action or intervention in the course of events" (Parsons 1968: 436). Wenn der italienische Arbeitskollege oder die türkische Nachbarin kein Interesse daran hat, dann wird ein engerer persönlicher Kontakt auch bei noch so großem Interesse mit hoher Wahrscheinlichkeit nicht zustande kommen. Folglich kann jemand keine Kontakte zu Ausländern haben, *weil* er sie nicht möchte. Oder jemand kann keine Kontakte haben, *obwohl* er sie eigentlich möchte. Was davon der Fall ist, bleibt oft im Unklaren.

Die Ursache des zweiten Problems der aus dem ALLBUS entnommenen Kontaktfragen liegt in der sehr allgemein gehaltenen Frage nach persönlichen Kontakten zu irgendwelchen „Ausländern". Dazu zählt ein Schweizer ebenso wie ein Türke und eine Italienerin ebenso wie eine Asylbewerberin aus Nigeria. Schon die zuvor angeführten Daten über die Zuzugspräferenzen lassen indes erkennen, dass zum Beispiel in Bezug auf Zuwanderer aus EU-Staaten und Immigranten aus Nicht-EU-Staaten wie der Türkei erhebliche Akzeptanzunterschiede bestehen. Die Vermutung liegt nahe, dass es ähnliche Unterschiede auch bei den persönlichen Beziehungen gibt. Insbesondere bei Immigrantinnen und Immigranten aus der Türkei und anderen Ländern jenseits der Grenzen Westeuropas ist mit relativ starken Vorbehalten zu rechnen. Darauf deuten auch die Angaben und Einschätzungen der diversen Immigrantengruppen selbst hin, wie sie etwa in der Repräsentativuntersuchung zur „Situation der ausländischen Arbeitnehmer und ihrer Familienangehörigen in der Bundesrepublik Deutschland" von 1995 aufgezeigt wurden (Mehrländer, Ascheberg und Ueltzhöffer 1996). Eine differenzierte Momentaufnahme der Beziehungen zwischen der deutschen Bevölkerung und den Angehörigen unterschiedlicher Immigrantengruppen ist deshalb sinnvoll.

Aus diesen Gründen wurde in der Mannheim-Studie ein weiteres Indikatorenset verwendet, das im Wesentlichen auf die bekannte *social distance*-Skala von Emory Bogardus zurückgeht (Bogardus 1925). Diese Skala zielt im Kern darauf ab, *Verhaltensintentionen* gegenüber Personengruppen in verschiedenen Lebensbereichen zu erfassen. Sie umfasst eine Reihe von Fragen, mit denen die Bereitschaft zu interethnischen Beziehungen in diversen, mehr oder weniger intimen Interaktionsfeldern erhoben werden kann. Im Unterschied zu den zuvor genannten Items wurden diese Fragen jedoch nicht pauschal auf „die Ausländer" bezogen, sondern auf zwei konkrete, quantitativ wie inhaltlich besonders interessante Immigrantengruppen ausgerichtet: zum einen auf die türkischen Immigranten und zum anderen auf die italienischen Zuwanderer und deren jeweiligen Nachkommen.

Beide Gruppen zählen bekanntlich zu den zahlenmäßig größten Immigrantengruppen in Deutschland; beide Gruppen weisen aber auch beträchtliche Unterschiede, zum Beispiel in kulturellen Gewohnheiten oder auch im Hinblick auf ihre sozialräumliche Konzentration, auf. Bei der einen Gruppe handelt es sich um Einwanderer aus einem Nicht-EU-Staat außerhalb Westeuropas und bei der anderen Gruppe um ehemalige oder (Noch-)Staatsbürger eines langjährigen Mitgliedslandes der Europäischen Union, deren Zuwanderung offenbar auf unterschiedlich große Akzeptanz stößt, was auf unterschiedlich stark ausgeprägte soziale Distanzen schließen lässt. Durch eine differenzierte Erfassung für beide Immigrantengruppen können diese Vermutungen genauer überprüft werden.

Die absoluten Werte der Distanz-Maße sagen aber noch nichts Genaues über manifeste oder latente Diskriminierungstendenzen aus. Um diese Tendenzen besser einschätzen zu können, muß man wissen, wie sich die befragten „Einheimischen" unter sonst gleichen Bedingungen gegenüber Angehörigen der Eigengruppe verhalten würden. Wenn zum Beispiel jemand eine ausländische Kollegin generell nicht nach Hause einladen würde, aber bei deutschen Kolleginnen dazu bereit wäre, dann ist das anders einzuschätzen, als wenn jemand überhaupt keine Kolleginnen einladen würde, egal ob sie Deutsche oder ausländischer Herkunft sind. Im ersten Fall kann man von einer an ethnischen Kriterien orientierten Ungleichbehandlung bzw. Diskriminierung sprechen, im zweiten Fall nicht.

Deshalb wurde in der Mannheim-Studie auch danach gefragt, welche persönlichen Beziehungen die Befragten *unter sonst gleichen Bedingungen* mit einer Person deutscher Herkunft eingehen würden. Um die sonstigen Bedingungen möglichst konstant halten zu können, wurde das Alter und das Geschlecht des (hypothetischen) Interaktionspartners jeweils dem Alter und Geschlecht der befragten Person angepasst. Zur Vermeidung eventueller Verzerrungen durch subjektiv erwartete Unterschiede in der typischen sozialen Positionierung von Deutschen, Türken und Italienern bezog sich die Frage außerdem durchgängig auf Arbeiter bzw. Arbeiterinnen, also zum Beispiel auf einen türkischen Arbeiter des gleichen Alters (bei einem männlichen Befragten) oder auf eine deutsche (italienische) Arbeiterin des gleichen Alters (bei einer weiblichen Befragten).[33]

Die auf diese (hypothetischen) Interaktionspartner bezogenen Fragen hatten im Einzelnen folgenden – an Bogardus' Vorschlag orientierten – Wortlaut:[34]

- „Wären Sie bereit, diese Person in Ihre Wohnung einzuladen?" (SD1)
- „Würden Sie es ablehnen, wenn diese Person ein Mitglied Ihrer Familie heiraten wollen würde?" (SD2)
- „Würden Sie mit dieser Person beruflich eng zusammenarbeiten wollen?" (SD3)
- „Wären Sie damit einverstanden, wenn diese Person in Ihrer direkten Nachbarschaft wohnen würde?" (SD4)

---

[33] In Bezug auf die Gruppe der Türken war die Frage zum Beispiel wie folgt formuliert: „Wenn Sie zum Beispiel einmal an eine/n türkische/n Arbeiter/in ihres Alters denken. Welche Kontakte würden Sie mit einer solchen Person eingehen bzw. nicht eingehen?".
[34] Die Antwortalternativen lauteten jeweils: „ganz sicher", „ziemlich wahrscheinlich", „vielleicht", „wenig wahrscheinlich" und „ganz sicher nicht". Bei den telefonisch durchgeführten follow-up-Interviews wurden sie vereinfacht („ja", „vielleicht", „nein"). Die Reliabilitäts- und Validitätsanalysen beschränken sich auf die ausführlichen Angaben aus den Face-to-face-Interviews (N=433).

- „Wären Sie daran interessiert, sich mit dieser Person häufiger zu unterhalten?" (SD5)
- „Wären Sie bereit, mit dieser Person eine enge Freundschaft einzugehen?" (SD6)
- „Würden Sie mit dieser Person in einem Haus zusammenleben wollen?" (SD7)

Ein offensichtlicher Nachteil dieser Fragen liegt in ihrem hypothetischen Charakter. Statements, die sich auf Tatsachen beziehen oder als Tatsachenbeschreibung gelten können, wären grundsätzlich vorzuziehen. Dennoch sind sie aus den gerade genannten Gründen nach dem derzeitigen Stand der Dinge eine sinnvolle Lösung. Wenn nicht das tatsächliche Verhalten der Akteure selbst beobachtet werden kann, so können auf diese Weise zumindest die Verhaltens*intentionen* gegenüber ethnischen Minderheiten bestimmt werden. Das ist mehr als nur eine andere Form der Messung von Einstellungen bzw. Vorurteilen. Im Unterschied zu den generalisierten, mit *Bewertungen* verbundenen Meinungen über die Eigenschaften von Personengruppen sowie den damit einhergehenden (latenten) Emotionen und *allgemeinen* Verhaltensdispositionen geht es hier um beabsichtigtes Handeln bzw. um konative Diskriminierungstendenzen, also genau um jene Aspekte des sozialen Handelns, die auch im Zentrum der *theory of reasoned action* von Fishbein und Ajzen stehen.

Die folgende Übersicht fasst die Verteilungen der Angaben zu den Distanz-Fragen für alle drei betrachteten Gruppen zusammen. Angegeben sind jeweils das arithmetische Mittel (M), die Varianz (Var) und die Schiefe der Verteilungen ($Skew$).

Soziale Distanzen 137

Tabelle 5-5: *Verteilungsmaße der sozialen Distanz im Vergleich*

Item		Nationalität		
		türkisch	italienisch	deutsch
In die Wohnung	M	2,15	1,97	1,79
einladen? (SD1)	Var	1,38	1,21	0,87
	Skew	0,72	0,93	0,99
Einheirat in die eigene	M	2,19	1,95	1,74
Familie? (SD2)	Var	1,63	1,26	0,98
	Skew	0,89	1,14	1,36
Enge berufliche	M	2,13	2,03	1,95
Zusammenarbeit? (SD3)	Var	1,13	1,05	0,98
	Skew	0,70	0,71	0,70
Direkte Nachbarschaft? (SD4)	M	1,80	1,76	1,69
	Var	1,05	0,87	0,85
	Skew	1,30	1,21	1,40
Interesse an häufiger	M	2,18	2,00	1,82
Unterhaltung? (SD5)	Var	1,15	0,98	0,77
	Skew	0,62	0,69	0,68
Enge Freundschaft? (SD6)	M	2,51	2,12	2,17
	Var	1,40	1,14	1,11
	Skew	0,27	0,53	0,42
In einem Haus	M	2,46	2,15	2,17
zusammenleben? (SD7)	Var	1,57	1,28	1,32
	Skew	0,36	0,69	0,63

M = arithm. Mittelwert, Var = Varianz, Skew = Schiefe.
Datenbasis: Mannheim-Studie (ohne Personen mit ursprünglich ausländischer Staatsangehörigkeit).

An den Mittelwerten ist leicht abzulesen, dass die soziale Distanz gegenüber Türkinnen und Türken größer ist als gegenüber den beiden Vergleichsgruppen. Die Mehrzahl der Befragten weist demnach gegenüber einer Person türkischer Herkunft – unter sonst gleichen Bedingungen, was Alter, Geschlecht und soziale Lage anbelangt – eine stärkere Diskriminierungstendenz auf als etwa gegenüber einer Person deutscher oder italienischer Abstammung. Zwischen Deutschen und Italienern sind die Unterschiede in den aggregierten Werten der Verhaltensintentionen hingegen geringer. Relativ starke Vorbehalte gegenüber Türken gibt es insbesondere bei den Fragen nach der Bereitschaft zu einer engeren Freundschaft und zum Zusammenleben in einem (Mehrfamilien-)Haus, also bei zwei Fragen, die sich auf eher alltägliche, intimere Kontakte beziehen. Rund 19% der Befragten erklärten, eine enge Freundschaft zu einer Person türkischer Herkunft käme für sie ziemlich wahrscheinlich oder ganz sicher nicht in Frage; bei der Gruppe der Italiener liegt der entsprechende Anteil bei 8%. Ganz ähnliche Unterschiede ergeben sich, wenn man fragt, mit wem die Befragten in einem Haus zusammenleben möchten.

Beim Blick auf die Varianz- und Schiefemaße ist zu erkennen, dass die Distanz-Werte bei allen drei betrachteten Gruppen nur schwach um den Mittelwert streuen und eine deutlich rechtsschiefe Verteilung aufweisen.[35] Darin kommt zum Ausdruck, dass eine große Mehrheit der Befragten in fast allen genannten Kontaktbereichen „ganz sicher" oder zumindest „ziemlich wahrscheinlich" bereit wäre, unter den genannten Bedingungen persönliche Beziehungen zu Angehörigen *aller* drei Gruppen aufzunehmen. Die sozialen Distanzen gegenüber Türken sind zwar insgesamt wesentlich stärker ausgeprägt. Doch die Mehrzahl der befragten Deutschen scheint wenigstens im Prinzip gewillt zu sein, mit Personen türkischer Herkunft zum Beispiel in direkter Nachbarschaft zu leben und beruflich eng zusammenzuarbeiten oder sie zu sich nach Hause einzuladen.

Diese Resultate legen die Frage nahe, inwieweit die verwendeten Indikatoren überhaupt geeignet sind, an ethnischen Kriterien orientierte Unterschiede in den Verhaltensintentionen in Bezug auf den drei Gruppen zugeordneten Personen reliabel und valide zu messen. Sind die verschiedenen Messungen der sozialen Distanz gegenüber den einzelnen Gruppen überhaupt konsistent? Sind sie tatsächlich trennscharfe Indikatoren latenter Konstrukte, die unterschiedliche Verhaltensintentionen gegenüber den drei verschiedenen Gruppen repräsentieren? Oder sind es möglicherweise nur miteinander verbundene Indikatoren eines ganz anderen Konstruktes, das vielleicht auf so etwas wie ein generalisiertes Interesse an der Etablierung und Aufrechterhaltung sozialer Beziehungen zu im Prinzip beliebigen Personengruppen verweist?

Getrennte Reliabilitätsschätzungen für die drei Itembatterien zeigen, dass die Indikatoren für jede der drei betrachteten Gruppen in sich konsistent sind. Die Schätzwerte für Cronbachs Alpha liegen in allen drei Fällen zwischen 0,87 und 0,90. Problematisch ist lediglich die Frage nach der Reaktion auf eine eventuelle Heirat mit einem Mitglied der eigenen Familie. Dieses Item ist bei allen drei Gruppen am schwächsten mit den übrigen Items verbunden. Das liegt möglicherweise daran, dass dieses Issue für viele Befragte entweder überhaupt nicht als relevant erscheint oder, weil es sich um eine (fiktive) Entscheidung eines Familienangehörigen handelt, letztlich nicht selbst zu bestimmen ist. Wird dieses Item ausgeschlossen, verbessert sich die Reliabilitätsschätzung geringfügig.[36] Auch in getrennten Hauptkomponentenanalysen wird deutlich, dass die Kommunalitätswerte dieses Items auffallend niedrig sind. Für die sechs übrigen Items ergibt die

---

[35] Eine Verteilung ist rechtsschief (oder linkssteil), wenn der überwiegende Anteil der Daten linksseitig – in diesem Fall: bei kleineren Werten der Distanz-Items – konzentriert ist.
[36] Im Einzelnen betragen die Werte der Reliabilitätsschätzungen (Cronbachs Alpha) für die sechs Distanz-Items in Bezug auf die Deutschen 0,89 (alle sieben Items: 0,87), in Bezug auf die Italiener 0,90 (0,88) und in Bezug auf die Türken 0,90 (0,89).

konfirmatorische Faktorenanalyse gemäß dem Kaiser-Kriterium (Eigenwert > 1,0) jeweils eine Hauptkomponente mit einem Varianzanteil von über 65%. Das spricht dafür, dass sich jede der drei Itembatterien auf jeweils eine latente Dimension bezieht, die gruppenspezifische soziale Distanzen repräsentiert.

Für die Brauchbarkeit der Distanz-Items kommt es nun aber vor allem darauf an, ob die verwendeten Messinstrumente überhaupt geeignet sind, systematische Unterschiede in den Verhaltensintentionen gegenüber Türken und Italienern zu erfassen. Dies setzt voraus, dass zum Beispiel die Fragen zu den Verhaltensintentionen gegenüber Türken tatsächlich etwas anderes messen als die Fragen zu den Verhaltensintentionen gegenüber Deutschen. Ob diese Voraussetzung erfüllt ist, wurde überprüft, indem die auf die verschiedenen Gruppen bezogenen Itembatterien jeweils paarweise einer gemeinsamen Hauptkomponentenanalyse (Türken vs. Italiener, Türken vs. Deutsche, Italiener vs. Deutsche) unterzogen wurden. Die hier nicht im Detail dargestellten Resultate sprechen für eine Eignung der Instrumente: Eine gemeinsame Hauptkomponentenanalyse der Distanz-Items für Türken und Deutsche (mit Varimax-Rotation) ergibt zwei Komponenten; auf der ersten laden die auf Türken bezogenen Distanz-Items, auf der zweiten die Items, die potentielle Beziehungen zu Deutschen thematisieren. Das im Wesentlichen gleiche Ergebnis resultiert aus einer gemeinsamen Hauptkomponentenanalyse der Distanz-Items für Italiener und Deutsche. Demnach kann man also davon ausgehen, dass die Angaben der Befragten nicht eine generalisierte Form der sozialen Distanz gegenüber beliebigen anderen Personen repräsentieren, sondern nach ethnischen Kriterien differenzierte Verhaltensintentionen im Umgang mit Angehörigen der Eigengruppe und Angehörigen der Fremdgruppe.

Eine gemeinsame Hauptkomponentenanalyse der auf Türken und Italiener bezogenen Distanz-Items ergibt (nach dem Kaiser-Kriterium) streng genommen nur eine Komponente. Das könnte man als Indiz dafür werten, dass es sich um ein eindimensionales Konstrukt handelt, das allgemein als „soziale Distanz gegenüber Ausländern" bezeichnet werden könnte. Die exploratorische Faktorenanalyse ergibt allerdings noch eine zweite Hauptkomponente, deren Wert knapp unter dem üblichen Kaiser-Kriterium bleibt. Werden im Sinne einer konfirmatorisch orientierten Faktorenanalyse zwei Komponenten vorgegeben, dann resultiert aus der Hauptkomponentenanalyse eine erste Komponente, auf der die auf Türken bezogenen Items laden, und eine zweite Komponente, die im Wesentlichen soziale Distanz gegenüber Italienern repräsentiert.

Nach diesen Resultaten der Reliabilitäts- und Validitätsanalyse ist es vertretbar, die einzelnen Indikatoren zu Indizes der sozialen Distanz gegenüber den drei ethnisch differenzierten Gruppen zusammenzufassen, um so die Genauigkeit der Messwerte zu erhöhen und die Darstellung zu vereinfachen. Dazu wurden wieder die Zahlenwerte der Items für jede Gruppe addiert und durch die Anzahl der Items dividiert. Für die soziale Distanz gegenüber Deutschen ergibt sich daraus ein Durchschnittswert (M) von 1,90, bei einer Standardabweichung (SD) von 0,74. Etwas höher ist er bei der sozialen Distanz gegenüber Italienern (M = 2,00,

SD = 0,81) und am höchsten bei der sozialen Distanz gegenüber Türken (M = 2,14, SD = 0,90). Obwohl die absoluten Differenzen eher klein sind, sind die Mittelwertunterschiede, wie ein T-Test zeigt, statistisch signifikant,.

Interessanter als die absoluten Unterschiede in den aggregierten Werten sind die auf der Individualebene festzustellenden Unterschiede. Sie können genutzt werden, um latente Diskriminierungstendenzen aufzuzeigen. Zu diesem Zweck wurden jeweils paarweise die Differenzen der individuellen, auf die drei Personengruppen bezogenen Skalenwerte gebildet, die dann als Indikatoren der Diskriminierungstendenz verwendet werden können. Ist zum Beispiel der Skalenwert der sozialen Distanzen gegenüber Türken im Vergleich zu den Deutschen höher, dann kann das als ein Indiz für eine an ethnischen Kriterien orientierte Diskriminierungstendenz gewertet werden. Sind die Vergleichswerte gleich (oder kleiner), dann wird nicht zu Ungunsten der Ausländer diskriminiert. Die Auswertung der daraus resultierenden Daten ergibt im Einzelnen folgendes Bild:

- Rund die Hälfte der Befragten (49,5%) lässt eine latente Diskriminierungstendenz gegenüber Personen türkischer Herkunft erkennen. Unter sonst gleichen Bedingungen (in Bezug auf Geschlecht, Alter und soziale Lage) zeigen sie gegenüber Türken eine größere soziale Distanz als gegenüber Deutschen.
- Im Verhältnis zu Personen italienischer Herkunft wird in etwas weniger als einem Drittel der Fälle (30,8%) eine latente Diskriminierungstendenz erkennbar.
- Eine deutliche Mehrheit der Befragten (44,3%) bevorzugt Italiener gegenüber Türken.
- Bei etwa jedem vierten Befragten (26,5%) ist eine latente Diskriminierungstendenz gegenüber beiden ethnischen Minderheiten zu erkennen.
- Jeder Fünfte zeigt gegenüber Personen türkischer Herkunft, nicht aber gegenüber Immigranten italienischer Abstammung solche Diskriminierungstendenzen. Vergleichsweise klein ist der Anteil der befragten Personen, die diskriminierende Verhaltensintentionen gegenüber Italienern, nicht aber gegenüber Türken aufweisen (3,5%).

Demnach lassen sich die Befragten drei verschiedenen Kategorien zuordnen: (1) Personen, die gegenüber *beiden* ethnischen Minderheiten (latente) Diskriminierungstendenzen bekunden, (2) Personen, bei denen diskriminierende Verhaltensintentionen gegenüber *einer* Immigrantengruppe (meistens gegenüber Türken) erkennbar sind, und (3) Personen, die in Bezug auf ihre Verhaltensabsichten und Beziehungspräferenzen italienische und türkische Einwanderer (und deren Nachkommen) nicht diskriminieren. Die erste Gruppe umfasst rund 27% der Befragten, die zweite rund 26% und die dritte etwa 47%. Die darin offenbarten Unterschiede sind offensichtlich erklärungsbedürftig: *Warum* weisen manche Deutsche stärker ausgeprägte soziale Distanzen gegenüber ethnischen Minderheiten auf als andere? Wieso unterscheiden sich die Ausprägungen sozialer Distanzen gegenüber Türken und Italienern? Gibt es systematische Unterschiede in den Präferenzen und Erwartungen in Bezug auf engere soziale Beziehungen mit Angehörigen dieser Immigrantengruppen? Worauf sind diese Unterschiede in den Erwartungen und Präferenzen zurückzuführen? In welchem Verhältnis stehen die Verhaltensintentionen zum tatsächlichen Kontaktverhalten und zu den generalisierten Einstellungen zu „Ausländern"?

Die Frage nach den Zusammenhängen zwischen den Indizes der sozialen Distanz und den zuvor präsentierten Indikatoren der Einstellungen und Verhaltenstendenzen gegenüber in Deutschland lebenden Ausländern lässt sich auf der Ebene bivariater Analysen noch relativ leicht beantworten. Ein Blick auf die in Tabelle 5-6 abgebildeten Korrelationskoeffizienten klärt in dieser Hinsicht schon einiges.

Tabelle 5-6: Interkorrelationen zwischen den Indikatoren der ethnischen Grenzziehung

	[1]	[2]	[3]	[4]	[5]	[6]	[7]
[1] *Soziale Distanz gegenüber Türken*							
[2] *Soziale Distanz gegenüber Italienern*	0,79						
[3] *Diskriminierung: Türken vs. Deutsche*	0,60	0,26					
[4] *Diskriminierung: Italiener vs. Deutsche*	0,28	0,49	0,65				
[5] *Diskriminierung: zus. (Türk. u. Italien.)*	0,43	0,32	0,64	0,55			
[6] *XENO*	0,50	0,40	0,40	0,26	0,39		
[7] *ZUZUG*	0,38	0,26	0,33	0,17	0,29	0,57	
[8] *KONTAKT*	-0,33	-0,31	-0,23	-0,20	-0,20	-0,30	-0,21

Bivariate Pearson-Korrelation (Missing pairwise); alle Koeffizienten signifikant auf 1%-Niveau.
Datenbasis: Mannheim-Studie (ohne Personen mit ursprünglich ausländischer Staatsangehörigkeit).

Die erkennbaren Zusammenhänge zwischen den Konstrukten sind kaum überraschend. Die sehr hohe bivariate Korrelation (0,79) zwischen den Messwerten der sozialen Distanz gegenüber Türken und denen der sozialen Distanz gegenüber Italienern ist im Prinzip nur ein anderer Ausdruck für die bei der Faktorenanalyse gemachten Beobachtungen. Schon dort war festzustellen, dass die Distanzen gegenüber Angehörigen beider Immigrantengruppen eng miteinander verbundene, aber dennoch empirisch unterscheidbare Konstrukte sind. Nur wenig schwächer ist der Zusammenhang zwischen den Indikatoren der Diskriminierungstendenz mit einem Wert von 0,65. Eine stärkere Diskriminierungsneigung gegenüber Türken geht also in der Regel mit einer stärkeren Tendenz zur Benachteiligung von Italienern einher, ohne dass sich beide Konstrukte aufeinander reduzieren lassen.

Das Gleiche gilt im Prinzip für die Beziehung zwischen den Indikatoren der sozialen Distanz und den Diskriminierungsindizes für die jeweiligen Gruppen. Diese sind logischerweise eng miteinander verknüpft. Trotzdem sind zum Beispiel die sozialen Distanzen gegenüber Türken nicht dasselbe wie die (latenten) Diskriminierungstendenzen gegenüber Angehörigen dieser Gruppe. Erstere stellen gewissermaßen die „Bruttowerte" der Verhaltensintentionen dar; letztere repräsentieren die „Nettowerte", die sich ergeben, wenn man – an der Referenzgruppe der Deutschen gemessene – Unterschiede in Bezug auf die generelle Bereitschaft zur Aufnahme und Pflege sozialer Beziehungen berücksichtigt. Allerdings sind auch die Korrelationen zwischen diesen Indikatoren mit Werten von 0,49 (im Fall der sozialen Distanz bzw. Diskriminierungstendenzen gegenüber Italienern) und 0,60 (im Fall der entsprechenden Angaben für die Gruppe der Türken) immer noch relativ stark und inhaltlich eindeutig: Je stärker die sozialen Distanzen ausgeprägt sind, desto größer ist tendenziell die Diskriminierungsneigung.

Die in Tabelle 5-6 ebenfalls aufgeführten Angaben zu den Beziehungen zwischen den Indikatoren der sozialen Distanz bzw. der Diskriminierungstendenz und den sonst hauptsächlich verwendeten Indikatoren der ethnischen Grenzziehung sind vor allem für die Zwecke einer einfachen Konstruktvalidierung aufschlussreich. Auffällig ist unter anderem der relativ starke Zusammenhang zwischen der sozialen Distanz gegenüber Personen türkischer Herkunft und generalisierten Einstellungen gegenüber „Ausländern" im Allgemeinen (*XENO*-Index): Je negativer die Einstellungen gegenüber Ausländern insgesamt sind, desto größer sind auch die sozialen Distanzen gegenüber Türkinnen und Türken. In Bezug auf die Gruppe der italienischen Immigranten ist dieser Zusammenhang etwas schwächer.

Ferner steht die Stärke der negativen Einstellungen gegenüber Ausländern in einer engen Beziehung zu den Diskriminierungstendenzen gegenüber beiden Gruppen. Diejenigen Befragten, bei denen eine latente Diskriminierungsneigung gegenüber Türken zu beobachten ist, haben im Durchschnitt einen Wert von 3,8 auf der *XENO*-Skala; bei den übrigen Befragten liegt der Mittelwert bei 2,7. Wer eine latente Diskriminierungstendenz gegenüber beiden Immigrantengruppen aufweist, hat im Durchschnitt einen *XENO*-Indexwert von 4,0; wer dagegen angibt, sich gegenüber beiden Immigrantengruppen (unter sonst gleichen Bedingungen) genauso zu verhalten wie gegenüber Deutschen, hat einen deutlich niedrigeren Wert von 2,7.[37] Bereits diese Ergebnisse sprechen dafür, dass es sich bei den Distanz- und Diskriminierungsindikatoren um geeignete Instrumente zur Messung relevanter Aspekte ethnischer Grenzziehung handelt.

Darüber hinaus ist, wie erwartet, ein negativer Zusammenhang zwischen den Ausprägungen der sozialen Distanzen und den bestehenden persönlichen Kontakten zu Ausländern erkennbar. Bei genauerer Analyse zeigt sich, dass Personen, bei denen aufgrund der Messwerte latente Diskriminierungstendenzen gegenüber Türken anzunehmen sind, erheblich seltener (enge) persönliche Kontakte zu Ausländern am Arbeitsplatz oder im Freundes- und Bekanntenkreis haben. Von ihnen haben zum Beispiel nur rund 13% in den vergangenen zwölf Monaten ausländische Kolleginnen oder Kollegen besucht oder nach Hause eingeladen; bei allen übrigen Befragten liegt der Anteil bei fast 25% (wobei allerdings offen ist, ob es sich dabei um Ausländer türkischer Herkunft handelt). Unter den Personen, bei denen keine latenten Diskriminierungstendenzen gegenüber Italienern zu erkennen waren, hat ein Anteil von fast 60% befreundete oder bekannte Ausländer im vorangegangenen Jahr wenigstens einmal besucht oder eingeladen; bei den anderen Befragten beträgt der Anteil nur rund 36%.

Umgekehrt gibt es einen nicht unerheblichen Anteil von Personen, für die zwar einerseits keine latenten Diskriminierungstendenzen festzustellen sind, die aber andererseits zumindest in einigen Bereichen keine persönlichen Kontakte zu Ausländern haben. Auch das ist ein plausibler Befund, wenn man wieder bedenkt, dass die Realisierungschancen der Kontaktpräferenzen wesentlich von den jeweiligen Gelegenheitsstrukturen abhängen. Tatsächlich finden sich in den Daten der Mannheim-Studie Hinweise darauf, dass zum Beispiel die persönlichen Kontakte zu Ausländern in der Nachbarschaft sowohl von den Verhaltensintentionen als auch von den Kontaktopportunitäten bestimmt sind. So gibt es etwa unter den Personen, die keine (latenten) Diskriminierungsneigungen gegenüber Italienern aufweisen, aber in einem Stadtteil mit einem relativ niedrigen Ausländeranteil leben, einen Anteil von 47% ohne persönliche Kontakte zu Ausländern in der Nachbarschaft; bei relativ hohem Ausländeranteil und entsprechend günstigeren Gelegenheitsstrukturen beträgt er nur 35%. Dagegen haben rund 62% der Befragten, deren Verhaltensintentionen gegenüber Türken auf Diskriminierungstendenzen schließen lassen, trotzdem Kontakte zu Ausländern in der Nachbarschaft, wenn sie in einem Stadtteil mit vielen Ausländern leben; in der entsprechenden Vergleichsgruppe in einem Stadtteil mit geringerem Ausländeranteil verringert sich dieser Prozentsatz auf rund 40%.

---

[37] Alle erwähnten Mittelwertunterschiede sind statistisch signifikant. Die Eta-Koeffizienten liegen in einem Wertebereich zwischen 0,17 und 0,39.

5.1.5 Zwischenfazit

Die Resultate der deskriptiven Analysen geben einen differenzierten Einblick in das derzeitige Verhältnis der „Einheimischen" zu den in Deutschland lebenden „Ausländern". Sie zeigen, dass ein beträchtlicher Teil der befragten Deutschen starke Vorbehalte gegenüber ethnisch differenzierten Immigranten und deren Nachkommen hat und diese auch offen artikuliert. Nimmt man zum Beispiel die Ausländerskala bzw. den *XENO*-Index als Maßstab, dann weist schätzungsweise ein Viertel der befragten Deutschen eine latente Diskriminierungstendenz auf. Orientiert man sich an den Distanzskalen, so ist sogar bei rund der Hälfte der Befragten eine mehr oder weniger stark ausgeprägte Diskriminierungsneigung gegenüber Personen türkischer Herkunft zu erkennen. Ebenso ist an den angegebenen Präferenzen zum Zuzug verschiedener Immigrantengruppen abzulesen, dass die überwiegende Mehrheit der befragten Deutschen eine Begrenzung, wenn nicht sogar eine vollständige Unterbindung der Zuwanderungsmöglichkeiten für verschiedene Immigrantengruppen bevorzugen würde.

Gleichzeitig gibt es aber auch viele „Einheimische", denen aufgrund der verfügbaren Indikatoren positive Einstellungen und Verhaltenstendenzen gegenüber ethnisch differenzierten „Fremdgruppen" zuzuschreiben sind. Sie weisen (zumindest implizit) an ethnischen Kriterien orientierte Diskriminierungstendenzen zurück, befürworten günstige Zuwanderungsmöglichkeiten für Immigranten, sind selbst zu engeren sozialen Beziehungen zu „Ausländern" bereit und/oder haben bereits persönliche Kontakte zu in Deutschland lebenden Ausländern. Alles in allem sind das klare Hinweise auf bemerkenswerte Unterschiede, deren Ursachen und Hintergründe genauer zu untersuchen und zu erklären sind.

Nach den Ergebnissen der Reliabilitäts- und Validitätsanalysen kann als gesichert gelten, dass diese Unterschiede mit dem verwendeten Instrumentarium zuverlässig und valide gemessen werden können. Bei den Indikatoren, deren Elemente aus der Allgemeinen Bevölkerungsumfrage der Sozialwissenschaften (ALLBUS) übernommen wurden, bestätigen die in der Mannheim-Studie festgestellten Resultate die entsprechenden Ergebnisse auf der Basis der für Deutschland insgesamt erhobenen Daten. Darüber hinaus kann man aufgrund des Vergleichs der Randverteilungen mit Daten aus dem ALLBUS-Survey von 1996 mit relativ hoher Wahrscheinlichkeit davon ausgehen, dass keine gravierenden Verzerrungen in der Verteilung der zu erklärenden Variablen – etwa wegen der Besonderheiten des relativ komplizierten Untersuchungsdesigns oder eventueller Eigentümlichkeiten des Erhebungsgebiets – vorliegen. Vor allem die ALLBUS-Vergleichsdaten für Gemeinden in Westdeutschland mit ähnlich hohem Ausländeranteil und ähnlicher Größe stimmen gut mit den in Mannheim erhobenen Daten überein.

Während die Angaben in Bezug auf die allgemeinen Einstellungen gegenüber Ausländern, die Zuzugspräferenzen und die persönlichen Kontakte in inhaltlicher Hinsicht wenig Neues bieten, ergeben sich durch die in der Mannheimer Untersuchung neu bzw. in modifizierter Form eingeführten Indikatoren einige wichtige Ergänzungen für die Bestandsaufnahme der interethnischen Beziehungen zwischen Deutschen und Ausländern. Die differenziertere Untersuchung der Kontakte macht deutlich, dass zwar – wie schon aus den ALLBUS-Surveys bekannt ist – viele „Einheimische" persönliche Beziehungen zu in Deutschland lebenden Ausländern in der Nachbarschaft, bei der Arbeit, im Freundes- bzw. Bekanntenkreis oder in der Familie haben. Gleichzeitig ist aber zu erkennen, dass nur ein relativ kleiner Teil davon so intensiv zu sein scheint, dass diese Bekannten oder Verwandten innerhalb eines Jahres wenigstens einmal eingeladen oder besucht wurden. Das relativiert die sonst recht positiven Befunde über die Struktur der interethnischen Beziehungen. Es ist zu vermuten, dass zumindest einige der Kontakte – insbesondere in Bezug auf die Nachbarschaft oder den Arbeitskontext – mehr oder weniger zwangsläufige, aufgrund struktureller Gegebenheiten sich ergebende Beziehungen sind, die wenig über die Chancen der sozialen Integration von Angehörigen ethnischer Minderheiten aussagen.

Die festgestellten Unterschiede im tatsächlichen Verhalten gegenüber Ausländern stehen, wie erwartet, in einem engen Zusammenhang zu den Indikatoren der sozialen Distanz. Zumindest ein Teil der Varianz bei den persönlichen Kontakten in den vier thematisierten Bereichen kann auf diese Verhaltensintentionen zurückgeführt werden. Dies ist auch ein Indiz für die Zweckmäßigkeit des in Anlehnung an die bekannte Bogardus-Skala konzipierten Instruments zur Erfassung sozialer Distanzen. Dass die dazu verwendeten Indikatoren reliabel und valide sind, haben die entsprechenden Tests gezeigt. Damit ist gewährleistet, dass diese Skalen tatsächlich genutzt werden können, um latente Diskriminierungstendenzen gegenüber ethnischen Minderheiten auf eine konsistentere Weise zu erfassen als dies mit den üblicherweise verwendeten Messinstrumenten möglich ist.

Wenn von Diskriminierung gesprochen wird, dann ist damit im Prinzip immer eine Ungleichbehandlung einer bestimmten Personengruppe *im Vergleich* zu einer anderen Personengruppe *unter sonst gleichen Bedingungen* gemeint. Doch bei den sonst üblicherweise untersuchten Survey-Daten gibt es weder eine geeignete Referenzgruppe noch wird die Konstanz der sonstigen Bedingungen – etwa in Bezug auf Alter, Geschlecht und soziale Lage – kontrolliert. Ein wichtiger Vorzug des in der Mannheim-Studie erhobenen Datensatzes liegt darin, dass er sowohl Angaben über die Verhaltensintentionen gegenüber den beiden explizit angesprochenen Immigrantengruppen (Türken und Italiener) als auch gegenüber Mitgliedern der Eigengruppe (Deutsche) enthält. Damit wird es möglich, den beschriebenen Diskriminierungsindex zu berechnen, der angibt, ob und in welchem Ausmaß jemand gegenüber einer Person türkischer oder italienischer Herkunft unter sonst gleichen Bedingungen eine höhere soziale Distanz aufweist als gegenüber einer ansonsten vergleichbaren Person deutscher Herkunft. An den dabei festzustellenden Unterschieden wird im Folgenden angesetzt.

5.2 Bedingungen und Ursachen sozialer Distanzen

Wie kommt es dazu, dass etwa die Hälfte der befragten „Einheimischen" bei persönlichen Kontakten dazu neigt, in Deutschland lebende Immigranten türkischer Herkunft (unter sonst gleichen Bedingungen) gegenüber Deutschen grundsätzlich zu benachteiligen? Was unterscheidet diese Gruppe von denjenigen, die den damit verbundenen ethnischen Differenzierungen keine besondere Bedeutung zumessen? Warum sind die latenten Diskriminierungstendenzen gegenüber Zuwanderern aus Italien im Vergleich zu türkischen Immigranten insgesamt schwächer ausgeprägt? Wodurch unterscheidet sich die Mehrheit der gegenüber Italienern größtenteils offen und interessiert eingestellten Deutschen von der immerhin noch rund 30% der Befragten umfassenden Minderheit, die Kontakte zu Deutschen generell Kontakten zu Italienern vorziehen würden? – Das sind einige der wichtigsten Fragen, die im Mittelpunkt der folgenden multivariaten Analysen stehen.

5.2.1 Das Grundmodell im empirischen Test

Der erste Ansatzpunkt zur Beantwortung dieser Fragen ist das im vorigen Kapitel präsentierte Grundmodell (vgl. Abschnitt 4.2). Nach diesem einfachen und relativ sparsamen Modell ist davon auszugehen, dass die beobachteten Unterschiede in den sozialen Distanzen und den (latenten) Diskriminierungstendenzen gegenüber den beiden Immigrantengruppen als das Produkt unterschiedlicher Erwartungen über die Eigenschaften dieser Gruppen und unterschiedlicher Bewertungen dieser Eigenschaften sowie als Reaktion auf subjektiv wahrgenommene Bezugsgruppenbarrieren aufzufassen sind. Je höher der subjektiv wahrgenommene Nutzen der Interaktion mit bestimmten Personengruppen ist, desto geringer sollte, nach der allgemeinen Logik der Werterwartungstheorie, zum einen die soziale Distanz und zum anderen die latente Diskriminierungstendenz sein. Folglich wäre unter umgekehrten Vorzeichen zu erwarten, dass die soziale Distanz um so größer ist, je geringer der subjektiv wahrgenommene Nutzen einer solchen Interaktion ist, womit vor allem dann zu rechnen ist, wenn bei hoch bewerteten Aspekten sozialer Beziehungen mit hoher Wahrscheinlichkeit Schwierigkeiten und Komplikationen vermutet werden.

Bei der empirischen Umsetzung dieses Modells gibt es, wie bei allen Anwendungen der SEU-Theorie, im Wesentlichen zwei Möglichkeiten: Entweder man versucht die interessierenden Unterschiede in den Modellparametern über möglichst einfach messbare *indirekte* Indikatoren zu erfassen, wie dies vor allem in der mikroökonomischen Forschung üblich ist. Oder man setzt auf die *direkte* Methode und bemüht sich, die relevanten theoretischen Konstrukte möglichst präzise, aber dafür auch meist umständlicher und aufwändiger in den Interviews bei den Befragten selbst zu erheben.[38] Die folgenden Analysen beruhen im Kern auf der zweiten Variante, um eine möglichst eindeutige Identifikation von bislang kaum beachteten Determinanten sozialer Distanzen zu gewährleisten. Das heißt, Unterschiede in den Erwartungen und Bewertungen der Akteure wurden nicht aus der Theorie selbst abgeleitet und über entsprechende Brückenhypothesen konkretisiert, sondern es wurde in den Interviews direkt danach gefragt, was den Befragten selbst wichtig ist und welche Erwartungen sie hinsichtlich der zentralen Situationselemente tatsächlich haben.

Beziehungspräferenzen

Zu den theoretisch maßgeblichen Situationselementen für die Analyse der sozialen Distanzen zählen zum ersten die Präferenzen in Bezug auf relevante Aspekte sozialer Beziehungen. Als relevant werden hier die bereits genannten Beurteilungskriterien angesehen, von denen anzunehmen ist, dass sie *allgemein* – und das heißt vor allem: unabhängig von ethnischen oder sonstigen Differenzierungen – mit der Aufnahme und Verfestigung persönlicher Beziehungen verbundene Entscheidungen beeinflussen (vgl. Abschnitt 4.2.2). Sie beziehen sich im Einzelnen auf folgende Aspekte, für die die Befragten jeweils angeben sollten, wie wichtig ihnen die Kriterien im Hinblick auf engere persönliche Beziehungen sind:

- Übereinstimmung in gesellschaftlichen und politischen Fragen ($U_{POLITIK}$),
- die Möglichkeit, immer wieder neue Erfahrungen zu machen und Anregungen zu bekommen ($U_{ANREGUNG}$),
- die Möglichkeit, sich in der eigenen Muttersprache unterhalten zu können ($U_{SPRACHE}$),
- Übereinstimmung in religiösen Glaubensfragen ($U_{RELIGION}$),
- die Ähnlichkeit der sozialen Stellung (U_{STATUS}),
- die Passung in Bezug auf den bereits bestehenden Freundes- und Bekanntenkreis ($U_{PASSUNG}$) sowie
- die Vielfalt und Unterschiedlichkeit der Kontakte ($U_{VIELFALT}$).

Die Kriterien schließen sich nicht gegenseitig aus und können die Entscheidung gleichzeitig beeinflussen. Deshalb wurden den Befragten in dieser Hinsicht keine Restriktionen auferlegt.[39] Prinzipiell war es möglich, dass eine befragte Person alle genannten Aspekte unterschiedslos für völlig unwichtig oder aber für äußerst

---

[38] Über die Vor- und Nachteile direkter und indirekter Methoden zur Überprüfung von SEU-Theorien gibt es unterschiedliche Auffassungen, auf die hier nicht im Einzelnen eingegangen werden kann (vgl. Diekmann 1996; Friedrichs, Stolle und Engelbrecht 1993; Lindenberg 1996a; Lindenberg 1996b; Kelle und Lüdemann 1995).
[39] Die Messung erfolgt mit Hilfe von Ratingskalen mit fünf möglichen Ausprägungen („äußerst wichtig", „wichtig", „weniger wichtig", „unwichtig" und „völlig unwichtig"). Theoretisch angemessener wäre es, die Nutzenterme mit Ratioskalen zu erheben (Diekmann 1996). Dennoch wird hier an einfachen Ratingskalen festgehalten, weil diese in standardisierten Interviews auf der Basis der *paper-and-pencil*-Methode leichter und vermutlich auch mit höherer Zuverlässigkeit einzusetzen sind.

wichtig erklärte. Wie aus der Übersicht über die prozentualen Verteilungen der einzelnen Angaben zu erkennen ist, sind solche undifferenzierten Bewertungen der verschiedenen Beziehungsaspekte jedoch selten.

Tabelle 5-7: Bewertungen unterschiedlicher Beziehungsaspekte (in %)

Bewertungs- dimension	völlig unwichtig	unwichtig	weniger wichtig	wichtig	äußerst wichtig	N
$U_{POLITIK}$	6,9	21,4	39,9	28,3	3,5	434
$U_{ANREGUNG}$	0,9	3,0	12,5	62,6	21,0	434
$U_{SPRACHE}$	6,5	16,1	28,6	32,0	16,8	434
$U_{RELIGION}$	35,0	36,2	19,6	7,1	2,1	434
U_{STATUS}	16,1	28,8	34,3	18,4	2,3	434
$U_{PASSUNG}$	6,9	15,2	29,7	41,7	6,5	434
$U_{VIELFALT}$	3,5	8,3	27,2	46,3	14,7	434

Datenbasis: Mannheim-Studie (ohne Personen mit ursprünglich ausländischer Staatsangehörigkeit).

Bei einer genaueren Betrachtung der Ergebnisse fällt auf, dass eine überwiegende Mehrheit der Befragten offenbar großen Wert auf das Erlebnispotential persönlicher Beziehungen legt. Mehr als 80% halten es für wichtig oder sogar für äußerst wichtig, dass sich ihnen in Bekanntschaften und Freundschaften immer wieder neue Erfahrungen und Anregungen eröffnen ($U_{ANREGUNG}$). Mehr als 60% finden es wichtig oder äußerst wichtig, möglichst vielfältige und unterschiedliche Kontakte zu haben ($U_{VIELFALT}$).[40] Nun könnte man vermuten, dass diejenigen, die das Erlebnispotential von Beziehungen hoch bewerten, auch eine größere Offenheit gegenüber Türken und Italienern aufweisen. Doch dafür gibt es keine eindeutigen Indizien. Die Durchschnittswerte der sozialen Distanzen und der latenten Diskriminierungstendenzen sind zwar etwas höher bei der Gruppe der Befragten, die diese Beziehungsdimensionen für relativ unwichtig halten; doch die Unterschiede sind gering. Außerdem ist die Streuung der Angaben bei diesen Kriterien sehr gering. Weniger als 4% bzw. 12% halten sie für „völlig unwichtig" oder „unwichtig".

Bei den Fragen nach der Relevanz einer Übereinstimmung in politischen und gesellschaftlichen Angelegenheiten und der Passung zum sonstigen Freundes- und Bekanntenkreis ist zu erkennen, dass nur wenige Personen diese Aspekte als äußerst wichtig oder aber völlig unwichtig einschätzen; extreme Bewertungen

---

[40] Die Korrelationen zwischen den Bewertungen der verschiedenen Beziehungsaspekte sind moderat. Sie sind am höchsten beim Zusammenhang von U_{STATUS} und $U_{PASSUNG}$ (0,38) sowie beim Zusammenhang von U_{STATUS} und $U_{RELIGION}$ (0,37). Alle anderen Korrelationen sind deutlich schwächer und teilweise nicht signifikant von Null verschieden.

sind in diesen Fällen selten. Dagegen gibt es bei den Fragen nach der Beurteilung von sprachlichen, religiösen und statusspezifischen Aspekten wesentlich höhere Anteile von Personen, die starke Präferenzen artikulieren. Immerhin jeder Dritte erklärt, Übereinstimmung in religiösen Fragen sei bei Bekanntschaften oder Freundschaften „völlig unwichtig"; ein weiteres Drittel hält diesen Aspekt für „unwichtig". Auch die Ähnlichkeit der sozialen Stellung wird von 16% der Befragten als völlig unwichtig eingestuft, während die meisten Befragten dieses Issue für „weniger wichtig" halten. Jeder Zweite sieht es indessen als wichtig oder gar als äußerst wichtig an, dass man sich mit Bekannten oder Freunden in der eigenen Muttersprache unterhalten kann; nur 6,5% halten das für „völlig unwichtig".

Vertiefende (hier nicht im Detail aufgeführte) Analysen machen deutlich, dass die darin zum Ausdruck kommenden Unterschiede in den Beziehungspräferenzen keineswegs zufällig sind. Sie sind eng verknüpft mit bestimmten Charakteristika der befragten Personen. So zeigt sich zum Beispiel, dass muttersprachlichen Verständigungsmöglichkeiten umso mehr Bedeutung zugemessen wird, je geringer das Bildungsniveau und je höher das Lebensalter ist. Wer wenigstens einmal irgendeine Fremdsprache erlernt hat, lässt sich (unter sonst gleichen Bedingungen in Bezug auf Bildungsniveau und Alter) von eventuellen Komplikationen in diesem Bereich deutlich weniger abschrecken als Personen, denen das dazu nötige Humankapital fehlt. Dieses Ergebnis ist ebenso wenig überraschend wie die Tatsache, dass die Beurteilung von Übereinstimmungen in religiösen Fragen vor allem davon abhängt, ob jemand selbst einer Religions- oder Glaubensgemeinschaft angehört und/oder öfters zur Kirche geht. Personen, die eine Übereinstimmung in gesellschaftlichen und politischen Fragen für wichtig halten, haben zumeist ein gehobenes Bildungsniveau und sind zudem – gemäß ihren eigenen Angaben – sehr oft in soziale Netzwerke eingebunden, in denen besonders häufig über politische Angelegenheiten gesprochen wird. Dagegen scheint die Bedeutung, die der Ähnlichkeit in Statusfragen zugemessen wird, weitgehend unabhängig vom sozialen Status der Befragten selbst zu sein. Ein klarer Zusammenhang mit den diversen Indikatoren der sozialen Lage (z.B. berufliche Stellung oder Haushaltseinkommen) ist jedenfalls nicht zu erkennen. Nur für das Alter ist ein relativ klarer Effekt festzustellen: Ältere Personen legen im Allgemeinen mehr Wert auf Statusfragen als jüngere.

Erwartungen

Der zweite wesentliche Parameter zur Erklärung der sozialen Distanzen auf der Basis des Grundmodells sind neben den Beziehungspräferenzen die damit verknüpften subjektiven Erwartungen in Bezug auf typische Eigenschaften der beiden Immigrantengruppen. Erst wenn jemand zum Beispiel die Übereinstimmung in religiösen Fragen hoch bewertet und gleichzeitig in dieser Hinsicht Komplikationen bzw. Nutzeneinbußen in der Beziehung zu Türken oder Italienern erwartet, ist nach diesem Modell davon auszugehen, dass eine überdurchschnittlich starke soziale Distanz und Diskriminierungstendenz gegenüber diesen Personengruppen besteht. Gleiche Erwartungen bei schwächeren Bewertungen des Issues sollten sich dagegen (unter sonst gleichen Bedingungen) in einem geringeren Distanzwert niederschlagen.

Die Angaben über die subjektiven Erwartungen wurden ebenfalls nach der Strategie der direkten Messung für vier der genannten Beziehungsdimensionen erhoben. Im Einzelnen wurden die Befragten gefragt, für wie wahrscheinlich sie es einschätzen, dass sich in Beziehungen zu Türken bzw. Italienern (a) Schwierigkeiten bei der sprachlichen Verständigung, (b) Schwierigkeiten durch unterschiedliche religiöse Anschauungen, (c) Schwierigkeiten durch unterschiedliche gesellschaftliche und politische Überzeugungen oder (d) Schwierigkeiten aufgrund unterschiedlicher sozialer Stellungen ergeben könnten. Tabelle 5-8 fasst die entsprechenden Angaben für beide Immigrantengruppen zusammen.

Tabelle 5-8: Erwartete Schwierigkeiten in Beziehungen zu Türken und Italienern (in %)

Erwartungen in Bezug auf...	bei...	1	2	3	4	5	N
SPRACHE	Italienern	7,59	31,72	28,28	20,23	12,18	435
	Türken	1,61	9,89	23,45	35,17	29,89	435
RELIGION	Italienern	27,59	47,82	13,79	6,67	4,14	435
	Türken	8,74	15,17	22,76	25,29	28,05	435
POLITIK	Italienern	15,86	41,38	29,89	8,51	4,37	435
	Türken	4,83	13,56	30,34	30,11	21,15	435
STATUS	Italienern	19,77	38,62	31,72	6,21	3,68	435
	Türken	11,95	30,11	28,05	19,54	10,34	435

1 = ganz sicher nicht, 2 = wenig wahrscheinlich 3 = vielleicht, 4 = ziemlich wahrscheinlich, 5 = ganz sicher.
Datenbasis: Mannheim-Studie (ohne Personen mit ursprünglich ausländischer Staatsangehörigkeit).

Leicht ist zu erkennen, dass die Befragten im Umgang mit Türken viel häufiger mit hoher Wahrscheinlichkeit Schwierigkeiten erwarten als im Umgang mit Italienern. Immerhin rund 2/3 der Befragten halten es für „ziemlich wahrscheinlich" oder „ganz sicher", dass es in Beziehungen zu Immigranten türkischer Herkunft Schwierigkeiten bei der sprachlichen Verständigung gibt; bei Italienern erwartet das rund ein Drittel. In Bezug auf religiöse Anschauungen oder aufgrund gesellschaftlicher und politischer Überzeugungen vermutet jeder Zweite ziemlich wahrscheinlich oder ganz sicher Komplikationen im Verhältnis zu Türken, aber nur etwa jeder Zehnte im Verhältnis zu Italienern. Noch vergleichsweise gering sind

die Unterschiede hinsichtlich der erwarteten Komplikationen aufgrund von Verschiedenheiten der sozialen Lage; daraus resultierende Schwierigkeiten erwarten rund 30% der Befragten bei Türken und knapp 10% bei Italienern.
Diese subjektiven Einschätzungen sind nicht einfach nur ein anderer Ausdruck für allgemeine Vorurteile gegenüber Ausländern. Auch Personen mit vergleichsweise positiven Einstellungen gegenüber Ausländern vermuten oft erhebliche Schwierigkeiten und Unannehmlichkeiten im Umgang mit Immigranten, insbesondere bei Personen türkischer Herkunft und speziell in Bezug auf sprachliche, aber auch in Bezug auf religiöse Angelegenheiten.[41] Von den Befragten mit überdurchschnittlich niedrigen $XENO$-Werten (< 3) erwarten zum Beispiel mehr als 60% Schwierigkeiten im Umgang mit Türken wegen sprachlicher Komplikationen und fast 40% vermuten Probleme im Verhältnis zu Türken aufgrund unterschiedlicher religiöser Überzeugungen. Vergleichbare Resultate ergeben sich für die anderen Items. Das lässt darauf schließen, dass die Angaben zu den subjektiven Wahrnehmungen bzw. Erwartungen tatsächlich etwas anderes repräsentieren, als generalisierte Vorurteile gegenüber Ausländern im Allgemeinen.

Die eigentlich interessante Frage ist nun, wie die Erwartungen über typische Charakteristika der beiden Immigrantengruppen mit den allgemeinen Beziehungspräferenzen der Befragten verknüpft sind und ob die entsprechenden SEU-Terme auch tatsächlich den theoretisch prognostizierten Einfluss auf die Diskriminierungstendenzen gegenüber beiden Immigrantengruppen haben. Die einzelnen Terme ergeben sich nach der allgemeinen Logik der Werterwartungstheorie jeweils aus der Multiplikation der Erwartungen (p) und Bewertungen (U):

$SEU_{SPRACHE/ITAL} = P_{SPRACHE/ITAL} * U_{SPRACHE}$
$SEU_{SPRACHE/TÜRK} = P_{SPRACHE/TÜRK} * U_{SPRACHE}$
...

Das Gleiche gilt für die SEU-Terme der Beziehungsdimensionen $U_{RELIGION}$, $U_{POLITIK}$ und U_{STATUS}. Bei den übrigen Aspekten – $U_{ANREGUNG}$, $U_{PASSUNG}$ und $U_{VIELFALT}$ – wird dagegen anders verfahren. In Bezug auf die beiden Fragen zum Anregungspotential lässt sich die Analyse erheblich vereinfachen, wenn man von der Annahme ausgeht, dass nahezu alle Befragten mit hoher Wahrscheinlichkeit erwarten, dass sich durch persönliche Beziehungen zu Türken oder Italienern die Vielfalt und Unterschiedlichkeit ihrer Kontakte erhöhen und die Chance auf neue Erfahrungen und Anregungen vergrößern würde. Folglich kann der p-Wert in diesen Fällen als eine Konstante aufgefasst werden; nur die Unterschiede in den Bewertungen sind dann relevant. Zudem sind die beiden Dimensionen inhaltlich so eng miteinander verbunden, dass eine Konzentration auf eine der beiden Vari-

---

[41] Die bivariaten Korrelationen zwischen den Erwartungen und der $XENO$-Skala liegen für die Angaben zu den Türken bei Werten zwischen 0,17 und 0,33 und für die Angaben bei Italienern bei Werten zwischen 0,09 und 0,15. Der höchste Wert ergibt sich (mit 0,33) für den Zusammenhang zwischen den allgemeinen Ausländereinstellungen und den Erwartungen über potentielle Probleme aufgrund von politischen und gesellschaftlichen Überzeugungen im Verhältnis zu Türken.

ablen – und zwar auf die Variable mit der größeren Varianz der Angaben ($U_{VIELFALT}$) – sinnvoll erscheint. Außerdem wird der Term $U_{PASSUNG}$ in den folgenden Analysen ausgeklammert, weil die Passung von Beziehungen zu Türken oder Italienern zum bereits bestehenden Freundes- und Bekanntenkreis mit der Frage nach den Vorbehalten seitens relevanter Bezugsgruppen genauer erfasst ist.

Subjektiv wahrgenommene Bezugsgruppenbarrieren

Zur Messung der Einflüsse der Bezugsumgebung wurde eine direkte und sehr einfache Methode eingesetzt, die bereits in der Duisburg-Studie verwendet wurde (Esser 1986; Hill 1984b; Hill 1984a).[42] Danach wird, jeweils getrennt für beide Immigrantengruppen, gefragt, ob die Familienangehörigen damit einverstanden wären, wenn der oder die Befragte (a) einen Türken (Italiener) mit nach Hause bringen würde oder (b) eine Freundschaft mit einer Türkin (Italienerin) eingehen würde und ob (c) wichtige Freunde und Bekannte mit einer solchen Freundschaft einverstanden wären.[43]

Die Ergebnisse zeigen, dass die Mehrzahl der Befragten mit großer Sicherheit davon ausgeht, dass die angesprochenen Bezugspersonen nichts dagegen einzuwenden hätten, wenn sie eine Person türkischer oder italienischer Herkunft nach Hause einladen oder in den persönlichen Freundeskreis aufnehmen würde. Allerdings gibt es wiederum beachtliche Unterschiede zwischen beiden Immigrantengruppen. So gibt zum Beispiel jeder Zweite an, die Familienangehörigen seien „ganz sicher" damit einverstanden, wenn er (oder sie) einen Türken (oder eine Türkin) mit nach Hause bringen würden; rund 20% gehen von eher negativen Reaktionen aus. Bei der Frage nach den Vorbehalten des Freundes- und Bekanntenkreises gegenüber einer engeren persönlichen Beziehung zu Einwanderern türkischer Herkunft signalisiert dagegen nur jeder Dritte, er rechne „ganz sicher" mit einer positiven Reaktion; weitere 24% halten das für „ziemlich wahrscheinlich". Immerhin fast jeder Fünfte geht in diesem Fall mit hoher Wahrscheinlichkeit von Widerständen seitens der Freunde und Bekannten aus.

Gegenüber Italienern sind die subjektiv wahrgenommenen Vorbehalte durchwegs schwächer. Hier rechnen zum Beispiel nur rund 7% der Befragten damit, dass die Familienangehörigen nicht einverstanden wären, wenn sie einen Italiener oder eine Italienerin nach Hause einladen würden; weitere 13% sind sich nicht ganz sicher. Ein ähnliches Bild ergibt sich bei der Frage nach den Reaktionen der

---

[42] Auf die bei der Erhebung der ego-zentrierten Netzwerke erfassten Angaben zu den ausgewählten Bezugspersonen und die daran anknüpfenden Nachbefragungen wird im nächsten Kapitel eingegangen.

[43] Die Fragen wurden auch in diesem Fall auf das Geschlecht der befragten Person abgestimmt, um Konfundierungen zu vermeiden. Frauen wurden also zum Beispiel gefragt, ob die Familienangehörigen eine Freundschaft mit einer Türkin billigen würden; bei Männern bezog sich die Frage dagegen auf einen Türken. Die Antwortalternativen lauteten: „ganz sicher", „ziemlich wahrscheinlich", „vielleicht", „wenig wahrscheinlich" und „ganz sicher nicht". In den telefonischen Follow-up-Interviews wurde dies aus erhebungstechnischen Gründen vereinfacht zu „ja", „vielleicht" und „nein".

Freunde bzw. Bekannte gegenüber einer eventuellen Freundschaft zu einer Person italienischer Abstammung. Auch hier geht die überwiegende Mehrheit „ganz sicher" (43%) oder „ziemlich wahrscheinlich" (32%) von einem Einverständnis aus; das restliche Viertel hält ein solches Einverständnis für eher unwahrscheinlich oder ist sich nicht ganz sicher („vielleicht").

Die einzelnen Angaben zu den Vorbehalten der Bezugsumgebung sind nicht unabhängig voneinander. Die bivariaten Korrelationen zwischen den einzelnen Items liegen alle in einem Wertebereich zwischen 0,57 und 0,87.[44] Folglich ist es möglich, die Angaben entweder getrennt oder in zusammengefasster Form zu analysieren. Die üblichen Voraussetzungen für die Konstruktion einer entsprechenden Skala der subjektiv wahrgenommenen Bezugsgruppenvorbehalte (BG_{TURK} bzw. BG_{ITAL}) sind erfüllt. Separate Hauptkomponentenanalysen haben gezeigt, dass die Angaben zu den Bezugsgruppenbarrieren für beide Immigrantengruppen eindimensional sind. Auch die Reliabilitätskoeffizienten (Cronbachs Alpha) sind in beiden Fällen ausreichend; bei den Vorbehalten der Bezugsgruppen gegenüber Türken haben sie einen Wert von 0,86, bei den Vorbehalten gegenüber Italienern einen Wert von 0,91.

Die zentrale Hypothese hinsichtlich der Auswirkungen der Bezugsgruppenbarrieren ist bereits bekannt (vgl. Abschnitt 4.2): Je größer die Gewissheit ist, dass Vorbehalte seitens der Bezugsumgebung gegenüber engeren persönlichen Beziehungen mit Personen ausländischer Herkunft bestehen, desto größer wird – unter sonst gleichen Bedingungen – die soziale Distanz zur betreffenden Gruppe und die Diskriminierungstendenz sein. Wer dagegen mit hoher Sicherheit davon ausgeht, dass die Familienangehörigen oder der engere Freundes- und Bekanntenkreis solchen Kontakten gegenüber grundsätzlich positiv eingestellt sind, sollte vergleichsweise niedrige Werte auf den Distanz- und Diskriminierungsskalen aufweisen.

Das Grundmodell im empirischen Test

Nachdem die relevanten Einzelheiten der Operationalisierung und Messung der zentralen theoretischen Konstrukte geklärt sind, kann das Grundmodell jetzt einem ersten Test unterzogen werden. Im Mittelpunkt stehen dabei die aufgezeigten Unterschiede in den *Diskriminierungstendenzen* gegenüber den beiden Immigrantengruppen. Das gleiche Modell könnte im Prinzip auch an den sozialen Distanzen überprüft werden. Die Analyse der Differenzen in den Verhaltensintentionen gegenüber ethnisch differenzierten *outgroups* und „Einheimischen" ist jedoch aus

---

[44] Der kleinste Wert bezieht sich auf die Korrelation zwischen den Vorbehalten der Familienangehörigen gegenüber dem Besuch einer Person türkischer Herkunft und dem Einverständnis der Freunde bzw. Bekannten mit einer eventuellen Freundschaft zu einem Türken oder einer Türkin (0,57). Der höchste Wert repräsentiert den Zusammenhang zwischen den beiden Items zur Messung der Vorbehalte von Seiten der Familienangehörigen gegenüber engeren persönlichen Kontakte zu Immigranten italienischer Herkunft (0,87).

den bereits genannten Gründen wesentlich interessanter und wird deshalb vorgezogen.

Betrachtet man zunächst einmal nur die bivariaten Zusammenhänge zwischen den Diskriminierungstendenzen und den einzelnen Prädiktoren des Grundmodells, so ergeben sich bereits erste klare Hinweise auf die Plausibilität der theoretischen Überlegungen. Einfache lineare Regressionen – die hier nicht im Detail aufgeführt werden – ergeben für jeden der SEU-Terme des Grundmodells (mit Ausnahme von $U_{VIELFALT}$) relativ starke und statistisch gut abgesicherte Effekte auf die latenten Diskriminierungstendenzen gegenüber beiden Immigrantengruppen, die mit den Prognosen übereinstimmen. Die Anteile der erklärten Varianz in Bezug auf die latenten Diskriminierungstendenzen gegenüber Türken liegt bei den Beziehungspräferenzen zwischen 8% für den Prädiktor $SEU_{POLITIK}$ und 13% für den Prädiktor $SEU_{SPRACHE}$; hinsichtlich der Diskriminierungstendenzen gegenüber Italienern sind sie mit Werten zwischen 4% ($SEU_{POLITIK}$) und 11% etwas niedriger ($SEU_{SPRACHE}$). Noch höher ist nach den Resultaten der einfachen linearen Regression der Erklärungsbeitrag der subjektiv wahrgenommenen Bezugsgruppenbarrieren. Vorbehalte der Familienangehörigen oder des Freundes- und Bekanntenkreises gegenüber engeren Beziehungen zu Personen türkischer Herkunft erklären den Schätzergebnissen zufolge jeweils etwa 17% der Varianz in den Diskriminierungstendenzen gegenüber Türken. Geringfügig niedriger sind die Anteile wiederum in Bezug auf die italienischen Immigranten.

Diese Resultate sind nur ein erster Plausibilitätstest. Sie zeigen im Prinzip nur an, dass die betrachteten Faktoren bei bivariater Betrachtung tatsächlich in einer so auch erwarteten und inhaltlich nachvollziehbaren Verbindung zu den Verhaltensabsichten gegenüber Türken bzw. Italienern zu stehen scheinen. Darüber hinaus stellt sich aber die Frage, wie gut sich das Erklärungsmodell insgesamt bewährt und in welchem Verhältnis die einzelnen Regressoren zueinander stehen. Immerhin ist schon allein aufgrund der zuvor beschriebenen Interkorrelationen zwischen den Kovariaten davon auszugehen, dass sich die Effekte der einzelnen Determinanten erheblich abschwächen, sobald Unterschiede in den anderen Modellparametern in der Analyse berücksichtigt werden. Um diese Fragen zu klären, wird im Folgenden das Erklärungsmodell in einer Serie von aufeinander aufbauenden multivariaten Regressionsmodellen für beide Immigrantengruppen vervollständigt.

Zuerst wird ein Modell präsentiert, das sämtliche Beziehungspräferenzen enthält (M1). Dann werden in einem zweiten Modell die Bezugsgruppeneffekte integriert (M2), wobei zum einen (in M2a) der zusammengefasste Indikator der Bezugsgruppenbarrieren ($BG_{TÜRK}$ bzw. BG_{ITAL}) und zum anderen (in M2b) die jeweiligen Einzelindikatoren verwendet werden. Tabelle 5-9 enthält die entsprechenden Schätzergebnisse für die Diskriminierungstendenzen gegenüber Türken; die Resultate für die Gruppe der Italiener folgen in Tabelle 5-10.

Tabelle 5-9: Soziale Distanz gegenüber Türken (Modelle 1 und 2)

	M1			M2a			M2b		
	Koeff.	(β)	t-Wert	Koeff.	(β)	t-Wert	Koeff.	(β)	t-Wert
Konst.	-1,87		-1,93	-3,34		-3,49	-3,62		-3,71
$SEU_{SPRACHE}$	0,22	(0,27)	5,58	0,13	(0,16)	3,20	0,13	(0,16)	3,26
$SEU_{RELIGION}$	0,09	(0,09)	1,72	0,06	(0,07)	1,29	0,07	(0,08)	1,48
$SEU_{POLITIK}$	0,06	(0,06)	1,07	0,07	(0,07)	1,34	0,05	(0,05)	1,01
SEU_{STATUS}	0,16	(0,16)	2,85	0,10	(0,10)	1,87	0,10	(0,11)	2,01
$U_{VIELFALT}$	-0,42	(-0,08)	-1,86	-0,36	(-0,07)	-1,66	-0,39	(-0,08)	-1,82
$BG_{TÜRK}$				1,34	(0,31)	6,43			
$FAM\_1_{TÜRK}$							-0,38	(-0,06)	-1,10
$FAM\_2_{TÜRK}$							1,19	(0,18)	2,96
$FREUND_{TÜRK}$							1,36	(0,22)	4,04
R^2 (adj.)		0,20			0,27			0,28	
N		424			422			422	

Datenbasis: Mannheim-Studie (ohne Personen mit ursprünglich ausländischer Staatsangehörigkeit).

Wie aus den Schätzergebnissen für das erste Modell M1 ersichtlich wird, erklären die Beziehungspräferenzen insgesamt etwa 20% der Varianz in den Diskriminierungstendenzen gegenüber Türken. Vor allem die Issues „Sprache" und „Status" haben offenbar einen deutlichen Effekt. Wer im sozialen Umgang großen Wert auf Statusfragen legt und gleichzeitig mit hoher Wahrscheinlichkeit Schwierigkeiten aufgrund unterschiedlichen sozialen Status bei Türken erwartet, weist nach den prognostizierten Werten – unter Kontrolle der übrigen SEU-Terme – eine fast doppelt so große Diskriminierungstendenz auf als der Durchschnitt; der Effekt der Präferenzen bezüglich der sprachlichen Verständigungsmöglichkeiten ist noch deutlich stärker. Unterschiede in den Erwartungswerten bei religiösen Glaubensfragen sind indessen (unter Kontrolle der übrigen SEU-Terme) nur relativ schwach mit den Diskriminierungstendenzen gegenüber Türken verbunden. Für die politischen Issues ergeben sich – im Unterschied zur einfachen linearen Regression – keine statistisch gesicherten Effekte, wenngleich die erkennbare Wirkungsrichtung, wie erwartet, positiv ist. Im Unterschied dazu sinkt die Diskriminierungstendenz, wenn die Befragten eine starke Präferenz für möglichst vielfältige und unterschiedliche Kontakte in ihrem Freundes- und Bekanntenkreis haben. Diejenigen, die überhaupt keinen Wert darauf legen, haben den Schätzergebnissen zufolge im Durchschnitt einen fast doppelt so hohen Wert auf der Diskriminierungsskala wie die Gruppe derjenigen, denen dieser Beziehungsaspekt äußerst wichtig ist.

Berücksichtigt man neben den allgemeinen Beziehungspräferenzen auch die subjektiv wahrgenommenen Bezugsgruppenbarrieren, so erhöht sich der Anteil der erklärten Varianz in Modell M2a um sieben Prozentpunkte auf 27%. Gleichzeitig werden die Regressionskoeffizienten der auf die Beziehungspräferenzen bezogenen SEU-Terme unter Kontrolle der Bezugsgruppeneffekte teilweise deutlich kleiner. Nur die Parameter der Determinanten $SEU_{SPRACHE}$, SEU_{STATUS} und $SEU_{VIELFALT}$ sind mit einer Irrtumswahrscheinlichkeit von unter 10% von Null verschieden. Die Erwartungen und Bewertungen in Bezug auf Sprache und Statusangelegenheiten treten wiederum am deutlichsten hervor. Doch der stärkste Einfluss geht, wie am standardisierten Regressionskoeffizienten ($\beta = 0{,}31$) zu erkennen ist, von den subjektiv wahrgenommenen Vorbehalten seitens der Bezugsumgebung aus. Eine getrennte Betrachtung der einzelnen Teildimensionen des Bezugsgruppenindex (Modell M2b) zeigt, dass dabei vor allem dem Freundes- und Bekanntenkreis eine wichtige Bedeutung zuzumessen ist; der entsprechende Beta-Koeffizient hat mit Abstand den höchsten Wert. Aber auch die erwarteten Reaktionen der Familienangehörigen bei einer eventuellen Freundschaft zu einer Person türkischer Herkunft weisen einen statistisch hoch signifikanten Effekt auf die Diskriminierungsintentionen auf.

Vergleicht man diese Resultate mit den Schätzergebnisse für die latenten Diskriminierungstendenzen gegenüber Italienern, so fällt zunächst einmal auf, dass die Erklärungskraft der Modelle in diesem Fall erheblich schwächer ist. Wie Tabelle 5-10 zu entnehmen ist, erklären die Beziehungspräferenzen allein nur rund 14% der Gesamtvarianz in der Diskriminierungsbereitschaft gegenüber Immigranten italienischer Herkunft. Berücksichtigt man zusätzlich die Bezugsgruppeneinflüsse, so erhöht sich der Anteil auf rund 18%.

Tabelle 5-10: Soziale Distanz gegenüber Italienern (Modelle 1 und 2)

	M1			M2a			M2b		
	Koeff.	(β)	t-Wert	Koeff.	(β)	t-Wert	Koeff.	(β)	t-Wert
Konst.	-0,81		-0,98	-1,82		-2,16	-1,92		-2,29
$SEU_{SPRACHE}$	0,20	(0,26)	5,10	0,15	(0,19)	3,72	0,15	(0,19)	3,70
$SEU_{RELIGION}$	0,05	(0,05)	0,82	0,03	(0,02)	0,43	0,04	(0,03)	0,57
$SEU_{POLITIK}$	0,04	(0,04)	0,78	0,05	(0,05)	0,94	0,06	(0,05)	1,01
SEU_{STATUS}	0,13	(0,13)	2,18	0,10	(0,10)	1,67	0,10	(0,09)	1,62
$U_{VIELFALT}$	-0,54	(-0,12)	-2,66	-0,52	(-0,12)	-2,65	-0,52	(-0,12)	-2,65
BG_{ITAL}				0,93	(0,21)	4,39			
FAM_1_{ITAL}							0,79	(0,19)	2,17
FAM_2_{ITAL}							-0,30	(-0,07)	-0,75
$FREUND_{ITAL}$							0,48	(0,12)	1,77
R^2 (adj.)	0,14			0,18			0,18		
N	428			426			426		

Datenbasis: Mannheim-Studie (ohne Personen mit ursprünglich ausländischer Staatsangehörigkeit).

Im Übrigen ähneln die Resultate den Ergebnissen hinsichtlich der latenten Diskriminierungstendenzen gegenüber Türken, wenngleich immer zu berücksichtigen ist, dass das Ausmaß der sozialen Distanz gegenüber Türken insgesamt wesentlich größer ist als gegenüber Personen italienischer Herkunft. Unter den Beziehungspräferenzen sind nur für die Issues Sprache, Statusähnlichkeit und Vielfalt der Kontakte konsistente Effekte festzustellen. Wer eine starke Präferenz für statusähnliche Kontakte hat und/oder sehr sensitiv auf eventuelle Komplikationen der sprachlichen Verständigung reagiert, hat demnach (*ceteris paribus*) eine erheblich größere Neigung zur Diskriminierung gegenüber Personen italienischer Herkunft. Diese Tendenz schwächt sich umso stärker ab, je größer der Nutzen ist, der mit möglichst vielfältigen und unterschiedlichen Kontakten verbunden ist. Religiöse Fragen spielen – im Unterschied zu den Beziehungen gegenüber Türken – überhaupt keine Rolle. Wenn hingegen erhebliche Vorbehalte seitens relevanter Bezugspersonen erwartet werden, dann nimmt die Diskriminierungstendenz stark zu. Dieser Effekt ist, gemessen an den Beta-Koeffizienten (in Modell M2a), am bedeutendsten. Neben den subjektiv wahrgenommenen Widerständen seitens der engeren Freunde und Bekannten scheinen dabei vor allem die Unterschiede im vermuteten Einverständnis der Familienangehörigen beim Besuch einer Person italienischer Herkunft maßgeblich zu sein, während für die Vorbehalte der Familienangehörigen gegenüber einer Freundschaft nach den Resultaten für das Modell M2b keine gesicherten Effekte erkennbar sind.[45]

Ergänzende, hier nicht im Detail wiedergegebene Analysen haben gezeigt, dass diese Zusammenhänge vom Bildungsniveau und Alter der befragten Personen weitestgehend unabhängig sind. Auch wenn man alters- und bildungsbedingte Einflüsse auf die Verhaltensintentionen gegenüber Türken bzw. Italiener in den Schätzungen berücksichtigt, bleiben die Ergebnisse für die betrachteten Grundmodelle im Wesentlichen unverändert. Lediglich der Wert des Regressionskoeffizienten für den Term $SEU_{SPRACHE}$ verringert sich unter Kontrolle von Alters- und Bildungsunterschieden geringfügig, was kaum überrascht, wenn man davon ausgeht, dass die Sensitivität für eventuelle Komplikationen der sprachlichen Verständigungsmöglichkeiten stark mit dem Lebensalter und Bildungsgrad variiert. Die Berücksichtigung dieser beiden Variablen verbessert überdies auch die Erklärungskraft der Modelle nicht wesentlich; der Anteil der erklärten Varianz erhöht sich (gegenüber den Modellen M2b) lediglich um einen Prozentpunkt von 28% auf 29% bzw. von 18% auf 19%.

5.2.2 Erweiterungen des Grundmodells

Die bisherigen Ergebnisse stützen das vorgeschlagene Erklärungsmodell. Aber haben sie auch dann noch Bestand, wenn man unterstellt, dass Diskriminierungstendenzen gegenüber Immigranten auch durch Vorurteile gegenüber „Ausländern" im Allgemeinen bestimmt sein können? Sind vielleicht die bislang betrachteten Modellparameter sogar nur eine Funktion derartiger Einstellungen, weil diese die Wahrnehmungen und Präferenzen der Akteure strukturieren? Um diese naheliegenden Fragen zu klären werden im Folgenden zunächst die Grundmodelle (Modell M2a) um den Indikator der generalisierten Einstellungen bzw. Vorurteile gegenüber Ausländern (*XENO*-Index) erweitert. Die Schätzergebnisse des so modifizierten Modells zur Erklärung der Diskriminierungstendenz gegenüber Türken (M3$_{TR}$) und gegenüber Italienern (M3$_{IT}$) sind in Tabelle 5-11 einander gegenübergestellt.

---

[45] Das ist hauptsächlich darauf zurückzuführen, dass die beiden Angaben zu den Vorbehalten der Familienangehörigen gegenüber engeren Kontakten zu Italienern hoch miteinander korreliert sind. Der Pearson-Korrelationskoeffizient beträgt 0,87. Der entsprechende Wert für die Gruppe der Türken ist mit 0,75 deutlich niedriger.

Tabelle 5-11: *Diskriminierungstendenzen gegenüber Türken und Italienern (Modell 3)*

	M3$_{TR}$			M3$_{IT}$		
	Koeff.	(β)	t-Wert	Koeff.	(β)	t-Wert
Konst.	-4,13		-4,21	-2,08		-2,33
SEU$_{SPRACHE}$	0,11	(0,14)	2,77	0,14	(0,19)	3,51
SEU$_{RELIGION}$	0,04	(0,04)	0,72	0,02	(0,02)	0,33
SEU$_{POLITIK}$	0,09	(0,09)	1,73	0,05	(0,05)	0,96
SEU$_{STATUS}$	0,08	(0,08)	1,46	0,09	(0,08)	1,43
U$_{VIELFALT}$	-0,33	(-0,07)	-1,58	-0,51	(-0,12)	-2,58
BG$_{TÜRK.}$	1,10	(0,25)	4,95			
BG$_{ITAL.}$				0,83	(0,19)	3,60
XENO	0,49	(0,14)	2,87	0,16	(0,06)	1,07
R² (adj.)	0,28			0,17		
N	420			424		

Datenbasis: Mannheim-Studie (ohne Personen mit ursprünglich ausländischer Staatsangehörigkeit).

Vergleicht man diese Ergebnisse mit den Resultaten für die Grundmodelle M2a, so ist zu erkennen, dass sich im Fall der Diskriminierungstendenzen gegenüber Türken der Anteil der erklärten Varianz unter Berücksichtigung der generalisierten Einstellungen gegenüber Ausländern lediglich um einen Prozentpunkt auf nunmehr 28% erhöht. Gleichzeitig sind einige Veränderungen bei den Regressionskoeffizienten des Grundmodells festzustellen. Die Effekte der Beziehungspräferenzen (mit Ausnahme von SEU$_{POLITIK}$) werden schwächer, wenn man die am XENO-Index gemessenen Unterschiede der Vorurteilsneigungen in der Schätzung kontrolliert. Auch die Bezugsgruppeneinflüsse schwächen sich ab. Das kann als Indiz dafür gewertet werden, dass man den Einfluss der „rationalen" Beziehungspräferenzen und Bezugsgruppenbarrieren überschätzen würde, wenn man Unterschiede in den generalisierten Einstellungen gegenüber Ausländern unberücksichtigt ließe. Allerdings wird ebenso deutlich, dass es nicht weniger irreführend wäre, wollte man die Varianz in den Diskriminierungstendenzen gegenüber Türken allein auf Vorurteile gegenüber Ausländern im Allgemeinen zurückführen; ein einfaches lineares Regressionsmodell, das nur die Variable XENO-Index enthält, weist einen R²-Wert von 0,16 auf und ist damit deutlich weniger erklärungskräftig als das Modell M3$_{TR}$. Die Beziehungspräferenzen und die Bezugsgruppenbarrieren leisten folglich einen Beitrag zur Erklärung der festgestellten

Unterschiede im Verhältnis zu Personen türkischer Herkunft, der erheblich über das hinausgeht, was durch generalisierte Vorurteile allein erklärt werden kann. Die Überprüfung des äquivalenten Modells zur Erklärung der Diskriminierungstendenz gegenüber Italienern (M3$_{IT}$) ergibt in dieser Hinsicht ein etwas anderes Resultat. In diesem Fall trägt die Einbeziehung der Unterschiede in den Vorurteilen gegenüber Ausländern im Allgemeinen nicht zu einer besseren Erklärung bei. Der Regressionskoeffizient der *XENO*-Variablen ist nicht signifikant von Null verschieden. Die Koeffizienten des Grundmodells ändern sich gegenüber dem Modell M2a kaum. Das ist nicht zuletzt deshalb beachtlich, weil sich in der bivariaten Analyse durchaus ein konsistenter, wenn auch nicht sehr starker Zusammenhang zwischen den generalisierten Vorurteilen und den latenten Diskriminierungstendenzen gegenüber Italienern ergibt.[46] Doch dieser Effekt wird gemäß den Schätzergebnissen bedeutungslos, sobald die individuellen Beziehungspräferenzen und die subjektiv wahrgenommenen Bezugsgruppenbarrieren kontrolliert werden.

Bedingungen der Modell-Selektion

Die M3-Modelle beziehen Einflüsse von Vorurteilen auf Diskriminierungstendenzen in sehr einfacher Form ein. Im Prinzip wird damit unterstellt, dass generalisierte Vorurteile gegenüber Ausländern in der gesamten Population die Verhaltensintentionen gegenüber Personen türkischer oder italienischer Herkunft mit bestimmen. Diese Spezifikation greift aber zu kurz, wenn der Einfluss von Vorurteilen an bestimmte, im Schätzmodell zu berücksichtigende Voraussetzungen gebunden ist. Das in Anlehnung an die Theorie der Frame-Selektion entwickelte Erklärungsmodell gibt an, welche Bedingungen in Betracht zu ziehen sind (vgl. Abschnitt 4.3). Danach ist zu erwarten, dass der Effekt der generalisierten Einstellungen auf das Verhalten bzw. die Verhaltensintentionen gegenüber Türken und Italienern umso stärker ist, je höher die subjektiv wahrgenommene Geltung stark generalisierter Vorurteile in Bezug auf „Ausländer" im Allgemeinen ist und je positiver die Konsequenzen einer Orientierung daran bewertet werden.

Nach den bereits ausführlich begründeten Brückenhypothesen ist davon auszugehen, dass ein Einfluss generalisierter Vorurteile auf die Verhaltensintentionen gegenüber Immigranten vor allem dann wahrscheinlich ist, wenn die entsprechenden Einstellungen erstens ein mehr oder weniger selbstverständlicher und fest verankerter Bestandteil der kognitiven Grundausstattung einer Kohorte sind, wenn sie zweitens keinen anhaltenden Irritationen durch persönliche Kontakte zu Ausländern ausgesetzt sind und/oder wenn die damit verbundenen Konsequenzen drittens mit latenten Interessenlagen im Hintergrund des Framing-Prozesses über-

---

[46] In einem bivariaten Regressionsmodell mit den latenten Diskriminierungstendenzen gegenüber Italienern als abhängiger und generalisierten Vorurteilen als unabhängiger Variablen hat der Koeffizient den Wert 0,75 (t = 5,45; β = 0,26); der Anteil der erklärten Varianz beträgt 6%.

Erweiterungen des Grundmodells 161

einstimmen. Um diese Hypothesen zu überprüfen, werden im Folgenden modifizierte Varianten des Modells M3 genauer analysiert, in denen neben einem linearen Term für die generalisierten Vorurteile gegenüber Ausländern auch Interaktionseffekte mit

(a) einer Dummy-Variablen für die Kohorte der vor 1941 Geborenen,[47]
(b) Indikatoren des persönlichen Kontakts zu Ausländern in der Nachbarschaft und am Arbeitsplatz[48] und
(c) Indikatoren der sozialen Lage der Befragten

berücksichtigt werden.[49] Die Schätzergebnisse für die erweiterten Modelle zur Erklärung der Diskriminierungstendenzen gegenüber Türken ($M4_{TR}$) und Italienern ($M4_{IT}$) sind in Tabelle 5-12 einander gegenüber gestellt.

---

[47] Die Kohortenvariable *Pre1941* hat den Wert 1, wenn der oder die Befragte vor 1941 geboren wurde, und den Wert 0, wenn das nicht der Fall ist.
[48] Die Variable $KONTAKT_{N/A}$ weist den Wert 1 auf, wenn jemand in der Nachbarschaft *oder* bei der Arbeit Kontakt zu Personen ausländischer Herkunft hat; gibt es weder in der Nachbarschaft noch bei der Arbeit solche Kontakte, ist ihr Wert 0.
[49] Als Indikator der sozialen Lage wird eine Dummy-Variable verwendet, die den Wert 1 hat, wenn eine Person als höchsten erreichten Schulabschluss den Abschluss der Volks- oder Hauptschule oder überhaupt keinen Abschluss angibt (*BILD_1*). Dieser Indikator wird einem Indikator der Klassenlage vorgezogen, weil die Klassenvariable eine größere Anzahl an fehlenden Werten aufweist; die Fallzahl würde sich dadurch auf N=357 reduzieren. Ergänzende Analysen haben gezeigt, dass die verwendete Dummy-Variable eine brauchbare Identifikation jener sozialen Positionen ermöglicht, die vor dem Hintergrund der Konkurrenzhypothese von besonderem Interesse sind. Rund 77% der Befragten, die nach dem Klassenschema zur *lower class* zu zählen sind, finden sich in dieser bildungsschwachen Gruppe. Die überwiegende Mehrzahl dieser Personen fällt in die unteren Einkommenskategorien. Außerdem ist diese Gruppe in jenen Branchen überrepräsentiert, in denen vorzugsweise Personen ausländischer Herkunft beschäftigt sind (v.a. Bau- und verarbeitendes Gewerbe).

Tabelle 5-12: Diskriminierungstendenzen gegenüber Türken und Italienern (Modell 4)

	M4$_{TR}$			M4$_{IT}$		
	Koeff.	(β)	t-Wert	Koeff.	(β)	t-Wert
Konst.	-4,48		-2,72	-3,13		-2,10
SEU$_{SPRACHE}$	0,11	(0,14)	2,69	0,14	(0,18)	3,39
SEU$_{RELIGION}$	0,02	(0,03)	0,49	-0,02	(-0,02)	-0,30
SEU$_{POLITIK}$	0,10	(0,10)	1,94	0,05	(0,05)	0,90
SEU$_{STATUS}$	0,08	(0,08)	1,53	0,12	(0,11)	1,95
U$_{VIELFALT}$	-0,39	(-0,08)	-1,81	-0,57	(-0,13)	-2,86
BG$_{TÜRK.}$	1,11	(0,26)	4,77			
BG$_{ITAL.}$				0,79	(0,18)	3,41
XENO-Index	0,60	(0,18)	1,57	0,50	(0,17)	1,40
Pre1941	-0,33	(-0,03)	-0,25	-1,91	(-0,21)	-1,61
KONTAKT$_{N/A}$	1,60	(0,13)	1,13	2,87	(0,26)	2,19
BILD_1	-1,61	(-0,16)	-1,33	-0,58	(-0,06)	-0,52
Pre1941*XENO	0,02	(0,01)	0,05	0,42	(0,21)	1,40
KONTAKT$_{N/A}$ *XENO	-0,54	(-0,19)	-1,50	-0,91	(-0,38)	-2,75
BILD_1*XENO	0,60	(0,26)	1,91	0,41	(0,20)	1,39
R² (adj.)		0,29			0,20	
N		417			421	

Datenbasis: Mannheim-Studie (ohne Personen mit ursprünglich ausländischer Staatsangehörigkeit).

Die Resultate der Schätzungen bestätigen die Hypothesen des erweiterten Modells nur teilweise. Was die Diskriminierungstendenzen gegenüber Türken anbelangt, so erhöht sich, gemessen an den Beta-Koeffizienten, die Erklärungskraft der generalisierten Einstellungen gegenüber Ausländern (bei größerer Irrtumswahrscheinlichkeit) nur wenig. Die Effekte der Beziehungspräferenzen und der Bezugsgruppenbarrieren bleiben unverändert oder verstärken sich sogar geringfügig. Ob jemand zur Kohorte der vor 1941 Geborenen gehört, oder ob jemand Kontakte zu Ausländern am Arbeitsplatz oder in der Nachbarschaft hat, scheint indessen weder direkt noch in Interaktion mit dem Vorurteils-Indikator einen eindeutigen Effekt auf die Verhaltensintention gegenüber Türken zu haben (obwohl es zumindest der Tendenz nach Hinweise darauf gibt, dass persönliche

Kontakte den Einfluss von Vorurteilen abdämpfen). Dagegen ergibt sich in Bezug auf die soziale Lage der Befragten der erwartete Zusammenhang: In der Gruppe derjenigen, die den unteren Schichten bzw. der *lower class* zugerechnet werden können, ist der Einfluss der generalisierten Einstellungen auf die Verhaltensintentionen (unter sonst gleichen Bedingungen) erheblich stärker als in den privilegierteren Bevölkerungsschichten. Der (prognostizierte) bedingte Erwartungswert der Diskriminierungstendenz gegenüber Türken liegt den Schätzergebnissen zufolge in dieser Gruppe ungefähr bei einem Wert von 3,20 (SD = 3,09); das sind immerhin fast zwei Skalenpunkte mehr als beim Durchschnitt aller anderen Befragten (mit einem bedingten Erwartungswert von 1,34).

Ein etwas anderes Bild zeigt sich, wenn man die Diskriminierungstendenzen gegenüber Italienern betrachtet. In diesem Fall sind, im Unterschied zum Schätzergebnis für das Modell M3$_{IT}$, Effekte der generalisierten Einstellungen gegenüber Ausländern auf die Verhaltensintentionen festzustellen, sobald die relevanten Nebenbedingungen kontrolliert werden; die Koeffizienten der Beziehungspräferenzen und der Bezugsgruppenbarrieren bleiben im Wesentlichen unverändert. Der Regressionskoeffizient der Vorurteilsvariablen erhöht sich gegenüber M3$_{IT}$ deutlich, wenngleich der Haupteffekt in diesem Modell statistisch nicht befriedigend abgesichert ist. Die Interaktionseffekte mit den Indikatoren der sozialen Lage und der Geburtskohorte entsprechen zumindest tendenziell den Hypothesen, sind aber in Anbetracht der *t*-Werte ebenfalls mit Zurückhaltung zu interpretieren.

Ziemlich eindeutig sind dagegen die Zusammenhänge mit den persönlichen Kontakten zu Ausländern. Hier zeigt sich deutlich, dass der Einfluss allgemeiner Vorurteile auf die Verhaltensintentionen gegenüber Italienern ganz wesentlich davon abhängt, ob die Befragten Kontakte zu Ausländern in der Nachbarschaft oder am Arbeitsplatz haben. Wer solche persönlichen Kontakte hat, lässt sich in den Verhaltensabsichten gegenüber Italienern (*ceteris paribus*) weniger stark von Vorurteilen gegenüber Ausländern im Allgemeinen beeinflussen, als Personen, die weder in der Nachbarschaft noch am Arbeitsplatz entsprechende Kontakte haben oder hatten. Betrachtet man wiederum die (prognostizierten) bedingten Erwartungswerte, so liegt der Durchschnittswert der Diskriminierungstendenz insgesamt bei 0,63 (SD = 2,00). Dieser Wert erhöht sich in der Gruppe der Personen ohne Kontakte zu Ausländern auf 1,84 (SD = 2,86). Unter denjenigen, die solche Kontakte haben, sinkt er auf 0,35 (SD = 1,61).

Dieses Resultat ist besonders beachtlich, weil dabei eine Operationalisierung der Kontakte zugrunde gelegt wird, die das Problem der Endogenität der Kontakte weitgehend ausschaltet. Die Kontaktvariable bezieht sich allein darauf, ob jemand überhaupt Kontakte zu Ausländern bei der Arbeit oder in der Nachbarschaft hat. Sie erfasst im Unterschied zu Kontakten im Freundes- und Bekanntenkreis somit auch Kontakte, die nicht bewusst gewählt wurden. Wie bereits bei der deskriptiven Darstellung der Kontaktangaben gezeigt wurde, ist nur ein relativ kleiner Teil dieser Kontakte so intensiv, dass sich die Beteiligten innerhalb eines Jahres wenigstens einmal besucht haben. Nur etwa jeder Dritte hat so enge persönliche Beziehungen zu Bekannten ausländischer Herkunft in der Nachbarschaft oder am Arbeitsplatz. In den meisten Fällen handelt es sich wohl um Gelegenheitskontakte. Interessant ist, dass offenbar schon solche Kontakte ausreichen, um Einflüsse von allgemeinen Vorurteilen auf die Verhaltensabsicht gegenüber Italienern deutlich abzuschwächen.[50] Oder anders formuliert: Von generalisierten Einstellungen gegenüber Ausländern lassen sich in ihrem beabsichtigten Verhalten gegenüber Italienern hauptsächlich diejenigen leiten, deren Vorurteile keinen Irritationen durch persönliche Beziehungen zu Ausländern ausgesetzt sind. Genau das war nach dem theoretischen Modell zu erwarten.

5.2.3 Kovariate und alternative Erklärungsansätze

Die bislang betrachteten Determinanten sozialer Distanzen und latenter Diskriminierungstendenzen sind in der Forschung über interethnische Beziehungen kaum beachtet worden. Stattdessen werden zahlreiche andere Einflussfaktoren diskutiert (vgl. Kap. 2). Wenn man von der Theorie der autoritären Persönlichkeit ausgeht, dann wäre zu erwarten, dass in autoritaristischen Einstellungen zum Ausdruck kommende Persönlichkeitsdispositionen eine große Wirkung auf die Verhaltensintentionen gegenüber „Ausländern" haben. Je stärker die Neigung zu autoritaristischen Attitüden ist, desto negativer und distanzierter sollten die Verhaltensabsichten gegenüber Menschen ausländischer Herkunft sein. Nach diversen Varianten der „Sündenbockhypothese" wäre zudem anzunehmen, dass sich Zustände individuell erlebter Anomie in ähnlicher Weise auswirken. Wer das Vertrauen in die bestehende soziale Ordnung verloren hat, eine erhebliche Diskrepanz zwischen sozial anerkannten Lebenszielen und den zu ihrer Erreichung erforderlichen Mitteln empfindet oder andere „desintegrative" Erfahrungen gemacht hat, wird diesen Ansätzen zufolge überdurchschnittlich stark zu negativen Einstellungen und Verhaltensweisen gegenüber Immigranten neigen.

Nach der Theorie der sozialen Identität sind des Weiteren Unterschiede im Ausmaß der Identifikation mit der ethnischen Eigengruppe in Betracht zu ziehen. Deutliche Abgrenzungen bzw. Diskriminierungstendenzen gegenüber ethnisch differenzierten *outgroups* werden nach dieser Theorie hauptsächlich dann auftreten, wenn die Zugehörigkeit zur ethnischen Eigengruppe ein wesentliches, positiv bewertetes Element der sozialen Identität darstellt, das durch die Abwertung der nicht zur Eigengruppe gehörigen Personen untermauert wird. Im Übrigen ist nach wie vor ungeklärt, wie die Gegebenheiten des sozialräumlichen Kontextes ethni-

---

[50] Der Kontakteffekt in Bezug auf die Diskriminierungstendenz gegenüber Italienern bleibt selbst dann statistisch signifikant, wenn man diejenigen Personen in der Schätzung ausklammert, die intensive Beziehungen zu Ausländern (in der Nachbarschaft und/oder am Arbeitsplatz) haben.

sche Grenzziehungen beeinflussen. Die bislang vorliegenden Evidenzen sind uneinheitlich. In einigen Studien finden sich Hinweise darauf, dass hohe Ausländeranteile im Wohnumfeld als Merkmal des sozialräumlichen Kontextes – auch unter Kontrolle relevanter individueller Charakteristika – negative Einstellungen und soziale Distanzen gegenüber „Ausländern" fördern. Andere Untersuchungen wecken begründete Zweifel daran.

Im Hinblick auf die zuvor präsentierten Modelle zur Erklärung der Unterschiede in den Diskriminierungstendenzen gegenüber Türken und Italienern stellt sich nun die Frage, inwiefern eine Berücksichtigung dieser Aspekte zu einer Verbesserung des Erklärungspotentials beitragen kann oder ob dadurch eventuell sogar grundlegende Revisionen der bisherigen Befunde erforderlich werden. So ist zum Beispiel denkbar, dass etwa die Beziehungspräferenzen an Bedeutung verlieren, sobald Unterschiede in Bezug auf autoritaristische Attitüden oder anomische Zustände in die Schätzung einbezogen werden. Nach der Theorie der autoritären Persönlichkeit oder den diversen Varianten der „Sündenbocktheorien" wäre dies jedenfalls zu erwarten. Sollten sich die Schätzergebnisse für das erweiterte Grundmodell dagegen als robust erweisen, so wäre das ein zusätzliches Indiz für die Tauglichkeit des damit verbundenen Erklärungsansatzes.

Zu diesem Zweck werden die zuletzt betrachteten Schätzmodelle (M4$_{TR}$ und M4$_{IT}$) um die vier genannten Aspekte ergänzt. Als Indikator der Gegebenheiten des sozialräumlichen Kontextes dient eine Dummy-Variable, die den Wert 1 hat, wenn der Ausländeranteil im Stadtteil relativ hoch ist. Die Messung der autoritaristischen Attitüden stützt sich auf eine aus vier Items additiv konstruierte Skala, die dem Fragenprogramm der Allgemeinen Bevölkerungsumfrage der Sozialwissenschaften (ALLBUS) entnommen wurde.[51] Diese Kurzform der von Gerda Lederer entwickelten Autoritarismus-Skala beruht im Kern auf einer von Kagitcibasi entwickelten Skala, deren Ausgangsmaterial wiederum Instrumente aus der Berkeley-Studie zur *authoritarian personality* sind (Hübner, Schmidt, Schürhoff und Schwarzer 2001). Auch die beiden anderen Indikatoren entstammen den ALLBUS-Surveys: die auf einen Vorschlag von Leo Srole zurückgehende Anomie-Skala (ZA & ZUMA 2001)[52] und die „Nationalstolz"-Frage zur Messung der

---

[51] Die vier Items zur Messung von Autoritarismus lauten wie folgt: (1) „Zu den wichtigsten Eigenschaften, die jemand haben kann, gehört disziplinierter Gehorsam der Autorität gegenüber"; (2) „Im allgemeinen ist es einem Kind nützlich, wenn es gezwungen wird, sich den Vorstellungen seiner Eltern anzupassen"; (3) „Die derzeitige Kriminalität und die fehlende sexuelle Moral lassen es unumgänglich erscheinen, mit gewissen Leuten härter zu verfahren, wenn wir unsere moralischen Prinzipien wahren wollen"; (4) „Wir sollten dankbar sein für führende Köpfe, die uns genau sagen, was wir tun sollen". Eine Faktorenanalyse mit diesen vier Items ergibt nach dem Kaiser-Kriterium eine Hauptkomponente. Der Reliabilitätskoeffizient (Cronbachs Alpha) beträgt 0,74.
[52] Die Items zur Messung des Konstrukts „Anomie" haben im Einzelnen folgenden Wortlaut: (1) „Die Situation der einfachen Leute wird nicht besser, sondern schlechter"; (2) „So wie die Zukunft aussieht, kann man es kaum noch verantworten, Kinder auf die Welt zu bringen"; (3) „Die meisten Politiker interessieren sich in Wirklichkeit gar nicht für die Probleme der einfachen Leute"; (4) „Die meisten Leute kümmern sich überhaupt nicht darum, was mit ihren Mitmenschen geschieht". Eine faktorenanalytische Überprüfung dieser vier Items ergibt eine eindimensionale Lösung.

Identifikation mit der Eigengruppe.[53] Jede Variable ist so codiert, dass höhere Werte stärkere Tendenzen zu Autoritarismus und Anomie bzw. eine stärkere Identifikation mit der Eigengruppe indizieren. Tabelle 5-13 fasst die Schätzergebnisse für die entsprechend erweiterten Modelle (M5$_{TR}$ und M5$_{IT}$) zusammen.

Tabelle 5-13: *Diskriminierungstendenz gegenüber Türken und Italienern (Modell 5)*

	M5$_{TR}$			M5$_{IT}$		
	Koeff.	(β)	t-Wert	Koeff.	(β)	t-Wert
Konst.	-6,17		-3,19	-5,64		-3,25
SEU$_{SPRACHE}$	0,11	(0,14)	2,60	0,14	(0,19)	3,60
SEU$_{RELIGION}$	0,04	(0,05)	0,86	-0,01	(-0,00)	-0,08
SEU$_{POLITIK}$	0,11	(0,11)	2,04	0,06	(0,05)	1,00
SEU$_{STATUS}$	0,11	(0,10)	1,84	0,16	(0,15)	2,56
U$_{VIELFALT}$	-0,46	(-0,09)	-2,07	-0,61	(-0,13)	-2,98
BG$_{TÜRK.}$	1,00	(0,23)	4,19			
BG$_{ITAL.}$				0,69	(0,16)	2,96
XENO-Index	0,32	(0,09)	0,72	0,34	(0,11)	0,85
Pre1941	-0,35	(-0,03)	-0,26	-1,80	(-0,20)	-1,47
KONTAKT$_{N/A}$	1,34	(0,11)	0,84	3,09	(0,27)	2,11
BILD_1	-2,02	(-0,20)	-1,53	-0,78	(-0,09)	-0,64
ANOMIA	0,18	(0,04)	0,91	0,13	(0,04)	0,72
AUTORITARISMUS	-0,16	(-0,05)	-0,78	-0,22	(-0,07)	-1,25
NATION	0,85	(0,16)	3,13	-0,91	(0,20)	3,68
KONTEXT	1,32	(0,13)	2,76	1,68	(0,19)	3,88
Pre1941*XENO	0,06	(0,03)	0,19	0,48	(0,24)	1,57
KONTAKT$_{N/A}$*XENO	-0,57	(-0,20)	-1,47	-1,04	(-0,42)	-2,91
BILD_1*XENO	0,59	(0,25)	1,73	0,32	(0,16)	1,05
R² (adj.)		0,31			0,26	
N		387			391	

Datenbasis: Mannheim-Studie (ohne Personen mit ursprünglich ausländischer Staatsangehörigkeit).

---

[53] Die Identifikation mit der Eigengruppe wird über eine einzelne Frage erhoben: „Manche Leute sind sehr stolz darauf, Deutsche zu sein. Bei anderen ist das weniger der Fall. Wie ist das bei Ihnen? Würden Sie sagen, dass Sie sehr stolz – ziemlich stolz – nicht sehr stolz- oder überhaupt nicht stolz darauf sind, ein(e) Deutsche(r) zu sein?".

An den Resultaten ist zu erkennen, dass die Beziehungspräferenzen und die Bezugsgruppenbarrieren auch unter Kontrolle der sozialräumlichen Kontextbedingungen und der zusätzlich ins Schätzmodell aufgenommenen Einstellungskonstrukte einen wesentlichen Beitrag zur Erklärung der Unterschiede in den Diskriminierungstendenzen gegenüber Türken und Italienern leisten.[54] Einige Parameter des Grundmodells treten sogar noch deutlicher hervor, wenn diese zusätzlichen Variablen kontrolliert werden. Dagegen schwächt sich der Haupteffekt der generalisierten Einstellungen gegenüber Ausländern noch weiter ab; der Koeffizient ist in beiden Schätzungen nicht signifikant von Null verschieden. Allein die bereits zuvor aufgezeigten Interaktionseffekte mit den Indikatoren der sozialen Lage (in Bezug auf die Distanz gegenüber Türken) und mit den persönlichen Kontakten zu Ausländern (hinsichtlich der Distanz gegenüber Italienern) sind beachtlich. Das heißt, generalisierte Vorurteile haben – auch unter Kontrolle von Unterschieden in den autoritären und anomischen Attitüden, im Grad der Identifikation mit der Eigengruppe sowie in den sozialräumlichen Kontexten – einen größeren Effekt auf die Diskriminierungstendenz gegenüber Türken, wenn sie an vergleichsweise niedrige soziale Positionen und damit eventuell einher gehende Konkurrenzwahrnehmungen gekoppelt sind. Verhaltensintentionen gegenüber Italienern werden indessen stärker von solchen Vorurteilen beeinflusst, wenn die betreffende Person überhaupt keine Kontakte zu Ausländern in der Nachbarschaft und/oder am Arbeitsplatz hat.

Die empirische Überprüfung der Auswirkungen von Anomie und Autoritarismus auf die Verhaltensintentionen gegenüber den beiden Immigrantengruppen ergibt für die damit verbundenen Theorien eher ernüchternde Resultate. In beiden Schätzungen sind die Indikatoren unter Kontrolle der übrigen Determinanten statistisch nicht signifikant. Das heißt aber nicht, dass diese Konstrukte überhaupt nicht mit dem Ausmaß der sozialen Distanz bzw. der Diskriminierungsneigung korrelieren. Bei einer bivariaten Betrachtung zeigen sich in Bezug auf Autoritarismus durchaus die üblicherweise prognostizierten Zusammenhänge. Doch sobald die Unterschiede in den generalisierten Einstellungen gegenüber Ausländern in der Analyse berücksichtigt werden, verlieren sie nahezu vollständig an Erklärungskraft. Das ist in Anbetracht der starken Korrelation zwischen Vorurteilen und Autoritarismus (0,59) auch wenig überraschend. Dieser Zusammenhang deutet einmal mehr darauf hin, dass negative Einstellungen gegenüber Ausländern vielleicht tatsächlich besser als eine Teildimension denn als eine Folge autoritaristischer Attitüden aufzufassen sind.

Bei den Auswirkungen der Anomie sind, erwartungsgemäß, enge Verbindungen zur sozialen Lage der Akteure festzustellen. Die Tatsache, dass jemand zu den unteren Bildungs- und Einkommensgruppen gehört, erklärt allein schon fast

---

[54] Durch *missing values* bei den Einstellungsvariablen reduziert sich die Fallzahl um rund 30 Beobachtungen. Die Schätzergebnisse werden dadurch aber nicht gravierend beeinflusst. Selbst wenn das Vergleichsmodell (Modell 4) mit dem reduzierten Datensatz (ohne Beobachtungen mit *missing values* bei den Einstellungsvariablen) geschätzt wird, bleiben die zuvor berichteten Ergebnisse robust.

13% der Varianz in den Messwerten der Anomie. Insofern verwundert es nicht, dass die Variable in den Hintergrund tritt, sobald direkte Indikatoren der sozialen Lage in das Modell aufgenommen werden. Wie schon bei der Autoritarismusskala ergeben sich bei einer rein bivariaten Analyse durchaus die vermuteten Zusammenhänge zwischen anomischen Attitüden und den Diskriminierungstendenzen gegenüber Türken bzw. Italienern. Doch schon allein die gleichzeitige Berücksichtigung des einfachen Indikators zur Messung von Unterschieden in der „objektiven" sozialen Situation der Akteure (BILD_1) reicht aus, um den direkten Effekt der Anomie-Variablen ganz erheblich abzuschwächen. Auch im Vergleich zum einfachen Grundmodell (M2a) führt eine Einbeziehung dieses Konstruktes zu keiner wesentlichen Verbesserung der Erklärungspotentials.[55]

Im Unterschied dazu sind beim „Nationalstolz", dem dritten Einstellungskonstrukt, das zusätzlich in die Analyse aufgenommen wurde, sehr klare Effekte auf die Diskriminierungstendenzen gegenüber Immigranten zu beobachten. Selbst wenn man alle anderen Charakteristika konstant halten würde, haben diejenigen Personen, die von sich sagen, sie seien stolz, Deutsche zu sein, eine wesentlich stärkere Diskriminierungsneigung gegenüber beiden Immigrantengruppen als diejenigen, für die das nicht zutrifft. Wer sehr stolz darauf ist, Deutsche(r) zu sein, hat einen bedingten Erwartungswert auf der Diskriminierungsskala von 5,1 (gegenüber Türken) bzw. 3,1 (gegenüber Italienern); bei allen anderen liegt er mit Werten von 1,6 bzw. 0,2 wesentlich niedriger. Der Anteil der erklärten Varianz erhöht sich immerhin um gut zwei Prozentpunkte gegenüber einem Modell, in dem solche Unterschiede nicht beachtet werden. Das kann als ein Indiz für die Plausibilität der Argumente aus der Theorie der sozialen Identität gewertet werden, wenngleich zu berücksichtigen ist, dass das verwendete Nationalstolz-Item nur ein relativ grober Indikator für die theoretisch relevanten Zusammenhänge ist. Doch die zentrale Hypothese wird tendenziell bestätigt, wonach die Neigung zur Abwertung von Fremdgruppen und die Diskriminierungstendenz gegenüber einer solchen Gruppe umso stärker ist, je stärker (unter sonst gleichen Bedingungen) die Identifikation mit der Eigengruppe ist.

Im Übrigen hat aber nicht jeder, der „sehr stolz" ist, deutsch zu sein, in jedem Fall eine überdurchschnittlich starke Diskriminierungstendenz. So haben zum Beispiel Personen mit dem höchsten Nationalstolz-Indexwert, die sich zugleich mit überdurchschnittlich starken Bezugsgruppenbarrieren konfrontiert sehen, nach den Schätzergebnissen eine außerordentlich starke Diskriminierungstendenz. Im Unterschied dazu liegt der Diskriminierungswert nur geringfügig über dem Mittelwert der gesamten Stichprobe, wenn jemand zwar „sehr stolz" darauf ist, deutsch zu sein, aber gleichzeitig davon ausgeht, dass die eigene Bezugsum-

---

[55] Überprüft wurde im Übrigen auch der Effekt der so genannten „fraternalen Deprivation" auf die untersuchten Diskriminierungstendenzen. Als Indikator dieses Deprivationskonstrukts diente dabei ein Item aus dem Eurobarometer-Survey von 1988 („Ist es einheimischen Deutschen wie Ihnen in den vergangenen fünf Jahren in wirtschaftlicher Hinsicht besser oder schlechter ergangen als den hier lebenden Türken?"). Auch für diese Variable sind keine signifikanten Einflüsse festzustellen.

gebung Türken und Italienern gegenüber vergleichsweise positiv eingestellt ist.[56] Es wäre folglich kurzschlüssig, wollte man Vorurteile, soziale Distanzen oder Diskriminierungstendenzen gegenüber Fremdgruppen – wie dies in manchen sehr einfachen Umsetzungen der Theorie der sozialen Identität geschieht – allein auf das Bedürfnis nach einer positiven sozialen Identität zurückführen. Erst die multivariate Analyse ermöglicht eine differenziertere Einschätzung dieses Zusammenhangs.

Bemerkenswert ist schließlich auch der deutliche Effekt des sozialräumlichen Kontextes. Wie in Tabelle 5-13 zu erkennen ist, zeigt die entsprechende Dummy-Variable (*KONTEXT*) einen positiven Einfluss auf die Diskriminierungstendenz sowohl gegenüber Türken als auch gegenüber Italienern an. Das heißt, wenn der Ausländeranteil im unmittelbaren Wohngebiet sehr hoch ist, dann haben die „Einheimischen" (*ceteris paribus*) eine überdurchschnittlich starke Neigung, bei der Auswahl ihrer sozialen Kontakte Deutsche gegenüber Türken oder Italienern prinzipiell vorzuziehen. Dieses Resultat ist umso beachtlicher, als sich bei den anderen Indikatoren der ethnischen Grenzziehung kein Unterschied in Bezug auf den relativen Ausländeranteil im Wohngebiet feststellen lässt. Sowohl die Durchschnittswerte der generalisierten Einstellungen gegenüber Ausländern als auch die Präferenzen zur Regelung weiterer Zuzugsmöglichkeiten variieren nicht systematisch mit diesem Kontextmerkmal.[57] Selbst die einfachen Messwerte der sozialen Distanz gegenüber Türken und Italienern unterscheiden sich nicht signifikant zwischen den Kontexten.[58] Die Wahrscheinlichkeit, dass jemand persönliche Kontakte zu Ausländern in der Nachbarschaft oder am Arbeitsplatz hat, ist sogar etwas höher in Gebieten, in denen relativ viele Ausländer leben.

Der Schlüssel zur Erklärung dieses scheinbar paradoxen Resultats dürfte in den subtileren Unterschieden hinsichtlich der Verhaltensabsichten gegenüber der Vergleichsgruppe liegen. Die Befragten aus dem Kontext mit einem überdurchschnittlich hohen Ausländeranteil (Kontext A) haben zwar – gemessen am Durchschnitt der absoluten Werte – keine größere Distanz gegenüber Türken oder Italienern, aber es gibt unter ihnen einen wesentlich größeren Anteil von Personen, die eine besonders ausgeprägte Präferenz für Beziehungen zu „Einheimischen" haben als Personen, die in ihrem Wohngebiet hauptsächlich mit Deutschen zu tun

---

[56] Der bedingte Erwartungswert der Diskriminierungstendenz gegenüber Türken beträgt in der Gruppe mit hohen Nationalstolzwerten („sehr stolz") und überdurchschnittlich starken (subjektiv wahrgenommenen) Bezugsgruppenbarrieren (im Wertebereich > 3) rund 6,8; bei vergleichsweise schwachen Vorbehalten der Bezugsumgebung gegenüber persönlichen Kontakten zu Türken oder Italienern liegt der bedingte Erwartungswert bei gleich hohen Nationalstolzwerten („sehr stolz") hingegen bei etwa 2,5. Die tatsächlich beobachteten Durchschnittswerte (ohne Kontrolle der übrigen Variablen) unterscheiden sich davon kaum (7,7 bzw. 2,7).
[57] Der Mittelwert des *XENO*-Index liegt in dem Stadtteil mit einem relativ hohen Ausländeranteil bei 3,45 (SD = 1,64) und im anderen Stadtteil bei 3,23 (SD = 1,33). Diese Unterschiede sind statistisch nicht signifikant.
[58] Im Kontext mit einem überdurchschnittlich hohen Ausländeranteil betragen die Mittelwerte der sozialen Distanz gegenüber Türken 2,19 (SD = 0,96) und gegenüber Italienern 2,00 (SD = 0,87). Die Vergleichswerte im anderen Kontext liegen bei 2,21 (SD = 0,87) und 1,98 (SD = 0,76). Auch diese Mittelwertdifferenzen sind so gering, dass reine Zufallseffekte nicht auszuschließen sind.

haben (Kontext B). Die Varianz der Verhaltensintentionen ist zudem in der Bevölkerung von Kontext A durchwegs höher. Dort findet sich auf der einen Seite eine relativ große Gruppe von Personen, die eine besonders positive und tolerante Haltung gegenüber Immigranten einnehmen, während sich auf der anderen Seite ein nicht unbeträchtlicher Anteil durch deren Präsenz in ihrem Wohlbefinden beeinträchtigt fühlt und bei sonst vergleichbaren Gegebenheiten lieber mehr Kontakte zu Deutschen hätte.

Betrachtet man die Schätzergebnisse genauer, dann ist allerdings auch zu erkennen, dass der direkte Kontexteffekt weitgehend durch persönliche Kontakte zu Ausländern kompensiert werden kann. Diejenigen, die in Kontext A wohnen und persönliche Kontakte zu Ausländern in der Nachbarschaft oder am Arbeitsplatz haben, weisen keine stärkere Diskriminierungstendenz auf als diejenigen, die in Kontext B wohnen und keine solchen Kontakte haben. Mit Abstand am größten ist die Diskriminierungsneigung indes in der Gruppe der Personen, die in einem Stadtteil mit überdurchschnittlich hohem Ausländeranteil wohnen, aber gleichzeitig keine persönlichen Kontakte zu Zugewanderten haben. Das kann einerseits daran liegen, dass sie trotz der besonders günstigen Voraussetzungen die Chancen zur Aufnahme persönlicher Kontakte zu Ausländern ganz bewusst nicht nutzen, weil sie in ihren unmittelbaren persönlichen Beziehungen eine starke Präferenz für Kontakte zu „Einheimischen" haben, während sie im Übrigen keine besonders ausgeprägten Vorurteile oder stärkere Vorbehalte gegen einen weiteren Zuzug von Immigranten nach Deutschland aufweisen.

Andererseits ist aber auch nicht auszuschließen, dass die grundsätzliche Bevorzugung von persönlichen Beziehungen zu Deutschen darauf zurückzuführen ist, dass sie im Alltag ständig mehr oder weniger flüchtigen und mehr oder weniger angenehmen Interaktionen mit „den Ausländern" ausgesetzt sind und daraus möglicherweise vorschnelle Konsequenzen für ihre Beziehungspräferenzen ziehen; würden sie dagegen die sich bietenden Gelegenheiten zu engeren persönlichen Kontakten zu Türken, Italienern oder anderen Immigranten nutzen, könnten sie sich einen differenzierteren Eindruck von „den Ausländern" verschaffen und würden sich folglich weniger an rein ethnisch begründeten Differenzierungen orientieren. Die Frage ist also letztlich, ob die Beziehungspräferenzen das Kontaktverhalten bestimmen oder das Kontaktverhalten die Beziehungspräferenzen. Es ist im Prinzip die gleiche Frage, die in der Diskussion um den empirischen Gehalt der Kontakthypothese seit mehr als einem halben Jahrhundert immer wieder für Kontroversen sorgt. Erst eine Analyse auf der Basis von (derzeit nicht vorhandenen) Paneldaten oder die Berücksichtigung des Selektionsproblems in Modellen wie den *endogenous switching regression models* (vgl. Powers und Ellison 1995; Manski 1995) werden darüber mehr Aufschluss geben können.

5.3 Ein letztes Zwischenfazit

Die multivariate Analyse der Unterschiede in den Diskriminierungstendenzen gegenüber Türken und Italienern hat eine Reihe interessanter Erkenntnisse über die Hintergründe ethnischer Grenzziehungen ergeben. Die Überprüfung des einfachen Grundmodells hat gezeigt, dass Differenzen in der prinzipiellen Neigung zur Bevorzugung von Deutschen gegenüber Türken oder Italienern, wie vermutet, zumindest teilweise auf Verschiedenheiten in den Beziehungspräferenzen und – vor allem – auf (subjektiv wahrgenommene) Vorbehalte seitens wichtiger Bezugspersonen und -gruppen zurückzuführen sind. Je nachdem, welche Aspekte persönlicher Beziehungen die Akteure generell als wichtig erachten, und welche Erwartungen sie im Hinblick auf diese Aspekte gegenüber Angehörigen der beiden betrachteten Immigrantengruppen haben, ergeben sich systematische Unterschiede in Bezug auf die Neigung zur Benachteiligung der ethnisch differenzierten „Fremdgruppe". Die Interaktion von Erwartungen und Bewertungen ist entscheidend: Nur wenn ein allgemeines Merkmal sozialer Beziehungen – wie zum Beispiel die Ähnlichkeit in Statusfragen oder in politischen Überzeugungen – hoch bewertet wird *und* gleichzeitig genau in diesem Bereich Schwierigkeiten im Umgang mit Türken oder Italienern erwartet werden, ist mit einer überdurchschnittlich starken Diskriminierungstendenz zu rechnen.

In diesem Zusammenhang ist deutlich geworden, dass die im Vergleich zu Italienerinnen und Italienern auffallend starke Zurückhaltung der „Einheimischen" gegenüber persönlichen Kontakten zu Personen türkischer Herkunft eng mit diesen Erwartungen verknüpft ist. Bei allen angesprochenen Aspekten geht ein erheblich größerer Anteil der Befragten davon aus, dass sich im Umgang mit türkischen Immigranten viel eher Komplikationen ergeben könnten als in Interaktionen mit Zuwanderern italienischer Abstammung. Das gilt nicht nur für die sprachliche Verständigung oder in religiöser Hinsicht, sondern ebenso in Bezug auf gesellschaftliche und politische Überzeugungen oder für Aspekte des sozialen Status. Dieses Ergebnis ist vor allem auch deshalb bemerkenswert, weil deutlich zu erkennen ist, dass die subjektiven Wahrnehmungen nicht einfach nur ein anderer Ausdruck für Vorurteile gegenüber ethnisch differenzierten Gruppen sind. Auch unter Kontrolle generalisierter Einstellungen gegenüber „Ausländern" leistet die Berücksichtigung der unterschiedlichen Erwartungen – in Verbindung mit den jeweiligen Bewertungen relevanter Aspekte persönlicher Beziehungen – einen wesentlichen Beitrag zur Erklärung der Varianz in den (latenten) Diskriminierungstendenz.

Mindestens ebenso beachtlich sind die eindeutigen Hinweise auf die vermuteten Bezugsgruppeneffekte. Sowohl in Bezug auf die Gruppe der türkischen Immigranten als auch hinsichtlich der Zuwanderer italienischer Herkunft haben die Schätzergebnisse deutlich demonstriert, dass die subjektiv wahrgenommenen Vorbehalte der Bezugsumgebung einer der wichtigsten Prädiktoren der Diskriminierungstendenz sind. Wer davon ausgeht, dass die eigenen Familienangehörigen, Verwandte, Freunde oder Bekannte engere persönliche Kontakte zu Italienern oder Türken ablehnen, neigt (unter sonst gleichen Bedingungen) viel eher zu diskriminierendem Verhalten als jemand, der mit einer insgesamt eher positiven Reaktion rechnet. Damit bestätigt sich das Ergebnis der so genannten Duisburg-Studie, in der bereits vor rund zwei Jahrzehnten auf die zentrale Bedeutung dieser Determinante aufmerksam gemacht wurde (vgl. Abschnitt 3.3.3).

Alles in allem ist das die Bezugsgruppeneffekte und Beziehungspräferenzen umfassende Grundmodell eine interessante Alternative zu den bislang üblichen Erklärungsansätzen. Im Unterschied zu den sonst oft nur *ad hoc* eingeführten Variablen (Alter, Bildung etc.) beruht es auf einer allgemeinen handlungstheoretischen Basis, die als Grundlage für die Formulierung empirisch überprüfbarer Brückenhypothesen dient. Die dabei gewählte Strategie der Modellierung orientiert sich an der *theory of reasoned action*, jener speziellen Variante der Werterwartungstheorie, die sowohl in der soziologischen als auch in der sozialpsychologischen Forschung einen prominenten Platz bei der Erklärung ganz unterschiedlicher Verhaltensweisen einnimmt. Das erweiterte, an der Theorie der Frame-Selektion orientierte Modell zeigt darüber hinaus auf, wie auf dieser allgemeinen theoretischen Basis auch „irrationale" Phänomene wie die Orientierung an generalisierten Einstellungen bzw. Vorurteilen erklärt werden können.

Für die empirische Umsetzung dieser Erklärungsmodelle wurde hier eine direkte Variante gewählt, bei der die subjektiven Bewertungen und Erwartungen der befragten Personen mit vorgegebenen Statements erhoben wurden. Diese Vorgehensweise hat bekanntlich ihre Tücken und ist gewiss kein Patentrezept für die Anwendung von *rational choice*-Theorien (vgl. dazu v.a. Diekmann 1996; Lindenberg 1996a; Lindenberg 1996b). Für die hier verfolgten Ziele erwies sie sich jedoch als ein geeignetes Mittel zur Überprüfung neuer, aufschlussreicher Hypothesen und als tragfähige Basis für die Spezifikation eines „rationalen" *baseline*-Modells. Andere Studien werden zeigen müssen, inwieweit sich vergleichbare Resultate auch mit Methoden der indirekten Überprüfung entsprechender Erklärungsmodelle erzielen lassen.

6. Subjektive Wahrnehmung und objektive Übereinstimmung

Die Hypothesen zur Bedeutung der Bezugsumgebung für die individuellen Einstellungs- und Verhaltensmuster sind in den bisherigen Analysen klar bestätigt worden. Die Resultate zeigen, in Übereinstimmung mit den Studien von Esser und Hill, dass die Angaben zu den subjektiv wahrgenommenen Vorbehalten von Seiten der Freunde, Bekannten oder Verwandten zu den wichtigsten Prädiktoren der sozialen Distanzen und (latenten) Diskriminierungstendenzen gegenüber ethnisch differenzierten Immigrantengruppen zu zählen sind (Esser 1986; Hill 1988). Je stärker die vermuteten Bezugsgruppenbarrieren gegenüber persönlichen Kontakten zu Türken oder Italienern sind, desto größer sind die sozialen Distanzen und die Neigungen zur Benachteiligung von Immigranten im persönlichen Umgang. Dieser Zusammenhang ist empirisch gut belegt und lässt sich als ein wesentliches Indiz dafür deuten, dass die untersuchten Einstellungs- und Verhaltensmuster in der Tat Prozessen der sozialen Beeinflussung unterworfen sind.

Heißt das aber auch, dass die Einstellungs- und Verhaltensmuster innerhalb der jeweiligen Bezugsumgebungen auch *faktisch* übereinstimmen? Gibt es überzeugende empirische Belege für eine mehr als nur zufällige Homogenität der Einstellungen und Verhaltensintentionen bei miteinander befreundeten, bekannten oder verwandten Personen? Oder ist der Zusammenhang zwischen den Eigenangaben der Befragten und den subjektiv wahrgenommenen Bezugsgruppenbarrieren nur ein Hirngespinst oder ein Artefakt? Ist die faktische Homogenität unter den Mitgliedern eines so genannten *core network* mehr oder weniger gleich wahrscheinlich? Oder lassen sich typische Randbedingungen identifizieren, unter denen die Voraussetzungen dafür besonders günstig sind? – Alle diese Fragen sind, speziell für den Bereich der interethnischen Beziehungen, bis jetzt noch nicht befriedigend geklärt worden (vgl. Abschnitt 3.3.3).

Auf der Grundlage der Mannheim-Studie kann jetzt ein erster Schritt zur Schließung dieser Lücke gemacht werden. In dieser Studie sind sowohl Angaben der zufällig ausgewählten Befragten über ihre Einstellungen und Verhaltensabsichten gegenüber „Ausländern" (*Ego-Angaben*) als auch Angaben der von diesen Befragten genannten Netzpersonen über ihre Einstellungen und Verhaltensintentionen (*Alteri-Angaben*) erhoben wurden. Durch einen Vergleich dieser Angaben kann festgestellt werden, wie groß die Übereinstimmung bei den verschiedenen Indikatoren der ethnischen Grenzziehung tatsächlich ist. Darüber hinaus enthält der Datensatz wichtige Informationen sowohl über die Charakteristika der beteiligten Personen als auch über relevante Merkmale der Beziehung und des sozialen Netzwerks, in das die Dyade eingebettet ist.[59] Damit wird es möglich, herauszufinden, welche Bedingungen eine Homogenisierung der Einstellungs- und Verhaltensmuster begünstigen und unter welchen Bedingungen eher mit Diskrepanzen zu rechnen ist.

6.1 Maßzahlen der Homogenität

Zur Einschätzung der faktischen Übereinstimmung zwischen den Angaben eines Befragten (Ego) und den Eigenangaben einer von diesem genannten Netzperson (Alter) sind möglichst gut interpretierbare und leicht vergleichbare Maßzahlen nötig. Auf den ersten Blick bietet sich dazu der auch bei der Reliabilitätsmessung oft verwendete Produkt-Moment-Korrelationskoeffizient an. Dieser kann leicht aus der Kovarianz der Angaben Egos X und den Eigenangaben Alters Y errechnet werden, die dann durch das Produkt der Standardabweichungen dividiert wird:

$$r_{xy} = \frac{s_{xy}}{s_x \cdot s_y}$$

---

[59] Als Namensgenerator wurde zum einen ein Instrument eingesetzt, das sich an dem bereits erwähnten, im *General Social Survey* und anderen Erhebungen erfolgreich eingesetzten Verfahren orientierte (vgl. Abschnitt 3.3.2). Die Frageformulierung lautete wie folgt: „Hin und wieder besprechen die meisten Leute wichtige Angelegenheiten mit anderen. Wenn Sie einmal an die letzten sechs Monate zurückdenken: Mit wem haben Sie in dieser Zeit über Dinge gesprochen, die Ihnen wichtig waren?". Daneben wurde einem Teil der Befragten ein zweiter Namensgenerator vorgelegt, bei dem nach Personen gefragt wurde, mit denen die Befragten in unterschiedlichen Aktivitätsbereichen häufig interagieren. Beide Namensgeneratoren zielen auf diejenigen Ausschnitte der sozialen Bezugsumgebung, die durch intensive und/oder häufige Beziehungen gekennzeichnet sind. Genau diese Segmente sind für die hier interessierende Fragestellung von besonderem Interesse.

Diese Maßzahl hat jedoch den Nachteil, dass sie nicht unabhängig von der Zahl der möglichen Ausprägungen der betrachteten Variablen ist. Das erschwert den Vergleich der tatsächlichen Konkordanz bei Fragen mit unterschiedlich vielen Antwortmöglichkeiten. Bei einer Variablen mit nur zwei Ausprägungen liegt der Anteil rein zufälliger Übereinstimmungen bei Gleichverteilung über beide Kategorien schon bei 50%. Hat ein Merkmal dagegen drei mögliche Ausprägungen beträgt der Anteil rein zufälliger Übereinstimmungen (bei Gleichverteilung) nurmehr 33% (vgl. Klein und Fischer-Kerli 2000). Darüber hinaus ist die Aussagekraft des Korrelationskoeffizienten als Maß für die Übereinstimmung der Angaben Egos und Alters auch insofern eingeschränkt, als er von der Verteilung der Angaben über die vorgegebenen Antwortkategorien beeinflusst wird. Würden zum Beispiel 90% aller Befragten von drei möglichen Optionen zum Zuzug von Aussiedlern die mittlere Alternative „Beschränkung" präferieren, dann ergäbe sich bereits eine zufällige Übereinstimmung von 82%. Bei einer Gleichverteilung über die drei Optionen würde sie bei 33% liegen. Weiterhin kann der Produkt-Moment-Korrelationskoeffizient auch deshalb zu einer Überschätzung der Übereinstimmung führen, weil im Prinzip nur gemessen wird, ob die Werte zweier Variablen zueinander proportional sind, so dass man zum Beispiel im Fall von Altersangaben auch dann eine hohe Übereinstimmung ermitteln würde, wenn das Alter der Hauptbefragten und der von ihnen genannten Netzpersonen konsistent um zehn Jahre voneinander abweichen würde (vgl. Laumann 1973: 29).[60]

Ein Übereinstimmungsmaß, mit dem die Effekte der Antwortmöglichkeiten und der unterschiedlichen Verteilung der Antworten über die Antwortmöglichkeiten besser kontrolliert werden können, ist der von Cohen für quadratische Kreuztabellen konzipierte Koeffizient zur Messung der Urteilskonkordanz bzw. *inter-rater*-Reliabilität (vgl. Bortz und Döring 1995: 252-254; Bortz, Lienert und Boehnke 1990: Kap. 9; Schnell et al. 1999: 371). Dieser so genannte Kappa-Koeffizient ergibt sich aus der Differenz der tatsächlich beobachteten Übereinstimmung der Angaben der Egos i und der Angaben der Alteri j (p_o) und der – bei statistischer Unabhängigkeit – aufgrund der gegebenen Randsummen erwartbaren Übereinstimmung (p_e), die zur maximal möglichen Differenz ($1-p_e$) in Beziehung gesetzt und dadurch normiert wird:

$$\kappa = \frac{p_o - p_e}{1 - p_e}$$

---

[60] Eine brauchbare Alternative zur Produkt-Moment-Korrelation ist der Intraklassen-Korrelationskoeffizient, der im Unterschied zu jenem sensibler auf Unterschiede im Ursprung bzw. Niveau der Messung - und folglich auch auf Mittelwertunterschiede - sowie auf Unterschiede der Skalierung – und damit auf Unterschiede in den Standardabweichungen - reagiert. Sind die Mittelwerte und Standardabweichungen zweier Variablen gleich, dann sind auch die beiden Korrelationskoeffizienten gleich. Unterscheiden sich die Mittelwerte und/oder die Standardabweichungen, dann ist der Intraklassen-Korrelationskoeffizient immer niedriger (vgl. Laumann 1973: 29).

mit

$$p_o = \frac{\sum_{i=1}^{k} f_{ii}}{N}$$

und

$$p_e = \frac{\sum_{i=1}^{k} f_{i\bullet} \cdot f_{\bullet i}}{N^2}$$

p_o entspricht dem Anteil der übereinstimmenden Angaben in der Diagonalen der Tabelle. p_e errechnet sich aus den Zeilensummen ($f_{i\bullet}$) und den Spaltensummen ($f_{\bullet i}$); N ist die Anzahl der möglichen Ausprägungen Der Koeffizient hat einen Wertebereich von +1 bis –1. Ein Wert von +1 ist genau dann zu erwarten, wenn – unabhängig von der Randverteilung – exakt übereinstimmende Angaben gemacht werden. Ein Wert von –1, also maximale Diskordanz, ergibt sich dann, wenn überhaupt keine übereinstimmenden Angaben auftreten, obwohl die Wahrscheinlichkeit für konkordante Urteile maximal ist. Der Koeffizient nimmt den Wert 0 an, wenn die beobachtete Übereinstimmung exakt der Zufallserwartung entspricht.[61]

Nach dieser Berechnungsweise wird kein Unterschied zwischen unterschiedlichen Graden der Diskordanz gemacht. Ob zum Beispiel die Messwerte von Ego und Alter auf der siebenstufigen Ausländerskala um sechs Skaleneinheiten oder lediglich um eine Skaleneinheit voneinander abweichen ist nach dieser Berechnungsformel gleichgültig. Diese Gleichbehandlung großer und kleiner Unterschiede ist aber nicht zwingend. Vielmehr können graduelle Unterschiede in den Einstellungen und Präferenzen der Hauptbefragten und ihrer Netzpersonen bei der Berechnung der Kappa-Koeffizienten ziemlich einfach berücksichtigt werden, indem die Abweichungen gewichtet werden. Zu diesem Zweck bietet sich etwa folgende Gewichtungsformel an:

$$w = 1 - \frac{|i - j|}{(k - 1)},$$

wobei i und j die Zeilen und Spalten der Angaben von Ego und Alter und k die maximale Anzahl der möglichen Beurteilungen bezeichnen. Eine vollständige Übereinstimmung der Angaben von Ego und Alteri zum Zuzug von Immigranten wäre demnach mit 1 zu gewichten und eine Abweichung um eine Skaleneinheit (z.B. „begrenzen" statt „völlig unterbinden") mit dem Faktor 0,5. Solche Gewich-

---

[61] Zur Berechnung der Varianz von Kappa und der Schätzung der Signifikanz vgl. Bortz et al. 1990: Kap. 9.

tungen führen nicht notwendig zu einer Erhöhung der Übereinstimmungsmaße, weil nicht einfach nur die beobachtete Konkordanz „hochgerechnet" wird. Auch der maßgebliche Vergleichsmaßstab – die zufällig erwartete Übereinstimmung – erhöht sich entsprechend.

Gelegentlich werden zur Bestimmung der Übereinstimmung von Messwerten auch Maßzahlen der ordinalen Assoziation verwendet, die gerade im Hinblick auf Einstellungsskalen eine informative Ergänzung zu Cohens Kappa und besonders zum Produkt-Moment-Korrelationskoeffizient darstellen. Neben Kendalls τ_b bietet sich dafür vor allem der von Goodman und Kruskal vorgeschlagene γ–Koeffizient an (Benninghaus 1992: 138-169). Dieser ergibt sich als:

$$\gamma = \frac{(P-Q)}{(P+Q)}$$

P bezeichnet die Anzahl der konkordanten und Q die Anzahl der diskordanten Paare. Dieses sehr einfache und für Tabellen beliebiger Größe zu berechnende symmetrische Maß repräsentiert im Prinzip nichts anderes als das Verhältnis des Überschusses bzw. Defizits konkordanter Paare zur Gesamtzahl der konkordanten und diskordanten Paare. Ist die Differenz $P-Q$ positiv, so bedeutet das, dass es mehr Paare gibt, bei denen die Messungen „gleichsinnig" sind; ist sie negativ, so gibt es offenbar ein Übergewicht derjenigen Paare, für die die betrachtete Variable eine gegensinnige Rangordnung erzeugt.

Um diese Indizes der tatsächlichen Übereinstimmung in Bezug auf die verschiedenen Indikatoren der ethnischen Grenzziehung sinnvoll berechnen und interpretieren zu können, wurden die Ausprägungen der betrachteten Variablen teilweise zusammengefasst. Für die Präferenzen hinsichtlich des Zuzugs verschiedener Immigrantengruppen (mit jeweils drei Ausprägungen) sowie für die zu Vergleichszwecken ebenfalls einbezogene Nationalstolzfrage (mit vier Ausprägungen) ist eine Aggregation nicht erforderlich. Doch für die Skalen, die selbst aus mehreren Items gebildet wurden, ist die Verwendung aggregierter Maßzahlen zweckmäßiger. Die Angaben zu den Zuzugspräferenzen beruhen auf dem additiv gebildeten Zuzugsindex mit einem Wertebereich von 4 bis 12, die Angaben zu den allgemeinen Einstellungen gegenüber „Ausländern" auf zusammengefassten Werten des XENO-Index (mit nunmehr sechs Ausprägungen) und die Angaben zur sozialen Distanz gegenüber Türken und Italienern auf gekürzten vierstufigen Skalen, die aus den mehr als 15 verschiedene Zahlenwerte umfassenden Ausgangsskalen konstruiert wurden.[62]

---

[62] Der Wertebereich des XENO-Index reicht von 1 bis 6,75. Für die aggregierte Skala wurden die Werte wie folgt zusammengefasst: 1,00-1,99=1, 2,00-2,99=2, 3,00-3,99=3, 4,00-4,99=4, 5,00-5,99=5 und 6,00-6,99=6. Bei den Distanzskalen wurden die Werte nach den folgenden Zuordnungsregeln aggregiert: 1,00-1,50=1, 1,51-2,00=2, 2,01-2,50=3 und 2,51-5= 4.

6.2 Wie groß ist die tatsächliche Einstellungshomogenität?

Ein erster interessanter Testfall für die Einschätzung der faktischen Übereinstimmung der Haltungen gegenüber „Ausländern" ist die Homogenität der Zuzugspräferenzen von Ego und Alter. Dabei handelt es sich um relativ konkrete und einfach zu beantwortende Aspekte des Verhältnisses zu Immigranten, bei denen eine entsprechend hohe Konkordanz der Angaben zu vermuten wäre.[63] Betrachtet man die in Tabelle 6-1 in der ersten Spalte zusammengefassten Angaben zur beobachteten Übereinstimmung (p_o), so zeigt sich in der Tat vor allem bei der Haltung zum Zuzug von Aussiedlern ein beachtlich hoher Anteil übereinstimmender Präferenzen. In zwei von drei Fällen stimmen die Angaben von Ego und Alter zur bevorzugten Regulierung der Zuzugsmöglichkeiten von Aussiedlern exakt überein. Dieser Anteil ist um einiges höher als bei den Präferenzen zum Zuzug der anderen Immigrantengruppen.

Tabelle 6-1: Übereinstimmung bei Zuzugsfragen

	p_o	p_e	κ	z	γ	r_{xy}	N
Aussiedler	67,5%	62,8%	0,13	2,30	0,30	0,13	249
gew.*	83,1%	80,6%	0,13	2,44			
Asylsuchende	59,1%	49,1%	0,20	4,03	0,44	0,26	252
gew.*	78,2%	71,9%	0,22	4,70			
EU-Immigranten	56,1%	47,7%	0,16	2,79	0,26	0,15	253
gew.*	76,7%	72,3%	0,16	2,75			
Nicht-EU-Immig.	62,3%	54,5%	0,17	3,57	0,59	0,31	252
gew.*	80,7%	75,2%	0,22	4,91			
ZUZUG (Index)	28,9%	20,4%	0,11	3,54	0,32	0,32	249
gew.**	68,3%	60,1%	0,21	5,44			

Datenbasis: Mannheim-Studie (FUI-Daten ohne Dubletten).
* Gewichtungsfaktor: 1,0/0,5/0,0
** Gewichtungsfaktor: 1,0/0,75/0,5/0,25/0/0/0/0/0.

---

[63] Der im Folgenden kurz als *FUI-Daten* bezeichnete Datensatz beinhaltet Informationen über insgesamt 253 Dyaden, die aus den Interviews mit Ego und einer Follow-up-Befragung der von Ego genannten Netzperson (Alter) stammen. Die Fallzahlen unterscheiden sich von der Anzahl der Beobachtungen, auf denen die Analysen des vorherigen Kapitels basierten. Dubletten, die sich durch wechselseitige Nennungen ergaben, wurden aus der Analyse ausgeschlossen.

Dieses Ergebnis wird jedoch relativiert, wenn man die in der zweiten Spalte ausgewiesene Zufallsübereinstimmung (p_e) berücksichtigt. Der aufgrund der Randverteilung berechnete Wert des *random agreement* beträgt in Bezug auf die Präferenzen zum Zuzug von Aussiedlern fast 63% und liegt damit nur knapp unter dem beobachteten Wert von 67,5%. Folglich ist auch der Wert des Kappa-Koeffizienten (κ) klein (0,13). Etwas höher ist das Ausmaß der mehr als zufälligen Übereinstimmung der Präferenzen hinsichtlich des Zuzugs von Asylsuchenden. Aufgrund der gegebenen Randverteilung würde man in diesem Fall nur einen Anteil *zufällig* konkordanter Paare von 49% erwarten; der tatsächlich beobachtete Anteil übereinstimmender Angaben liegt jedoch um zehn Prozentpunkte darüber. Dem entsprechend ist auch der Wert von Cohens Kappa mit 0,20 etwas größer. Die Homogenitätswerte der Präferenzen zum Zuzug von Zuwanderern aus EU-Staaten und Nicht-EU-Staaten nehmen ein mittleres Niveau ein.

Besonders auffallend ist darüber hinaus die geringe Übereinstimmung in Bezug auf die in der Zuzugskala (*ZUZUG*)zusammenfassten Angaben zu den bevorzugten Zuwanderungsoptionen. Diese Angaben stimmen in weniger als einem Drittel der betrachteten Dyaden überein. Aufgrund der größeren Spannbreite der Skala (mit neun möglichen Ausprägungen) ist allerdings auch die zufällig zu erwartende Übereinstimmung mit rund 20% deutlich geringer als bei den einzelnen Issues. Berücksichtigt man bei der Berechnung der Übereinstimmungsquoten auch geringfügige Abweichungen der Angaben von Ego und Alter, dann steigt dieser Wert beträchtlich an. Unter Verwendung des angeführten Gewichtungsfaktors erhöht sich die (geschätzte) Übereinstimmung auf mehr als 68%; der Kappa-Koeffizient verdoppelt sich.[64] Bei den einzelnen Issues fallen die durch die Gewichtung erzielten Veränderungen des Konkordanz-Maßes (mit Ausnahme der Einstellung zum Zuzug von Immigranten aus Nicht-EU-Mitgliedsstaaten) dagegen wesentlich weniger stark aus. Aber auch unter Berücksichtigung von kleineren Abweichungen in den Angaben von Ego und Alter erweisen sich die Zusammenhänge als relativ schwach. Alle Kappa-Werte liegen in einem Bereich, der nach einer gängigen Klassifikation als „slight" zu bezeichnen ist.[65] Die in der Tabelle ebenfalls angegebenen Gamma-Koeffizienten und die relativ niedrigen Korrelationskoeffizienten weisen in die gleiche Richtung.

Nicht wesentlich anders ist das Bild, das sich beim Blick auf die anderen Indikatoren der ethnischen Grenzziehung ergibt.

---

[64] Nach dem gewählten Gewichtungsfaktor wird eine vollständige Übereinstimmung mit 1 gewichtet, eine Abweichung von lediglich einer Maßeinheit mit 0,75, eine Abweichung von zwei Maßeinheiten mit 0,5 und eine Abweichung von drei Einheiten mit 0,25. Alle größeren Abweichungen werden als nicht-übereinstimmend gewertet.
[65] Nach dem Interpretationsvorschlag von Landis und Koch (1977: 165; zit. in Stata Reference Manual 2001, Bd. 2: 150) gelten Kappa-Werte unter 0,0 als „poor", Werte zwischen 0,00 und 0,20 als „slight", Werte zwischen 0,21 und 0,40 als „fair", Werte zwischen 0,41 und 0,60 als „moderate", Werte zwischen 0,61 und 0,80 als „substantial" und Werte, die größer als 0,81 sind, als „almost perfect". Nach Bortz und Döring (1995: 254) kann man erst dann von einer „guten Übereinstimmung" sprechen, wenn der Kappa-Wert über 0,70 liegt.

Tabelle 6-2: Einstellungshomogenität: XENO-Skala, soziale Distanzen und Nationalstolz

	p_o	p_e	κ	z	γ	r_{xy}	N
XENO (Index)	32,9%	23,5%	0,12	3,68	0,40	0,34	252
gew.*	56,8%	47,9%	0,17	4,98			
Soz. Dist: Türken	34,4%	26,3%	0,11	2,62	0,29	0,25	195
gew.**	64,8%	56,6%	0,19	3,54			
Soz. Dist: Italiener	38,5%	27,4%	0,15	3,62	0,35	0,30	195
gew.**	67,3%	57,5%	0,23	4,38			
Nationalstolz	43,4%	30,9%	0,18	4,05	0,33	0,26	212
gew.**	75,2%	68,4%	0,21	4,37			

Datenbasis: Mannheim-Studie (FUI-Daten ohne Dubletten).
* Gewichtungsfaktor: 1,0/0,5/0,25/0/0/0.
** Gewichtungsfaktor: 1,0/0,67/0,33/0.

Wie aus Tabelle 6-2 hervorgeht, ist auch in Bezug auf die generalisierten Einstellungen gegenüber „Ausländern" im Allgemeinen und die Indikatoren der sozialen Distanz nur eine relativ geringe Übereinstimmung unter den betrachteten Ego-Alter-Paaren festzustellen. Bei keinem Indikator liegt die Übereinstimmungsquote für die tatsächlich beobachteten Angaben über 50%. Erst wenn auch kleinere Abweichungen bei der Berechnung einbezogen werden, erhöht sich die Quote erheblich. Doch auch unter Berücksichtigung der angegebenen Gewichtungsfaktoren indizieren die Kappa-Koeffizienten im Großen und Ganzen nur schwache Zusammenhänge zwischen den Einstellungen und Präferenzen von Ego und Alter. Der größte Wert für Cohens Kappa ergibt sich (unter Verwendung des Gewichtungsfaktors) mit 0,23 für die Übereinstimmung in Bezug auf die Verhaltensintentionen gegenüber Italienern. Ein solcher Wert kann nach dem Interpretationsschema von Landis und Koch gerade noch als „fair" bezeichnet werden.

Dieses Ergebnis scheint allerdings keine Besonderheit der interethnische Beziehungen betreffenden Einstellungs- und Verhaltensmuster zu sein. Ähnliche Werte ergeben sich zum Beispiel auch bei der Übereinstimmung hinsichtlich der Nationalstolz-Frage. Wie den letzten beiden Zeilen von Tabelle 6-2 zu entnehmen ist, unterscheiden sich die maßgeblichen Kennziffern nicht wesentlich von den zuvor aufgeführten Koeffizienten der Konkordanz bei den Indikatoren der ethnischen Grenzziehung. Das Gleiche gilt im Prinzip für andere Einstellungskonstrukte. Die bei den Befragten und ihren Netzpersonen erhobenen Messwerte auf der Autoritarismusskala korrelieren ähnlich schwach (0,23) wie die Werte auf der gängigen Links-Rechts-Skala (0,30) oder die Angaben zum Materialismus/Postmaterialismus-Index von Inglehart (0,10).

Diese Ergebnisse sind erstaunlich, wenn man davon ausgeht, dass es sich bei allen betrachteten Fällen um Dyaden handelt, die relativ eng miteinander verbunden sind und/oder häufig interagieren. Unter diesen Bedingungen ist eigentlich anzunehmen, dass die Voraussetzungen für Prozesse wechselseitiger Beeinflussung günstig sind, was wiederum eine Angleichung der Einstellungen und Präferenzen begünstigen sollte. Doch offensichtlich haben die günstigen Gelegenheiten nicht notwendig auch eine hohe Übereinstimmung in den betrachteten sozialen und politischen Fragen zur Folge. Das legt die Frage nahe, welche zusätzlichen Bedingungen die Chancen übereinstimmender Einstellungen und Präferenzen beeinflussen. Immerhin unterscheiden sich die Dyaden in verschiedener Hinsicht, obwohl sie mit dem gleichen Namensgeneratoren erhoben wurden. Bei manchen Dyaden handelt es sich zum Beispiel um Partnerbeziehungen, bei anderen um Beziehungen zwischen Arbeitskollegen; einige Paare kennen sich bereits seit mehr als 60 Jahren, andere erst seit weniger als einem Jahr; manche Paare sind zur gleichen Zeit geboren und haben eine ähnliche Bildung genossen, andere unterscheiden sich sowohl im Alter als auch im Bildungsniveau. Es wäre überraschend, wenn solche Unterschiede die Chance homogener Einstellungen und Präferenzen nicht beeinflussen.

6.3 Was bestimmt das Ausmaß der tatsächlichen Übereinstimmung?

In den folgenden Analysen soll nun genauer geklärt werden, wovon es abhängt, ob Ego und Alter tatsächlich die gleichen Einstellungen und Verhaltensintentionen gegenüber ethnischen Minderheiten haben. Das absolute Niveau der gegebenenfalls zu beobachtenden Abweichungen ist dabei zweitrangig. In erster Linie geht es um die Frage, unter welchen Bedingungen konkordante Positionen zu beobachten sind und unter welchen Bedingungen typischerweise das Gegenteil zu erwarten ist. Dafür ist es zweckmäßig, das Explanandum als ein diskretes Ereignis aufzufassen und die Indikatoren der Homogenität zu dichotomen Variablen zusammenzufassen. Dazu werden zunächst die Differenzen zwischen den jeweiligen Angaben von Ego und Alter gebildet, die anschließend in 0/1-codierte Dummy-Variablen transformiert werden.[66]

Eine Dyade gilt als *homogen*, wenn die Eigenangaben der beiden miteinander bekannten, befreundeten oder verwandten Personen in Bezug auf ein betrachtetes

---

[66] Bei der Datentransformation wurden im Einzelnen folgende Zuordnungsregeln zugrunde gelegt (in Klammern sind jeweils die Fallzahlen angegeben, für die das Merkmal „homogen" oder „inhomogen" zutrifft): [1] *XENO-Index*: Differenzen zwischen 0 und 1 = 1 („homogen"; N = 156), Differenzen zwischen 1,01 und 6 = 0 („inhomogen"; N = 96); [2] *ZUZUG-Index*: Differenzen zwischen 0 und 1 = 1 („homogen"; N = 163), Differenzen zwischen 1 und 8 = 0 („inhomogen"; N = 86); [3] *Soziale Distanz gegenüber Türken*: Differenzen zwischen 0 und 0,29 = 1 („homogen"; N = 139), Differenzen zwischen 0,3 und 4 = 0 („inhomogen"; N = 113); [4] *Soziale Distanz gegenüber Italienern*: Differenzen zwischen 0 und 0,29 = 1 („homogen"; N = 148), Differenzen zwischen 0,3 und 4 = 0 („inhomogen"; N = 93); [5] *Nationalstolz*: Differenzen gleich 0 = 1 („homogen"; N = 92), Differenzen zwischen 1 und 3 = 0 („inhomogen", N = 120).

Merkmal übereinstimmen. Toleriert werden geringfügige Abweichungen, die durch eventuelle Messfehler und eher zufällige Unterschiede verursacht sein können und nicht auf systematische Divergenzen schließen lassen. Die daraus resultierenden Anteile übereinstimmender Angaben entsprechen im Großen und Ganzen den gewichteten Maßen aus Tabelle 6-2. So ergibt sich etwa für die generalisierten Einstellungen gegenüber Ausländern ein Anteil homogener Dyaden von rund 62%; in Bezug auf die sozialen Distanzen gegenüber Türken liegt er bei 55% und hinsichtlich der sozialen Distanzen gegenüber Italienern bei 61%; ähnlich hoch ist er auch mit 65,5% bei der Frage nach den Zuzugspräferenzen. Alle übrigen Dyaden gelten nach den Transformationsregeln jeweils als *inhomogen*.

6.3.1 Wie wichtig ist die Art der Beziehung?

Alle in die Untersuchung einbezogenen Dyaden sind nach dem gewählten Erhebungsdesign Elemente von *core networks*. Sie zählen zu einem „set of people who are most likely to be sources of a variety of rewarding interactions" (McCallister und Fischer 1978: 135; vgl. Straits 2000). Dabei kann es sich sowohl um Partner, Familienangehörige und Freunde als auch um Arbeitskollegen, Nachbarn oder Mitglieder des gleichen Vereins handeln. Nach dem verwendeten Verfahren zur Erhebung ego-zentrierter Netzwerke bleibt es letztlich immer den Befragten selbst überlassen, welche Netzpersonen sie im Einzelnen ihrem persönlichen Kernnetz zuordnen. Folglich gibt es im Datensatz auch eine beachtliche Varianz in Bezug auf die Art der Beziehung.

Von den 253 betrachteten Dyaden sind knapp 14% Beziehungen zwischen Ehe- oder Lebenspartnern und etwas mehr als 15% Beziehungen unter Familienangehörigen (Eltern-Kind-Beziehungen, Geschwister- und sonstige Verwandtschaftsbeziehungen). Den weitaus größten Anteil machen indes freundschaftliche Beziehungen aus (57%). Der Rest entfällt auf Beziehungen zu Arbeitskollegen, Nachbarn und Bekannten aus einem Verein oder aus der Kirchengemeinde, von denen allerdings einige gleichzeitig auch als freundschaftliche Beziehungen klassifiziert werden.[67]

Wie wichtig sind die Eigenheiten der verschiedenen Beziehungstypen für die Homogenität der interessierenden Einstellungs- und Verhaltensmuster? Ist zum Beispiel die Wahrscheinlichkeit übereinstimmender Einstellungen unter Partnern höher als unter Arbeitskollegen? Oder stimmen etwa die sozialen Distanzen ge-

---

[67] Bei der Frage nach der Art der Beziehung waren Mehrfachnennungen möglich. Von dieser Möglichkeit wurde häufig Gebrauch gemacht. So bezeichneten zum Beispiel viele Befragte Familienangehörige gleichzeitig als Freunde. Einige Familienangehörige und Freunde waren zudem im gleichen Betrieb beschäftigt oder Mitglied im gleichen Verein und somit auch „Arbeitskollege" oder „Vereinsmitglied". Um dadurch entstehende Mehrdeutigkeiten zu umgehen, wurden bei der Datenaufbereitung möglichst eindeutige Kategorien gebildet. Wenn im Folgenden von „Freunden" die Rede ist, so sind Familienangehörige und Partner ausgeschlossen; (Ehe-)Partner werden nicht zu den Familienangehörigen gezählt. Lediglich bei Arbeits- und Vereinskollegen werden wegen der geringen Fallzahlen Überschneidungen mit der Kategorie „Freunde" in Kauf genommen.

genüber Türken unter Familienangehörigen stärker überein als unter Vereinskollegen? – Diese Fragen lassen sich klären, wenn man für die verschiedenen Beziehungsvarianten die jeweiligen Übereinstimmungsquoten berechnet und diese mit den anderen Beziehungsvarianten vergleicht. Die sich dabei ergebenden Prozentsatzdifferenzen – zum Beispiel zwischen Partnern und Nicht-Partnern – sind bereits ein erster Indikator für systematische Unterschiede. Besonders gut eignet sich für diese Zwecke auch das relative Chancenverhältnis (*odds ratio*), mit dem bestimmt werden kann, wie die Wahrscheinlichkeit einer übereinstimmenden Einstellung in einer Beziehung vom Typ A im Vergleich zur Wahrscheinlichkeit einer übereinstimmenden Einstellung in einer Beziehung vom Typ B einzuschätzen ist (vgl. z.B. Agresti 1996: 22-27). Die Wahrscheinlichkeit, dass (zum Beispiel) für eine nicht-partnerschaftliche Beziehung übereinstimmende Einstellungen beobachtet werden, ist allgemein definiert als

$$odds_1 = \frac{\pi_1}{(1-\pi_1)}$$

und die Wahrscheinlichkeit, dass konkordante Einstellungen in einer partnerschaftlichen Beziehung zu beobachten sind ist entsprechend

$$odds_2 = \frac{\pi_2}{(1-\pi_2)}$$

Aus dem Verhältnis der beiden *odds* ergibt sich unmittelbar das *odds ratio*:

$$\Theta = \frac{\frac{\pi_1}{(1-\pi_1)}}{\frac{\pi_2}{(1-\pi_2)}}$$

In Tabelle 6-3 sind die Übereinstimmungsquoten für die verschiedenen Indikatoren der ethnischen Grenzziehung getrennt für die verschiedenen Beziehungstypen zusammengestellt. Die erste Spalte enthält die tatsächlich beobachteten Anteile übereinstimmender Dyaden für die betrachtete Art der Beziehung (p_o), die zweite Spalte gibt die Differenz zwischen diesem Prozentsatz und dem Prozentsatz der durchschnittlichen Übereinstimmung aller übrigen Dyaden (p_{diff}) wieder, die dritte und vierte Spalte informieren über die Signifikanz der Prozentsatzdifferenzen (χ^2) und das Signifikanzniveau (P), gefolgt von den *odds ratio*-Koeffizienten (*OR*) mit dem entsprechenden Signifikanztest (z) und den Angaben zur Anzahl der Fälle, für die das jeweilige Merkmal zutrifft.

Tabelle 6-3: Einstellungshomogenität nach Beziehungstypen

	p_o	p_{diff}	χ^2	P	OR	z	N
ZUZUG (Index)							
Partner	80,0%	+16,9%	3,81	0,05	2,34	1,91	35
Familie	55,6%	-11,6%	1,83	0,18	0,61	-1,34	36
Freunde	60,0%	-13,1%	4,58	0,03	0,55	-2,13	145
Arbeitskollegen	83,3%	+20,3%	4,82	0,03	2,93	2,11	30
Nachbarn	56,0%	-10,5%	1,10	0,29	0,64	-1,04	25
Vereinsmgl.	75,8%	+11,9%	1,78	0,18	1,77	1,32	33
Soz. Dist: Türken							
Partner	58,8%	+4,2%	0,21	0,64	1,19	0,46	34
Familie	48,7%	-7,6%	0,77	0,38	0,74	-0,88	39
Freunde	56,5%	+3,3%	0,27	0,60	1,14	0,52	145
Arbeitskollegen	61,3%	+7,0%	0,54	0,46	1,33	0,73	31
Nachbarn	60,0%	+5,4%	0,26	0,61	1,25	0,51	25
Vereinsmgl.	60,6%	+6,3%	0,46	0,50	1,29	0,67	33
Soz. Dist: Italiener							
Partner	65,7%	+5,0%	0,32	0,57	1,24	0,56	35
Familie	36,1%	-29,7%	11,43	0,00	0,29	-3,26	36
Freunde	65,7%	+9,9%	2,46	0,12	1,52	1,56	137
Arbeitskollegen	76,7%	+17,4%	3,36	0,07	2,26	1,80	30
Nachbarn	80,0%	+20,7%	4,07	0,04	2,75	1,95	25
Vereinsmgl.	53,1%	-9,5%	1,07	0,30	0,67	-1,03	32
XENO (Index)							
Partner	68,6%	+7,7%	0,77	0,38	1,40	0,87	35
Familie	46,1%	-18,6%	4,85	0,03	0,46	-2,17	39
Freunde	65,3%	+7,9%	1,62	0,20	1,39	1,27	144
Arbeitskollegen	53,3%	-9,7%	1,06	0,30	0,67	-1,03	30
Nachbarn	66,7%	+5,3%	0,25	0,61	1,26	0,50	24
Vereinsmgl.	63,6%	+2,0%	0,05	0,83	1,09	0,22	33

Datenbasis: Mannheim-Studie (FUI-Daten ohne Dubletten); N = Anzahl der Beobachtungen.

Wie in der Übersicht zu erkennen ist, unterscheidet sich die Wahrscheinlichkeit übereinstimmender Einstellungen und Präferenzen zwischen den verschiedenen Typen von Beziehungen zum Teil sehr deutlich. Ehe- bzw. Lebenspartner haben im Vergleich zu den übrigen Beziehungen bei allen betrachteten Fragen eine besonders hohe Wahrscheinlichkeit der Übereinstimmung. In Bezug auf die Zuzugsfragen liegt die Übereinstimmungsquote unter den partnerschaftlichen Dyaden sogar bei 80%; bei allen übrigen ist sie um fast 17% niedriger. Wenn man sich auf die *odds ratio* bezieht, dann kann man sagen, dass das Chancenverhältnis zugunsten übereinstimmender Zuzugspräferenzen bei Partnern um etwa das 2,3-fache größer ist als bei der Referenzgruppe aller übrigen Dyaden. Bei den anderen Fragen sind diese Unterschiede geringer und – wie an der χ^2-Statistik und der z-Statistik abzulesen ist – statistisch nicht mehr hinreichend gesichert.

Dagegen ist bei familiären Beziehungen (unter Ausschluss der Partner) eine deutliche Tendenz zur Diskordanz der Einstellungen und Präferenzen festzustellen. Wenn man zum Beispiel die soziale Distanz gegenüber Italienern betrachtet, dann zeigt sich, dass Familienangehörige eine rund 30 Prozentpunkte niedrigere Übereinstimmungsquote aufweisen als alle anderen Dyaden. Der Wert des *odds ratio* zugunsten homogener Einstellungen ist folglich sehr niedrig (0,29). Auch in Bezug auf die generalisierten Einstellungen gegenüber Ausländern (*XENO*) zeigt der niedrige OR-Wert an, dass die Chance, unter Familienangehörigen übereinstimmende Angaben zu beobachten, erheblich geringer ist als in der Gesamtheit aller übrigen Dyaden. Die Vergleichswerte bei den Fragen der Zuzugsregelung und der sozialen Distanz gegenüber Türken weisen in die gleiche Richtung, sind aber in Anbetracht der Teststatistiken nicht eindeutig zu interpretieren.

In einem auffälligen Kontrast zu den Resultaten für die Familienangehörigen steht die bemerkenswerte große Homogenität der Einstellungs- und Verhaltensmuster unter Arbeitskollegen. Bei den Zuzugsfragen stimmen von den Dyaden, die sich als Arbeitskollegen bezeichnen, mehr als 83% überein. Damit ist das Chancenverhältnis zugunsten konkordanter Zuzugspräferenzen fast dreimal so hoch wie bei der Gesamtheit der übrigen Dyaden. Auch in Bezug auf die sozialen Distanzen gegenüber Italienern scheinen Arbeitskollegen eher überein zu stimmen als die Referenzgruppe aller anderen Paare. Ähnliches gilt in diesem Fall für Nachbarn. Betrachtet man dagegen reine Freundschaftsdyaden, so ergeben sich eher inkonsistente Resultate. Bei den Ausländerfragen und den sozialen Distanzen gegenüber Türken bzw. Italienern ist eine etwas höhere, aber statistisch nicht signifikante Tendenz zu konkordanten Einstellungen festzustellen als bei der Gesamtheit der übrigen Dyaden, während bei den Zuzugspräferenzen eine niedrigere Übereinstimmungsquote zu beobachten ist.

Obwohl die Resultate im Hinblick auf die geringen Fallzahlen mit einiger Vorsicht zu interpretieren sind, lassen sich also zumindest der Tendenz nach einige Regelmäßigkeiten feststellen. Wenig überraschend ist die starke Ähnlichkeit der Einstellungen und Präferenzen unter Partnern. Partnerschaftliche Beziehungen markieren in jeder Hinsicht besonders günstige Voraussetzungen für homogene Einstellungs- und Verhaltensmuster. Dagegen zeichnet sich bei den Ergebnissen zur Einstellungshomogenität unter Familienangehörigen ein eher überraschendes Resultat ab. Vor allem wenn man von der verbreiteten Auffassung ausgeht, dass Meinungen, Einstellungen und Präferenzen zu einem erheblichen Teil im Prozess der Primärsozialisation von Eltern und anderen Familienangehörigen übernommen werden, wäre eigentlich eine größere Übereinstimmung zu erwarten. Diese Vermutung wird aber durch die analysierten Daten offensichtlich nicht gestützt. Im Gegenteil: Unter Familienangehörigen sind die Übereinstimmungsquoten durchweg am Geringsten.

Die zweite auffällige Besonderheit ist sicherlich die relativ hohe Einstellungshomogenität unter Arbeitskollegen und Nachbarn. Dieses Resultat ist allerdings sehr plausibel, wenn man von der so genannten „Nebenprodukt-Hypothese" ausgeht. Danach findet der Austausch über soziale und politische Fragen – zu denen auch „Ausländer" betreffende Aspekte gezählt werden können – eher beiläufig im Kontext alltäglicher Kommunikationsbeziehungen statt (vgl. Pappi 1996). Sowohl am Arbeitsplatz als auch in der Nachbarschaft ergeben sich in der Regel günstige Gelegenheiten zum Austausch über solche Themen und zur wechselseitigen Vergewisserung der eigenen Einstellungen und Verhaltensweisen. Das gilt im Prinzip ebenso für die Beziehungen unter (Ehe-)Partnern. Für familiäre Beziehungen trifft genau dies eher selten zu (sofern die Beteiligten nicht im gleichen Haushalt leben). Und auch unter Freunden können die Voraussetzungen von Kommunikationen über politische und soziale Angelegenheiten ungünstig sein, wenn die Interaktionen eher außeralltäglich sind und dann vorrangig auf andere Interessen ausgerichtet werden.

Schon diese Überlegungen machen klar, dass die Differenzierung nach den verschiedenen Beziehungstypen in jedem Fall nur ein erster Schritt zu einer genaueren Analyse der Unterschiede in der Homogenität der Einstellungen und Präferenzen sein kann. Die Rollenbeziehung „erklärt" schließlich nicht *per se* die beobachtete Varianz. Ansatzpunkte für eine vertiefende Erklärung sind vielmehr spezifische, mit den verschiedenen Relationstypen in unterschiedlicher Weise verknüpfte Charakteristika der Beziehung, aber auch typische Unterschiede in relevanten sozialen Hintergrundmerkmalen und Merkmale des sozialen Netzwerks, in das die jeweiligen Dyaden eingebettet sind.

6.3.2 Zentrale Determinanten der tatsächlichen Übereinstimmung

Vor dem Hintergrund der theoretischen Überlegungen sind als Erstes Gemeinsamkeiten und Unterschiede in Bezug auf relevante „Hintergrundmerkmale" von Ego und Alter als Determinanten der Homogenität in Betracht zu ziehen. Damit sind individuelle Charakteristika gemeint, die typische, für die betrachteten Meinungen und Einstellungen bedeutsame Ausstattungen, Erfahrungen und Interessenlagen betreffen. Drei Merkmale sind von besonderem Interesse:

- das (Lebens-)Alter,
- das Bildungsniveau und
- die soziale Lage beider Akteure.

Je ähnlicher sich Ego und Alter in Bezug auf diese Merkmale sind, desto größer sollte die Wahrscheinlichkeit sein, dass ihre Meinungen und Einstellungen übereinstimmen. Gehören Ego und Alter der gleichen Altersgruppe oder Generation an, erhöht sich (unter auch sonst ähnlichen Bedingungen) die Wahrscheinlichkeit, dass sie sich auch in Bezug auf die Präferenzen und Erfahrungen ähneln, von denen die ethnischen Grenzziehungen geprägt werden (vgl. Kap. 4). Befinden sie sich in einer gleichen sozialen Lage, erhöht sich (*ceteris paribus*) die Chance, dass sich ihre Interessen und Präferenzen in sozialen und politischen Fragen ebenfalls gleichen, was wiederum eine größere Übereinstimmung bei Einstellungen gegenüber Ausländern erwarten lässt. Das Gleiche sollte im Prinzip für Personen mit ähnlichem Bildungsniveau gelten, zumal diese (bei vergleichbarem Alter und sozialer Lage) auch ähnliche Lernbiographien aufweisen. Große Unterschiede beim Alter, beim Bildungsniveau oder bei der sozialen Lage lassen dagegen auf Divergenzen in der Anfangsausstattungen der Akteure hinsichtlich der relevanten Meinungen, Einstellungen und Präferenzen schließen. Je größer diese Divergenzen sind, desto größer wird der Aufwand einer wechselseitigen Beeinflussung und „Einstimmung", so dass übereinstimmende Positionen im Prinzip nur unter sonst sehr günstigen Randbedingungen – etwa bei großer Interaktionshäufigkeit und hoher Netzwerkdichte – zu erwarten sind.

Die genannten Hintergrundvariablen sind in der Regel nicht unabhängig voneinander. So unterscheidet sich bekanntlich das durchschnittliche Bildungsniveau zwischen verschiedenen Altersgruppen und soziale Lagen variieren mit dem Bildungsabschluss. Folglich wird erst eine multivariate Analyse genaueren Aufschluss darüber geben können, inwieweit Unterschiede und Gemeinsamkeiten hinsichtlich dieser Charakteristika die Wahrscheinlichkeit übereinstimmender Einstellungs- und Verhaltensmuster gegenüber „Ausländern" beeinflussen. Ein diese Unterschiede und Gemeinsamkeiten berücksichtigendes Modell ist zugleich eine gutes Fundament, das dann schrittweise erweitert werden kann, um die Hypothesen über die Effekte der Eigenschaften der Beziehungen und der Netzwerkmerkmale zu überprüfen.

Was die unterschiedlichen Charakteristika der Beziehungen anbelangt, so sind vor dem Hintergrund der Überlegungen zu den strukturellen Grundlagen interpersonaler Beeinflussung vor allem drei Aspekte von besonderem Interesse (vgl. Kap. 3):

- die Dauer der Beziehung,
- die Kontakt- bzw. Interaktionshäufigkeit und
- die Intensität bzw. Stärke der Beziehung.

Die Dauer der Beziehung und die Interaktionshäufigkeit bestimmen maßgeblich die Gelegenheitsstruktur für Prozesse der wechselseitigen Beeinflussung. Je länger sich Ego und Alter kennen und je häufiger sie miteinander interagieren, desto mehr Gelegenheiten zur Diskussion über politische und soziale Fragen ergeben sich. Vor allem nach der Balancetheorie und den damit verwandten Theorien wäre des Weiteren zu erwarten, dass speziell die Stärke bzw. Intensität der Beziehung einen stark positiven Einfluss auf die Homogenität der Einstellungen hat (vgl. Hummell und Sodeur 1984; Koßmann 1996; Wasserman und Faust 1994: Kap. 6). Je intensiver eine Beziehung ist bzw. je positiver sie bewertet wird, desto höher sollten nach dieser Sichtweise das Potential für eine wechselseitige Beeinflussung und das Interesse an einer Angleichung relevanter Meinungen und Einstellungen sein.

Bei genauerer Betrachtung zeigt sich aber, dass das scheinbar sehr einfache Konzept der Beziehungsstärke bzw. –intensität mit einigen Komplikationen behaftet ist, die einerseits die Operationalisierung des Konstrukts, andererseits aber auch die maßgeblichen Wirkungsmechanismen betreffen. Nach einem einschlägigen Vorschlag zur Konzeptspezifikation von Mark Granovetter ist Beziehungsstärke "a (probably linear) combination of the amount of time, the emotional intensity, the intimacy (mutual confiding), and the reciprocal services which characterize the tie" (Granovetter 1973: 1361). Auch in anderen Beiträgen werden Kontakthäufigkeit, Dauerhaftigkeit, Reziprozität von Unterstützungen und emotionale Nähe als typische Merkmale starker, intensiver Beziehungen in den Mittelpunkt gestellt (vgl. Alba 1982; Schenk 1984; Verbrugge 1977; Wegener 1987). Andere betonen außerdem die Eigenschaft der Multiplexität als Charakteristikum solcher Beziehungen (Kapferer 1969; Melbeck 1993). Daraus lassen sich jedoch nur schwer eindeutige und praktikable Indikatoren ableiten, die unabhängig von den Kriterien der Beziehungsdauer und Kontakthäufigkeit zur Operationalisierung und Messung starker und schwacher Beziehungen herangezogen werden können. Außerdem ist bei der in Mannheim durchgeführten Erhebung zu berücksichtigen, dass die ausgewählten Netzwerkgeneratoren von vornherein darauf ausgelegt sind, Beziehungen mit relativ hoher emotionaler Intensität und Intimität zu erfassen. Deshalb dürfte die Varianz bei einer direkten Messung der Beziehungsstärke von vornherein eingeschränkt sein, was aber nicht ausschließt, dass es merkliche Unterschiede im Hinblick auf die Kontakthäufigkeit und Dauerhaftigkeit gibt.

In diesem Zusammenhang ist noch ein weiterer Aspekt der Beziehungsstärke zu beachten, der nicht allein die betrachtet Dyade selbst, sondern darüber hinaus die Struktur des sozialen Netzwerks betrifft. Vor allem Granovetter hat darauf aufmerksam gemacht, dass die Stärke einer Beziehung zwischen Ego und Alter typischerweise auch Konsequenzen für die Art der Beziehung zu anderen Netzpersonen von Ego und Alter hat, denn: „the stronger the tie between A and B, the larger the proportion of individuals [...] to whom they will *both* be tied, that is, connected by a weak or strong ties" (Granovetter 1973: 1362).[68] Starke Bezie-

---

[68] Diese Hypothese lässt sich, wie Granovetter deutlich macht, allein schon aus Restriktionen des Zeitbudgets der Akteure ableiten. Die Annahme spezifischer Bedürfnisse nach einer kognitiven Balance, wie sie zum Beispiel in den diversen Varianten der Balancetheorie unterstellt werden, ist im Prinzip gar nicht erforderlich (Granovetter 1973).

hungen haben demzufolge auch meistens eine relativ hohe Verbundenheit und Dichte der jeweiligen Netzwerke zur Folge. Daraus können sich unterschiedliche Implikationen für die strukturellen Grundlagen von Einflussprozessen ergeben. Eine hohe Verbundenheit in den Netzwerken von Ego und Alter markiert besonders günstige Voraussetzungen von Bezugsgruppen- und Konformitätseffekten. Die Stärke schwacher Beziehungen besteht hingegen darin, dass sie den Zugang zu Informationen und Ressourcen außerhalb des unmittelbaren Bezugsumfelds eröffnen (vgl. Granovetter 1973; Granovetter 1983; vgl. auch Burt 1992: Kap. 1). Mit anderen Worten: „While weak ties play an important role in the diffusion of new ideas and behaviors across social structure, the reference group processes that produce a common group attitude – interaction, social comparison, and influence – more likely entail strong ties than weak" (Gartrell 1987: 58). Es gibt sogar Hinweise darauf, dass *weak ties* und die damit typischerweise verbundene größere Reichweite der Kontakte die kognitive Flexibilität der Akteure begünstigt, während das Eingebundensein in eng verflochtene, emotional intensive und dafür aber weniger weit gespannte Netzwerke eher das Gegenteil bewirkt (vgl. Blau 1994: 39; Erickson 1996; Granovetter 1983: 203-205).

Mit einer größeren Reichweite der Kontakte kann sich ferner ein breiteres Spektrum an alternativen Quellen der Information und der sozialen Anerkennung ergeben, wodurch eventuell bestehende Konformitätszwänge erheblich reduziert werden können. Vor allem Ronald Burt hat der Reichweite von Netzwerken deshalb eine zentrale Bedeutung in Bezug auf die Ausbildung und Verfestigung von Meinungen und Einstellungen zugemessen: „Low range respondents – persons with socially homogeneous, densely connected alters – are people exposed on all sides to normatively prescribed beliefs and behaviors. A respondent with extensive range is a person free to select from alternative social prescriptions that which suits his interests. Network range variables measure the extent to which a respondent's interpersonal environment is free from social pressure to conform to a single normative standard" (Burt 1984: 309-310).

Die Reichweite eines Netzwerks ist im Wesentlichen eine Funktion der Diversität der Kontakte. Das heißt: „An ego-network has range to the extent that it includes a diversity of actors as ego's contacts" (Burt 1982: 32). Diese Eigenschaft eines Netzwerks ist aus leicht ersichtlichen Gründen nicht unabhängig von der Dichte. Mit zunehmender Netzwerkdichte nimmt in der Regel die Reichweite bzw. Diversität ab (vgl. z.B. Campbell, Marsden und Hurlbert 1986; Huang und Tausig 1990; Pappi 1987). Dennoch ist es sinnvoll, neben der Dichte als Maß für die Verbundenheit der Alteri auch die Reichweite in dem von Burt angesprochenen Sinn – als Maß für die Diversität der Kontakte – in der Analyse zu berücksichtigen. Insbesondere die rollenspezifische Zusammensetzung der Netzwerke ist in diesem Zusammenhang von Interesse, weil darüber eine relativ einfache Erfassung der Unterschiedlichkeit der Kontakte ermöglicht wird. Ein geeigneter Testfall für diese Vermutung ist die Untersuchung der Effekte unterschiedlicher

Anteile von Verwandten und Nicht-Verwandten, weil mit guten Gründen anzunehmen ist, dass damit unterschiedliche Voraussetzungen für eine Angleichung von Einstellungs- und Verhaltensmuster verknüpft sind.

Wenn sich das ego-zentrierte Netzwerk hauptsächlich aus Verwandten zusammensetzt, dann sollten die Bedingungen für kontinuierliche Sozialisationsprozesse und genuine Konformitätseinflüsse relativ günstig sein. Ein hoher Verwandtenanteil am Kernnetz läst vermuten, dass Ego bereits über einen längeren Zeitraum mit einer Bezugsumgebung konfrontiert ist, in der auch Einstellungs- und Verhaltensmuster gegenüber Ausländern eine stabile Verankerung finden, zumal dies zugleich ein Milieu ist, das oft als wichtige Quelle für wertvolle emotionale oder auch finanzielle und andere Unterstützungen dient (Wellman und Wortley 1990; Van der Poel 1993b). Um dieses soziale Kapital nicht zu gefährden, kann es für die Beteiligten ratsam sein, potentiell kontroverse Meinungen, Einstellungen oder Verhaltensweisen zu vermeiden oder sogar bewusst zu unterbinden, indem eine Art „Gruppennorm" innerhalb des Netzwerks etabliert wird. Daher wäre zu erwarten, dass die Wahrscheinlichkeit übereinstimmender Haltungen gegenüber Ausländern (unter sonst gleichen Bedingungen) umso höher ist, je höher der Verwandtenanteil am Kernnetz ist.

Gegen diese Hypothese spricht jedoch die Tatsache, dass bei Beziehungen zu Verwandten der Entscheidungsspielraum der Akteure relativ stark eingeschränkt ist, da lediglich die Intensität der Beziehung (mehr oder weniger) individuell bestimmt werden kann; immerhin kann eine solche Relation auch unterbrochen werden. Bei Beziehungen zu Nicht-Verwandten ergeben sich im Vergleich dazu größere Wahlmöglichkeiten. Dies ist deshalb wichtig, weil in diesen Fällen die Übereinstimmung in Bezug auf Ausländer betreffende Fragen und andere politische und soziale Issues bereits bei der Auswahl der Interaktionspartner berücksichtigt werden kann, so dass sich bereits durch den Prozess der Selbstselektion die Wahrscheinlichkeit übereinstimmender Einstellungs- und Verhaltensmuster erhöht. Dabei muss die Selektion sich noch nicht einmal direkt auf ausländerspezifische Issues beziehen.

Auch ein indirekter Kausalzusammenhang ist in diesem Fall plausibel, wenn man davon ausgeht, dass die Akteure bei der Auswahl ihrer Interaktionspartner Kriterien zugrunde legen, die wiederum typischerweise mit bestimmten Einstellungs- und Verhaltensmustern im Verhältnis zu ethnischen Minderheiten verknüpft sind. Personen mit einer starken Präferenz für alters- oder statushomophile Beziehungen werden nach den bisherigen Erkenntnissen über die Determinanten ethnischer Grenzziehung mit hoher Wahrscheinlichkeit mit unterschiedlichen Ansichten konfrontiert, je nachdem, welches Alter oder welchen sozialen Status sie selbst haben. Dies spricht dafür, dass sich – entgegen der vorherigen Hypothese – das Chancenverhältnis zugunsten homogener Einstellungen und Verhaltensintentionen erhöht, wenn sich der Anteil der Nicht-Verwandten am Kernnetzwerk erhöht.

Die folgenden Analysen werden zeigen, welche der beiden konkurrierenden Hypothesen sich auf der Grundlage der hier verwendeten Daten besser bewährt.

6.4 Determinanten der Einstellungshomogenität (bivariate Analysen)

Um die empirische Relevanz der angesprochenen Determinanten der Übereinstimmung in Bezug auf die Einstellungen und Verhaltensintentionen gegenüber Ausländern genauer einschätzen zu können, sollen zunächst die bivariaten Zusammenhänge geprüft werden. Im Zentrum der Analyse stehen erneut die dichotimisierten Indikatoren der faktischen Übereinstimmung für alle vier Aspekte der ethnischen Grenzziehung. Zuerst werden die Auswirkungen von Unterschieden und Gemeinsamkeiten in den „Hintergrundmerkmalen" auf die Wahrscheinlichkeit übereinstimmender Einstellungen und Verhaltensabsichten untersucht. Dann wird geprüft, ob die Charakteristika der Relationen selbst – die Beziehungsdauer und die Häufigkeit der Interaktionen – tatsächlich einen Einfluss auf die Übereinstimmungschance haben. Und schließlich werden die Zusammenhänge zwischen der Struktur des sozialen Netzwerks und den Homogenitätsmaßen auf eine erste Probe gestellt.

6.4.1 „Hintergrundmerkmale"

Unterschiede und Gemeinsamkeiten in den „Hintergrundmerkmalen" von Ego und Alter können in zwei verschiedenen Varianten erfasst werden: Entweder man beschränkt sich auf die Feststellung, ob – innerhalb eng gesteckter Toleranzgrenzen – überhaupt eine Übereinstimmung besteht; dazu lässt sich eine dichotome Variable berechnen, die den Wert 1 hat, wenn das der Fall ist, und den Wert 0, wenn sie sich unterscheiden. Oder man bezieht sich auf das absolute Ausmaß der Unterschiede in dem betrachteten Merkmal, das sich ergibt, wenn man die Differenz zwischen den jeweiligen Messwerten bildet. In der folgenden Übersicht sind für das Alter und das Bildungsniveau der Befragten beide Varianten angegeben; die Angaben zur Übereinstimmung in Bezug auf die soziale Lage beschränken sich auf die dichotome Lösung. Als Zusammenhangsmaß dient jeweils das *odds ratio* (*OR*), das zusammen mit der *z*-Statistik ausgewiesen ist. Die endogenen Variablen sind die dichotomen Homogenitätsvariablen für den *XENO*-Index, die sozialen Distanzen gegenüber Türken (SD_{TURK}), die sozialen Distanzen gegenüber Italienern (SD_{ITAL}) und den Zuzugsindex (*ZUZUG*).

Tabelle 6-4: Einstellungshomogenität und „Hintergrundmerkmale" (bivariate Korrelationen)

	XENO		SD$_{TURK}$		SD$_{ITAL}$		ZUZUG	
	OR	z	OR	z	OR	z	OR	z
Altersdifferenz	0,94	-3,48	0,99	-0,88	0,97	-2,02	0,97	-1,57
Altershomogenität	1,78	2,13	1,42	1,33	1,38	1,16	1,20	0,66
Bildungsdifferenz	0,63	-3,17	0,71	-2,36	0,79	-1,66	0,81	-1,45
Bildungshomogenität	1,62	1,83	2,35	3,24	1,63	1,82	1,14	0,49
Klassenhomogenität	1,99	1,88	1,16	0,45	1,13	0,34	0,98	-0,06

Datenbasis: Mannheim-Studie (FUI-Daten ohne Dubletten); N = Anzahl der Beobachtungen.

Die in Tabelle 6-4 zusammengefassten Resultate weisen darauf hin, dass die Homogenität der Einstellungen und Präferenzen, wie erwartet, mit Ähnlichkeiten und Divergenzen bei den betrachteten Hintergrundmerkmale variiert. Wenn zum Beispiel Ego und Alter der gleichen Altersgruppe angehören (*Altershomogenität* = 1), dann erhöht sich die Wahrscheinlichkeit konkordanter Einstellungen, bezogen auf den *XENO*-Index, um rund das 1,8-fache im Vergleich zu den altersheterogenen Dyaden. Betrachtet man das absolute Ausmaß der Altersunterschiede, so ist festzustellen, dass von den altershomogenen Dyaden (*Altersdifferenz* = 0) mehr als zwei Drittel übereinstimmende Angaben zur sozialen Distanz gegenüber Italienern machen; bei einem Altersunterschied von 10 bis 20 Jahren verringert sich dieser Anteil auf rund 56% und bei einem noch größeren Altersunterschied auf circa 46%. Auch die Wahrscheinlichkeit übereinstimmender Einstellungen und Verhaltensabsichten bei den Fragen zur Zuzugsregelung und zur sozialen Distanz gegenüber Türken nimmt wenigstens der Tendenz nach umso stärker zu, je geringer die Altersunterschiede zwischen Ego und Alter sind; allerdings sind die Zusammenhänge in diesen Fällen schwächer ausgeprägt und statistisch nicht befriedigend gesichert.

Unterschiede und Gemeinsamkeiten beim Bildungsniveau von Ego und Alter wirken sich offenbar ähnlich aus. Weisen die Beteiligten das gleiche Bildungsniveau auf, erhöht sich zum Beispiel die Wahrscheinlichkeit, dass sie eine übereinstimmende Haltung gegenüber Türken einnehmen, im Vergleich zu einer Dyade mit inhomogenem Bildungsniveau, um mehr als das Doppelte. Diese Tendenz ist ebenso deutlich an den kontinuierlich gemessenen Unterschieden des Bildungsniveaus zu erkennen. Unter den Dyaden mit gleichem Bildungsniveau liegt etwa der Anteil übereinstimmender Angaben zu den allgemeinen Ausländerfragen (*XENO*) bei über 70%; bei einer Abweichung um eine Bildungsstufe sinkt er auf 60% und bei noch größeren Differenzen auf rund 45%. Etwas schwächer, aber immer noch bemerkenswert, ist dieser Zusammenhang bei den sozialen Distanzen gegenüber Italienern. Bei den Präferenzen zur Zuzugsregelung gibt es in dieser Hinsicht noch keine ausreichende Evidenz, wohl aber erste Hinweise, die dafür sprechen, dass auch in diesem Fall eher homogene Präferenzen zu beobachten sind, wenn die betrachtete Dyade bildungshomogen ist.

Vergleichsweise uneinheitlich sind dagegen die Befunde zum Einfluss der Unterschiede und Gemeinsamkeiten hinsichtlich der sozialen Lage. Ob die soziale Lage von Ego und Alter homogen oder inhomogen ist, wird in diesem Fall aufgrund einer vereinfachten Variante des bekannten Klassenschemas von John Goldthorpe bestimmt (vgl. Trometer 1993).[69] Nur wenn beide nach Maßgabe ihrer beruflichen Stellung und des damit verbunden Tätigkeitsprofils der gleichen Klasse zuzuordnen sind, wird von einer homogenen sozialen Lage ausgegangen. Die entsprechende Variable (*Klassenhomogenität*) nimmt dann den Wert 1 an; andernfalls liegt Inhomogenität vor (*Klassenhomogenität* = 0). An den oben angeführten Resultaten ist zu erkennen, dass insbesondere die Übereinstimmung bei der *XENO*-Skala durch entsprechende Gemeinsamkciten gefördert wird. Wenn sich Ego und Alter in einer ähnlichen sozialen Lage befinden, dann stimmen fast drei von vier Dyaden bei diesen Fragen zur allgemeinen Einstellung gegenüber „Ausländern" überein; besteht dagegen eine Divergenz der sozialen Lage, so ist es nur etwas mehr als jede zweite Dyade. Dagegen sind bei den Fragen zur sozialen Distanz gegenüber Türken und Italienern, ebenso wie bei den Zuzugspräferenzen, keine gesicherten Zusammenhänge zu erkennen. Für die faktische Übereinstimmung bei diesen Indikatoren der ethnischen Grenzziehung scheint das Hintergrundmerkmal der sozialen Lage eher unerheblich zu sein.[70]

6.4.2 Beziehungsdauer und Kontakthäufigkeit

Gibt es unabhängig von diesen Hintergrundmerkmalen auch einen systematischen Zusammenhang zwischen den Indikatoren der Einstellungshomogenität und zentralen Merkmalen der Beziehung zwischen Ego und Alter? Wie stark beeinflusst insbesondere die Beziehungsdauer und die Kontakthäufigkeit die Wahrscheinlichkeit einer tatsächlichen Übereinstimmung? Für den Effekt der Beziehungs-

---

[69] Das vereinfachte Klassenschema differenziert nach Maßgabe der beruflichen Stellung und des Tätigkeitsprofils vier Kategorien. Die erste Klasse umfasst Angestellte mit einfacher Tätigkeit und Beamte im einfachen Dienst sowie un- und angelernte Arbeiter (Klasse 1); die zweite Klasse umfasst Beamte im mittleren Dienst, Angestellte mit schwierigen Aufgaben sowie gelernte und Facharbeiter (Klasse 2); die dritte umfasst Angestellte mit verantwortungsvollen Tätigkeiten, Vorarbeiter, Meister, Beamte im gehobenen Dienst und Selbständige mit mittlerem Anforderungsprofil (Klasse 3); die vierte Klasse beinhaltet schließlich akademische freie Berufe, Beamte im höheren Dienst und Selbständige mit hohem Anforderungsprofil (Klasse 4). Bei nicht mehr erwerbstätigen Personen wurde die Klassifikation aufgrund der zuletzt ausgeübten Tätigkeit vorgenommen.
[70] Ob Ego und Alter das gleiche Geschlecht haben oder nicht, scheint für die Homogenität der Einstellungen und Präferenzen in Ausländerfragen nicht wichtig zu sein. Hier nicht im Einzelnen wiedergegebene Analysen zeigen, dass für keinen der betrachteten Indikatoren signifikante Zusammenhänge festzustellen sind.

dauer sind die Prognosen klar: Je länger sich Ego und Alter bereits kennen, desto günstiger sollten die Gelegenheiten des Austausches und der wechselseitigen Beeinflussung sein. Eine Angleichung von möglicherweise zunächst noch divergierenden Meinungen, Einstellungen und Verhaltensmustern erfordert Zeit. Sie dürfte sich umso eher vollziehen, je länger die Beziehung andauert. Mit zunehmender Beziehungsdauer sollte sich demnach auch die Wahrscheinlichkeit erhöhen, dass Ego und Alter tatsächlich übereinstimmende Einstellungs- und Verhaltensmuster gegenüber Ausländern aufweisen.

Diese Prognosen zum Zusammenhang zwischen Einstellungshomogenität und Beziehungsdauer werden jedoch durch die in Tabelle 6-5 aufgeführten Resultate nicht gestützt. Die meisten Koeffizienten der *odds ratios* lassen überhaupt keinen wesentlichen Einfluss der Beziehungsdauer erkennen. Der einzige Koeffizient, der statistisch einigermaßen befriedigend abgesichert ist, indiziert – bei der Fragen nach der Verhaltensintentionen gegenüber Italienern – sogar einen schwach negativen Effekt, der darauf schließen lässt, dass sich in diesem Fall das Chancenverhältnis zugunsten homogener Distanzen bei zunehmender Beziehungsdauer verschlechtert. Bei genauerer Analyse zeigt sich, dass es bis zu einer Dauer der Beziehung von weniger als 20 Jahren keine erheblichen Unterschiede gibt. Bei den Dyaden mit einer Beziehungsdauer von mehr als 20 Jahren sinkt indessen der Anteil übereinstimmender Angaben zur sozialen Distanz gegenüber Italienern von 65% auf 53%.

Tabelle 6-5: Einstellungshomogenität, Dauer und Kontakthäufigkeit (bivariate Korrelationen)

	XENO		SD_{TURK}		SD_{ITAL}		ZUZUG	
	OR	z	OR	z	OR	z	OR	z
Dauer	0,98	-1,64	0,99	-1,46	0,98	-1,69	1,00	0,52
Kontakthäufigkeit	0,96	-0,14	1,68	2,00	1,92	2,39	1,80	2,13

Datenbasis: Mannheim-Studie (FUI-Daten ohne Dubletten).

Eine interessante Besonderheit ergibt sich allerdings für diejenigen Beziehungen, die zum Erhebungszeitpunkt ein Jahr und weniger andauerten. In diesen Fällen liegt der Anteil der Dyaden, die hinsichtlich der sozialen Distanz gegenüber Italienern übereinstimmen, nur bei rund 50% und fällt damit ähnlich niedrig aus, wie bei den Beziehungen, die 20 Jahre und länger dauern. Für die anderen Indikatoren der ethnischen Grenzziehung ergeben sich im Wesentlichen die gleichen Regelmäßigkeiten. So ist zum Beispiel von den Dyaden mit einer Beziehungsdauer von einem Jahr und weniger auch nur jede Zweite homogen hinsichtlich der allgemeinen Einstellungen gegenüber Ausländern; beträgt die Dauer hingegen mehr als ein, aber weniger als 20 Jahre, so steigt dieser Anteil auf zwei Drittel. Das ist zumindest ein Hinweis darauf, dass die Hypothese zum Einfluss der Beziehungsdauer nicht zu verwerfen, sondern eher zu relativieren ist. Denn der Zusammenhang ist offenbar nicht strikt linear.

Dieses Ergebnis könnte darauf zurückzuführen sein, dass vor allem zu Beginn einer sozialen Beziehung noch relativ häufig unterschiedliche Einstellungen und Verhaltensintentionen gegenüber Ausländern bestehen können, die sich dann meist schnell aneinander angleichen. Nach einer Beziehungsdauer von mehr als zwei Jahren wird eine bis dahin nicht gelungene Konvergenz eher unwahrscheinlich. Entweder ist bis dahin bereits eine Übereinstimmung erreicht, oder sie gelingt – etwa wegen mangelnder Bemühungen oder starker Diskrepanzen – gar nicht mehr. In sehr lange andauernden Beziehungen (mit einer Dauer von 20 Jahren und mehr) kann sich der Zusammenhang sogar ins Gegenteil verkehren. Dies ist möglicherweise vor allem dann der Fall, wenn es sich um Eltern-Kind-Beziehungen und ähnliche familiäre Bindungen handelt, bei denen die Beziehungsdauer gleichzeitig mit nachteiligen Randbedingungen wechselseitiger Beeinflussungsprozesse – etwa hinsichtlich der zuvor betrachteten „Hintergrundmerkmale" – verknüpft ist. Erst die gleichzeitige Betrachtung der Einflussfaktoren in einem multivariaten Modell kann darüber genaueren Aufschluss geben.

Eindeutiger als bei der Beziehungsdauer sind die Effekte der Interaktionshäufigkeit auf das Chancenverhältnis zugunsten übereinstimmender Einstellungs- und Verhaltensmuster. Dies wird unmittelbar deutlich, wenn man Paare, die täglich oder zumindest mehrmals wöchentlich miteinander zu tun haben (*Kontakthäufigkeit = 1*), mit Paaren vergleicht, die sich seltener sehen (*Kontakthäufigkeit = 0*). Wie Tabelle 6-5 zu entnehmen ist, haben zum Beispiel Paare, die sich täglich oder wenigstens mehrmals wöchentlich sehen, eine um etwa das 1,8-fache höhere Chance, in ihrer Haltung zur Zuwanderung übereinzustimmen, als Dyaden, die sich seltener sehen; die Prozentsatzdifferenz bezogen auf die beobachtete Übereinstimmung beträgt immerhin rund 13%. Bei der sozialen Distanz gegenüber Italienern liegt das Chancenverhältnis (bei einer Prozentsatzdifferenz von mehr als 15%) sogar noch etwas höher, im Fall der Türken (bei einer Prozentsatzdifferenz von nicht ganz 13%) etwas niedriger. Lediglich bei den *XENO*-Skala sind keine signifikanten (bivariaten) Zusammenhänge festzustellen.

6.4.3 Dichte und Netzwerkkomposition

Vor dem Übergang zu den multivariaten Analysen bleibt nun noch kurz zu prüfen, wie gut sich die Hypothesen zum Zusammenhang zwischen dem Ausmaß der tatsächlichen Übereinstimmung und zentralen Charakteristika der Netzwerkstruktur bewähren. Von besonderem Interesse sind in dieser Hinsicht zum einen die Verbundenheit bzw. Dichte der Netzwerke und zum anderen ihre Reichweite bzw. Komposition. Die Netzwerkdichte ist entsprechend der üblichen Konvention (Scott 2000: 71; vgl. Barnes 1969: 63-64; Mitchell 1969: 19-20) definiert als das

Verhältnis der Anzahl der tatsächlich bestehenden Beziehungen (l) unter den n Alteri zur Anzahl der maximal möglichen Relationen:

$$\frac{l}{n(n-1)/2}$$

Dies ist ein einfaches Dichtemaß (*Dichte*), für dessen Berechnung die Stärke der Beziehungen unter den Alteri nicht einbezogen wird.[71] Daneben kann aber auch ein gewichteter Dichteindex konstruiert werden, der auf den Angaben der Befragten darüber beruht, ob sich die Alteri untereinander gut oder nur oberflächlich kennen. Eine Beziehung wird mit dem Wert 2 gewichtet, wenn die Alteri einander gut kennen, und mit dem Wert 1, wenn sie sich eher oberflächlich kennen. Der mit diesen Werten berechnete Dichteindex (*XDichte*) wird dann, analog zum einfachen Dichtemaß, zur Zahl der maximal möglichen Relationen in Beziehung gesetzt und damit so normiert, dass er einen Wertebereich zwischen 0 (keine Inter-Alter-Relationen) und 1 (hohe Dichte) aufweist.[72]

Die Analyse der Reichweite der Netzwerke konzentriert sich auf ein relativ einfaches Maß der Diversität der Netzwerkkomposition. Dieses bezieht sich auf den Anteil der Nicht-Verwandten, also auf den Anteil der nicht von Geburt an in einem verwandtschaftlichen Verhältnis zum Befragten stehenden Alteri am Gesamtnetzwerk (*Nichtverwandte*).[73] Je höher der Wert dieser Variablen ist, desto höher ist nach der zugrunde gelegten Konzeption die Diversität bzw. Reichweite der Kontakte und desto höher ist außerdem die Wahrscheinlichkeit, dass es sich um selbst gewählte Beziehungen handelt.

Im Unterschied zu den zuvor betrachteten Merkmalen ist nun bei der Darstellung der Netzwerkcharakteristika eine wichtige Besonderheit zu beachten, die die Darstellung der Ergebnisse etwas komplizierter macht. Während Gemeinsamkeiten und Unterschiede in Hintergrund- und Beziehungsmerkmalen für Ego und Alter gleichermaßen gelten, kann das für die strukturellen Merkmale der Netzwerke nicht als selbstverständlich unterstellt werden. Die Netzwerke müssen nämlich nicht genau deckungsgleich sein. Ein Befragter (Ego) kann zum Beispiel fünf für ihn wichtige und untereinander seit langem bekannte Personen nennen, zu denen auch eine im Follow-up-Interview befragte Person (Alter) zählt, die aber ihrerseits drei ganz andere, miteinander gar nicht bekannte Personen als wichtig bezeichnet. In einem solchen Fall sind die Netzwerke offensichtlich voneinander

---

[71] In einem gerichteten Graph ist die Dichte allgemein definiert als $l/n(n-1)$. Wenn man die reflexiven Beziehungen Egos zu sich selbst ausschließt, dann beträgt die Gesamtzahl der Punktepaare in einem Graphen $n(n-1)$. Sofern, wie im vorliegenden Fall, nur ungerichtete Beziehungen betrachtet werden, können höchstens $n(n-1)/2$ distinkte „Linien" bzw. „Knoten" realisiert sein.

[72] Für Netzwerke, die weniger als zwei Alteri umfassen, ist das Dichtemaß nicht definiert. Davon sind im hier verwendeten Datensatzes vier Fälle betroffen, für die die Dichtemaße als Missing Values codiert wurden.

[73] Partner zählen nach dieser Konvention zu den Nicht-Verwandten, auch wenn sie mit der befragten Person verheiratet sind.

verschieden. Folglich werden jeweils zwei Maßzahlen für die interessierenden Netzwerkmerkmale benötigt, eine, welche die Angaben der zuerst befragten Person (Ego) repräsentiert und eine zweite, die das Netzwerk aus der Perspektive der im Follow-up-Interview befragten Person (Alter) beschreibt.

Tabelle 6-6: *Einstellungshomogenität und Netzwerkstruktur (bivariate Korrelationen)*

	XENO		SD_{TURK}		SD_{ITAL}		Zuzug	
	OR	z	OR	z	OR	z	OR	z
Dichte (E)	2,10	1,18	0,88	-0,20	1,36	0,49	1,49	0,62
Dichte (A)	3,73	1,83	0,22	-1,98	0,40	-1,22	0,58	-0,73
Xdichte (E)	1,49	1,31	0,85	-0,53	0,91	-0,31	1,55	1,40
Xdichte (A)	1,59	1,36	0,49	-2,05	0,68	-1,13	0,79	-0,68
Nichtverw. (E)	2,83	2,29	1,66	1,13	2,60	2,08	0,97	-0,06
Nichtverw. (A)	1,84	1,05	2,51	1,60	0,98	-0,03	1,02	0,03

Datenbasis: Mannheim-Studie (FUI-Daten ohne Dubletten); N = Anzahl der Beobachtungen.

Die Ergebnisse in Tabelle 6-6 zeigen, dass mit zunehmendem Anteil nichtverwandter Personen im Netzwerk die Chance übereinstimmender Einstellungen und Verhaltensintentionen tendenziell zunimmt. Das wird insbesondere bei der *XENO*-Skala und bei den Distanz-Fragen sichtbar. Allerdings sind einige der Koeffizienten nicht befriedigend statistisch gesichert. Bei den Zuzugspräferenzen scheint die Zusammensetzung des Netzwerks indessen keinen Einfluss auf die Wahrscheinlichkeit übereinstimmender Positionen zu haben. Diese Ergebnisse sind weitgehend unabhängig vom jeweils betrachteten Typ der Beziehung. Das heißt, der beobachtete Zusammenhang bleibt auch dann erhalten, wenn man berücksichtigt, ob es sich bei der betrachteten Beziehung selbst um eine verwandtschaftliche Beziehung handelt oder nicht. Dies spricht dafür, dass es sich nicht einfach nur um einen verdeckten Effekt eines Merkmals der Dyade, sondern tatsächlich um systematische Unterschiede in Bezug auf ein *strukturelles* Merkmal des Netzwerks handelt.

Anders als bei diesem strukturellen Merkmal gibt es für die Netzwerkdichte – zumindest in der bivariaten Analyse – wenig konsistente Ergebnisse. An der Teststatistik wird schon deutlich, dass der Einfluss der Dichte auf die Homogenitätsindikatoren nicht klar zu bestimmen ist. Die Mehrzahl der Koeffizienten ist nicht signifikant von Null verschieden. Lediglich bei der *XENO*-Skala zeichnet sich der erwartete positive Zusammenhang zwischen der Dichte des Netzwerks und der Wahrscheinlichkeit einer Übereinstimmung in der betrachteten Dyade ab.

Dagegen ergibt sich bei der Frage nach der sozialen Distanz gegenüber Türken ein genau entgegengesetzter Befund. Je dichter das Netzwerk von Alter ist, desto geringer ist demnach die Chance, dass Ego und Alter in dieser Hinsicht einer Meinung sind. Auch in diesem Fall bleibt aber abzuwarten, ob diese Zusammenhänge stabil bleiben, wenn die übrigen Determinanten in einem multivariaten Modell mit berücksichtigt werden.[74]

6.5 Die Determinanten der Homogenität im Zusammenhang

In den bivariaten Analysen hat sich gezeigt, dass die Unterschiede der tatsächlichen Übereinstimmung bei den betrachteten Indikatoren ethnischer Grenzziehung größtenteils in der erwarteten Weise mit den theoretisch relevanten Determinanten verbunden sind. Das gilt insbesondere für die „Hintergrundmerkmale". Für die betrachteten Beziehungscharakteristika sind die Ergebnisse weniger konsistent und auch bei den Netzwerkmerkmalen ergeben sich keine ganz einheitlichen Befunde. Die festgestellten Effekte der Netzwerkkomposition weisen im Großen und Ganzen die prognostizierte Richtung auf, während für die Dichte-Indikatoren sogar widersprüchliche Zusammenhänge zu beobachten sind. Eine zuverlässigere und theoretisch aussagekräftigere Beurteilung dieser Resultate kann indessen erst eine multivariate Analyse leisten. Erst damit läßt sich klären, ob die Effekte der untersuchten Determinanten der Einstellungshomogenität auch noch unter Kontrolle von Drittvariablen festzustellen sind. Außerdem ermöglichen erst die multivariaten Analysen eine genauere Einschätzung des relativen Erklärungsbeitrags von Hintergrundmerkmalen einerseits und Beziehungs- und Netzwerkmerkmalen andererseits.

6.5.1 Das mehrebenenanalytische Schätzmodell

Die endogene Variable der multivariaten Schätzung zur Erklärung der Einstellungshomogenität ist weiterhin die dichotome Variable *homog* mit den Ausprägungen 0 („inhomogen") und 1 („homogen"). Diese wird in der Schätzgleichung

---

[74] Weitere bivariate Analysen haben gezeigt, dass die Homogenität der Einstellungs- und Verhaltensmuster unabhängig von rein individuellen Merkmalen von Ego und Alter – wie Alter, Geschlecht oder Bildungsniveau – ist. Auch hinsichtlich der Rangposition der im Follow-Up-Interview befragten Netzperson, die gelegentlich als ein Indikator der Beziehungsstärke aufgefaßt wird (vgl. Pappi 1996), gibt es keine systematischen Zusammenhänge. Das heißt, es ist weitgehend irrelevant, ob Alter von Ego an erster, an zweiter oder an fünfter Stelle genannt wurde.

als eine latente kontinuierliche Variable *homog** aufgefasst, die als Linearkombination der *k* Prädiktoren beschrieben werden kann:

$$homog^* = \gamma_0 + \sum_{h=1}^{k} \gamma_h x_h + \varepsilon ; \quad h = 1 \ldots k$$

x_h repräsentieren die zuvor angeführten Determinanten der Einstellungshomogenität, γ_h sind die zu schätzenden Parameter und ε ist der standardnormalverteilte Störterm. *homog** kann zwar nicht beobachtet werden, hängt aber folgendermaßen mit der beobachtbaren dichotomen Variable *homog* zusammen:

und
homog = 0 wenn *homog** ≤ 0
homog = 1 wenn *homog** > 0.

Geschätzt wird die Gleichung mit Hilfe der Maximum Likelihood-Methode. Aus der besonderen Struktur der verwendeten Daten ergibt sich jedoch eine Besonderheit, die bei der genauen Spezifikation des Schätzmodells zu beachten ist. Der beschriebene Schätzansatz setzt voraus, dass die Beobachtungen der Stichprobe statistisch unabhängig voneinander sind. Diese Voraussetzung ist in der Regel erfüllt, wenn die Daten auf einer einfachen Zufallsauswahl basieren (Andreß, Hagenaars und Kühnel 1997: 321). Bei den hier verwendeten Daten ist sie jedoch wegen des *snowball samplings* und den damit verbundenen Follow-up-Interviews, nicht notwendigerweise gegeben, da zumindest einige Fälle „genestet" sind. Deshalb wird im Folgenden ein mehrebenenanalytischer Schätzansatz zugrunde gelegt, der diese Abhängigkeit zwischen einzelnen Beobachtungen berücksichtigt.

In der Terminologie der Mehrebenenanalyse sind zwei Kategorien von Analyseeinheiten zu unterscheiden. *Level-one units* sind die einzelnen Dyaden bzw. die Beziehungen zwischen den Hauptbefragten (Ego) und der im Follow-up-Interview befragten Person (Alter) aus dem jeweiligen Netzwerk. Die zu erklärende Variable *homog* ist ein Merkmal dieser *level-one units*. *Level-two units* sind in diesem Fall die Hauptbefragten bzw. die sie umgebenden Netzwerke. Eine „genestete" Datenstruktur ergibt sich nun genau dann, wenn mehrere Dyaden (*level one units*) zu dem selben Netzwerk gehören, das heißt, wenn für einen Hauptbefragten (*level two unit*) mehr als eine Beziehung mit Informationen aus einem Follow-up-Interview vorhanden ist. Diese Konstellation findet sich in den Daten relativ selten. Meistens sind für einen Hauptbefragten nur Informationen für einen Alter aus Nachbefragungen verfügbar. Dennoch gibt es einige Egos mit entsprechenden Angaben über bis zu fünf verschiedene Alteri. Insgesamt verteilen sich die hier betrachteten 253 Dyaden auf 144 verschiedene *level-two units*. Auf einen Hauptbefragten (Ego) kommen also im Durchschnitt rund 1,8 Beziehungen. Auch wenn es sich dabei um eine geringe Zahl handelt, kann damit die statistisch relevante Unabhängigkeit der Fälle in der Stichprobe nicht mehr als gegeben angenommen werden.

Wegen dieser Eigenheiten des *multi-stage sample* werden unter anderem aufgrund der Fehlspezifikation der „effektiven" Stichprobengröße die Standardfehler verzerrt geschätzt, was zu falschen Schlußfolgerungen führen kann (vgl. Bryk und Raudenbush 1992: 83-84). Um das zu vermeiden plädieren Snjiders und Boskers (neben zahlreichen anderen Autoren) in solchen Fällen nachdrücklich für einen mehrebenenanalytischen Ansatz: „Multilevel statistical models are always needed if a *multi-stage sampling* design has been employed" (Snjders und Boskers 1999: 9). Deren Besonderheit besteht im Wesentlichen darin, dass die Schätzmodelle um so genannte *nested random coefficients* erweitert werden, die es ermöglichen sowohl die *within-group*- als auch die *between-group*-Varianz in der Modellschätzung zu berücksichtigen (vgl. Bryk und Raudenbush 1992; Goldstein 1995; Snjiders und Boskers 1999).

Ein Schätzansatz, der eine mehrebenenanalytische Untersuchung dichotomer abhängiger Variablen ermöglicht, ist das *logistic random intercept model* (vgl. Goldstein 1995: 97-112; Snjiders und Boskers 1999: 207-220). Dabei werden die beobachteten Werte für die *level-one units* (Dyaden) als Funktion der erklärenden Variablen X_{ijh} ($h= 1, ..., k$) modelliert, wobei i die Zugehörigkeit zu einer Dyade und j die entsprechende Bezugsgruppe bezeichnet. Demnach wird davon ausgegangen, dass die „Erfolgswahrscheinlichkeit" sowohl von dyadenspezifischen Faktoren als auch von Eigenschaften der Netzwerke bestimmt werden kann. Der Logit der Wahrscheinlichkeit, dass in einer gegebenen Dyade der Wert 1 (übereinstimmende Einstellung) beobachtet wird ergibt sich dann (in der Notation von Snjiders und Boskers) als Linearkombination der erklärenden Variablen und einem gruppenspezifischen Störterm (*random group dependent deviation*) U_{0j}, der für alle Dyaden einer Gruppe den selben Wert annimmt.

$$homog_i^* = \gamma_0 + \sum_{h=1}^{k} \gamma_h x_{hij} + U_{0j}$$

Für den Fehlerterm U_{0j} wird unterstellt, dass er annähernd normalverteilt ist und damit einen Erwartungswert von 0 und eine Varianz von σ^2_u aufweist (Snjiders und Boskers 1999: 216).

Die im Folgenden dargestellten Ergebnisse beruhen auf der Schätzung eines entsprechenden *maximum-likelihood random effects*-Modells auf der Basis der in STATA (StataCorp 2001) implementierten *xtlogit*-Prozedur (zur allgemeinen Logik der Schätzung von hierarchischen Modellen vgl. Bryk und Raudenbush 1992: 32-59). Im Unterschied zum sonst üblichen logistischen Modell wird darin zusätzlich zu den Parametern der erklärenden Variablen die *level-two variance*-Komponente geschätzt, die konventionell als Logarithmus der Standardabwei-

chung, $\ln(\sigma^2_u)$, ausgedrückt wird. Um die Bedeutung der Abhängigkeiten innerhalb der einzelnen Bezugsgruppen einzuschätzen, ist der Anteil Gesamtvarianz, der auf die *level-two*-Varianzkomponente zurückgeführt werden kann, von besonderem Interesse.
Dieser als ρ bezeichnete Anteil ergibt sich wie folgt:

$$\rho = \frac{\sigma_u^2}{\sigma_u^2 + 1}$$

Je kleiner dieser Wert ist, desto weniger fällt die *level-two*-Varianzkomponente ins Gewicht. Wäre $\rho = 0$, entspräche der Schätzer genau dem sonst üblichen Schätzer einer logistischen Regression für nicht genestete Daten, das heißt die Dyaden eines Netzwerkes sind unabhängig voneinander.[75] Ob dies tatsächlich der Fall ist, kann durch einen entsprechenden *likelihood ratio*-Test bestimmt werden. Die Signifikanz der geschätzten Modelle wird zum einen mit Hilfe der Wald-Statistik und zum anderen mit einem für kleine Stichproben eigentlich zuverlässigeren *likelihood-ratio*-Test (vgl. Agresti 1996: 109-110) berechnet.

6.5.1 Zentrale Ergebnisse der multivariaten Analyse

Auf der Basis dieses Schätzansatzes werden nun die Effekte der Homogenitätsdeterminanten gemeinsam analysiert. Um unnötige Wiederholungen zu vermeiden, beschränkt sich die Darstellung der Resultate auf die multivariaten Analysen hinsichtlich der Homogenität der allgemeinen Einstellungen gegenüber „Ausländern" (*XENO*-Skala). Die verschiedenen Variablengruppen werden wieder nacheinander getestet und anschließend in ein gemeinsames Modell integriert, um die Wirkungszusammenhänge besser nachvollziehen zu können. Als Referenzpunkt dient ein Modell, das ausschließlich die zuvor bestimmten „Hintergrundmerkmale" der beiden an den jeweiligen Beziehungen beteiligten Akteure enthält (M1). Ein zweites Modell berücksichtigt nur die Charakteristika der Beziehungen selbst und die verfügbaren Informationen über die Struktur der Netzwerke (M2). Das dritte Modell integriert die beiden vorangegangen zu einem Gesamtmodell (M3).

---

[75] Genauere Angaben zum Schätzverfahren finden sich im STATA-Reference Manual (Bd. 4).

Tabelle 6-7: Multivariate random coefficient-Modelle der Einstellungshomogenität

	M1			M2			M3		
	Koeff.	S.E.	|z|	Koeff.	S.E.	|z|	Koeff.	S.E.	|z|
Konst.	1,36	0,41	3,36	-2,68	1,43	1,88	-2,00	1,52	1,32
Altersdiff.	-0,08	0,03	3,20				-0,07	0,02	2,70
Bildungsdiff.	-0,40	0,19	2,06				-0,31	0,19	1,60
Klassenhomog.	0,89	0,50	1,76				0,95	0,49	1,92
Dauer				-0,06	0,03	2,23	-0,05	0,03	1,72
Dauer (log)				0,82	0,39	2,13	0,79	0,42	1,89
Dichte (E)				0,77	0,83	0,92	0,59	0,87	0,68
Dichte (A)				1,30	0,82	1,58	0,73	0,86	0,84
Nichtverw. (E)				0,50	0,68	0,74	0,51	0,75	0,67
Nichtverw. (A)				0,44	0,77	0,57	0,78	0,80	0,97
Wald-X^2	16,11			11,55			19,76		
Log Likelihood	-131,76			-138,92			-122,58		
σ	0,99	0,54		0,63	0,61		0,58	0,76	
ρ	0,50	0,27		0,28	0,40		0,25	0,49	

Datenbasis: Mannheim-Studie (FUI-Daten ohne Dubletten).

Die in Tabelle 6-7 wiedergegebenen Schätzergebnisse für das erste Modell (M1) lassen darauf schließen, dass ein beträchtlicher Teil der Unterschiede in der Wahrscheinlichkeit übereinstimmender Einstellungen auf Unterschiede und Gemeinsamkeiten in bestimmten Hintergrundmerkmalen zurückzuführen ist.[76] Unter der Bedingung, dass Ego und Alter das gleiche Alter, dasselbe Bildungsniveau

---

[76] Die geschätzten Parameter β_i beziehen sich jeweils auf den Effekt der exogenen Variablen X_i auf die logarithmierten Odds einer Homogenität der Einstellung unter Kontrolle der übrigen X. An der Exponentialfunktion des Koeffizienten $\exp(\beta_i)$ – den *odds ratios* – kann direkt der multiplikative Effekt einer Erhöhung von X_i um eine Einheit auf die Odds unter Konstanthaltung der übrigen exogenen Variablen abgelesen werden (vgl. u.a. Agresti 1996: 122-124).

und eine ähnliche soziale Lage haben, ergibt sich ein geschätztes Chancenverhältnis von etwa 9,5 zugunsten homogener Einstellungen. Das heißt, die (geschätzte) Wahrscheinlichkeit, dass eine solche Dyade übereinstimmende Einstellungen aufweist ist fast zehn Mal so hoch wie die Wahrscheinlichkeit, dass sie in dieser Hinsicht diskordant ist. Dieses Chancenverhältnis verringert sich selbst bei gleichem Bildungsniveau erheblich, wenn Ego und Alter unterschiedlichen Altersgruppen angehören; schon bei einem Altersunterschied von 10 Jahren sinkt (unter sonst gleichen Bedingungen) das Chancenverhältnis auf einen Wert von rund 4. Ebenso haben Unterschiede des Bildungsniveaus auch unabhängig von Unterschieden des Alters und der sozialen Lage einen eigenständigen Effekt auf die Wahrscheinlichkeit übereinstimmender Haltungen gegenüber „Ausländern". Bereits ein Unterschied von einer Stufe auf der 4-stufigen Bildungsskala vermindert das Chancenverhältnis zugunsten homogener Einstellungen um etwa das 1,5-fache. Wie an der Teststatistik zu erkennen ist, sind diese Effekte für alle drei „Hintergrundvariablen" mindestens auf dem 10%-Niveau statistisch signifikant; für die Effekte der Alters- und Bildungsunterschiede liegt die Irrtumswahrscheinlichkeit unter 5%. Auch die Erklärungskraft des gesamten Modells ist beachtlich.[77]

Die in den beiden letzten Zeilen angegebenen Werte für ρ weisen allerdings darauf hin, dass eine Konzentration allein auf die Hintergrundmerkmale von Ego und Alter problematisch ist. Der relativ hohe Wert von ρ zeigt an, dass neben der durch diese Variablen erklärbaren Varianz auch Unterschiede zwischen den *level-two units* eine Rolle spielen, die im ersten Modell noch nicht adäquat berücksichtigt sind. Dies sollte sich ändern, wenn die Charakteristika der Dyaden und der jeweiligen sozialen Netzwerke kontrolliert werden. Die Schätzergebnisse für das zweite Modell (M2) unterstützen diese Erwartung. Der ρ-Wert beträgt nun mit 0,28 nur noch etwas mehr als die Hälfte des vorherigen Werts. Daraus kann man schließen, dass die beziehungs- und netzwerkspezifischen Determinanten der Einstellungshomogenität tatsächlich einen erheblichen Teil der zuvor noch nicht hinreichend berücksichtigen Varianz auf der Ebene der *level-two units* erfassen.

Betrachtet man die einzelnen Koeffizienten des Modells M2 genauer, so fällt insbesondere der Einfluss der Beziehungsdauer ins Auge. Beide Spezifikationen der Dauer – in linearer und in logarithmierter Form – haben gemeinsam und unter Kontrolle der übrigen Beziehungs- und Netzwerkcharakteristika einen erheblichen Effekt auf die Einstellungshomogenität. Für den linearen Term ergibt sich ein negativer, für den logarithmierten Term ein positiver Zusammenhang. Das entspricht dem bereits zuvor beschriebenen nicht-linearen Zusammenhang. Wenn man sich die geschätzten *odds ratios* für unterschiedliche Werte der Beziehungs-

---

[77] In einem weiteren Modell wurde zusätzlich zu den in Modell 1 enthaltenen Variablen zur Kontrolle auch die geschlechtsspezifische Homogenität der Dyade berücksichtigt. Dem Vorzeichen nach ergab sich ein positiver Zusammenhang zwischen Geschlechts- und Einstellungshomogenität, der aber statistisch nicht gesichert ist. Auch für die nachfolgenden Modelle ergab eine Kontrolle der Geschlechtshomogenität keine wesentlich anderen Resultate.

dauer (unter Kontrolle der anderen im Modell enthaltenen Variablen) graphisch veranschaulicht, dann ist gut zu erkennen, dass die Wahrscheinlichkeit übereinstimmender Auffassungen in Bezug auf Ausländerfragen ab einer Schwelle von etwa ein bis zwei Jahren deutlich zunimmt (vgl. Abbildung 6-1). Kennen sich Ego und Alter erst seit einem Jahr (oder kürzer) ist es – unter sonst gleichen Bedingungen – unwahrscheinlich, dass sie die gleichen Einstellungen haben. Wie der Verlauf der oberen Kurve in der Abbildung (M2) zeigt, ergibt sich bei einer Beziehungsdauer von etwa 10 Jahren ein Maximum mit einem *odds ratio*-Wert von 3,7; danach nimmt das Chancenverhältnis zugunsten tatsächlich übereinstimmender Einstellungen wieder ab.

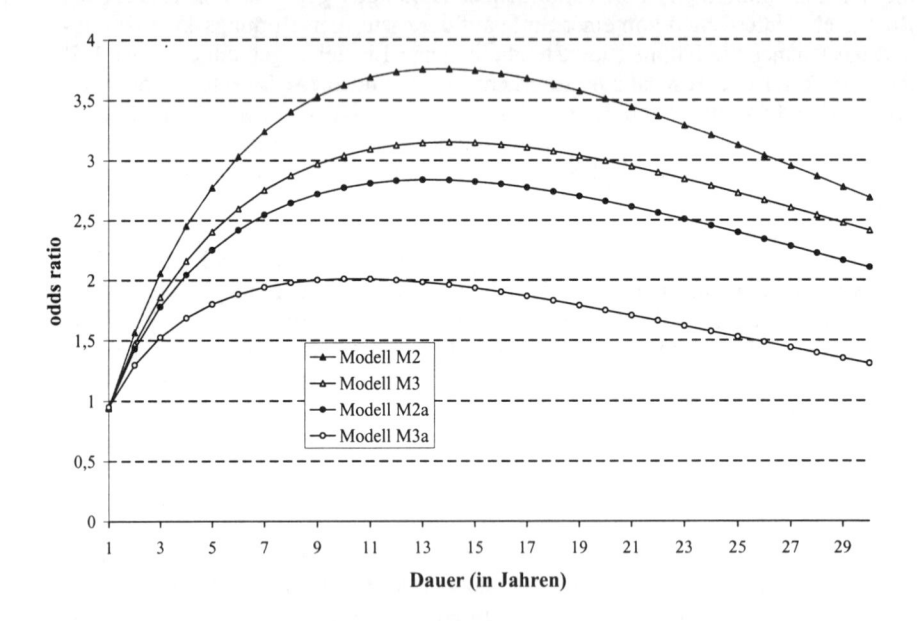

Abbildung 6-1: Einfluss der Beziehungsdauer auf die Einstellungshomogenität

Für die anderen beziehungs- und netzwerkspezifischen Charakteristika lassen sich auf der Grundlage der Schätzergebnisse für das Modell M2 keine gesicherten Aussagen machen. Was die Netzwerkkomposition angeht, so zeigen zumindest die Vorzeichen der betrachteten Variablen (Anteil der Nichtverwandten in den Netzwerken von Ego und Alter) in die erwartete Richtung. Ähnliches gilt für die Dichte der Netzwerke, bei der sich tendenziell ein positiver Zusammenhang zwischen der Einstellungshomogenität in der betrachteten Dyade und der Verbundenheit unter den übrigen Alteri im jeweiligen sozialen Netzwerk von Ego und Alter abzeichnet. Beim Vergleich der Koeffizienten mit den Resultaten der bivariaten Analyse ist zu erkennen, dass die Effekte der Dichte und der Netzwerkkomposition im multivariaten Modell (noch) schwächer werden. Dagegen tritt der Einfluss der Beziehungsdauer auf die Einstellungshomogenität stärker hervor, wenn die anderen Merkmale der Beziehung und der Netzwerke kontrolliert werden. Insgesamt bewährt sich das Modell schlechter als das Erklärungsmodell, in dem nur die wesentlichen „Hintergrundmerkmale" der Akteure berücksichtigt sind. Der Wert der Wald-Statistik ist kleiner und auch an den *log likelihood*-Werten ist leicht abzulesen, dass die Passung des ersten Modells besser ist.

Verbindet man beide Modelle zu einem gemeinsamen Modell (M3), so ist festzustellen, dass sowohl die Hintergrundmerkmale als auch die Charakteristika der Beziehung und der Netzwerke zusammen zur Erklärung der Unterschiede in der Wahrscheinlichkeit übereinstimmender Einstellungen beitragen. Die geschätzten Effekte für die Alters- und Bildungsunterschiede zwischen Ego und Alter werden im Vergleich zum ersten Modell schwächer. Die Homogenität der sozialen Lage fällt dagegen etwas stärker ins Gewicht. Von der Netzwerkdichte und der Zusammensetzung des Netzwerks scheint weiterhin kein eigenständiger Einfluss auszugehen; die entsprechenden Koeffizienten sind nicht signifikant von Null verschieden. Lediglich der Effekt der Beziehungsdauer ist mit einer Irrtumswahrscheinlichkeit von weniger als 10% statistisch abgesichert. Inhaltlich bleibt das Resultat unverändert: Erst wenn sich Ego und Alter schon ein oder zwei Jahre kennen, erhöht sich die Wahrscheinlichkeit übereinstimmender Einstellungen. Der Einfluss ist wiederum nicht linear, sondern weist ein Maximum bei einer Bekanntschaftsdauer von etwa 15 Jahren auf und schwächt sich danach wieder ab (vgl. M3 in Abbildung 1).

Genau wie beim zweiten Modell haben σ und ρ jetzt relativ kleine Werte. Man kann demnach davon ausgehen, dass die für das Modell 1 noch beobachteten Unterschiede zwischen den *level-two units* im Großen und Ganzen durch die Beziehungs- und Netzwerkcharakteristika aufgefangen worden sind. Würde man Modell 1 in einer logistischen Regression ohne Berücksichtigung der genesteten Datenstruktur schätzen, ergäben sich deutlich andere Koeffizienten als für das entsprechende *random coefficient model*. Beim zweiten und dritten Modell sind die Unterschiede bei den statistisch signifikanten Koeffizienten gegenüber einer einfachen Logit-Schätzung nur noch gering. Allerdings sind die Werte der geschätzten Standardfehler bei allen drei Modellen größer, weil in der mehrebenenanalytischen Spezifikation des Modells eine geringere effektive Stichprobengröße unterstellt wird.

In vertiefenden Analysen hat sich gezeigt, dass diese Ergebnisse der multivariaten Analyse im Wesentlichen unabhängig von der Art der Rollenbeziehung zwischen Ego und Alter sind. Allein die Tatsache, dass beide zum Beispiel miteinander befreundet sind oder in einem Verwandtschaftsverhältnis zueinander stehen, hat keinen eigenständigen Effekt auf die Wahrscheinlichkeit homogener Einstellungen mehr, sobald die Hintergrundmerkmale, die Charakteristika der Beziehungen und Struktureigenschaften der Netzwerke konstant gehalten werden.

Daraus kann man schließen, dass der in der bivariaten Analyse festgestellte negative Zusammenhang zwischen Einstellungshomogenität und verwandtschaftlicher Beziehung kein eigentümliches Merkmal dieser Beziehungen darstellt, sondern auf die Art der Unterschiede in den Hintergrundmerkmalen zurückzuführen ist. Wichtiger als die Rollenbeziehung an sich sind offenbar Gemeinsamkeiten und Unterschiede in Bezug auf das Alter, das Bildungsniveau und die soziale Lage und die damit verbundenen Prägungen der Einstellungen und Präferenzen. So sollte zum Beispiel bei ungefähr gleichaltrigen Geschwistern mit ähnlicher Bildung und sozialer Lage nach diesen Schätzergebnissen das Chancenverhältnis zugunsten übereinstimmender Einstellungen deutlich größer sein als bei Beziehungen zwischen Mutter und Tochter oder zwischen Onkel und Nichte.

Diese Interpretation ließe sich im Prinzip in getrennten Subgruppenanalyse für die einzelnen Rollenbeziehungen weiter untermauern. Dazu reichen aber die im verfügbaren Datensatz enthaltenen Beobachtungen für die verschiedenen Beziehungstypen meistens nicht aus. Lediglich in Bezug auf den auch inhaltlich besonders interessanten Fall der Beziehungen unter Freunden ist es möglich, zu testen, inwiefern sich die Schätzergebnisse ändern, wenn man nur bestimmte Typen von Dyaden betrachtet. Dabei ergeben sich, wie die folgende Tabelle zeigt, einige interessante Unterschiede zu den vorangegangen Modellen.[78]

---

[78] Mit der Einschränkung des Sample auf Freundschaftsbeziehungen reduziert sich das Verhältnis der *level-two units* zu den *level-one units* noch weiter. Das heißt, es gibt nur noch einige wenige Fälle, in denen es mehr als ein Follow-up-Interview gibt, das einem Hauptbefragten zuzuordnen ist. Damit ist auch ein *random coefficient model* kaum noch sinnvoll. Stattdessen wurden die Modelle zur Erklärung der Einstellungshomogenität unter Freunden mit dem normalen Verfahren der logistischen Regression geschätzt, allerdings mit korrigierten Standardfehlern, bei denen das noch vorhandene „Clustering" der Daten berücksichtigt ist.

Tabelle 6-8: Einstellungshomogenität unter Freunden (logistische Regression)

	M1a			M2a			M3a		
	Koeff.	S.E.	|z|	Koeff.	S.E.	|z|	Koeff.	S.E.	|z|
Konst.	0,88	0,42	2,08	-3,25	2,25	1,44	-4,80	1,94	2,47
Altersdiff.	-0,00	0,03	0,07				-0,01	0,03	0,41
Bildungsdiff.	-0,57	0,19	2,97				-0,71	0,21	3,40
Klassenhomog.	1,29	0,63	2,04				1,92	0,82	2,36
Dauer				-0,05	0,04	1,27	-0,05	0,04	1,07
Dauer (log)				0,66	0,50	1,33	0,52	0,54	0,95
Dichte(Ego)				0,69	0,98	0,71	1,40	1,13	1,24
Dichte(Alter)				1,79	1,03	1,74	1,38	1,31	1,06
Nichtverw. (E)				0,59	1,14	0,52	2,29	1,25	1,83
Nichtverw. (A)				0,79	1,21	0,65	1,38	1,31	1,06
Wald-X^2		13,66			7,96			24,84	
Log Likelihood		-72,21			-78,75			-64,82	

Datenbasis: Mannheim-Studie (FUI-Daten ohne Dubletten).

Beim Vergleich dieser Schätzergebnisse mit den Resultaten aus der vorherigen Tabelle fallen vor allem die Unterschiede hinsichtlich der Altersdifferentiale ins Auge. Der Effekt der Altersunterschiede zwischen Ego und Alter, der sich bei der alle Beziehungstypen einschließenden Analyse als besonders stark erwiesen hat (M1 und M3), wird für die Freundschaftsbeziehungen bedeutungslos. Auch die Einflüsse der Beziehungsdauer schwächen sich ab (vgl. M2a und M3a in Abbildung 1). Stattdessen fallen die Effekte der Bildungsdifferentiale und der Ähnlichkeit der sozialen Lage stärker ins Gewicht. Außerdem zeichnen sich deutlicher als zuvor die erwarteten Einflüsse der Netzwerkdichte und der Netzwerkkomposition ab. Unter Freunden ist die Wahrscheinlichkeit übereinstimmender Einstellungen gegenüber „Ausländern" also hauptsächlich eine Funktion der Ähnlichkeiten in Bezug auf die jeweiligen Bildungsverläufe und die soziale Lage; je geringer die Unterschiede des Bildungsniveaus und der sozialen Lage sind, desto höher ist die Chance tatsächlicher Einstellungshomogenität. Außerdem kann man - zumindest der Tendenz nach – feststellen, dass sich die Odds zugunsten konkordanter Einstellungen zusätzlich erhöhen, wenn sich die Netzpersonen von Ego bzw. Alter untereinander kennen und wenn das Netzwerk möglichst wenig verwandtschaftliche – und damit mehr frei gewählte Alteri – umfasst. Das ist ein interessanter

Hinweis auf die Plausibilität der theoretischen Vorüberlegungen, wenngleich die Indizien aufgrund der Teststatistiken mit Vorsicht zu interpretieren sind.

Dass die Altersunterschiede in der Analyse der beobachteten Unterschiede hinsichtlich der Einstellungshomogenität unter Freunden keinen eigenständigen Effekt mehr haben, ist keine große Überraschung. In den Freundschaftswahlen selbst sind sie von ganz zentraler Bedeutung. Freunde werden meistens unter Gleichaltrigen gewählt. Dafür finden sich auch in den hier analysierten Daten deutliche empirische Evidenzen. So liegt der durchschnittliche Altersunterschied in den Freundschaftsdyaden bei 4,7 Jahren (S.E. = 5,77). Fast ¾ dieser Dyaden weisen einen Altersunterschied von weniger als 5 Jahren auf. Bei allen nicht freundschaftlich definierten Dyaden beträgt der Altersunterschied im Mittel immerhin rund 9,6 Jahren (S.E. = 10,26) und ist damit fast doppelt so hoch. Auch die Varianz des Altersunterschieds zwischen Ego und Alter ist hier erheblich größer. Die Schätzergebnisse der Modelle M1 und M3 bestätigen, dass diese Unterschiede einen beträchtlichen direkten Effekt auf die Chance übereinstimmender Einstellungen haben.[79] Bei den Freundschaftsbeziehungen ist der Einfluss dagegen nicht mehr direkt zu erkennen, weil das Alterskriterium bereits die Selektion der Freundschaften so stark strukturiert, dass die noch verbleibenden Unterschiede zwischen den Dyaden gering sind und folglich keinen eigenständigen direkten Effekt auf die Wahrscheinlichkeit homogener Einstellungen mehr erkennen lassen.

6.6 Eine kurze Einschätzung der Resultate

Die in diesem Kapitel vorgestellten Untersuchungen sind ein erster Schritt zur Schließung einer wichtigen Lücke im Forschungsstand über die soziale Einbettung von Einstellungs- und Verhaltensmustern gegenüber „Ausländern". Sie vermitteln erstmals eine empirisch fundierte Einschätzung des tatsächlich bestehenden Ausmaßes der Übereinstimmung in der Nahumgebung der Akteure. Möglich wurde dies durch das besondere Design der Studie, in der neben den Eigenangaben der befragten Personen auch Eigenangaben von Personen aus dem egozentrierten Netzwerk mit erhoben worden sind. Diese Datenstruktur ist notwendig, um die Einstellungen, Präferenzen und Verhaltensintentionen einer Person direkt auf die entsprechenden Einstellungen, Präferenzen und Verhaltensintentio-

---

[79] Eine separate Analyse für das Dyaden-Sample ohne Berücksichtigung der Freundschaftsbeziehungen ergibt (bei sonst gleicher Modellspezifikation) für die Altersdifferenzen einen Logit-Koeffizienten mit dem höheren Wert gegenüber dem Vergleichsmodell von –0,10 (S.E. = 0,03, |z| = 3,55).

nen von Personen aus der jeweiligen Bezugsumgebung beziehen zu können, um so die Erkenntnisse über die Effekte der *subjektiv* wahrgenommenen Bezugsgruppenbarrieren zu vertiefen.

Die Resultate haben für alle ausgewählten Indikatoren der ethnischen Grenzziehung klare Hinweise auf ein beachtlich hohes Maß der Übereinstimmung unter den untersuchten Dyaden ergeben. Die Anteile konkordanter Dyaden liegen (unter Berücksichtigung geringfügiger Abweichungen) immerhin zwischen rund 57% und 83%. Bei der Mehrzahl der Indikatoren haben Ego und Alter in wenigstens zwei von drei Fällen im Wesentlichen die gleichen Einstellungen, Präferenzen und Verhaltensintentionen gegenüber Ausländern. Allerdings ist in Anbetracht der gegebenen Randverteilungen ebenfalls klar, dass die Homogenität wenigstens teilweise durch Zufallseffekte mit bedingt sein kann. Tatsächlich hat sich gezeigt, dass die aufgrund der Randverteilung berechneten Werte des *random agreement* ebenfalls relativ hoch sind. Das hat zur Folge, dass die Homogenitätsindizes im Endeffekt eher eine bescheidene Größenordnung aufweisen. Trotzdem gibt es nach den vorliegenden Resultaten wenig Zweifel daran, dass in einem *core network* miteinander verbundene Personen mit höherer Wahrscheinlichkeit die gleiche Haltung gegenüber Ausländern aufweisen als zwei zufällig ausgewählte Personen, die nichts miteinander zu tun haben. Das lässt sich als Beleg dafür werten, dass es in den persönlichen Netzwerken der Akteure – wie erwartet – häufig zu einer Homogenisierung (auch) der Einstellungs- und Verhaltensmuster gegenüber ethnischen Minderheiten kommt, die letztlich auf Prozesse der sozialen Beeinflussung zurückgeführt werden kann.

Darüber hinaus geben die Resultate wichtige Anhaltspunkte zur Klärung der Frage, welche speziellen Randbedingungen diese Homogenisierung begünstigen und unter welchen Bedingungen eher mit diskordanten Einstellungen und Verhaltensintentionen zu rechnen ist. Wie aus der multivariaten Analyse am Beispiel der generalisierten Einstellungen gegenüber „Ausländern" ersichtlich wurde, werden Unstimmigkeiten vor allem dann wahrscheinlich, wenn sich die relevanten Hintergrundcharakteristika von Ego und Alter stark unterscheiden. Je größer die Unterschiede hinsichtlich des Alters, des Bildungsniveaus und der sozialen Lage sind, desto höher ist die Wahrscheinlichkeit, dass Ego und Alter in den angesprochenen Fragen tatsächlich verschiedene Auffassungen haben. Das lässt sich vor allem darauf zurückzuführen, dass unter solchen Bedingungen auch die typischen „Ausgangsausstattungen" und Interessenlagen der Individuen hinsichtlich der Einstellungs- und Verhaltensmuster gegenüber „Ausländern" variieren. Nehmen die Unterschiede in diesen Ausgangsausstattungen zu, dann erhöhen sich – *ceteris paribus* – die mit einer Angleichung der jeweiligen Meinungen und Einstellungen verbundenen Kosten für die Beteiligten, was schließlich dazu führen kann, dass solche Fragen eventuell überhaupt nicht mehr thematisiert werden.

Doch die Unterschiede und Gemeinsamkeiten in den Hintergrundcharakteristika sind nicht allein ausschlaggebend. Offenbar beeinflussen auch die Eigenschaften der Beziehungen selbst und die Struktur des Netzwerks die Wahrscheinlichkeit übereinstimmender Einstellungs- und Verhaltensmuster. Insbesondere die Zusammenhänge zwischen der Einstellungshomogenität und der Dauer der Beziehung haben sich als bedeutend erwiesen. Die Beobachtung, dass Beziehungen, die erst kurze Zeit dauern, relativ häufig durch Unstimmigkeiten hinsichtlich der Einstellungen gegenüber Ausländern gekennzeichnet sind, weist darauf hin, dass die Einstellungshomogenität nicht allein ein Resultat von Selektionseffekten sein kann. Andernfalls wäre die Übereinstimmungsquote von Anfang an höher. Tatsächlich scheint es aber gerade zu Beginn einer Beziehung zu einer allmählichen Angleichung der Standpunkte zu kommen, die auf Prozesse einer wechselseitigen Beeinflussung zurückgeführt werden kann. Die Struktur der Netzwerke kann diese Angleichung möglicherweise zusätzlich begünstigen, wenn es sich um Netzwerke handelt, die eng geknüpft sind und größtenteils Personen umfassen, die über den engen Kreis der mehr oder weniger vorgegebenen Verwandtschaftsbeziehungen hinausreichen.

Vor allem bei der Analyse der Auswirkungen der Beziehungsmerkmale und der Netzwerkstrukturen treten allerdings auch die Grenzen der Datenbasis deutlich zu Tage. Für die multivariaten Analysen stehen Informationen über insgesamt 253 Dyaden zur Verfügung, von denen aufgrund der Struktur der Daten genau genommen nur 144 als statistisch unabhängige Beobachtungen aufgefasst werden können. Dieser kleine Stichprobenumfang hat zwangsläufig Konsequenzen für die Präzision der Schätzungen. Die Standardfehler der geschätzten Koeffizienten sind hoch und die Konfidenzintervalle haben eine entsprechend große Spannbreite. Das zeigt sich insbesondere bei den Indikatoren der Netzwerkstruktur. Vor allem bei Analyse der Einstellungshomogenität unter Freunden haben sich immerhin bereits beachtliche Indizien dafür ergeben, dass die Struktur der Netzwerke (unter Kontrolle der übrigen Faktoren) tatsächlich in der erwarteten Weise die Wahrscheinlichkeit übereinstimmender Einstellungen beeinflusst; doch dieses Resultat muss nach den vorliegenden Teststatistiken mit Einschränkungen interpretiert werden. Mit einem größeren Datensatz könnte vermutlich – nicht nur in dieser Hinsicht – für mehr Klarheit gesorgt werden. Größere Fallzahlen wären darüber hinaus auch eine notwendige Voraussetzung, um Subgruppenanalysen überprüfen zu können, wie robust die vorliegenden Resultate sind.

Außerdem ist bei der Einschätzung der Ergebnisse zu berücksichtigen, dass die Analysemöglichkeiten des verwendeten Datensatzes im Wesentlichen auf die Dyadenebene beschränkt sind. Die Informationen über die Struktur der Netzwerks resultieren letztlich aus den Eigenangaben von Ego und Alter. Für weiterführende Analysen wären darüber hinaus umfassendere Auskünfte über eine größere Anzahl von miteinander verbundenen Personen und die Charakteristika der daraus entstehenden Netzwerke nützlich. Dies würde es unter anderem ermöglichen, mit größerer Genauigkeit festzustellen, welche Konsequenzen die unterschiedlichen strukturellen Voraussetzungen sozialer Einflussprozesse für die Wahrscheinlichkeit homogener Einstellungs- und Verhaltensmuster gegenüber Ausländern haben.

7. Resümee

Das Verhältnis von „Einheimischen" und „Immigranten" wird in fast allen Einwanderungsgesellschaften immer wieder als „ein soziales Problem ersten Ranges" (Hoffmann-Nowotny 1973: 1) thematisiert. Die vermeintliche ethnischkulturelle Homogenität der Nationalstaaten erweist sich in Deutschland, ebenso wie in anderen Ländern, immer deutlicher als Fiktion. Selbst in ländlichen Regionen ist die dauerhafte Anwesenheit von Immigranten und deren Nachkommen kaum noch ein Kuriosum. In den urbanen Ballungszentren gibt es so gut wie keine größeren Betriebe mehr, in denen nicht „Einheimische" und „Ausländer" unter einem Dach zusammen arbeiten. In einigen Schulen und Kindergärten stammt mittlerweile die Mehrheit der Kinder aus Immigrantenfamilien. Und auch in anderen Lebensbereichen ist das mehr oder weniger freiwillige Zusammenleben mit „den Fremden" zum Bestandteil des Alltags geworden.

Die Reaktionen der Mehrheitsbevölkerung auf diese Entwicklungen fallen bekanntlich sehr unterschiedlich aus. Einige hoffen auf die Überwindung nationalistischer Borniertheiten in einer multikulturell bereicherten Gesellschaft. Andere sehen dadurch althergebrachte Gewohnheiten in Frage gestellt und als legitim erachtete Privilegien gefährdet. Die einen nehmen die sich bereits seit Jahren vollziehende Herausbildung einer ethnisch pluralisierten Gesellschaft mitunter enthusiastisch oder zumindest mit wohlwollender Gleichgültigkeit zur Kenntnis. Die anderen reagieren mit Widerwillen, Ablehnung oder gar gewalttätigen Attacken gegen die als unerwünschte Zumutung empfundenen Veränderungen.

Alle diese Tendenzen sind schon oft festgestellt und genau dokumentiert worden. Es gibt eine Vielzahl von Studien zur Situation in Deutschland, in denen die Unterschiede in den Haltungen und Verhaltensmuster der Einheimischen gegenüber den diversen Immigrantengruppen und deren Nachkommen detailliert beschrieben werden. Viel spärlicher sind dagegen überzeugende, theoretisch fundierte und empirisch bewährte Ansätze zur Erklärung der immer wieder beobachteten Unterschiede in den Mustern der ethnischen Grenzziehung gegenüber den „Ausländern". Wie die Übersicht zum Stand der Forschung (Kap. 2) gezeigt hat, erweisen sich die vorgeschlagenen „Theorien" oft als mehr oder weniger instruktive Orientierungshypothesen, die auf möglicherweise relevante Variablen verweisen, ohne gleichzeitig auch die maßgeblichen Randbedingungen genau anzugeben. Oder es handelt sich um relativ gut ausgearbeitete Spezialtheorien, die zwar Aussagen über ganz bestimmte Teilaspekte treffen, aber kaum Anschlussmöglichkeiten für allgemeine, umfassendere Erklärungsmodelle offen halten. Eine Folge davon ist, dass die verschiedenen Ansätze meistens mehr oder weniger unverbunden einander gegenüber gestellt werden.

Darüber hinaus sind auch im Hinblick auf die vorliegenden empirischen Analysen einige Defizite zu erkennen. Wenn überhaupt eine empirische Überprüfung der vorgeschlagenen Theorien angestrebt wird, dann beschränken sich die Auswertungen häufig auf bivariate Analysen. Damit stößt man jedoch schnell an Grenzen, wenn es darum geht, komplexere Zusammenhänge zu überprüfen. Weiterführende Erkenntnisse sind hauptsächlich multivariaten Analysen zu verdanken, in denen die Einflüsse relevanter Variablen simultan untersucht werden. Allerdings beschränken sich diese in der Regel auf die Untersuchung von Individualvariablen wie Alter, Bildung oder psychodynamische Faktoren. Stark unterbelichtet bleibt fast immer die soziale Einbettung der Einstellungs- und Verhaltensmuster, obwohl es gute theoretische Gründe und – wenn auch meistens aus anderen Forschungsbereichen – klare empirische Belege für die Notwendigkeit einer stärkeren Berücksichtigung dieser Aspekte gibt.

Das Ziel dieser Studie war es, sowohl in theoretischer als auch in empirischer Hinsicht zur Schließung dieser Lücken beizutragen. In theoretischer Perspektive besteht der Beitrag in der Entwicklung eines auf allgemeinen Prinzipien und Mechanismen beruhenden Erklärungsmodells, das die soziale Verankerung von Einstellungs- und Verhaltensmustern gegenüber „Ausländern" berücksichtigt und gleichzeitig bewährte Hypothesen oder Spezialtheorien aus der Forschung über interethnische Beziehungen integrieren kann. Im Unterschied zu den sonst oft nur *ad hoc* eingeführten Grundannahmen, basiert dieses Modells auf den expliziten Prämissen der soziologisch erweiterten Werterwartungstheorie. Diese Theorie hat sich bereits in ganz unterschiedlichen Forschungsbereichen als eine sowohl methodologisch adäquate als auch inhaltlich ergiebige Basis erwiesen. Zudem bieten speziell die beiden in dieser Studie zugrunde gelegten Varianten des allgemeinen Modells – das einfache, in Anlehnung an die *theory of reasoned action* entwickelte Grundmodell und das erweiterte Modell auf der Basis der Theorie der Frame-Selektion – gute Anschlussmöglichkeiten für viele der gängigen Hypothesen und Spezialtheorien, die nach der Logik der Methode der abnehmenden Abstraktion auf systematische Weise in das Erklärungsmodell integriert werden können.

In empirischer Hinsicht geht die Studie vor allem insofern über den derzeitigen Stand der Forschung hinaus, als sie neue Einblicke in die soziale Verankerung von Einstellungs- und Verhaltensmuster gegenüber Ausländern verschafft. Sie knüpft eng an einige wegweisende Arbeiten an, in denen ein erheblicher Einfluss subjektiv wahrgenommener Bezugsgruppenbarrieren auf soziale Distanzen gegenüber in Deutschland lebenden Immigranten aufgezeigt wurde, um festzustellen, ob sich deren Ergebnisse bestätigen lassen. Gleichzeitig beschränkt sie sich aber nicht mehr nur auf *subjektiv wahrgenommene* Reaktionen der Bezugsumgebung, sondern ermöglicht erstmals auch eine genauere Analyse der *tatsächlich* bestehenden Übereinstimmung in Bezug auf grundlegende Einstellungs- und Verhaltensmuster gegenüber Ausländern innerhalb persönlicher Netzwerke. Voraussetzung dafür war ein aufwändiges Untersuchungsdesign, das durch die Verbindung einer Erhebung ego-zentrierter Netzwerke mit Follow-up-Interviews neben Informationen über subjektiv eingeschätzte Vorbehalte relevanter Bezugspersonen auch Eigenangaben dieser Personen verfügbar machte. Die Ergebnisse der empirischen Analysen sind in vielfacher Hinsicht aufschlussreich. *Erstens* haben sich die bislang noch spärlichen Hinweise deutlich erhärtet, dass die Einstellungs- und Verhaltensmuster seitens der „Einheimischen" gegenüber „Ausländern" ganz wesentlich von der persönlichen Nahumgebung der Individuen mit bestimmt werden. Wer mit negativen Reaktionen seitens der Familienangehörigen, Freunde und Bekannten rechnet, neigt viel eher zu sozialen Distanzen und latenten Diskriminierungstendenzen gegenüber Immigranten türkischer oder italienischer Herkunft als Personen, die von positiven oder eher gleichgültigen Reaktionen ausgehen. Dieser Zusammenhang ist selbst dann festzustellen, wenn man in der multivariaten Analyse die gewöhnlich betrachteten Individualvariablen kontrolliert. Dadurch relativiert sich die Bedeutung der sonst oft in den Mittelpunkt der Diskussion gerückten Aspekte des Bildungsniveaus, des Alters oder spezifischer Persönlichkeitsmerkmale. Damit lässt sich auch erklären, warum Personen, von denen man – zum Beispiel – aufgrund eines geringen Bildungsniveaus oder hohen Alters eher negative Grundhaltungen erwarten würde, durchaus positive Einstellungs- und Verhaltensmuster gegenüber Ausländern aufweisen können, wenn sie es mit einer Bezugsumgebung zu tun haben, in denen eher positive Reaktionen gegenüber Immigranten vorherrschen.

Alles in allem haben sich – *zweitens* – die in dieser Studie entwickelten Erklärungsmodelle empirisch bewährt. Schon das einfache, an der *theory of reasoned action* orientierte Grundmodell ist offenbar geeignet, einen beachtlichen Anteil der festgestellten Unterschiede bei den sozialen Distanzen gegenüber Türken und Italienern zu erklären. Neben den Bezugsgruppenbarrieren kommt es danach vor allem darauf an, was den Individuen generell bei der Aufnahme und Etablierung sozialer Beziehungen wichtig ist und welche Erwartungen sie in dieser Hinsicht bezüglich der typischen Charakteristika unterschiedlicher Immigrantengruppen haben. Diese bisher weitestgehend vernachlässigten „rationalen" Determinanten sozialer Distanzen (die freilich auf „objektiv" fragwürdigen Überzeugungen und Präferenzen beruhen können) sind nicht einfach nur eine Folge allgemeiner Vorurteile gegenüber „Ausländern"; ebenso wenig lassen sie sich auf die sonst üblicherweise betrachteten Einflussfaktoren reduzieren. Sie sind der Kern eines einfachen „rationalen" Grundmodells, das als Referenzpunkt genutzt werden kann, um festzustellen, unter welchen Bedingungen sich Akteure eher von generalisierten Einstellungen gegenüber Angehörigen einer *outgroup* leiten lassen, und wann sie sich eher an ihren spezifischen Erwartungen und Bewertungen orientieren.

Speziell in diesem Zusammenhang hat sich die Erweiterung des Grundmodells in Anlehnung an das allgemeine Modell der Frame-Selektion als instruktiv erwiesen. Auf dieser Basis können theoretisch begründete Bedingungen benannt werden, unter denen eine Orientierung an allgemeinen Vorurteilen und damit verknüpften Schemata und Skripten besonders wahrscheinlich ist. Nach den vorliegenden Resultaten ist das vor allem dann der Fall, wenn die entsprechenden gedanklichen Modelle gleichzeitig durch die auch in der *realistic group conflict theory* betonten individuellen Interessenlagen und die vor allem in der Theorie der sozialen Identität akzentuierten Bedürfnisse nach einer positiven sozialen Identität gestützt werden; die in der Forschung sonst oft als wesentlich erachteten autoritaristischen Persönlichkeitsdispositionen oder anomische Attitüden treten dagegen ganz in den Hintergrund.

Die Analysen auf der Grundlage der Follow-up-Interviews haben – *drittens* – gezeigt, dass die enge Verknüpfung zwischen den Einstellungen und Verhaltensintentionen einer Person mit den entsprechenden Haltungen relevanter Bezugspersonen nicht einfach nur eine Fiktion oder ein bloßes Artefakt ist. Je nachdem, welche Indikatoren der ethnischen Grenzziehung man betrachtet, liegt der Anteil der übereinstimmenden Dyaden zwischen rund 57% und 83%. Diese Quoten sind allerdings bei genauer Betrachtung zu relativieren. Wenigstens teilweise können die beobachteten Übereinstimmungen auch auf Zufallseffekten beruhen. Die aufgrund der Randverteilungen errechneten Maßzahlen des *random agreement* liegen nicht weit unterhalb der Werte der tatsächlich beobachteten Übereinstimmung. Folglich fallen die sich daraus ergebenden Homogenitätsindizes eher bescheiden aus. Damit ist zwar einerseits klar, dass es einen durchaus beachtlichen und mehr als nur zufällig zustande gekommenen Anteil unter den Beziehungen zwischen Verwandten, Freunden und Bekannten gibt, die tatsächlich die gleichen Einstellungs- und Verhaltensmuster gegenüber Ausländern aufweisen. Doch andererseits ist nicht zu übersehen, dass es gleichzeitig auch eine relativ große Minderheit gibt, bei denen eine solche Übereinstimmung nicht besteht.

In dieser Hinsicht ist bei den Analysen der auf den Eigenangaben von Ego und Alter beruhenden Dyadendaten – *viertens* – deutlich geworden, dass das Bestehen oder Nicht-Bestehen faktisch übereinstimmender Einstellungen und Verhaltensintentionen von bestimmten, theoretisch begründbaren Bedingungen abhängt. Günstige Voraussetzungen für homogene Einstellungs- und Verhaltungsmuster sind den Ergebnissen zufolge insbesondere dann gegeben, wenn die Dyade eine große Ähnlichkeit in relevanten „Hintergrundmerkmalen" aufweist. Je ähnlicher sich Ego und Alter hinsichtlich des Bildungsniveaus, des Lebensalters und/oder der sozialen Lage sind, desto größer ist die Wahrscheinlichkeit, dass sie die gleiche Haltung gegenüber Ausländern einnehmen.

Darüber hinaus gibt es Hinweise darauf, dass es vor allem in erst seit kurzem bestehenden Beziehungen noch relativ häufig zu Unstimmigkeiten kommt. Erst wenn eine Beziehung bereits länger dauert, erhöht sich das Chancenverhältnis zugunsten homogener Einstellungen gegenüber Ausländern. Das spricht dafür, dass die beobachtete Homogenität der Einstellungen nicht allein ein Resultat von Selektionseffekten sein kann, sondern von wechselseitigen Beeinflussungen mit bestimmt wird, die vor allem am Anfang einer sozialen Beziehung die Angleichung der jeweiligen Standpunkte fördert. Als nicht ganz eindeutig haben sich indessen die Einflüsse der strukturellen Charakteristika der Netzwerke erwiesen.

Die Resultate der multivariaten Analyse lassen zwar tendenziell darauf schließen, dass sich mit zunehmendem Anteil selbst gewählter Beziehungen und zunehmender Dichte der *core networks* die Wahrscheinlichkeit übereinstimmender Grundhaltungen in Ausländer betreffenden Fragen erhöht; doch diese Ergebnisse sind den Teststatistiken zufolge (noch) nicht befriedigend abgesichert.

Vor allem bei der vertiefenden Analyse der Determinanten der tatsächlichen Einstellungshomogenität ist diese Studie an unübersehbare Grenzen gestoßen. Die Datenbasis ist für die Zwecke einer solchen Analyse relativ schmal. Das hat zur Folge, dass die Koeffizienten der Schätzmodelle nicht mit der gewünschten Präzision bestimmt werden können. Besonders deutlich ist dies bei der Überprüfung der Hypothesen zu den Auswirkungen unterschiedlicher Netzwerkstrukturen geworden. Weiterführende Untersuchungen auf einer breiteren Datenbasis mit größeren Fallzahlen werden in dieser Hinsicht für größere Klarheit sorgen können. Für eine vertiefende Untersuchung der sozialen Einbettung von Einstellungs- und Verhaltensmustern gegenüber Ausländern wäre es zudem vorteilhaft, umfassendere Informationen über die faktische Homogenität in unterschiedlichen sozialen Beziehungen und über die strukturellen Eigenschaften der Netzwerke zur Verfügung zu haben. Die vorliegende Studie musste sich auf die Analyse der Dyadenebene beschränken und bei der Untersuchung der strukturellen Charakteristika der Netzwerke auf die Eigenangaben von Ego und Alter zurückgreifen. Wären zusätzliche Angaben über ego-zentrierte Netzwerke mit mehr als zwei oder drei Follow-up-Interviews verfügbar, könnten die Erkenntnisse über die Voraussetzungen einer tatsächlichen Übereinstimmung bei den Indikatoren der ethnischen Grenzziehung konkretisiert und erweitert werden.

Die Erhebung solcher Daten ist zwar im Vergleich zu den gängigen Formen der Bevölkerungsumfragen mit einem wesentlich größeren Aufwand verbunden. Doch nach den bisherigen Resultaten scheint sich dieser Mehraufwand zu lohnen. Dadurch ergeben sich sowohl für die wissenschaftliche wie auch für die politische Debatte neue Erkenntnisse über die Entstehungsbedingungen und Determinanten ethnischer Grenzziehungen, die erheblich über das hinausgehen, was durch die sonst übliche Fixierung auf rein individuelle Merkmale, besondere Persönlichkeitsmerkmale oder Interessenlagen erreicht werden kann.

8. Literatur

Aboud, Frances E. und Anna-Beth Doyle, 1996: Parental and Peer Influences on Children's Racial Attitudes, International Journal of Intercultural Relations 20: 371-383.
Adorno, Theodor W., Else Frankel-Brunswik, Daniel Levinson und R. Sanford, 1950: The Authoritarian Personality. New York: Harper and Brothers.
Agresti, Alan, 1996: An Introduction to Categorical Data Analysis. New York: Wiley.
Ahlheim, Klaus und Bardo Heger, 2000: Die fremden Konkurrenten. Ergebnisse einer empirischen Studie zur Fremdenfeindlichkeit, WSI Mitteilungen 6: 375-382.
Ajzen, Icek, 1991: The Theory of Planned Behavior, Organizational Behavior and Human Decision Processes 50: 179-211.
Ajzen, Icek und Martin Fishbein, 1980: Understanding Attitudes and Predicting Behavior. Englewood Cliffs, NJ: Prentice Hall.
Alba, Richard D., 1982: Taking Stock of Network Analysis: A Decade's Results, Research in the Sociology of Organizations 1: 39-74.
Alba, Richard D., 1990: Ethnic Identity: The Transformation of White America. New Haven: Yale University Press.
Alba, Richard D., Johann Handl und Walter Müller, 1994: Ethnische Ungleichheit im Bildungssystem, Kölner Zeitschrift für Soziologie und Sozialpsychologie 46: 209-237.
Alber, Jens, 1995: Zur Erklärung von Ausländerfeindlichkeit in Deutschland. S.39-77 in: Ekkehard Mochmann und Uta Gerhardt (Hg.): Gewalt in Deutschland: Soziale Befunde und Deutungslinien. München: Oldenbourg.
Allport, Gordon W., 1954: The Nature of Prejudice. Boston: Beacon Press.
Alpheis, Hannes, 1988: Kontextanalyse. Die Wirkung des sozialen Umfeldes, untersucht am Beispiel der Eingliederung von Ausländern. Wiesbaden: Deutscher Universitäts-Verlag.
Altemeyer, Bob, 1988: Enemies of Freedom: Understanding Right-Wing Authoritarianism. San Francisco/London: Jossey-Bass.
Alwin, Duane F., Ronald L. Cohen und Theodore M. Newcomb, 1991: Political Attitudes Over the Life Span: The Bennington Women After Fifty Years. Madison, WI: University of Wisconsin Press.
Amir, Yehuda, 1969: Contact Hypothesis in Ethnic Relations, Psychological Bulletin 71: 319-342.
Andreß, Hans-Jürgen, Jacques A. Hagenaars und Steffen Kühnel, 1997: Analyse von Tabellen und kategorialen Daten: Log-lineare Modelle, latente Klassenanalyse, logistische Regression und GSK-Ansatz. Berlin/Heidelberg: Springer.

Anhut, Reimund und Wilhelm Heitmeyer, 2000: Desintegration, Konflikt und Ethnisierung: Eine Problemanalyse und theoretische Rahmenkonzeption. S.17-75 in: *Wilhelm Heitmeyer und Reimund Anhut* (Hg.): Bedrohte Stadtgesellschaft. Soziale Desintegrationsprozesse und ethnisch-kulturelle Konfliktkonstellationen. Weinheim: Juventa.

Asch, Solomon E., 1955: Opinions and Social Pressure, Scientific American 193: 31-35.

Bade, Klaus J. (Hg.), 1992: Deutsche im Ausland - Fremde in Deutschland. Migration in Geschichte und Gegenwart. München: C.H.Beck.

Bader, Veit-Michael, 1995: Rassismus, Ethnizität, Bürgerschaft. Soziologische und philosophische Überlegungen. Münster: Westfälisches Dampfboot.

Bagley, Christopher und Gajendra K. Verma, 1979: Racial Prejudice, the Individual and Society. Farnborough: Saxon House.

Bagley, Christopher und Gajendra K. Verma (Hg.), 1986: Personality, Cognition and Values. 4. Aufl. Basingstoke: Macmillan.

Bagley, Christopher, Gajendra K. Verma, Kanka Mallick und Loretta Young, 1979: Personality, Self-Esteem and Prejudice. Farnborough: Saxon House.

Bahrdt, Hans P., 1990: Schlüsselbegriffe der Soziologie: Eine Einführung mit Lehrbeispielen. 4. Aufl. München: C.H. Beck.

Bailey, Stefanie und Peter V. Marsden, 1999: Interpretation and Interview Context: Examining the General Social Survey Name Generator Using Cognitive Methods, Social Networks 21: 287-309.

Balibar, Etienne und Immanuel Wallerstein, 1992: Rasse - Klasse - Nation. Ambivalente Identitäten. 2. Aufl. Hamburg/Berlin: Argument-Verlag.

Bandura, Albert, 1986: Social Foundations of Thought and Action: A Social Cognitive Theory. Englewood Cliffs, NJ: Prentice-Hall.

Banton, Michael, 1997: Ethnic and Racial Consciousness. 2. Aufl. Harlow: Addison Wesley Longman.

Banton, Michael, 1999: National Integraton and Ethnic Violence in Western Europe, Journal of Ethnic and Migration Studies 25: 5-20.

Barnes, John A., 1969: Networks and Political Process. S.51-76 in: *J. C. Mitchell* (Hg.): Social Networks in Urban Situations. Analyses of Personal Relationships in Central African Towns. Manchester: Manchester University Press.

Bates, Robert H., Rui J. P. d. Jr. Figueiredo und Barry R. Weingast, 1998: The Politics of Interpretation: Rationality, Culture, and Transition, Politics & Society 26: 603-642.

Becker, Gary S., 1993: Nobel Lecture: The Economic Way of Looking at Behavior, Journal of Political Economy 101: 385-409.

Becker, Gary S. und Kevin Murphy, 2000: Social Economics: Market Behavior in a Social Environment. Cambridge, Mass.: Harvard University Press.

Benninghaus, Hans, 1976: Ergebnisse und Perspektiven der Einstellungs-Verhaltens-Forschung (Kölner Beiträge zur Sozialforschung und angewandten Soziologie; 20). Meisenheim am Glan: Hain.

Benninghaus, Hans, 1992: Deskriptive Statistik. 7. Aufl. Stuttgart: Teubner.

Berelson, Bernard R., Paul F. Lazarsfeld und William N. McPhee, 1954: Voting: A Study of Opinion Formation in a Presidential Campaign. Chicago: University of Chicago Press.
Berger, Peter L. und Thomas Luckmann, 1980: Die gesellschaftliche Konstruktion der Wirklichkeit. Eine Theorie der Wissenssoziologie [1966]. Frankfurt a.M.: Fischer.
Berkowitz, Leonard, 1989: The Frustration-Aggression Hypothesis: An Examination and Reformulation, Psychological Bulletin 106: 59-73.
Bettelheim, Bruno und Morris Janowitz, 1949: Ethnic Tolerance: A Function of Social and Personal Control, American Journal of Sociology 55: 137-145.
Bienenstock, Eliza J., Phillip Bonacich und Melvin Oliver, 1990: The Effects of Network Density and Homogeneity on Attitude Polarization, Social Networks 12: 153-172.
Björgo, Tore (Hg.), 1995: Terror from the Extreme Right. London: Frank Cass.
Björgo, Tore und Rob Witte (Hg.) , 1993: Racist Violence in Europe. Basingstoke: Macmillan.
Blalock, Hubert M., 1967: Toward a Theory of Minority Group Relations. New York: John Wiley.
Blalock, Hubert M., 1982: Race and Ethnic Relations. Englewood Cliffs, NJ: Prentice-Hall.
Blalock, Hubert M., 1984: Contextual Models: Theoretical and Methodological Issues, Annual Review of Sociology 10: 353-372.
Blank, Thomas und Stefan Schwarzer, 1994: Ist die Gastarbeiterskala noch zeitgemäß? Die Reformulierung einer ALLBUS-Skala, ZUMA-Nachrichten 34: 97-115.
Blau, Peter M., 1982: Structural Sociology and Network Analysis. An Overview. S.273-279 in: *Peter V. Marsden und Nan Lin* (Hg.): Social Structure and Network Analysis. Beverly Hills/London/New Delhi: Sage.
Blau, Peter M., 1994: Structural Contexts of Opportunities. Chicago/London: University of Chicago Press.
Blau, Peter M. und Joseph E. Schwartz, 1984: Crosscutting Social Circles: Testing a Macrostructural Theory of Intergroup Relations. Orlando: Academic Press.
Blum, Terry C., 1985: Structural Constraints on Interpersonal Relations: A Test of Blau's Macrosociological Theory, American Journal of Sociology 91: 511-521.
Blumer, Herbert, 1958: Race Prejudice as a Sense of Group Position, Pacific Sociological Review 1: 3-7.
Blumer, Herbert und Troy Duster, 1980: Theories of Race and Social Action. S.211-238 in: *UNESCO* (Hg.): Sociological Theories: Race and Colonialism. Paris: UNESCO.
Bobo, Lawrence und Vincent L. Hutchings, 1996: Perceptions of Racial Group Competition: Extending Blumer's Theory of Group Position to a Multiracial Social Context, American Sociological Review 61: 951-972.
Bogardus, Emory S., 1925: Social Distance and its Origins, Journal of Applied Sociology 9: 216-226.
Bogardus, Emory S., 1930: A Race-Relations Cycle, American Journal of Sociology 35: 612-617.

Boissevain, Jeremy, 1974: Friends of Friends - Networks, Manipulators and Coalitions. Oxford: Basil Blackwell.

Böltken, Ferdinand, 1994: Regionalinformationen für und aus Umfragen: Einstellungen zum Zusammenleben von Deutschen und Ausländern im Wohngebiet, Allgemeines Statistisches Archiv 78: 74-95.

Böltken, Ferdinand, 2000: Soziale Distanz und räumliche Nähe - Einstellungen und Erfahrungen im alltäglichen Zusammenleben von Ausländern und Deutschen im Wohngebiet. S.147-194 in: *Richard D. Alba, Peter Schmidt und Martina Wasmer* (Hg.): Deutsche und Ausländer: Freunde, Fremde oder Feinde? Empirische Befunde und theoretische Erklärungen (Blickpunkt Gesellschaft 5). Opladen: Westdeutscher Verlag.

Bommes, Michael und Jost Halfmann, 1994: Migration und Inklusion. Spannungen zwischen Nationalstaat und Wohlfahrtsstaat, Kölner Zeitschrift für Soziologie und Sozialpsychologie 46: 406-424.

Bonacich, Edna, 1972: A Theory of Ethnic Antagonism. The Split Labor Market, American Sociological Review 37: 547-559.

Bonacich, Edna, 1979: The Past, Present, and Future of Split Market Theory, Research in Race and Ethnic Relations 1: 17-64.

Bortz, Jürgen und Nicola Döring, 1995: Forschungsmethoden und Evaluation. 2., vollst. überarb. u. aktual. Aufl. Berlin: Springer.

Bortz, Jürgen, Gustav A. Lienert und Klaus Boehnke, 1990: Verteilungsfreie Methoden in der Biostatistik. Berlin et al.: Springer-Verlag.

Bott, Elizabeth, 1957: Family and Social Network. Roles, Norms, and External Relationships in Ordinary Urban Families. London: Tavistock.

Boudon, Raymond, 1967: L'analyse mathématique des faits sociaux. Paris: Plon.

Boudon, Raymond, 1980: Die Logik gesellschaftlichen Handelns. Eine Einführung in die soziologische Denk- und Arbeitsweise (Soziologische Texte; N.F., 116). Neuwied: Luchterhand.

Boudon, Raymond, 1988: Ideologie. Reinbek: Rowohlt.

Bovenkerk, Frank, Robert Miles und Gilles Verbunt, 1990: Racism, Migration and the State in Western Europe: A Case for Comparative Analysis, International Sociology 5: 475-490.

Bovenkerk, Frank, Robert Miles und Gilles Verbunt, 1991: Comparative Studies of Migration and Exclusion on the Grounds of 'Race' and Ethnic Background in Western Europe: A Critical Appraisal, International Migration Review 25: 375-391.

Boyd, Lawrence C. und David J. Iversen, 1979: Contextual Analysis. Concepts and Statistical Techniques. Belmont, Ca.: Wadsworth.

Breuer, Wilhelm et al., 1991: Ausländerfeindlichkeit in der ehemaligen DDR: Studie zur Ursachen, Umfang und Auswirkungen von Ausländerfeindlichkeit im Gebiet der ehemaligen DDR und zu den Möglichkeiten ihrer Überwindung (im Auftrag des Bundesministers für Arbeit und Sozialordnung). Bonn: Bundesministerium für Arbeit und Sozialordnung.

Brock, William und Steven N. Durlauf, 2000: Interaction-Based Models (NBER Working Paper No. T0258). Cambridge, Mass.: NBER.

Brown, Rupert, 1995: Prejudice. Its Social Psychology. Oxford: Blackwell.
Brubaker, Rogers, 1992: Citizenship and Nationhood in France and Germany. Cambridge, Mass.: Harvard University Press.
Bryk, Anthony S. und Stephen W. Raudenbush, 1992: Hierarchical Linear Models: Applications and Data Analysis Methods (Advanced Quantitative Techniques in the Social Sciences ; 1). Newbury Park: Sage.
Bundesministerium des Inneren (Hg.), 2003: Verfassungsschutzbericht 2002. Bonn: Bundesministerium des Inneren.
Burbank, Matthew J., 1995: How Do Contextual Effects Work? Developing a Theoretical Model. S.165-178 in: *Munroe Eagles* (Hg.): Spatial and Contextual Models in Political Research. London: Taylor & Francis.
Burt, Ronald S., 1982: Toward a Structural Theory of Action: Network Models of Social Structure, Perception, and Action. New York et al.: Academic Press.
Burt, Ronald S., 1984: Network Items and the General Social Survey, Social Networks 6: 293-339.
Burt, Ronald S., 1987: Social Contagion and Innovation: Cohesion versus Structural Equivalence, American Journal of Sociology 92: 1287-1335.
Burt, Ronald S., 1992: Structural Holes: The Social Structure of Competition. Cambridge, Mass.: Harvard University Press.
Campbell, Donald T., 1965: Ethnocentric and Other Altruistic Motives. S.283-311 in: *David Levine* (Hg.): Nebraska Symposium on Motivation. Lincoln: University of Nebraska Press.
Campbell, Ernest Q. und C. N. Alexander, 1965: Structural Effects and Interpersonal Relationships, American Journal of Sociology 71: 284-289.
Campbell, Karen E., Peter V. Marsden und Jeanne S. Hurlbert, 1986: Social Resources and Socioeconomic Status, Social Networks 8: 97-117.
Cargile, Aaron, Howard Giles und Richard Clément, 1995: Language, Conflict, and Ethnolinguistic Theory. S.189-208 in: *Joseph B. Gittler* (Hg.): Research in Human Social Conflict. Vol. 1: Racial and Ethnic Conflict. Perspectives from the Social Disciplines. Greenwich, Conn.: JAI Press.
Coenders, Marcel und Peer Scheepers, 1998: Support for Ethnic Discrimination in the Netherlands 1979-1993: Effects of Period, Cohort, and Individual Differences, European Sociological Review 14: 405-422.
Coenders, Marcel, Peer Scheepers, Paul M. Sniderman und Geneviève Verberk, 2001: Blatant and Subtle Prejudice: Dimensions, Determinants, and Consequences. Some Comments on Pettigrew and Meertens, European Journal of Social Psychology 31: 281-297.
Coleman, James S., 1986: Social Theory, Social Research, and a Theory of Action, American Journal of Sociology 91: 1309-1335.
Coleman, James S., 1988: Social Capital in the Creation of Human Capital, American Journal of Sociology 94: 95-120 (Suppl.).
Coleman, James S., 1992: Rational Choice Theory. S.1619-1624 in: *Edgar F. Borgatta und Marie L. Borgatta* (Hg.): Encyclopedia of Sociology. New York et al.: Macmillan.

Coleman, James S., Elihu Katz und Herbert Menzel, 1966: Medical Innovation: A Diffusion Study . Indianapolis: Bobbs-Merrill.
Cox, Oliver C., 1959: Caste, Class, and Race: A Study in Social Dynamics. New York: Monthly Review Press.
Degenne, Alain und Michel Forsé, 1994: Les réseaux sociaux: Une analyse structurale en sociologie. Paris: Colin.
Deutsch, Morton und Harold B. Gerard, 1955: A Study of Normative and Informational Social Influences Upon Individual Judgment, The Journal of Abnormal and Social Psychology 51: 629-636.
DeVellis, Robert F., 1991: Scale Development: Theory and Applications (Applied social research methods series; 26). Newbury Park, CA: Sage.
Devine, Patricia G., 1989a: Automatic and Controlled Processes in Prejudice: The Role of Stereotypes and Personal Beliefs. S.181-211 in: *Anthony R. Pratkanis, Steven J. Breckler und Anthony G. Greenwald* (Hg.): Attitude Structure and Function (The Third Ohio State University Volume on Attitudes and Persuasion). Hillsdale, NJ: Lawrence Erlbaum.
Devine, Patricia G., 1989b: Stereotype and Prejudice: Their Automatic and Controlled Components, Journal of Personality and Social Psychology 56: 5-18.
Diekmann, Andreas, 1995: Empirische Sozialforschung: Grundlagen, Methoden, Anwendungen. Reinbek: Rowohlt.
Diekmann, Andreas, 1996: Homo ÖKOnomicus. Anwendungen und Probleme der Theorie rationalen Handelns im Umweltbereich. S.89-118 in: *Andreas Diekmann und Carlo C. Jaeger* (Hg.): Umweltsoziologie (Kölner Zeitschrift für Soziologie und Sozialpsychologie; Sonderheft 36). Opladen: Westdeutscher Verlag.
DiPrete, Thomas A. und Jerry D. Forristal, 1994: Multilevel Models: Methods and Substance, Annual Review of Sociology 20: 331-357.
Dollard, John, Leonard Doob, Neal E. Miller, O. H. Mowrer und Robert R. Sears, 1939: Frustration and Aggression. New Haven, CT: Yale University Press.
Dovidio, John F., John C. Brigham, Blair T. Johnson und Samuel L. Gaertner, 1996: Stereotyping, Prejudice, and Discrimination: Another Look. S.276-319 in: *C. N. Macrae, Charles Stangor und Miles Hewstone* (Hg.): Foundations of Stereotypes and Stereotyping. New York/London: Guilford Press.
Dovidio, John F., Nancy Evans und Richard B. Tyler, 1986: Racial Stereotypes: The Contents of Their Cognitive Representations, Journal of Experimental Social Psychology 22: 22-37.
Duckitt, John, 1992: The Social Psychology of Prejudice. New York/Westport/London: Praeger.
Durkheim, Emile, 1973: Der Selbstmord [1893]. Neuwied/Berlin: Luchterhand.
Durkheim, Emile, 1988: Über soziale Arbeitsteilung. Studie über die Organisation höherer Gesellschaften [1893]. Frankfurt a.M.: Suhrkamp.
Durkheim, Emile, 1991: Die Regeln der soziologischen Methode [1895]. Frankfurt a.M.: Suhrkamp.

Eagly, Alice und Shelly Chaiken, 1993: The Psychology of Attitudes. Fort Worth, TX: Harcourt Brace Jovanovich.
Eckert, Roland, Helmut Willems und Stefanie Würtz, 1996: Erklärungsmuster fremdenfeindlicher Gewalt im empirischen Test. S.152-167 in: *Jürgen W. Falter, Hans-Gerd Jaschke und Jürgen R. Winkler* (Hg.): Rechtsextremismus. Ergebnisse und Perspektiven der Forschung (Politische Vierteljahresschrift; Sonderheft 27). Opladen: Westdeutscher Verlag.
Elwert, Georg, 1989: Nationalismus und Ethnizität - Über die Bildung von Wir-Gruppen, Kölner Zeitschrift für Soziologie und Sozialpsychologie 440-464.
Emirbayer, Mustafa, 1997: Manifesto for a Relational Sociology, American Journal of Sociology 103: 281-317.
Erbring, Lutz und Alica A. Young, 1979: Individuals and Social Structure: Contextual Effects as Endogenous Feedback, Sociological Methods and Research 7: 396-430.
Erickson, Bonnie H., 1982: Networks, Ideologies, and Belief Systems. S.159-172 in: *Peter V. Marsden und Nan Lin* (Hg.): Social Structure and Network Analysis. Beverly Hills/London/New Delhi: Sage.
Erickson, Bonnie H., 1988: The Relational Basis of Attitudes. S.99-121 in: *Barry Wellman und S. D. Berkowitz* (Hg.): Social Structures: A Network Approach. Cambridge et al.: Cambridge University Press.
Erickson, Bonnie H., 1996: Culture, Class, and Connections, American Journal of Sociology 102: 217-251.
Esser, Hartmut, 1980: Aspekte der Wanderungssoziologie. Darmstadt/Neuwied: Luchterhand.
Esser, Hartmut, 1986: Social Context and Inter-Ethnic Relations: The Case of Migrant Workers in West German Urban Areas, European Sociological Review 2: 30-51.
Esser, Hartmut, 1990: Interethnische Freundschaften. S.185-205 in: *Hartmut Esser und Jürgen Friedrichs* (Hg.): Generation und Identität. Theoretische und empirische Beiträge zur Migrationssoziologie. Opladen: Westdeutscher Verlag.
Esser, Hartmut, 1991a: Alltagshandeln und Verstehen. Zum Verhältnis erklärender und verstehender Soziologie am Beispiel von Alfred Schütz und "Rational Choice". Tübingen: J.C.B. Mohr.
Esser, Hartmut, 1991b: Rational Choice, Berliner Journal für Soziologie 1: 231-243.
Esser, Hartmut, 1993: Ethnische Konflikte und Integration. S.31-61 in: *Caroline Y. Robertson-Wensauer* (Hg.): Multikulturalität - Interkulturalität? Baden-Baden: Nomos.
Esser, Hartmut, 1996a: Die Definition der Situation, Kölner Zeitschrift für Soziologie und Sozialpsychologie 48: 1-34.
Esser, Hartmut, 1996b: Ethnische Konflikte als Auseinandersetzung um den Wert des kulturellen Kapitals. S.64-99 in: *Wilhelm Heitmeyer und Rainer Dollase* (Hg.): Die bedrängte Toleranz. Ethnisch-kulturelle Konflikte, religiöse Differenzen und die Gefahren politisierter Gewalt (edition suhrkamp; 1979). Frankfurt a.M.: Suhrkamp.
Esser, Hartmut, 1996c: Soziologie. Allgemeine Grundlagen. 2. Aufl. Frankfurt a.M.: Campus.

Esser, Hartmut, 1999: Soziologie - Spezielle Grundlagen. Band 1: Situationslogik und Handeln. Frankfurt a.M.: Campus.

Esser, Hartmut, 2000a: Soziologie - Spezielle Grundlagen. Band 4: Opportunitäten und Restriktionen. Frankfurt a.M.: Campus.

Esser, Hartmut, 2000b: Soziologie - Spezielle Grundlagen. Band 5: Institutionen. Frankfurt a.M.: Campus.

Esser, Hartmut, 2001: Soziologie - Spezielle Grundlagen. Band 6: Sinn und Kultur. Frankfurt a.M.: Campus.

Esser, Hartmut, Klaus Klenovits und Helmut Zehnpfennig, 1977: Wissenschaftstheorie. Bd. 1: Grundlagen und analytische Wissenschaftstheorie (Teubner-Studienskripten; 28). Stuttgart: Teubner.

Fazio, Russell H., Joni R. Jackson, Bridget C. Dunton und Carol J. Williams, 1995: Variability in Automatic Activation as an Unobstrusive Measure of Racial Attitudes: A Bona Fide Pipeline?, Journal of Personality and Social Psychology 69: 1013-1027.

Fearon, James und David D. Laitin, 1996: Explaining Interethnic Cooperation, American Political Science Review 90: 715-735.

Festinger, Leon, 1954: A Theory of Social Comparison Processes, Human Relations 7: 117-140.

Festinger, Leon, Stanley Schachter und Kurt Back, 1950: Social Pressures in Informal Groups: A Study of Human Factors in Housing. Stanford: Stanford University Press.

Fishbein, Martin und Icek Ajzen, 1975: Belief, Attitude, Intention, and Behavior: An Introduction to Theory and Research. Reading, Mass.: Addison-Wesley.

Fiske, Susan T. und Shelley E. Taylor, 1991: Social Cognition. 2. Aufl. New York: McGraw-Hill.

Freeman, Linton C., 1992: The Sociological Concept of 'Group': An Empirical Test of Two Models, American Journal of Sociology 98: 152-166.

Frey, Dieter, Dagmar Stahlberg und Peter M. Gollwitzer, 1993: Einstellung und Verhalten: Die Theorie des überlegten Handelns und die Theorie des geplanten Verhaltens. S.361-398 in: *Dieter Frey und Martin Irle* (Hg.): Theorien der Sozialpsychologie. Bd. 1: Kognitive Theorien, 2., vollst. überarb. u. erw. Aufl. Bern: Huber.

Friedkin, Noah E., 1998: A Structural Theory of Social Influence (Structural Analysis in the Social Sciences; 13). Cambridge et al.: Cambridge University Press.

Friedrichs, Jürgen, Martin Stolle und Gudrun Engelbrecht, 1993: Rational Choice-Theorie: Probleme der Operationalisierung, Zeitschrift für Soziologie 22: 2-15.

Fröhlich, Hans und Bernhard Müller, 1995: Überfremdungsdiskurse und die Virulenz von Fremdenfeindlichkeit vor dem Hintergrund internationaler Migrationsbewegungen. Zürich: Bokos.

Fuchs, Dieter, Jürgen Gerhards und Edeltraud Roller, 1993: Wir und die Anderen. Ethnozentrismus in den zwölf Ländern der europäischen Gemeinschaft, Kölner Zeitschrift für Soziologie und Sozialpsychologie 45: 238-253.

Gaertner, Samuel L. und John P. McLaughlin, 1983: Changing Not Fading: Racial Stereotypes Revealed by a Non-Reactive, Reaction Time Measure, Social Psychological Quarterly 46: 23-30.

Ganter, Stephan, 1995: Ethnizität und ethnische Konflikte. Konzepte und theoretische Ansätze für eine vergleichende Analyse (Freiburger Beiträge zu Entwicklung und Politik; 17). Freiburg i. Br.: Arnold-Bergstraesser-Institut.

Ganter, Stephan, 1997: Stereotype und Vorurteile: Konzeptualisierung, Operationalisierung und Messung (MZES Working Paper AB III/22). Mannheim: Mannheimer Zentrum für Europäische Sozialforschung.

Ganter, Stephan, 1998: Ursachen und Formen der Fremdenfeindlichkeit in der Bundesrepublik Deutschland (Expertise im Auftrag der Friedrich-Ebert-Stiftung). Bonn: Friedrich-Ebert-Stiftung.

Ganter, Stephan, 2001: Zu subtil? Eine empirische Überprüfung neuerer Indikatoren zur Analyse interethnischer Beziehungen, Kölner Zeitschrift für Soziologie und Sozialpsychologie 53: 111-135.

Ganter, Stephan, 2002: Fremdenfeindlichkeit. S. 159-162 in: *Martin Greiffenhagen und Sylvia Greiffenhagen* (Hg.): Handwörterbuch zur politischen Kultur der Bundesrepublik Deutschland. Wiesbaden: Westdeutscher Verlag.

Gartrell, C. D., 1987: Network Approaches to Social Evaluation, Annual Review of Sociology 13: 49-66.

Geis, Gilbert, 1995: Is Germany's Xenophobia Qualitatively Different From Everybody Else's?, Crime, Law and Social Change 24: 65-75.

Gilbert, Daniel T. und J. G. Hixon, 1991: The Trouble of Thinking: Activation and Application of Stereotypic Beliefs, Journal of Personality and Social Psychology 60: 509-517.

Giles, Michael W. und Arthur Evans, 1986: The Power Approach to Intergroup Hostility, Journal of Conflict Resolution 30: 469-486.

Goldstein, Harvey, 1995: Multilevel Statistical Models (Kendall's Library of Statistics; 3), 2. Aufl. London: Arnold.

Goldthorpe, John H., 1998: Rational Action Theory for Sociology, British Journal of Sociology 49: 167-192.

Granato, Nadia und Frank Kalter, 2001: Die Persistenz ethnischer Ungleichheit auf dem deutschen Arbeitsmarkt: Diskriminierung oder Unterinvestition in Humankapital?, Kölner Zeitschrift für Soziologie und Sozialpsychologie 53: 497-520.

Granovetter, Mark S., 1973: The Strength of Weak Ties, American Journal of Sociology 78: 1360-1380.

Granovetter, Mark S., 1974: Getting a Job. A Study of Contacts and Careers. Cambridge, Mass.: Harvard University Press.

Granovetter, Mark S., 1979: The Theory-Gap in Social Network Analysis. S.501-518 in: *Paul W. Holland und Samuel Leinhardt* (Hg.): Perspectives on Social Networks Research. New York: Academic Press.

Granovetter, Mark S., 1983: The Strength of Weak Ties: A Network Theory Revisited. S.201-233 in: *Randall Collins* (Hg.): Sociological Theory. San Francisco: Jossey-Bass.

Graumann, Carl F., 1988: Der Kognitivismus in der Sozialpsychologie - Die Kehrseite der "Wende", Psychologische Rundschau 39: 83-90.

Gukenbiehl, Hermann L., 1999: Bezugsgruppen. S.113-134 in: *Bernhard Schäfers* (Hg.): Einfuehrung in die Gruppensoziologie: Geschichte, Theorien, Analysen (UTB für Wissenschaft/Uni-Taschenbücher ; 996), 3., korr. Aufl. Wiesbaden: Quelle & Meyer.

Hamberger, Jürgen und Miles Hewstone, 1997: Inter-Ethnic Contact as a Predictor of Blatant and Subtle Prejudice: Tests of a Model in Four West European Nations, British Journal of Social Psychology 36: 173-190.

Hamilton, David L. und J. W. Sherman, 1994: Stereotypes. S.1-68 in: *Robert S. Wyer und Thomas K. Srull* (Hg.): Handbook of Social Cognition. Vol. 2: Applications, 2. Aufl. Hillsdale/NJ: Erlbaum.

Hamilton, David L. und Tina K. Trolier, 1986: Stereotypes and Stereotyping: An Overview of the Cognitive Approach. S.127-163 in: *John F. Dovidio und Samuel L. Gaertner* (Hg.): Prejudice, Discrimination, and Racism. San Diego et al.: Academic Press.

Hardin, Russell, 1995: One for All. The Logic of Group Conflict. Princeton, NJ: Princeton University Press.

Hardin, Russell, 1999: Migration and Community (Paper presented at the European Research Foundation Conference on Migration and Interethnic Relations in Obernai, 23-28 September 1999). Stanford: Stanford University/Department of Political Science.

Hechter, Michael und Satoshi Kanazawa, 1997: Sociological Rational Choice Theory, Annual Review of Sociology 23: 191-214.

Heckmann, Friedrich, 1992: Ethnische Minderheiten, Volk und Nation. Soziologie interethnischer Beziehungen. Stuttgart: Enke.

Hedstrom, Peter und Richard Swedberg, 1996: Rational Choice, Empirical Research and the Sociological Tradition, European Sociological Review 12: 127-146.

Heitmeyer, Wilhelm, 1987: Rechtsextremistische Orientierungen bei Jugendlichen. Weinheim/München: Juventa.

Heitmeyer, Wilhelm, 1993: Gesellschaftliche Desintegrationsprozesse als Ursachen von fremdenfeindlicher Gewalt und politischer Paralysierung, Aus Politik und Zeitgeschichte B2/3: 3-13.

Heitmeyer, Wilhelm, 1994: Das Desintegrations-Theorem: Ein Erklärungsansatz zu fremdenfeindlich motivierter, rechtsextremistischer Gewalt und zur Lähmung gesellschaftlicher Institutionen. S.29-69 in: *ders.* (Hg.): Das Gewalt-Dilemma. Gesellschaftliche Reaktionen auf fremdenfeindliche Gewalt und Rechtsextremismus. Frankfurt a.M.: Suhrkamp.

Heitmeyer, Wilhelm, 1996: Ethnisch-kulturelle Konfliktdynamiken in gesellschaftlichen Desintegrationsprozessen. S.31-63 in: *ders. und Rainer Dollase* (Hg.): Die bedrängte Toleranz. Frankfurt a.M.: Suhrkamp.

Hempel, Carl G., 1965: Aspects of Scientific Explanation and Other Essays in the Philosophy of Science. New York: Free Press.

Hempel, Carl G. und Paul Oppenheim, 1948: Studies in the Logic of Explanation, Philosophy of Science 15: 135-175.

Herbert, Ulrich, 2001: Geschichte der Ausländerpolitik in Deutschland: Saisonarbeiter, Zwangsarbeiter, Gastarbeiter, Flüchtlinge. München: C.H. Beck.

Hernes, Gudmund und Knud Knudsen, 1992: Norwegians' Attitudes Toward New Immigrants, Acta Sociologica 35: 123-139.

Herrmann, Andrea und Peter Schmidt, 1995: Autoritarismus, Anomie und Ethnozentrismus. S.287-319 in: *Gerda Lederer und Peter Schmidt* (Hg.): Autoritarismus und Gesellschaft, Trendanalysen und vergleichende Jugenduntersuchungen von 1945-1993. Opladen: Leske + Budrich.

Heßler, Manfred, 1993: Ausländerbeschäftigung, Ausländerpolitik und Einstellungswandel. S.133-168 in: *ders.* (Hg.): Zwischen Nationalstaat und multikultureller Gesellschaft: Einwanderung und Fremdenfeindlichkeit in der Bundesrepublik Deutschland (Völkervielfalt und Minderheitenrechte in Europa; 3). Berlin: Hitit.

Hewstone, Miles und Rupert Brown, 1986: Contact is not Enough: An Intergroup Perspective on the 'Contact Hypothesis'. S.1-44 in *diess.* (Hg.): Contact and Conflict in Intergroup Encounters. Oxford: Basil Blackwell.

Hill, Paul B., 1984a: Determinanten der Eingliederung von Arbeitsmigranten (Materialien zur Arbeitsmigration und Ausländerbeschäftigung). Königstein: Hanstein.

Hill, Paul B., 1984b: Räumliche Nähe und soziale Distanz zu ethnischen Minderheiten, Zeitschrift für Soziologie 13: 363-370.

Hill, Paul B., 1988: Unterschiedliche Operationalisierungen von egozentrierten Netzwerken und ihr Erklärungsbeitrag in Kausalmodellen, ZUMA-Nachrichten 22: 45-57.

Hill, Paul B., 1993: Die Entwicklung der Einstellungen zu unterschiedlichen Ausländergruppen zwischen 1980 und 1992. S.25-67 in: *Helmut Willems et al.:* Fremdenfeindliche Gewalt. Einstellungen - Täter - Konflikteskalation. Opladen: Leske + Budrich.

Hilton, James L. und William von Hippel, 1996: Stereotypes, Annual Review of Psychology 47: 237-271.

Hoffmann, Lutz, 1993: Nationalstaat, Einwanderung und "Ausländerfeindlichkeit". S.29-51 in: *Manfred Heßler* (Hg.): Zwischen Nationalstaat und multikultureller Gesellschaft: Einwanderung und Fremdenfeindlichkeit in der Bundesrepublik Deutschland. Berlin: Hitit.

Hoffmann-Nowotny, Hans-Joachim, 1973: Soziologie des Fremdarbeiterproblems. Eine theoretische und empirische Analyse am Beispiel der Schweiz. Stuttgart: Enke.

Hoffmann-Nowotny, Hans-Joachim, 1992: Chancen und Risiken multikultureller Einwanderungsgesellschaften (Forschungspolitische Früherkennung; 119). Bern: Schweizerischer Wissenschaftsrat.

Hoffmeyer-Zlotnik, Jürgen H. P., 2000: Der Einfluß der Region auf Einstellungen zu Ausländern. S.195-228 in: *Richard D. Alba, Peter Schmidt und Martina Wasmer* (Hg.): Deutsche und Ausländer: Freunde, Fremde oder Feinde? Empirische Befunde und theoretische Erklärungen (Blickpunkt Gesellschaft 5). Opladen: Westdeutscher Verlag.

Hogg, Michael A. und Dominic Abrams, 1988: Social Identification. A Social Psychology of Intergroup Relations and Group Processes. London/New York: Routledge.

Homans, George C., 1950: The Human Group. New York: Harcourt, Brace & World.

Homans, George C., 1969: Entdeckung und Erklärung. S.17-40 in: *ders.* Was ist Sozialwissenschaft? Köln/Opladen: Westdeutscher Verlag.

Horowitz, Donald L., 1985: Ethnic Groups in Conflict. Berkeley et al.: University of California Press.
Huang, Gang und Mark Tausig, 1990: Network Range in Personal Networks, Social Networks 12: 261-268.
Hübner, Marc, Peter Schmidt, R. Schürhoff und Stefan Schwarzer, 2001: Allgemeine Autoritarismus-Kurform. *Angelika Glöckner-Rist* (Hg.): ZUMA-Informationssystem. Elektronisches Handbuch sozialwissenschaftlicher Erhebungsinstrumente, Version 5.00. Mannheim: Zentrum für Umfragen, Methoden und Analysen.
Huckfeldt, Robert, Paul A. Beck, Russell J. Dalton und Jeffrey Levine, 1995: Political Environments, Cohesive Social Groups, and the Communication of Public Opinion, American Journal of Political Science 39: 1025-1054.
Huckfeldt, Robert und John Sprague, 1991: Discussant Effects on Vote Choice: Intimacy, Structure, and Interdependence, Journal of Politics 53: 122-158.
Huckfeldt, Robert und John Sprague, 1995: Citizens, Politics, and Social Communication: Information and Influence in an Election Campaign (Cambridge Studies in Political Psychology and Public Opinion). Cambridge et al.: Cambridge University Press.
Hummell, Hans J., 1972: Probleme der Mehrebenenanalyse. Stuttgart: Teubner.
Hummell, Hans J. und Wolfgang Sodeur, 1984: Interpersonelle Beziehungen und Netzstruktur. Bericht über ein Projekt zur Analyse der Strukturentwicklung unter Studienanfängern, Kölner Zeitschrift für Soziologie und Sozialpsychologie 36: 511-556.
Hyman, Herbert H., 1968: Reference Groups. S.353-361 in: *David L. Sills* (Hg.): International Encyclopedia of the Social Sciences. Bd. 13. London: Macmillan.
Imhof, Kurt, 1993: Nationalismus, Nationalstaat und Minderheiten: Zu einer Soziologie der Minderheiten, Soziale Welt 44: 327-357.
Institut für Sozialforschung (Hg.), 1992: Aspekte der Fremdenfeindlichkeit. Beiträge zur aktuellen Diskussion (Studienreihe des Instituts für Sozialforschung). Frankfurt a.M.: Campus.
Institut für Zeitgeschichte (Hg.), 1982: Deutscher Sonderweg - Mythos oder Realität? (Kolloquien des Instituts für Zeitgeschichte). München: Oldenbourg.
Jackson, Robert M., 1977: Social Structure and the Process of Friendship Choice. S.59-78 in: *Claude S. Fischer et al.* (Hg.): Networks and Places. New York: Free Press.
Jäger, Christiane, 1995: Theorie und Messung von Ausländerfeindlichkeit: Eine sozialwissenschaftliche Kritik der Forschungspraxis (Marburger Beiträge zur sozialwissenschaftlichen Forschung; 6). Marburg: Institut für Soziologie der Philipps Universität Marburg.
Jansen, Dorothea, 1999: Einführung in die Netzwerkanalyse: Grundlagen - Methoden - Anwendungen. Opladen: Leske + Budrich.
Jones, Bryan D., 1999: Bounded Rationality, Annual Review of Political Science 2: 227-321.
Jones, James, 1997: Prejudice and Racism. 2. Aufl. New York: McGraw-Hill.
Jones, Stephen R. G., 1984: The Economics of Conformism. Oxford: Blackwell.

Kapferer, Bruce, 1969: Norms and Values in a Conflict Situation. S.181-240 in: *J. C. Mitchell* (Hg.): Social Networks in Urban Situations. Analyses of Personal Relationships in Central African Towns. Manchester: Manchester University Press.

Kappelhoff, Peter, 1987a: Blockmodellanalyse: Positionen, Rollen und Rollenstrukturen. S.101-128 in: *Franz U. Pappi* (Hg.): Methoden der Netzwerkanalyse. München: Oldenbourg.

Kappelhoff, Peter, 1987b: Cliquenanalyse. Die Bestimmung von intern verbundenen Teilgruppen in sozialen Netzwerken. S.39-63 in: *Franz U. Pappi* (Hg.): Methoden der Netzwerkanalyse. München: Oldenbourg.

Katz, Elihu und Paul F. Lazarsfeld, 1962: Persönlicher Einfluß und Meinungsbildung. München: Oldenbourg.

Kelle, Udo und Christian Lüdemann, 1995: "Grau, teurer Freund, ist alle Theorie...": Rational Choice und das Problem der Brückenannahmen, Kölner Zeitschrift für Soziologie und Sozialpsychologie 47: 249-267.

Kelley, Harold H., 1968: Two Functions of Reference Groups. S.77-83 in: *Herbert H. Hyman und Eleanor Singer* (Hg.): Readings in Reference Group Theory and Research. New York: The Free Press.

Klein, Thomas und David Fischer-Kerli, 2000: Die Zuverlässigkeit retrospektiv erhobener Lebensverlaufdaten: Analysen zur Partnerschaftsbiographie des Familiensurvey, Zeitschrift für Soziologie 29: 294-312.

Knoke, David und James H. Kuklinski, 1982: Network Analysis (Quantitative Applications in the Social Sciences). Newbury Park/London/New Delhi: Sage.

Koßmann, Ingo, 1996: Meinungsbildungsprozesse in egozentrierten Netzwerken (Europäische Hochschulschriften; 22). Frankfurt a.M.: Peter Lang.

Krauth, Cornelia und Rolf Porst, 1984: Sozioökonomische Determinanten von Einstellungen zu Gastarbeitern. S.233-266 in: *Karl U. Mayer und Peter Schmidt* (Hg.): Allgemeine Bevölkerungsumfrage der Sozialwissenschaften: Beiträge zu methodischen Problemen des ALLBUS 1980. Frankfurt a.M./New York: Campus.

Krell, Gert, Hans Nicklas und Änne Ostermann, 1996: Immigration, Asylum, and Anti-Foreigner Violence in Germany, Journal of Peace Research 33: 153-170.

Küchler, Manfred, 1994: Germans and "Others": Racism, Xenophobia, or "Legitimate Conservatism"?, German Politics 3: 47-74.

Küchler, Manfred, 1996: Xenophobie im internationalen Vergleich. S.248-262 in: *Jürgen W. Falter, Hans-Gerd Jaschke und Jürgen R. Winkler* (Hg.): Rechtsextremismus. Ergebnisse und Perspektiven der Forschung (Politische Vierteljahresschrift; Sonderheft 27). Opladen: Westdeutscher Verlag.

Kühnel, Steffen und Jürgen Leibold, 2000: Die anderen und wir: Das Verhältnis zwischen Deutschen und Ausländern aus der Sicht der in Deutschland lebenden Ausländer. S.111-146 in: *Richard D. Alba, Peter Schmidt und Martina Wasmer* (Hg.): Deutsche und Ausländer: Freunde, Fremde oder Feinde? Empirische Befunde und theoretische Erklärungen (Blickpunkt Gesellschaft 5). Opladen: Westdeutscher Verlag.

Kühnel, Steffen und Michael Terwey, 1994: Gestörtes Verhältnis? Die Einstellungen der Deutschen zu Ausländern in der Bundesrepublik. S.71-105 in: *Michael Braun und Peter Ph. Mohler* (Hg.): Blickpunkt Gesellschaft 3. Einstellungen und Verhalten der Bundesbürger. Opladen: Westdeutscher Verlag.

Lau, Richard R., 1989: Individual and Contextual Influences on Group Identification, Social Psychology Quarterly 52: 220-231.

Laumann, Edward O., 1969: Friends of Urban Men: An Assessment of Accuracy in Reporting Their Socioeconomic Attributes, Mutual Choice, and Attitude Agreement, Sociometry 32: 54-69.

Laumann, Edward O., 1973: Bonds of Pluralism: The Form and Substance of Urban Social Networks. New York et al.: John Wiley & Sons.

Laumann, Edward O., Peter V. Marsden und Joseph Galaskiewicz, 1977: Community Influence Structures: Extension and Replication of a Network Approach, American Journal of Sociology 83: 594-631.

Laumann, Edward O., Peter V. Marsden und David Prensky, 1989: The Boundary Specification Problem in Network Analysis. S.61-87 in: *Linton C. Freeman, Douglas R. White und A. K. Romney* (Hg.): Research Methods in Social Network Analysis. Fairfax, VA: George Mason University Press.

Lazarsfeld, Paul F., Bernard Berelson und Hazel Gaudet, 1948: The People's Choice: How the Voter Makes up his Mind in a Presidential Campaign. New York: Columbia University Press.

Lazarsfeld, Paul F. und Herbert Menzel, 1962: On the Relation Between Individual and Collective Properties. S.422-440 in: *Amitai Etzioni* (Hg.): Complex Organizations: A Sociological Reader. New York: Holt, Rinehart & Winston.

Lazarsfeld, Paul F. und Robert K. Merton, 1954: Friendship as Social Process: A Substantive and Methodological Analysis. S.18-66 in: *Morroe Berger, Theodore Abel und Charles H. Page* (Hg.): Freedom and Control in Modern Society. New York: D. Van Nostrand.

LeVine, Robert A. und Donald T. Campbell, 1972: Ethnocentrism: Theories of Conflict, Ethnic Attitudes, and Group Behavior. New York et al.: John Wiley & Sons.

Leyens, Jacques-Philippe, Vincent Yzerbyt und Georges Schadron, 1994: Stereotypes and Social Cognition. London et al.: Sage.

Lin, Nan, 2001: Social Capital: A Theory of Social Structure and Action. Cambridge et al.: Cambridge University Press.

Lindenberg, Siegwart, 1981: Erklärung als Modellbau: Zur soziologischen Nutzung von Nutzentheorien. S.20-35 in: *Werner Schulte* (Hg.): Soziologie in der Gesellschaft: Referate aus den Veranstaltungen der Sektionen der Deutschen Gesellschaft für Soziologie, der Ad-hoc-Gruppen und des Berufsverbandes der Deutschen Soziologen beim 20. Deutschen Soziologentag Bremen, 16. bis 19. Sept. 1980. Bremen: Universität Bremen.

Lindenberg, Siegwart, 1990: Rationalität und Kultur. Die verhaltenstheoretische Basis des Einflusses von Kultur auf Transaktionen. *Hans Haferkamp* (Hg.): Sozialstruktur und Kultur (stw; 793). Frankfurt a.M.: Suhrkamp.

Lindenberg, Siegwart, 1996a: Die Relevanz theoriereicher Brückenannahmen, Kölner Zeitschrift für Soziologie und Sozialpsychologie 48: 126-140.

Lindenberg, Siegwart, 1996b: Theoriegesteuerte Konkretisierung der Nutzentheorie. Eine Replik auf Kelle/Lüdemann und Opp/Friedrichs, Kölner Zeitschrift für Soziologie und Sozialpsychologie 48: 560-565.

Lippmann, Walter, 1922: Public Opinion. New York: Harcourt Brace.

Lüdemann, Christian, 2000: Die Erklärung diskriminierender Einstellungen gegenüber Ausländern, Juden und Gastarbeitern in Deutschland. Ein Test der allgemeinen Attitüdentheorie von Fishbein. S.373-399 in: *Richard D. Alba, Peter Schmidt und Martina Wasmer* (Hg.): Deutsche und Ausländer: Freunde, Fremde oder Feinde? Empirische Befunde und theoretische Erklärungen (Blickpunkt Gesellschaft 5). Opladen: Westdeutscher Verlag.

Lüdemann, Christian, 2001: Die Einstellung zur Einführung des "Doppelpasses". Zur Erklärung der Akzeptanz des neuen Staatsangehörigkeitsrechts, Kölner Zeitschrift für Soziologie und Sozialpsychologie 53: 547-568.

Macrae, C. N., Alan B. Milne und Galen V. Bodenhausen, 1994: Stereotypes as Energy-Saving Devices: A Peek Inside the Cognitive Toolbox, Journal of Personality and Social Psychology 66: 37-47.

Manski, Charles F., 1995: Identification Problems in the Social Sciences. Cambridge, Mass.: Harvard University Press.

Manski, Charles F., 2000: Economic Analysis of Social Interactions, Journal of Economic Perspectives 14: 115-136.

Marsden, Peter V., 1987: Core Discussion Networks of Americans, American Sociological Review 52: 122-131.

Marsden, Peter V., 1990: Network Data and Measurement, Annual Review of Sociology 16: 435-463.

Marsden, Peter V. und Noah E. Friedkin, 1993: Network Studies of Social Influence, Sociological Methods and Research 22: 127-151.

McCallister, Lynne und Claude S. Fischer, 1978: A Procedure for Surveying Personal Networks, Sociological Methods and Research 7: 131-148.

McKenzie, Richard B. und Gordon Tullock, 1984: Homo Oeconomicus. Ökonomische Dimensionen des Alltags. Frankfurt a.M.: Campus.

Mehrländer, Ursula, Carsten Ascheberg und Jörg Ueltzhöffer, 1996: Repräsentativuntersuchung '95: Situation der ausländischen Arbeitnehmer und ihrer Familienangehörigen in der Bundesrepublik Deutschland (im Auftrag des Bundesministeriums für Arbeit und Sozialordnung). Bonn: Bundesministerium für Arbeit und Sozialordnung.

Meinefeld, Werner, 1977: Einstellung und soziales Handeln. Reinbek: Rowohlt.

Melbeck, Christian, 1993: Nachbarschafts- und Bekanntschaftsbeziehungen. S.235-254 in: *Ann E. Auhagen und Maria von Salisch* (Hg.): Zwischenmenschliche Beziehungen. Göttingen et al.: Hogrefe.

Merton, Robert K., 1968a: The Bearing of Sociological Theory on Empirical Research. S.139-171 in: *ders.:* Social Theory and Social Structure (1968 Enlarged Edition). New York: The Free Press.

Merton, Robert K., 1968b: Continuities in the Theory of Reference Groups and Social Structure [1956]. S.335-440 in: *ders.:* Social Theory and Social Structure (1968 Enlarged Edition). New York: The Free Press.

Merton, Robert K. und Alice S. Rossi, 1968: Contributions to the Theory of Reference Group Behavior [1950]. S.279-334 in: *Robert K. Merton:* Social Theory and Social Structure (1968 Enlarged Edition). New York: The Free Press.

Messick, David M. und Diane M. Mackie, 1989: Intergroup Relations, Annual Review of Psychology 40: 45-81.

Meyer, Gordon W., 1994: Social Information Processing in Social Networks: A Test of Social Influence Mechanisms, Human Relations 47: 1013-1048.

Miles, Robert, 1991: Rassismus: Einführung in die Geschichte und Theorie eines Begriffs. Hamburg: Argument-Verlag.

Miles, Robert, 1993: Racism After "Race Relations". London/New York: Routledge.

Mitchell, J. C., 1969: The Concept and Use of Social Networks. S.1-50 in: *ders.* (Hg.): Social Networks in Urban Situations. Analyses of Personal Relationships in Central African Towns. Manchester: Manchester University Press.

Mitchell, J. C., 1974: Social Networks, Annual Review of Anthropology 3: 277-299.

Mummendey, Amélie, 1985: Verhalten zwischen sozialen Gruppen: Die Theorie der sozialen Identität. S.185-216 in: *Dieter Frey und Martin Irle* (Hg.): Theorien der Sozialpsychologie. Bd. 2: Gruppen- und Lerntheorien. Bern/Göttingen/Toronto/Seattle: Huber.

Münz, Rainer, Wolfgang Seifert und Ralf Ulrich, 1999: Zuwanderung nach Deutschland. Strukturen, Wirkungen, Perspektiven. 2., akt. u. erw. Aufl. Frankfurt a.M./New York: Campus.

Münz, Rainer und Ralf Ulrich, 2000: Die ethnische und demographische Struktur von Ausländern und Zuwanderern in Deutschland. S.11-54 in: *Richard D. Alba, Peter Schmidt und Martina Wasmer* (Hg.): Deutsche und Ausländer: Freunde, Fremde oder Feinde? Empirische Befunde und theoretische Erklärungen (Blickpunkt Gesellschaft 5). Opladen: Westdeutscher Verlag.

Nagel, Joane, 1995: Resource Competition Theories, American Behavioral Scientist 38: 442-458.

Newcomb, Theodore M., 1968: Attitude Development as a Function of Reference Groups: The Bennington Study. S.374-386 in: *Herbert H. Hyman und Eleanor Singer* (Hg.): Readings in Reference Group Theory and Research. New York: The Free Press.

Oesterreich, Detlef, 1993: Autoritäre Persönlichkeit und Gesellschaftsordnung: Der Stellenwert psychischer Faktoren für politische Einstellungen - eine empirische Untersuchung von Jugendlichen in Ost und West. Weinheim: Juventa-Verlag.

Olzak, Susan, 1992: The Dynamics of Ethnic Competition and Conflict. Stanford: Stanford University Press.

Olzak, Susan und Joane Nagel, 1986: Competitive Ethnic Relations. An Overview. S.1-14 in: *Diess.* (Hg.): Competitive Ethnic Relations. New York: Academic Press.

Opp, Karl-Dieter, 1995: Methodologie der Sozialwissenschaften. Einführung in Probleme ihrer Theoriebildung und praktischen Anwendung. 3., völlig. neubearb. Aufl. Opladen: Westdeutscher Verlag.

Oshagan, Hayg, 1996: Reference Group Influence on Opinion Expression, International Journal of Public Opinion Research 8: 335-354.

Padgett, John F. und Christopher K. Ansell, 1993: Robust Action and the Rise of the Medici, 1400-1434, American Journal of Sociology 98: 1259-1319.

Pappi, Franz U., 1977: Sozialstruktur und politische Konflikte in der Bundesrepublik: Individual- und Kontextanalysen der Wahlentscheidung. Köln: o.V.

Pappi, Franz U., 1987: Die Netzwerkanalyse aus soziologischer Perspektive. S.11-37 in: *ders.* (Hg.): Methoden der Netzwerkanalyse. München: Oldenbourg.

Pappi, Franz U., 1990: Neue soziale Bewegungen und Wahlverhalten in der Bundesrepublik. S.143-192 in: *Max Kaase und Hans-Dieter Klingemann* (Hg.): Wahlen und Wähler. Analysen aus Anlaß der Bundestagswahl 1987. Opladen: Westdeutscher Verlag.

Pappi, Franz U., 1996: Personal Environments in the Process of Political Intermediation as a Topic of the Comparative National Election Study. S.122-139 in: *Chikio Hayashi und Erwin K. Scheuch* (Hg.): Quantitative Social Research in Germany and Japan. Opladen: Leske + Budrich.

Pappi, Franz U. und Christian Melbeck, 1988: Die sozialen Beziehungen städtischer Bevölkerungen. S.223-250 in: *Jürgen Friedrichs* (Hg.): Stadtsoziologie (Kölner Zeitschrift für Soziologie und Sozialpsychologie; Sonderheft 29). Opladen: Westdeutscher Verlag.

Pappi, Franz U. und Gunter Wolf, 1984: Wahrnehmung und Realität sozialer Netzwerke. Zuverlässigkeit und Gültigkeit der Angaben über beste Freunde im Interview. S.281-300 in: *Heiner Meulemann und Karl-Heinz Reuband* (Hg.): Soziale Realität im Interview. Empirische Analysen methodischer Probleme. Frankfurt a.M.: Campus.

Park, Robert E., 1928: Human Migration and the Marginal Man, American Journal of Sociology 33 : 881-893.

Park, Robert E., 1950: Race and Culture (The Collected Papers, Vol. 1). Glencoe, Ill.: Free Press.

Parsons, Talcott, 1968: Social Interaction. S.429-441 in: *David L. Sills* (Hg.): International Encyclopedia of the Social Sciences. Vol. 7. London: Macmillan.

Perdue, Charles W., John F. Dovidio, Michael B. Gurtman und Richard B. Tyler, 1990: Us and Them: Social Categorization and the Process of Intergroup Bias, Journal of Personality and Social Psychology 59: 475-486.

Pettigrew, Thomas F., 1998a: Intergroup Contact Theory, Annual Review of Psychology 49: 65-85.

Pettigrew, Thomas F., 1998b: Reactions Toward the New Minorities of Western Europe, Annual Review of Sociology 24: 77-103.

Pettigrew, Thomas F., James Jackson, Jeanne Ben Brika, Gerard Lemain, Roel W. Meertens, Ulrich Wagner und Andreas Zick, 1998: Outgroup Prejudice in Western Europe, European Review of Social Psychology 8: 241-273.

Pettigrew, Thomas F. und Roel W. Meertens, 1995: Subtle and Blatant Prejudice in Western Europe, European Journal of Social Psychology 25: 57-75.

Pfenning, Astrid und Uwe Pfenning, 1987: Egozentrierte Netzwerke in Massenumfragen: Verschiedene Instrumente - verschiedene Ergebnisse?, ZUMA-Nachrichten 21: 64-77.

Powers, Daniel A. und Christopher G. Ellison, 1995: Interracial Contact and Black Racial Attitudes: The Contact Hypothesis and Selectivity Bias, Social Forces 74: 205-226.

Quillian, Lincoln, 1995: Prejudice as a Response to Perceived Group Threat. Population Composition and Anti-Immigrant and Racial Prejudice in Europe, American Sociological Review 60: 586-611.

Quillian, Lincoln, 1996: Group Threat and Regional Change in Attitudes Towards African-Americans, American Journal of Sociology 102: 816-860.

Rhodebeck, Laurie A., 1995: Contextual Determinants of Reference Group Behavior. S.235-254 in: *Munroe Eagles* (Hg.): Spatial and Contextual Models in Political Research. London: Taylor & Francis.

Riker, William H. und Peter C. Ordeshook, 1973: An Introduction to Positive Political Theory. Englewood Cliffs, N.J.: Prentice-Hall.

Rippl, Susanne, Angela Kindervater und Christian Seipel, 2000: Die autoritäre Persönlichkeit: Konzept, Kritik und neuere Forschungsansätze. S.13-30 in: *Susanne Rippl, Christian Seipel und Angela Kindervater* (Hg.): Autoritarismus: Kontroversen und Ansätze der aktuellen Autoritarismusforschung. Opladen: Leske + Budrich.

Rogers, Everett M., 1995: Diffusion of Innovations. 4. Aufl. New York: Free Press.

Rokeach, Milton, 1960: The Open and the Closed Mind. Investigations into the Nature of Belief Systems and Personality Systems. New York: Basic Books.

Ross, Lee und Richard E. Nisbett, 1991: The Person and the Situation: Perspectives in Social Psychology. Philadelphia: Temple University Press.

Ruf, Werner, 1989: Ökonomie und Rassismus. S.63-84 in: *Otger Autrata, Gerrit Kaschuba, Rudolf Leiprecht und Cornelia Wolf* (Hg.): Theorien über Rassismus. Hamburg: Argument-Verlag.

Runciman, Walter G. und Christopher Bagley, 1969: Status Consistency, Relative Deprivation, and Attitudes to Immigrants, Sociology 3: 359-375.

Schäfer, Bernd, 1988: Entwicklungslinien der Stereotypen- und Vorurteilsforschung. S.11-65 in: *Bernd Schäfer und Franz Petermann* (Hg.): Vorurteile und Einstellungen. Sozialpsychologische Beiträge zum Problem sozialer Orientierung (Festschrift für Reinhold Bergler). Köln: Deutscher Instituts-Verlag.

Schäfer, Bernd und Bernd Six, 1978: Sozialpsychologie des Vorurteils. Stuttgart et al.: Kohlhammer.

Schäfers, Bernhard, 1999: Primärgruppen. S.97-112 in: *Ders.* (Hg.): Einführung in die Gruppensoziologie: Geschichte, Theorien, Analysen (UTB für Wissenschaft/Uni-Taschenbücher ; 996), 3., korr. Aufl. Wiesbaden: Quelle & Meyer.

Scheepers, P., A. Felling und J. Peters, 1990: Social Conditions, Authoritarianism and Ethnocentrism: A Theoretical Model of the Early Frankfurt School Updated and Tested, European Sociological Review 6: 15-29.

Schenk, Michael, 1983: Das Konzept des sozialen Netzwerks. S.88-104 in: *Friedhelm Neidhart* (Hg.): Gruppensoziologie: Perspektiven und Materialien (Kölner Zeitschrift für Soziologie und Sozialpsychologie; Sonderheft 25). Opladen: Westdeutscher Verlag.

Schenk, Michael, 1984: Soziale Netzwerke und Kommunikation. Tübingen: J.C.B. Mohr.

Schenk, Michael, Herrmann Dahm und Deziderio Sonje, 1997: Die Bedeutung sozialer Netzwerke bei der Diffusion neuer Kommunikationstechniken, Kölner Zeitschrift für Soziologie und Sozialpsychologie 49: 35-52.

Schenk, Michael, Uwe Pfenning, Peter Ph. Mohler und Renate Ell, 1992: Egozentrierte Netzwerke in der Forschungspraxis, ZUMA-Nachrichten 31: 87-120.

Scheuch, Erwin K. und Hans D. Klingemann, 1967: Theorie des Rechtsradikalismus in westlichen Industriegesellschaften. S.11-29 in: *Heinz-Dietrich Ortlieb und Bruno Molitor* (Hg.): Hamburger Jahrbuch für Wirtschafts- und Gesellschaftspolitik. Bd. 12. Tübingen: J.C.B. Mohr.

Schmidt, Peter und Aribert Heyder, 2000: Wer neigt eher zu autoritärer Einstellung und Ethnozentrismus, die Ostdeutschen oder die Westdeutschen? S.439-483 in: *Richard D. Alba, Peter Schmidt und Martina Wasmer* (Hg.): Deutsche und Ausländer: Freunde, Fremde oder Feinde? Empirische Befunde und theoretische Erklärungen (Blickpunkt Gesellschaft 5). Opladen: Westdeutscher Verlag.

Schmitt-Beck, Rüdiger, 1994: Vermittlungsumwelten westdeutscher und ostdeutscher Wähler: Interpersonale Kommunikation, Massenkommunikation und Parteipräferenzen vor der Bundestagswahl 1990. S.189-234 in: *Hans Rattinger, Oscar W. Gabriel und Wolfgang Jagodzinski* (Hg.): Wahlen und politische Einstellungen im vereinigten Deutschland. Frankfurt et al.: Peter Lang.

Schnell, Rainer, Paul B. Hill und Elke Esser, 1999: Methoden der empirischen Sozialforschung. 6., überarb. u. erw. Aufl. München/Wien: Oldenbourg.

Schröder, Helmut, Jutta Conrads, Anke Testrot und Matthias Ulbrich-Herrmann, 2000: Ursachen interethnischer Konfliktpotentiale: Ergebnisse einer Bevölkerungsbefragung von deutscher Mehrheitsbevölkerung und türkischer Minderheit. S.101-198 in: *Wilhelm Heitmeyer und Reimund Anhut* (Hg.): Bedrohte Stadtgesellschaft. Soziale Desintegrationsprozesse und ethnisch-kulturelle Konfliktkonstellationen. Weinheim: Juventa.

Schütz, Alfred, 1972: Der Fremde. Ein sozialpsychologischer Versuch. S.53-69 in: *ders.*: Gesammelte Aufsätze. Bd. 2: Studien zur soziologischen Theorie. Den Haag: Nijhoff.

Schütz, Heidi und Bernd Six, 1996: How Strong Is the Relationship Between Prejudice and Discrimination? A Meta-Analytic Answer, International Journal of Intercultural Relations 20: 441-462.

Schweizer, Thomas, 1996: Muster sozialer Ordnung. Netzwerkanalyse als Fundament der Sozialethnologie. Berlin: Reimer.

Scott, John, 1996: Social Networks. S.794-795 in: *Adam Kuper und Jessica Kuper* (Hg.): The Social Science Encyclopedia, 2. Aufl. London: Routledge.

Scott, John, 2000: Social Network Analysis: A Handbook. 2. Aufl. London et al.: Sage.

Sherif, Muzafer, 1936: The Psychology of Social Norms. New York/London: Harper and Brothers.
Sherif, Muzafer, 1966: Group Conflict and Co-Operation. Their Social Psychology. London: Routledge & Kegan Paul.
Shibutani, Tamotsu, 1955: Reference Groups as Perspectives, American Journal of Sociology 60: 562-569.
Siegrist, Johannes, 1970: Das Consensus-Modell. Studien zur Interaktionstheorie und zur kognitiven Sozialisation (Soziologische Gegenwartsfragen; Neue Folge, Nr. 32). Stuttgart: Enke.
Silbermann, Alphons und Francis Huesers, 1995: Der "normale" Haß auf die Fremden. Eine sozialwissenschaftliche Studie zu Ausmaß und Hintergründen von Fremdenfeindlichkeit in Deutschland. München: Quintessenz.
Simmel, Georg, 1992: Soziologie: Untersuchungen über die Formen der Vergesellschaftung (Gesamtausgabe, Bd. 11. Hrsg. von Otthein Rammstedt). Frankfurt a.M.: Suhrkamp.
Simon, Herbert A., 1993: Homo Rationalis. Die Vernunft im menschlichen Leben. Frankfurt a.M.: Campus.
Simon, Herbert et al., 1992: Economics, Bounded Rationality, and the Cognitive Revolution. Ed. by Massimo Egidi and Robin Marris. Aldershot: Edward Elgar.
Simpson, George E. und J. M. Yinger, 1985: Racial and Cultural Minorities: An Analysis of Prejudice and Discrimination. 5. Aufl. New York/London: Plenum Press.
Singer, Eleanor, 1981: Reference Groups and Social Evaluations. S.66-93 in: *Morris Rosenberg und Ralph H. Turner* (Hg.): Social Psychology: Sociological Perspectives. New York: Basic Books.
Snijders, Tom A. B. und Roel J. Boskers, 1999: Multilevel Analysis: An Introduction to Basic and Advanced Multilevel Modeling. London: Sage.
Solomos, John, 1986: Varieties of Marxist Conceptions of "Race", Class, and State: A Critical Analysis. *John Rex und David Mason* (Hg.): Theories of Race and Ethnic Relations. Cambridge et al.: Cambridge University Press.
Spector, Paul E., 1992: Summated Rating Scale Construction: An Introduction (Quantitative Applications in the Social Sciences; 07-082). Newbury Park, CA: Sage.
Staas, Dieter, 1994: Migration und Fremdenfeindlichkeit als politisches Problem (Studien zu Migration und Minderheiten; 5). Münster: Lit.
Stark, Rodney und William S. Bainbridge, 1987: A Theory of Religion (Toronto Studies in Religion; 2). New York: Lang.
Stark, Rodney, Laurence R. Iannaccone und Roger Finke, 1996: Religion, Science, and Rationality, American Economic Review 86: 433-437.
StataCorp, 2001: Stata Statistical Software: Release 7.0. College Station, TX: Stata Corporation.
Statistisches Bundesamt, 1997: Strukturdaten über die ausländische Bevölkerung. Stuttgart: Metzler-Poeschel.

Stegmüller, Wolfgang, 1983: Probleme und Resultate der Wissenschaftstheorie und Analytischen Philosophie. Bd. 1: Erklärung, Begründung, Kausalität. 2., verb. u. erw. Aufl. Berlin/Heidelberg/New York: Springer.

Stolz, Jörg, 2000: Soziologie der Fremdenfeindlichkeit: Theoretische und empirische Analysen. Frankfurt/New York: Campus.

Stouffer, Samuel A., Arthur A. Lumsdaine, Marion H. Lumsdaine, Robin M. Jr. Williams, M. B. Smith, Irving L. Janis, Shirley A. Star und Leonard S. Jr. Cottrell, 1949: The American Soldier. Princeton, N.J.: Princeton University Press.

Strack, Fritz, 1988: Social Cognition: Sozialpsychologie innerhalb des Paradigmas der Informationsverarbeitung, Psychologische Rundschau 39: 72-82.

Straits, Bruce C., 2000: Ego's important discussants or significant people: an experiment in varying the wording of personal network name generators, Social Networks 22: 123-140.

Stroebe, Wolfgang und Chester A. Insko, 1989: Stereotype, Prejudice, and Discrimination: Changing Conceptions in Theory and Research. S.3-34 in: *Daniel Bar-Tal, Carl F. Graumann, Arie W. Kruglanski und Wolfgang Stroebe* (Hg.): Stereotyping and Prejudice. Changing Conceptions (Springer Series in Social Psychology). New York et al.: Springer-Verlag.

Swidler, Ann, 1986: Culture in Action: Symbols and Strategies, American Sociological Review 51.

Tajfel, Henri, 1969: Cognitive Aspects of Prejudice, Journal of Social Issues 25: 79-97.

Tajfel, Henri, 1978a: The Achievement of Group Differentiation. S.77-98 in: *ders.* (Hg.): Differentiation between Social Groups: Studies in the Social Psychology of Intergroup Relations. London et al.: Academic Press.

Tajfel, Henri, 1978b: Interindividual Behaviour and Intergroup Behaviour. S.27-60 in: *ders.* (Hg.): Differentiation between Social Groups. Studies in the Social Psychology of Intergroup Relations. London et al.: Academic Press.

Tajfel, Henri, 1978c: Social Categorization, Social Identity and Social Comparison. S.61-76 in: *ders.* (Hg.): Differentiation between Social Groups: Studies in the Social Psychology of Intergroup Relations. London et al.: Academic Press.

Tajfel, Henri, 1982a: Gruppenkonflikt und Vorurteil. Entstehung und Funktion sozialer Stereotypen. Bern/Stuttgart/Wien: Huber.

Tajfel, Henri, 1982b: Social Psychology of Intergroup Relations, Annual Review of Psychology 33: 1-39.

Tajfel, Henri und John C. Turner, 1986: The Social Identity Theory of Intergroup Behavior. S.7-24 in: *Stephen Worchel und William G. Austin* (Hg.): Psychology of Intergroup Relations, 2. Aufl. Chicago: Nelson Hall.

Terwey, Michael, 1998: Ethnocentrism in Present Germany: Some Correlations with Social Integration and Subjective Assessments, ZA-Information 43: 135-166.

Thalhammer, Eva, Vlasta Zucha, Edith Enzenhofer, Brigitte Salfinger und Günther Ogris, 2001: Attitudes Towards Minority Groups in the European Union. A Special Analysis of the Eurobarometer 2000 Survey on Behalf of the European Monitoring Centre on Racism and Xenophobia. Wien: SORA/EMCR.

Trometer, Reiner, 1993: Die Operationalisierung des Klassenschemas nach Goldthorpe im ALLBUS (ZUMA-Arbeitsbericht; 93,06). Mannheim: ZUMA.

Turner, John C., 1991: Social Influence. Milton Keynes: Open University Press.

Urban, Dieter und Joachim Singelmann, 1998: Eltern-Kind-Transmissionen von ausländerablehnenden Einstellungen. Eine regionale Längsschnitt-Studie zur intra- und intergenerativen Herausbildung eines sozialen Orientierungsmusters, Zeitschrift für Soziologie 27: 276-296.

van den Berghe, Pierre L., 1997: Rehabilitating Stereotypes, Ethnic and Racial Studies 20: 1-16.

van der Poel, Mart, 1993a: Delineating Personal Support Networks, Social Networks 15: 49-70.

van der Poel, Mart, 1993b: Personal Networks: A Rational-Choice Explanation of their Size and Composition. Lisse/Berwyn: Swets & Zeitlinger.

Verbrugge, Lois M., 1977: The Structure of Adult Friendship Choices, Social Forces 56: 576-597.

von Avermaet, Eddy, 1996: Sozialer Einfluß in Kleingruppen. S.503-543 in: *Wolfgang Stroebe, Miles Hewstone und Geoffrey M. Stephenson* (Hg.): Sozialpsychologie. Eine Einführung, 3., erw. und überarb. Aufl. Berlin et al.: Springer.

Wagner, Ulrich, Rolf Van Dick und Andreas Zick, 2001: Sozialpsychologische Analysen und Erklärungen von Fremdenfeindlichkeit in Deutschland, Zeitschrift für Sozialpsychologie 32: 59-79.

Wahl, Klaus, 1993: Fremdenfeindlichkeit, Rechtsextremismus, Gewalt. Eine Synpose wissenschaftlicher Untersuchungen und Erklärungsansätze. S.11-67 in: *Deutsches Jugendinstitut* (Hg.): Gewalt gegen Fremde. Rechtsradikale, Skinheads und Mitläufer. München: Verlag Deutsches Jugendinstitut.

Wallerstein, Immanuel, 1987: The Construction of Peoplehood: Racism, Nationalism, Ethnicity, Sociological Forum 2: 373-388.

Wasserman, Stanley und Katherine Faust, 1994: Social Network Analysis. Methods and Applications (Structural Analysis in the Social Sciences; 8). Cambridge et al.: Cambridge University Press.

Watts, Meredith W., 1997: Xenophobia in United Germany: Generations, Modernization and Ideology. Basingstoke: Macmillan.

Weber, Max, 1980: Wirtschaft und Gesellschaft. Grundriß der verstehenden Soziologie [1922]. 5., rev. Aufl. Tübingen: J.C.B. Mohr.

Weber, Max, 1988: Gesammelte Aufsätze zur Religionssoziologie I. Tübingen: J.C.B. Mohr.

Wegener, Bernd, 1987: Vom Nutzen entfernter Bekannter, Kölner Zeitschrift für Soziologie und Sozialpsychologie 39: 278-301.

Wehler, Hans-Ulrich, 1994: Nationalismus als fremdenfeindliche Integrationsideologie. S.73-90 in: *Wilhelm Heitmeyer* (Hg.): Das Gewalt-Dilemma. Gesellschaftliche Reaktionen auf fremdenfeindliche Gewalt und Rechtsextremismus. Frankfurt a.M.: Suhrkamp.

Weimer, Daniel, Mark Galliker und Carl F. Graumann, 1999: Die Heidelberger Akzeptanz-Skala (HAS): Ein Instrument zur Messung der Akzeptanz und Zurückweisung von Migranten, Kölner Zeitschrift für Soziologie und Sozialpsychologie 51: 105-123.

Wellman, Barry, 1983: Network Analysis: Some Basic Principles, Sociological Theory 1: 155-200.

Wellman, Barry, 1988: Structural Analysis: From Method and Metaphor to Theory and Substance. S.19-61 in: *Barry Wellman und S. D. Berkowitz* (Hg.): Social Structures. A Network Approach. Cambridge et al.: Cambridge University Press.

Wellman, Barry und Scot Wortley, 1990: Different Strokes from Different Folks: Community Ties and Social Support, American Journal of Sociology 96: 558-588.

Westie, Frank R., 1964: Race and Ethnic Relations. S.576-618 in: *Robert E. L. Faris* (Hg.): Handbook of Modern Sociology. Chicago: Rand McNally.

Wicker, Alan W., 1969: Attitudes Versus Action: The Relationship of Verbal and Overt Behavioral Responses to Attitude Objects, Journal of Social Issues 25: 41-78.

Wiegand, Erich, 1992: Zunahme der Ausländerfeindlichkeit? Einstellungen zu Fremden in Deutschland und Europa, ZUMA-Nachrichten 31: 7-28.

Wilpert, Czarina, 1993: Ideological and Institutional Foundations of Racism in the Federal Republic of Germany. S.67-81 in: *John Solomos und J. Wrench* (Hg.): Racism and Migration in Western Europe. Oxford: Berg.

Wimmer, Andreas, 1996: Kultur. Zur Reformulierung eines anthropologischen Grundbegriffs, Kölner Zeitschrift für Soziologie und Sozialpsychologie 48: 401-425.

Wimmer, Andreas, 1997: Explaining Xenophobia and Racism: A Critical Review of Current Research Approaches, Ethnic and Racial Studies 20: 17-41.

Winkler, Jürgen R., 1996: Bausteine einer allgemeinen Theorie des Rechtsextremismus. Zur Stellung und Integration von Persönlichkeits- und Umweltfaktoren. S.25-48 in: *Jürgen W. Falter, Hans-Gerd Jaschke und Jürgen R. Winkler* (Hg.): Rechtsextremismus. Ergebnisse und Perspektiven der Forschung (Politische Vierteljahresschrift; Sonderheft 27). Opladen: Westdeutscher Verlag.

Winkler, Jürgen R., 2000: Formen und Determinanten fremdenfeindlicher Einstellungen in der Bundesrepublik Deutschland. *Jan W. van Deth, Hans Rattinger und Edeltraud Roller* (Hg.): Die Republik auf dem Weg zur Normalität? Wahlverhalten und politische Einstellungen nach acht Jahren Einheit. Opladen: Leske & Budrich.

Wippler, Reinhard und Siegwart Lindenberg, 1987: Collective Phenomena and Rational Choice. S.135-152 in: *Jeffrey C. Alexander, Bernhard Giesen, Richard Münch und Neil J. Smelser* (Hg.): The Micro-Macro Link. Berkeley: University of California Press.

Wiswede, Günter, 1998: Soziologie. Grundlagen und Perspektiven für den wirtschafts- und sozialwissenschaftlichen Bereich. 3., neubearb. Aufl. Landsberg am Lech: Verlag Moderne Industrie.

Wolf, Christof, 1996: Gleich und gleich gesellt sich: Individuelle und strukturelle Einflüsse auf die Entstehung von Freundschaften. Hamburg: Kovac.

ZA & ZUMA, 2001: Anomie (ALLBUS) in: *Angelika Glöckner-Rist* (Hg.): ZUMA-Informationssystem. Elektronisches Handbuch sozialwissenschaftlicher Erhebungsinstrumente, Version 5.00. Mannheim: Zentrum für Umfragen, Methoden und Analysen.

Zeggelink, Evelien, 1995: Evolving Friendship Networks: An Individual-Oriented Approach Implementing Similarity, Social Networks 17: 83-110.

Zick, Andreas, 1997: Vorurteile und Rassismus. Eine sozialpsychologische Analyse. Münster: Waxmann.